Über die Autoren:

Christopher Knight wurde 1950 geboren und arbeitet als Publizist.
Dr. Robert Lomas wurde 1947 geboren und ist Naturwissenschaftler. Beide sind aktive Freimaurer.

Christopher Knight/Robert Lomas

Unter den Tempeln Jerusalems

Pharaonen, Freimaurer
und die Entdeckung
der geheimen Schriften Jesu

Aus dem Englischen
von Sabine Steinberg

Knaur

Die englische Originalausgabe erschien unter dem Titel
»The Hiram Key« bei Century, London

Besuchen Sie uns im Internet:
http://www.droemer-weltbild.de

Vollständige Taschenbuchausgabe August 2000
Droemersche Verlagsanstalt Th. Knaur Nachf., München
Lizenzausgabe mit Genehmigung des Scherz Verlages,
Bern und München
Copyright © 1996 by Christopher Knight & Robert Lomas
Copyright © 1997 aller deutschsprachigen Rechte
beim Scherz Verlag, Bern und München
Alle Rechte vorbehalten.
Das Werk darf – auch teilweise – nur mit
Genehmigung des Verlages wiedergegeben werden.
Umschlaggestaltung: ZERO Werbeagentur, München
Umschlagillustration: David Ovason
Satz: Pinkuin Satz und Datentechnik, Berlin
Druck und Bindung: Clausen & Bosse, Leck
Printed in Germany
ISBN 3-426-77456-9

2 4 5 3

Inhaltsverzeichnis

»Nichts ist so verborgen, dass man es nicht erfahren kann, oder so geheim, dass es nicht ans Tageslicht kommt.

Sprecht im Licht der Sonne von dem, was ich euch beim Schein des Mondes sage. Und das, was man euch ins Ohr flüstert, sollt ihr laut von den Hausdächern verkünden.«

Jehoshua ben Joseph, auch bekannt unter dem Namen Jesus Christus

Einleitung

Henry Ford erklärte einmal, alle Geschichte sei Blödsinn. Das mag etwas übertrieben sein, aber wenn es um die »Fakten« geht, die die meisten Westeuropäer in der Schule eingehämmert bekommen, dann muss man sagen, dass Ford gar nicht so unrecht hatte.

Wir begannen unsere Forschungen aus privatem Interesse heraus, um die Ursprünge des Freimaurertums, der größten Gesellschaft der Welt, die heute fast eine Million männlicher Mitglieder umfasst und der in der Vergangenheit viele große Männer, unter anderem Mozart und Henry Ford, angehörten, zu erforschen. Als Freimaurer war es unser Ziel, ein wenig mehr von dem freimaurerischen Ritual zu verstehen, diesen seltsamen geheimen Zeremonien, die überall auf der Welt zumeist von Männern mittleren Alters, die der Mittelschicht angehören, ausgeführt werden.

Im Zentrum der Zeremonie der Freimaurer steht eine Person, die Hiram Abif genannt wird und die gemäß einer Geschichte, die jedem Freimaurer erzählt wird, vor ungefähr dreitausend Jahren während der Bauzeit von Salomos Tempel ermordet wurde. Zwar werden seine Rolle als Erbauer des Tempels und die schrecklichen Umstände seines Todes in der freimaurerischen Geschichte genauestens beschrieben, doch findet man seinen Namen nicht im Alten Testament. Während vier von den sechs Jahren, die unsere Forschungen andauerten, glaubten wir, dass es sich bei Hiram Abif um eine Erfindung mit Symbolwert handelte. Und dann entstieg er plötzlich den Nebelschwaden der Vergangenheit, um sich als wirklicher Mensch zu materialisieren. Und als Hiram Abif erst einmal aus dem Dunkel der Geschichte getreten war, hielt er auch einen neuen Schlüssel zur Geschichte des Abendlandes bereit. Die intellektuellen Überlegungen und bemühten Schlussfolgerungen, die bis dahin die kollektive Sicht der westlichen Welt auf die Vergangenheit bestimmt hatten, machten Platz für ebenso einfache wie logische Verbindungen. Unsere Forschungen brachten uns zunächst dazu, das viertausend Jahre alte ägyptische Ritual der Inthronisation der Pharaonen, der ägyptischen Könige, zu rekonstruieren. Dies wiederum ließ uns ein Attentat entdecken, das ungefähr 1570 vor Christus stattgefunden hat, und hier fanden wir die Verbindung zu einer Auferstehungszeremonie, die der Ursprung des modernen freimaurerischen Ritus ist. Die Entwicklung dieses geheimen Rituals führte uns von Theben nach Jerusalem, wo wir seine Rolle bei der Gründung des hebräischen Volkes und beim Aufbau einer jüdischen Theologie herausarbeiteten.

In erstaunlichem Gegensatz zu dem, was allgemein als Tatsache gilt, hat sich die westliche Welt in enger Verknüpfung mit einer sehr alten Philosophie und eingebunden in ein geheimes System entwickelt, das während der vergangenen dreitausend Jahre an nur drei Schlüsselstellen sichtbar geworden ist.

Der letzte Beweis unserer Forschungsergebnisse wird sich vielleicht als der archäologische Fund des Jahrhunderts erweisen: Wir haben die geheimen Schriftrollen von Jesus und seinen Jüngern entdeckt.

1.

Die verlorenen Geheimnisse der Freimaurerei

Die Freimaurerei soll: bereits vor der Sintflut existiert haben – ein Anachronismus sein – nur als Entschuldigung für Geselligkeit dienen – eine wohltätige Organisation sein, die Gutes unter dem Deckmäntelchen dummer Geheimniskrämerei tut – eine politische Kraft von außergewöhnlicher Macht sein – keine Geheimnisse haben – ihren Anhängern das höchste Wissen der Menschheit vermitteln – ihre geheimnisvollen Riten unter dem Schutz und der Anrufung des Teufels zelebrieren – völlig unschuldige, um nicht zu sagen dumme Riten haben – für jeden Mord verantwortlich sein, bei dem der Täter nie gefunden wird – nur zu dem Zweck existieren, alle Menschen zu Brüdern zu machen.

Das sind nur ein paar der Behauptungen der Schwätzer, die nicht zum Kreis der freien und erwählten Brüder gehören. Omne ignotum pro magnifico – je weniger man weiß, desto mehr interpretiert man in die Freimaurerei hinein.

The Daily Telegraph, London 1871

Die Maurerei legt großen Wert auf einen hohen moralischen Standard bei ihren Mitgliedern. Aber es ist kaum überraschend, dass eine Gesellschaft, deren Mitglieder sich mittels geheimer Handzeichen und einer Geheimsprache erkennen, in den Ruch kommt, einen schlechten und keinen guten Einfluss auszuüben. Wenn man nicht die Wahrheit verbergen will, warum sollte man so etwas machen? Warum etwas geheim halten, wenn es nichts zu verbergen gibt?

Diejenigen, die keine Freimaurer sind, finden den Gedanken, sich etwas Besonderes anzuziehen, esoterische Texte zu rezitieren und seltsame Rituale durchzuführen, so lächerlich, dass sie zu dem Glauben gelangen, es müsste wahrscheinlich noch etwas anderes, Finsteres geben. Wahrscheinlich gibt es das nicht … aber das Gegenteil ist immer schwer zu beweisen.

The Daily Telegraph, London 1995

Die reine Inhaltslosigkeit

Im Jahre 1871 hatte Queen Victoria noch dreißig Jahre Regierungszeit vor sich, und in der Öffentlichkeit wurde über Freimaurerei spekuliert. Einhundertfünfundzwanzig Jahre später liegt die erste Mondlandung bereits eine Generation zurück, die Welt rückt im Internet näher zusammen, und die Freimaurerei ist immer noch Gegenstand öffentlicher Spekulation.

Das erste Zitat aus dem *Daily Telegraph* fanden wir ordentlich aus der Zeitung ausgeschnitten und gefaltet in einem staubigen Buch über die Geschichte der Freimaurerei, wo es offenbar von einem lange verstorbenen Freimaurer als Lesezeichen benutzt worden war. Chris las das zweite im Flugzeug über dem Atlantik zwischen Mittagessen und Hauptfilm.

Fast alles – auch der Schreibstil – hat sich in den letzten einhundertfünfundzwanzig Jahren geändert, aber die Haltung der Öffentlichkeit in Bezug auf die Freimaurerei ist heute noch ebenso ambivalent wie im neunzehnten Jahrhundert. Es ist eine Binsenweisheit, dass die meisten Menschen dem, was sie nicht verstehen, nicht trauen, und wenn sie das Gefühl haben, von etwas Elitärem ausgeschlossen zu werden, schlägt dieses Misstrauen schnell in Abscheu oder sogar Hass um. Obwohl die Freimaurerei stets allen Männern über einundzwanzig Jahren (achtzehn nach schottischem Recht) offen stand, die einen »guten Charakter aufzuweisen« hatten und an »Gott glaubten«, war es doch zweifellos in der Vergangenheit auf den Britischen Inseln so, dass sich die Spitze der Freimaurerlogen aus dem Adel rekrutierte, während die unteren Chargen aus dem gehobenen Mittelstand stammten.

In der Mitte der Viktorianischen Ära war es für einen berufstätigen Mann gesellschaftlich gesehen wichtig, Freimaurer zu sein. Die Neureichen der industriellen Revolution wollten durch die Mitgliedschaft in einer exklusiven Gesellschaft, die beim Adel bis hinauf zur königlichen Familie höchstes Ansehen genoss, ihre gesellschaftliche Position festigen. Zumindest theoretisch konnten auch Arbeiter Freimaurer werden, aber es wäre ihnen nie in den Sinn gekommen, in eine Gemeinschaft einzutreten, in der ihre Arbeitgeber Mitglieder waren, sodass die Logen lange Zeit nur mit Wohlhabenden besetzt waren. In den anderen Gesellschaftsschichten konnte man nur spekulieren, welcher Art die Geheimnisse waren, die den Mitgliedern dieser geheimnisvollen Organisation enthüllt wurden. Man wusste, dass sie Schürzen und große Kragen trugen, und es ging das Gerücht, sie würden die Hosen hochrollen und seltsame Handzeichen tauschen, während sie sich Kennworte ins Ohr flüsterten.

In der zweiten Hälfte des zwanzigsten Jahrhunderts stellen die Freimaurer eine viel weniger elitäre Organisation dar, denn Männer aus allen Gesellschaftsschichten sind Mitglieder geworden. Doch wer einen Blick auf die obersten Ränge der englischen Freimaurer wirft, dem wird rasch klar, dass es nicht gerade hinderlich für den Aufstieg in der Loge ist, zur königlichen Familie zu gehören oder den Titel eines Peers geerbt zu haben.

Die meisten Menschen der westlichen Hemisphäre wissen irgendetwas über die Freimaurerei, und man kann hier zwischen zwei Gruppen unterscheiden. Diejenigen, die keine Freimaurer sind, fragen sich, welche Geheimnisse der Orden birgt – und die, die Freimaurer sind, fragen sich ebenso, was das für Geheimnisse sind! Der Grund für das Stillschweigen unter den Freimaurern ist nicht sosehr das Bedürfnis, ihren heiligen Eid zu halten, oder die Angst vor der tödlichen Rache ihrer Mitbrüder, sondern vielmehr, dass sie kein Wort von den Zeremonien verstehen, an denen sie teilnehmen, und sie haben bloß Angst davor, man könnte über das offenbar so bedeutungslose und dumme Ritual, das sie durchführen, lachen.

Für uns und jeden anderen »Bruder«, den wir kennen, ist die Freimaurerei eine Art gesellschaftlicher Treffpunkt, der die Gelegenheit bietet, Amateurtheateraufführungen zu genießen, um danach zu essen und viel Bier und Wein zu trinken. Das komplexe und geheime Ritual muss jahrelang immer wieder gesungen werden, bis man es behalten kann. Die Aufrichtigkeit der Darbietung wird zwar betont, aber in Wirklichkeit kann man nur kleine Teile der Zeremonie als einfache, allegorische Botschaften an Anstand und Moral sehen, der Rest besteht aus einer seltsamen Mischung von bedeutungslosen Worten und Neuinszenierungen von pseudo-historischen Ereignissen beim Bau des salomonischen Tempels vor zirka dreitausend Jahren.

Während wir Insider sehr wenig tun, außer seltsame Freimaurerverse auswendig zu lernen, versuchen viele von außen die Organisation in Misskredit zu bringen, weil sie vermuten, dass sie die Korruption fördert, und weil sie sie als eine Bastion kapitalistischer Privilegiertheit oder einen Club ansehen, in dem man Beziehungen knüpfen kann. Zahllose

Bücher sind zu diesem Thema veröffentlicht worden, um die Neugier und die Aggression der Öffentlichkeit zu befriedigen. Einige davon sind hervorragend recherchiert, wie die des amerikanischen Autors John J. Robinson, während andere, wie die des verstorbenen Stephen Knight, wenig mehr als wüste Behauptungen sind, um die »schlimmsten Ängste« der Anti-Freimaurer-Partei zu schüren.

Die Gegner der Freimaurer versuchen dauernd, irgendwelche fiktiven Untaten zu beweisen, und wir haben das am eigenen Leib erfahren. Ein »wieder geborener« christlicher Freund von Chris bemerkte einmal, dass er in seiner Kirchengruppe eine seelsorgerische Rolle innehabe. Auf die Frage, wen er denn berate, musste ich zu meinem Entsetzen die Antwort hören: »Die Leute, die unter den Flüchen der Freimaurer leiden.«

»Was ist denn ein Freimaurerfluch?«, fragte ich, ohne preiszugeben, dass ich selbst einer Loge angehöre.

»Sie müssen einander unbedingte Treue schwören, und zwar auf Kosten aller anderen, selbst ihrer eigenen Familie. Wenn sie diesen Schwur brechen, beschwören sie grässliche Flüche auf sich herab, die ihnen und ihren Angehörigen fürchterliche Leiden bringen.«

Mir verschlug es für einen Augenblick die Sprache. Die Freimaurerei ist sicherlich vieles, aber bestimmt nicht böse, obwohl manche Leute entschlossen sind, sie mit diesem Prädikat zu versehen. Die Vereinigte Großloge von England hat öffentlich festgestellt, dass »die Bürgerpflicht eines Freimaurers immer Vorrang vor den Verpflichtungen gegenüber anderen Freimaurern hat« und dass »es der Freimaurerei nicht gestattet ist, der Familie oder den Freunden eines Mannes zu schaden, indem sie ihm zu viel Zeit oder Geld nimmt oder ihn dazu bringt, auf andere Weise gegen deren Interesse zu handeln«.

Wir wollen hier keine Rechtfertigungen für die Freimaurerei

auflisten, aber es ist nun einmal Tatsache, dass sie eine Menge Gutes tut und – soweit wir wissen – nie etwas Schlechtes. Die Freimaurer haben immer schon große Summen für wohltätige Zwecke gespendet, und das gewöhnlich anonym. Außerdem fördern sie eine aufrechte Moral und ein soziales Verantwortungsgefühl, die beeindruckend sind, und haben Standards gesetzt, denen andere gefolgt sind. Hautfarbe, Rasse, Glaube oder politische Meinung waren immer unwichtig, und die beiden wichtigsten Ziele der Freimaurerei basieren auf der Freiheit des Einzelnen und dem Wunsch nach Wissen und Erkenntnis.

Unser größter Kritikpunkt an der Freimaurerei ist ihre völlige Inhaltslosigkeit. Man weiß nicht, woher sie kommt, niemand scheint eine Ahnung davon zu haben, was sie erreichen will, und sie scheint immer weniger Zukunft zu haben. Nicht nur, dass die Ursprünge der Freimaurerei nicht mehr bekannt sind – auch die »wahren Geheimnisse« des Ordens sind, wie zugegeben wird, verloren gegangen und wurden durch »Ersatzgeheimnisse« in der maurerischen Zeremonie ersetzt, »bis die echten wieder entdeckt werden«.

Wenn man die Begriffe im Ritual wörtlich nimmt, müsste die Freimaurerei mindestens dreitausend Jahre alt sein. Nicht nur Gegner des Ordens verwerfen diese Möglichkeit, auch die Vereinigte Großloge von England selbst scheut vor dieser antiquierten Behauptung zurück. Da man sich nicht in der Öffentlichkeit lächerlich machen will, vermeidet man jede offizielle Stellungnahme zu den Ursprüngen der Maurerei und gestattet es den so genannten »Forschungslogen«, über die begrenzten historischen Beweise, die es gibt, zu debattieren.

Ein armer Kandidat im Zustand der Unwissenheit

Als wir Freimaurer wurden, haben wir beide die gleiche Zeremonie durchlaufen, die jeder Neuling seit mindestens zweihundertfünfzig Jahren absolvieren muss. Während dieser Zeremonie mussten wir bei unserer Ehre schwören, niemals die Geheimnisse der Freimaurerei zu verraten, und uns ist sehr bewusst, dass mancher Freimaurer das, was wir hier machen, als Eidbruch ansehen wird. Doch die Vereinigte Großloge von England betrachtet nur die Erkennungszeichen als schützenswerte Geheimnisse des Ordens, und niemand könnte sich, nachdem er dieses Buch gelesen hat, fälschlicherweise als Freimaurer ausgeben. Es ist wichtig für uns, die Rituale detailliert zu erklären, denn sie bilden die Grundlage für die Forschungsarbeiten, die wir durchgeführt haben. Manche der Begriffe, die verwendet werden, sind geheime Erkennungszeichen, aber wir weisen nicht darauf hin, welche Worte unter welchen Umständen verwendet werden müssen, und damit haben wir unser Bestes getan, im Geist unserer Gelübde zu handeln. Außerdem verstehen wir den Eid so, dass wir nur einwilligten, diese Geheimnisse zu bewahren, wenn sie weder unsere Freiheit noch unsere Moral oder bürgerliche oder religiöse Pflichten beeinträchtigten. Und hätten unsere Gelübde uns daran gehindert, die wichtigen Entdeckungen zu veröffentlichen, die wir jetzt gemacht haben, so hätte das diese Freiheiten sicherlich beeinträchtigt.

Obwohl wir mit ein paar Jahren Abstand in unterschiedliche Logen eintraten, haben wir identische Erfahrungen gemacht, die wir hier zusammenfassen wollen:

Nachdem ich ein paar Monate zuvor von einem Rat ehemaliger Meister befragt worden war, konnte ich jetzt also zum Freimaurer gemacht werden. Die Inhalte waren mir völlig unbekannt. Die einzige entscheidende Frage, die mir gestellt wurde, war: »Glauben Sie an Gott?« Das tat ich, und alles, was von da an bis zu dem Punkt, an dem ich jetzt stand, passierte, geschah mit einer Wache an meiner Seite, die mit dem Heft eines gezogenen Schwertes an das Tor des Tempels klopfte, damit man mir Einlass gewährte.

Man hatte mir die Augen verbunden, und ich trug weite, weiße Hosen und ein ebensolches Oberteil. Ein Fuß steckte in einem einfachen Slipper (man nennt ihn *Slipshod*), mein rechtes Bein war bis zum Knie nackt, und die linke Seite der Tunika war zurückgeschlagen, sodass meine Brust auf einer Seite bloß war. Ohne dass ich es bemerkte, hatte man mir einen Henkersstrick um den Hals gelegt, der mir den Rücken herunterhing. Nachdem man mir alles Metallische abgenommen hatte, war ich bereit, in den Tempel geführt zu werden. Später erfuhren wir, dass mittelalterliche Häretiker in dieser Kleidung mit dem Henkersstrick zu ihrem Geständnis vor die Inquisition geführt wurden.

Ich weiß noch, dass ich die Anwesenheit einer Menge Menschen spürte und mich sehr verwundbar fühlte. Ein kalter, spitzer Gegenstand drückte sich in die Haut meiner Brust.

»Spürst du etwas?«, fragte eine Stimme vor mir. Man flüsterte mir die richtige Antwort ins Ohr, und ich wiederholte sie laut: »Ja.«

»Dann lass dies einen Stachel in deinem Gewissen sein, der dir sofort den Tod bringt, solltest du jemals etwas von den Geheimnissen, die dir jetzt kundgetan werden, verraten.«

Dann erklang eine Stimme von der anderen Seite des Raumes – ich erkannte die Stimme des Verehrungswürdigen Meisters: »Da kein Mann zum Maurer gemacht werden kann, wenn er nicht frei und mündig ist, so frage ich dich jetzt: Bist du ein freier Mann und hast das Alter von einundzwanzig Jahren erreicht?«

»Ja.«

»Nachdem du diese Frage so zufrieden stellend beantwortet

hast, werde ich dir jetzt weitere stellen, die du genauso gut beantworten wirst. Erklärst du bei deiner Ehre, dass du freiwillig, unbeeinflusst vom Drängen von Freunden, Geltungssucht oder anderen unwürdigen Motiven, zum Kandidaten der Mysterien und Privilegien der Freimaurer geworden bist? Und versicherst du weiter bei deiner Ehre, dass du weiterhin bestrebt bist, diese Privilegien, die unser Orden vergibt, dazu zu verwenden, dein großes Verlangen nach Wissen zu stillen, aus dem ehrlichen Wunsch heraus, deinen Mitmenschen besser dienen zu können?«

»Das tue ich.«

Der Dolch, den man an meine Brust gehalten hatte, wurde entfernt (ich bemerkte das damals allerdings nicht), aber der Henkersstrick hing weiter um meinen Hals. Der Mann zu meiner Rechten flüsterte mir zu, ich solle niederknien, und es wurde ein kurzes Gebet gesprochen, bei dem um den Segen des obersten Herrn des Universums gebeten wurde (das ist Gott, neutral beschrieben, sodass jedes Mitglied einer monotheistischen Religion Zugang zu diesem Gebet hat).

Die Zeremonie ging weiter, indem mich mein Helfer durch den Tempel führte und dabei dreimal stehen blieb, um mich als armen Kandidaten im Zustand der Dunkelheit vorzustellen. Ich konnte es zwar nicht sehen, aber auf die Mitte des Tempelbodens war aus schwarzen und weißen Quadraten ein Rechteck ausgelegt worden. Am östlichen Ende stand der Thron des Verehrungswürdigen Meisters, am südlichen Ende saß der Juniorwächter und westlich der Seniorwächter, beide auf niedrigeren Podesten.

Nachdem ich drei Runden gedreht hatte, wurde ich – immer noch mit verbundenen Augen – vor den Thron des Verehrungswürdigen Meisters geführt und von ihm gefragt: »Was ist jetzt dein Herzenswunsch, jetzt, da du im Zustand der Dunkelheit warst?«

Wieder wurde mir die Antwort ins Ohr geflüstert.

»Licht.«

»Dann soll dir dieser Segen zuteil werden.« Die Augenbinde wurde von hinten gelöst, und als sich meine Augen langsam wieder an die Helligkeit gewöhnten, konnte ich erkennen, dass ich vor dem Verehrungswürdigen Meister stand, der meine Aufmerksamkeit sogleich auf die symbolischen »Lichter« der Freimaurerei lenkte. Mir wurde erklärt, es wäre das Buch des heiligen Gesetzes (bei christlichen Kandidaten ist das die Bibel), das Winkelmaß und der Kompass. Er erzählte mir dann, dass ich nun den Rang eines eingeführten Maurerlehrlings innehätte, den ersten von drei Graden, die ich durchlaufen müsste, ehe ich als vollwertiger Maurermeister akzeptiert würde. Dann wurden mir die geheimen Zeichen, Griffe und das Kennwort des ersten Grades offenbart, und mir wurde erklärt, dass die linke Säule, die im Torbogen von König Salomos Tempel stand, eine besondere Bedeutung für Freimaurer habe. Beide Säulen standen auch hier im Tempel hinter dem Verehrungswürdigen Meister. Die linke Säule heißt Boas, benannt nach dem Urgroßvater Davids, dem König von Israel.

Nach mehreren Rundgängen durch den Tempel wurde mir eine schlichte, weiße Schürze aus Kalbsleder überreicht. Sie symbolisierte den Rang, den ich gerade erlangt hatte. Dann wurde mir gesagt: »Es ist älter als das Goldene Vlies oder der Römische Adler, ehrenwerter als jeder Orden, den man heutzutage bekommen kann, denn es ist das Abzeichen der Unschuld und das Band der Freundschaft ...« Dieser Abschnitt erwies sich als besonders enthüllender Bestandteil des maurerischen Rituals, denn er enthält den klaren Beweis, dass es aus drei unterschiedlichen Perioden der Geschichte – von der Antike bis zur Neuzeit – konstruiert wurde.

Im Verlauf der Zeremonie wurden mir unterschiedliche moralische und gesellschaftliche Tugenden ans Herz gelegt, wobei eine Menge architektonischer Vergleiche verwendet wurden und man Steinmetzwerkzeuge mit Methoden der Selbstverbesserung verglich. Gegen Ende dieser Initiationszeremonie erfuhr ich zu meinem Entsetzen, dass es Testfragen gibt, die man auswendig beantworten muss, um den nächsten Grad, den eines Maurergesellen, zu erreichen. Unter diesen Fragen und Antworten gibt es ein paar, die eher verwirren als erhellen.

Frage: »Was ist Freimaurerei?«

Antwort: »Ein besonderes Wertesystem, illustriert durch Symbole und durch Allegorien verschleiert.«

Frage: »Wie lauten die drei Prinzipien, auf die sich die Freimaurerei gründet?«

Antwort: »Brüderliche Liebe, Erleichterung und Wahrheit.« Jeder Kandidat findet wohl das erste Prinzip vernünftig, aber mit den nächsten beiden kann man wenig anfangen. Erleichterung wovon? Und welche Wahrheit?

Jetzt, da ich nicht mehr nur »bloßer Anwärter«, sondern voll akzeptierter Bruder war, verließ ich den Tempel durchaus mit dem Gefühl, dass mir irgendetwas Besonderes widerfahren war, aber ich hatte keinen Schimmer davon, was das alles zu bedeuten hatte. Es folgte ein Festessen, und als Mann des Tages wurde ich zur Linken des Verehrungswürdigen Meisters platziert. Trinksprüche wurden ausgebracht, Reden wurden gehalten, und alle hatten ihren Spaß. Die Mysterien der Vereinigung waren mir bestimmt nicht enthüllt worden. Ich dachte, dass mir vielleicht alles bei der nächsten Zeremonie klarer würde. Das sollte ein Irrtum sein.

Die verborgenen Mysterien der Natur und der Wissenschaft

Ein paar Monate später durchlief ich eine schwierige Zeremonie, um den Rang eines »Maurergesellen« zu erlangen. Dieses Mal betrat ich den Tempel zusammen mit den anderen Brüdern. Ich trug meine einfache weiße Schürze aus Kalbsleder, das Symbol meiner (echten!) Unschuld ... und meines bescheidenen Status. Die Loge war dem ersten Grad geöffnet, und als Kandidat, der befördert werden sollte, musste ich zur Prüfung die Fragen beantworten, die man mir am Ende der vorherigen Zeremonie erläutert hatte. Gleich nachdem ich mich unter Stottern durch diese Prüfung gequält hatte, wurde ich gebeten, für kurze Zeit den Tempel zu verlassen, damit man mich korrekt auf die folgende Zeremonie vorbereiten könne.

Als ich die gleichen spartanischen Kleidungsstücke wie bei meiner Einführungszeremonie angezogen hatte, wurde ich wieder hereingeführt. Aber jetzt waren das linke Bein und die rechte Brustseite nackt. Während mich die Wächter durch den Tempel führten, wurden mir neue Kennwörter und Erkennungszeichen mitgeteilt. Darunter war auch eine Geste mit erhobener Hand, die angeblich entstanden war, als »Josua die Schlachten des Herrn im Tal Joshoshaphat schlug und darum betete, dass die Sonne so lange stillstehen möge, bis er die Feinde des Herrn vollständig überwunden habe«. Das erwies sich später als höchst bedeutsam.

Als Ergänzung zu der Information, die mir im ersten Grad zur linken Säule gegeben worden war, wurde mir jetzt die rechte Säule im Eingangsbereich des salomonischen Tempels beschrieben. Der Name der Säule lautete Jachin, angeblich benannt nach dem Hohen Priester, der diesen Teil des Tempels in Jerusalem geweiht hat. Die beiden Säulen Boas und Jachin sollten an allen Punkten unserer künftigen Forschung eine immense Bedeutung erlangen. Die erste soll »Stärke« repräsentieren oder »Kraft verleihen«. Die zweite gibt »festen Stand«, und beide zusammen verleihen »Stabilität«.

Nach Beendigung der Zeremonie des zweiten Grades wurde mir »gestattet, meine Forschungen auf die verborgenen Mysterien der Natur und der Wissenschaft auszudehnen«.

Wieder folgte auf die Zeremonie ein Essen mit Trinken, Reden und Gesang.

Ein Lichtschimmer

Nach ein paar Monaten als Geselle mit einer weißen Schürze mit zwei blauen Rosetten durfte ich mich zu dem befördern lassen, was oft als der »erhabene« Rang eines Maurermeisters bezeichnet wird. Aber vorher musste ich wieder meine geistigen Fähigkeiten unter Beweis stellen und die Antworten auf weitere Fragen auswendig lernen.

Während diese Fragen gestellt und von mir beantwortet wurden, wurde ich auf die Tatsache aufmerksam, dass »unsere Brüder früher ihre Gehälter in der Mittelkammer von König Salomos Tempel bekamen, wobei sie keine Skrupel hegten, in jenen Tagen auf die Integrität ihrer Arbeitgeber zu vertrauen«. Trotz sorgfältigen Studiums der Bibel hatte ich darin keinen Hinweis auf eine Mittelkammer im Tempel König Salomos finden können. Aber da solch ein faktischer Fehler unwahrscheinlich ist, blieb uns nur die Annahme, dass die Testfragen darauf hinzuweisen suchen, dass die Brüder in der Vergangenheit ihren Arbeitgebern vertrauen konnten, es aber heute vielleicht nicht mehr können.

In diesem Stadium wurde mir ein Zitat mitgeteilt, das angeblich aus der Bibel stammen sollte. Es ist zwar nicht in der Bibel zu finden, weist aber auf die Mission hin, mit der ich betraut werden sollte, wenn ich erst einmal in den erhabenen Rang eines Maurermeisters erhoben worden war: »Und der Herr sprach: Mit Kraft werde ich Mein Wort in Meinem Haus Wurzeln schlagen lassen, damit es für alle Zeiten fest steht.« Dieses Zitat erwies sich als äußerst wichtig, obwohl es für moderne Freimaurer keinen Sinn macht – und auch uns erschien es, als wir es das erste Mal hörten, völlig sinnlos.

Danach vertraute man mir ein Kennwort an, das mir erlaubte, den Tempel wieder zu betreten, wenn die Prozeduren zur Maurermeisterloge eröffnet worden waren. Diesmal lief die Sache ganz anders und ziemlich dramatisch ab.

Als ich den Tempel wieder betrat, war es völlig dunkel. Das einzige Licht war eine Kerze, die im Osten vor dem Verehrungswürdigen Meister brannte. In dem großen fensterlosen Raum war das sehr wenig Licht, aber nachdem meine Augen sich an die Dunkelheit gewöhnt hatten, konnte ich dahinter Gesichter und die Umrisse des Tempels erkennen – allerdings nur in Schwarz und Grau. In dramatischem Ton wurde mir dann mitgeteilt, dass das Thema dieser Prüfung der Tod selbst sei.

Die Zeremonie begann mit einer kurzen Zusammenfassung der vorhergegangenen Grade.

»Brüder, jeder Grad der Maurerei bringt einen Mann weiter und kann nur nach einer bestimmten Zeit, mit Geduld und Beharrlichkeit erreicht werden. Im ersten Rang lernen wir, welche Pflichten wir gegenüber Gott, unseren Nächsten und uns selbst gegenüber haben. Im zweiten Grad wird es uns gestattet, an den Mysterien der Wissenschaft teilzuhaben und der Güte und Majestät des Schöpfers nachzuspüren, indem wir alles genau analysieren. Aber der dritte Rang hält alles zusammen. Er soll Männer durch eine mystische Kameradschaft aneinander binden, zu der auch brüderliche Zuneigung und Liebe gehören. Er weist auf die Finsternis des Todes hin und darauf, dass die Dunkelheit des Grabes nur der Vorläufer eines hellen Lichtes sein wird, das auf die Auferstehung der Gerechten folgen wird. Dann werden die sterblichen Körper, die so lange im Staub geschlummert haben, auferweckt, mit ihrer Seele wieder vereinigt und unsterblich gemacht ...«

Ein Gebet wurde gesprochen, dessen Ende lautete:
»... wir bitten Dich um Deine Gnade für diesen Deinen Diener, der den Wunsch hat, mit uns an den Mysterien eines Maurermeisters teilzuhaben. Gib ihm Stärke, damit er in der Stunde der Versuchung nicht versagt, sondern unter Deinem Schutz widersteht, um durch das dunkle Tal des Todesschattens aufzuerstehen und wie die Sterne bis in alle Ewigkeit zu leuchten.«
Die Zeremonie ging ähnlich weiter wie die vorherigen bis zu dem Punkt, wo ich an einem bemerkenswerten Stück teilnehmen musste, in dem erklärt wird, auf welche Art und Weise die wahren Geheimnisse der Meistermaurer verloren gingen. Ich spielte die Rolle eines Menschen, der außerhalb der Rituale der Maurerei nie existierte. Sein Name ist Hiram Abif.
Der Verehrungswürdige Meister erzählte die Geschichte:
»... die Natur hat noch eine weitere großartige und nützliche Lektion für uns bereit – die Selbsterkenntnis. Durch Besinnung lehrt sie uns die Vorbereitung auf die Beendigung unserer Existenz, und wenn sie uns mit Hilfe der Mittel dieser Besinnung durch die Nadelkurven unseres Lebens als Sterbliche geführt hat, lehrt sie uns schließlich, wie man stirbt. Dies, mein lieber Bruder, sind die besonderen Themen des dritten Ranges der Freimaurerei. Es lädt dich ein, über dieses schreckliche Thema nachzudenken, und lehrt dich, dass der Tod für einen gerechten und aufrechten Mann weniger Schrecken bietet als der Makel der Lüge und Entehrung.
Die Annalen der Freimaurer enthalten ein glorreiches Beispiel für unerschütterliche Treue und frühzeitigen Tod – unseren Großmeister Hiram Abif, der sein Leben kurz vor Vollendung des salomonischen Tempels verlor, an dessen Bau er, wie du sicherlich weißt, als erster Architekt beteiligt war. So fand er den Tod:

Fünfzehn Gesellen dieser besonderen Klasse wurden ernannt, über den Rest zu wachen, weil man meinte, der Tempel sei fast fertig. Aber da sie noch nicht die echten Geheimnisse eines Meisters kannten, verschworen sie sich, um diese Geheimnisse mit allen Mitteln zu erlangen – wenn nötig sogar mit Gewalt. An dem Abend, als sie ihre Verschwörung in die Tat umsetzen wollten, zogen sich zwölf der fünfzehn zurück, aber drei, die entschlossener und bösartiger waren als der Rest, hielten an ihrem sündigen Vorhaben fest. Zu diesem Zweck postierten sie sich am südlichen, am westlichen und am östlichen Tor des Tempels, in den unser Meister Hiram Abif sich zurückgezogen hatte, um den Höchsten anzubeten, wie es stets seine Gewohnheit zur zwölften Stunde war.

Nachdem er sein Gebet beendet hatte, wollte er den Tempel durch das Südtor verlassen, wo er vom ersten dieser Schurken aufgehalten wurde, der sich in Ermangelung einer besseren Waffe mit einem Richtscheit bewaffnet hatte, unseren Meister Hiram Abif damit bedrohte und von ihm verlangte, dass er ihm die wahren Geheimnisse eines Meistermaurers verrate, wolle er nicht getötet werden. Aber getreu seines Eides erwiderte Abif, dass diese Geheimnisse nur drei Menschen auf der Welt bekannt seien und er ohne Einwilligung der anderen beiden weder etwas preisgeben könne noch dies wolle. Wenn er jedoch die Geduld und Beharrlichkeit habe, was sicher der Fall sei, könne der würdige Maurer bald an den Geheimnissen teilhaben. Aber was ihn selbst angehe, wolle er lieber sterben als das heilige Vertrauen brechen, das man in ihn gesetzt habe. Da diese Antwort den Schurken nicht zufrieden stellte, holte dieser zu einem gewaltigen Schlag aus, traf aber nur die rechte Schläfe. Der Schlag hatte aber noch genügend Kraft, um Hiram Abif schwanken zu lassen, und er sank auf sein linkes Knie.«

Zu diesem Zeitpunkt spürte ich einen ganz leichten Schlag

an meine Schläfe, und meine beiden Führer, die man Diakone nennt, bedeuteten mir, dass ich die Geschichte nachspielen und ebenfalls in die Knie gehen sollte.

»Nachdem er sich aus dieser Situation gerettet hatte, eilte er zum Westtor, wo er sich dem zweiten Schurken gegenübersah, dem er das Gleiche antwortete wie dem ersten, und zwar mit unverminderter Festigkeit, sodass ihm der Schurke, der mit einer Wasserwaage bewaffnet war, einen gewaltigen Schlag auf die linke Schläfe versetzte, sodass er auf sein rechtes Knie sank.«

Wieder spürte ich eine Berührung an meiner Schläfe und wurde hinuntergedrückt, sodass ich auf mein rechtes Knie sank.

»Nachdem ihm so die Fluchtmöglichkeiten aus diesen beiden Bezirken abgeschnitten waren, stolperte unser Meister einer Ohnmacht nahe und blutend zum Osttor, wo der dritte Schurke postiert war. Der bekam die gleiche Antwort auf seine unverschämte Forderung, denn unser Meister hielt sich auch in diesem gefährlichen Augenblick an seinen Eid. Da schlug der Schurke ihm mit einem schweren Steinhammer mitten vor die Stirn, sodass er leblos vor seinen Füßen zu Boden sank ... So kam er ums Leben.«

Im Schein der Kerze sah ich, wie der Verehrungswürdige Meister sich vorbeugte und mit einem Werkzeug meine Stirn berührte, wonach mich viele Hände nach rückwärts zu Boden zogen. Ich wurde gerade gehalten, und meine Füße blieben stehen, sodass ich nach hinten in die Dunkelheit stürzte. Als ich den Boden berührte, wurde ich sofort in ein Leichentuch gewickelt, das nur mein Gesicht unbedeckt ließ. Der Verehrungswürdige Meister fuhr fort:

»Brüder, in dieser Zeremonie wie auch in seiner gegenwärtigen Lage musste unser Bruder einen der hervorragendsten Charaktere in den Annalen der Freimaurerei spielen, nämlich Hiram Abif, der lieber sein Leben verlor, als das heilige

Vertrauen zu brechen, das man in ihn gesetzt hatte. Und ich vertraue darauf, dass dies einen bleibenden Eindruck nicht nur in seinem, sondern in unser aller Gedächtnis hinterlassen wird – damit wir ähnlich reagieren, falls wir einmal so in Versuchung geführt werden sollten.

Bruder Juniorwächter, versuche jetzt den Darsteller unseres Meisters mit dem Griff des Lehrlings auferstehen zu lassen.«

Der Wächter griff nach meiner Hand unter dem Leichentuch und zog. Meine Hand fiel aus seinen Fingern.

»Verehrungswürdiger Meister, dieser Griff hält nicht.«

Schattenhafte Gestalten umkreisten »mein Grab« ein paarmal. Erst dann sprach der Verehrungswürdige Meister wieder:

»Bruder Seniorwächter, versuche es mit dem Gesellengriff.«

Dieser erwies sich als genauso wirkungslos wie der erste Versuch.

»Brüder Wächter, es ist euch beiden nicht gelungen. Doch es gibt noch eine dritte und besondere Methode, die man als Löwenpranken- oder Adlerklauengriff bezeichnet. Man hält dabei die Gelenkköpfe des rechten Handgelenks mit den Fingerspitzen fest und hebt ihn an den fünf Punkten der Kameradschaft auf. Dies werde ich jetzt mit eurer Hilfe versuchen.«

Der Verehrungswürdige Meister packte mein Handgelenk mit festem Griff, zog und stellte mich sofort auf die Füße. Wieder hielten unsichtbare Hände mein Gewicht. Als ich aufrecht stand, flüsterte mir der Verehrungswürdige Meister zwei bestimmte Worte ins Ohr. Jetzt kannte ich das Losungswort der Maurer. Zu diesem Zeitpunkt war das bedeutungslos, aber bei unseren Forschungen haben wir die uralte und faszinierende Bedeutung dieser Worte wieder entdeckt.

»So, mein lieber Bruder, sind alle Meistermaurer aus einem figurativen Tod errettet worden, um mit den Gefährten des früheren Handwerks wieder vereinigt zu werden. Ich muss dich jetzt bitten zu beachten, dass das Licht eines Meistermaurers nur als Dunkelheit sichtbar ist, was nur dazu dient, das Verhängnis auszudrücken, das über den Zukunftsaussichten hängt. Eben diesen Schleier der Dunkelheit kann das Auge des Verstandes nur durchdringen, wenn das göttliche Licht aus dem Himmel ihm hilft. Doch selbst im Schein dieses schimmernden Strahls wirst du erkennen, dass du stets am Rande des Grabes stehst, in das du gerade sinnbildlich hinabgestiegen bist und das dich, wenn dieses vergängliche Leben beendet ist, wieder an seine kalte Brust drücken wird.«

Während der Verehrungswürdige Meister diese grausigen Worte sprach, wies er mich an, nach unten zu blicken, und zu meiner Rechten konnte ich im Dunkel den Umriss eines offenen Grabes erkennen. Darin lag ein Totenschädel, unter dem zwei Oberschenkelknochen über Kreuz lagen. Zum ersten Mal in einer Freimaurerzeremonie bekam ich eine Gänsehaut.

»Lass dich durch diese Symbole der Sterblichkeit, die jetzt vor dir liegen, dazu anregen, darüber nachzudenken, was dein unausweichliches Schicksal ist, und deine Überlegungen sollten zu der interessantesten und nützlichsten aller menschlichen Wissenschaften führen – der Selbsterkenntnis. Doch hüte dich davor, diese deine Aufgabe anzugehen, während es noch Tag ist; höre auf die Stimme der Natur, denn sie birgt die Weisheit, dass selbst in diesem vergänglichen Rahmen ein Lebendiges und Unsterbliches wohnt, welches das heilige Vertrauen inspiriert, dass der Herr des Lebens uns die Fähigkeit schenken wird, den König des Schreckens unter unseren Füßen zu zertrampeln und unsere Augen gen Himmel zu richten …«

Der Verehrungswürdige Meister wies nach oben, und zur Linken, Richtung Osten (in genauer Gegenrichtung zum

Grab), konnte ich die kleinen, beleuchteten Umrisse eines Sterns erkennen.

»… um den hellen Morgenstern zu sehen, dessen Aufgehen den Gläubigen und Gehorsamen unter den Menschen Frieden und Ruhe schenkt.«

Meine Zeremonie der »Erhebung« bewirkte, dass ich im Status eines Meistermaurers gewissermaßen neu geboren wurde, und sie wurde durch die Preisgabe weiterer Kennworte und bestimmter Griffe abgeschlossen. Dazu kamen noch mehr Analogien aus dem Maurerhandwerk, damit ich meinen Charakter als Maurer und Mitglied der Gilde noch weiter entwickeln konnte. In einem der darauf folgenden Treffen der Loge wurden die Ereignisse, die auf den Mord folgten, näher beschrieben:

»… als drei Aufseher nicht aufzufinden waren, wurden alle Arbeiter aus allen Abteilungen zusammengerufen. Am gleichen Tag wurden die zwölf Handwerker, die ursprünglich noch mit an der Verschwörung beteiligt waren, vor den König geführt und gestanden freiwillig alles, was sie wussten, bis zu dem Zeitpunkt, als sie sich von den Verschwörern abgewandt hatten. Da er natürlich sehr um die Sicherheit seines obersten Architekten besorgt war, wählte der König fünfzehn vertrauenswürdige Gesellen aus und befahl ihnen, überall nach unserem Meister zu suchen, um festzustellen, ob er noch am Leben oder bei dem Versuch, ihm die Geheimnisse seines hohen Ranges zu entreißen, verletzt worden war.

Nachdem für ihre Rückkehr nach Jerusalem ein bestimmter Tag festgelegt worden war, teilten sie sich in drei Gesellenlogen auf und schwärmten von den drei Tempeltoren aus. Viele Tage vergingen mit fruchtloser Suche – eine Gruppe kehrte zurück, ohne eine wichtige Entdeckung gemacht zu haben. Die zweite Gruppe hatte mehr Glück, denn am Abend eines bestimmten Tages, nachdem sie größte Entbehrungen erlitten hatten und völlig erschöpft waren, griff einer der Brüder beim Aufstehen nach einem Strauch, um sich hochzuhelfen. Zu seiner Überraschung löste sich der Busch leicht aus dem Boden, und als er genauer hinsah, fiel ihm auf, dass die Erde kürzlich aufgewühlt worden war. Er rief seine Gefährten, und ihren gemeinsamen Bemühungen gelang es, das Grab zu öffnen. So fanden sie die Leiche unseres Meisters, den man einfach verscharrt hatte. Sie schlossen das Grab mit der gebotenen Ehrfurcht und Achtung wieder und steckten oben auf das Grab einen Akazienzweig, um die Stelle wieder zu erkennen. Dann eilten sie nach Jerusalem, um ihre bestürzende Entdeckung König Salomo mitzuteilen.

Nachdem die erste Trauer des Königs abgeebbt war, befahl er ihnen, zurückzukehren und unseren Meister so zu bestatten, wie es seinem Rang und seinen Fähigkeiten zukam. Zugleich teilte er ihnen mit, dass die Geheimnisse eines Meistermaurers durch seinen vorzeitigen Tod verloren seien. Deshalb wies er sie an, besonders sorgfältig auf alle Zeichen, Symbole oder Worte zu achten, die sie zufällig entdecken könnten, während sie ihm die letzte Ehre erwiesen.

Sie kamen dieser Aufgabe getreulich nach, und als sie das Grab wieder öffneten, beobachtete einer der Brüder, wie einige seiner Gefährten diese Position einnahmen …«

Dann wurde mir erklärt, wie die Gesellen versuchten, Hiram Abif mit den Worten und Griffen hochzuheben, die bei meiner Zeremonie angewandt worden waren, und wie man seitdem diese Elemente stets bei der Ernennung aller Meistermaurer in der ganzen Welt angewandt hatte, bis die Zeit oder gewisse Umstände die wahren Griffe und Worte enthüllen würden. Die Zeremonie ging so weiter:

»Die dritte Gruppe hatte ihre Nachforschungen derweil in Richtung Joppa betrieben, und die Männer überlegten gerade, ob sie wohl nach Jerusalem zurückkehren sollten, als sie zufällig am Eingang einer Höhle vorbeikamen, aus der lautes Wehklagen drang. Als sie die Höhle betraten, um der Ursache nachzugehen, fanden sie drei Männer, auf die die Beschreibung der Gesuchten zutraf. Als sie des Mordes beschuldigt wurden und ihnen keine Fluchtmöglichkeit mehr blieb, legten sie ein umfassendes Geständnis ab. Darauf wurden sie gefesselt und nach Jerusalem gebracht, wo König Salomo sie zu einem Tod verurteilte, der der Scheußlichkeit ihres Verbrechens angemessen war. Unser Meister wurde dann so nahe dem Allerheiligsten, wie es das israelitische Gesetz nur zuließ, in die Erde gebettet. Dort liegt er in einem Grab, drei Fuß Ost und drei Fuß West von der Mitte, drei Fuß zwischen Nord und Süd und fünf Fuß oder mehr diagonal. Er konnte nicht im Allerheiligsten begraben werden, weil dort nichts Gewöhnliches oder Unreines hineinkommen durfte – selbst der Hohepriester durfte es nur einmal im Jahr betreten, und das auch erst nach vielen rituellen Waschungen, die alle Sünden entfernen sollten, denn nach dem israelitischen Gesetz galt alles Fleisch als unrein.

Den fünfzehn vertrauenswürdigen Gesellen wurde befohlen, in weißen Schürzen und weißen Handschuhen als Zeichen ihrer Unschuld am Begräbnis teilzunehmen.«

Die Zeremonie ging ähnlich weiter wie bei den beiden vorherigen Graden, und ich ging aus ihr als vollwertiger Meistermaurer hervor. Ein paar Monate später, als kein Kandidat bei einem Logentreffen befördert werden musste, gab ein ehemaliger Meister eine Erklärung zum dritten Grad ab. Die drei Schurken, die Hiram Abif ermordeten, wurden namentlich genannt. Sie hießen Jubela, Jubelo und Jubelum. Kurz werden sie auch als die Juwes bezeichnet, was man Juu-es ausspricht. Wie sich das Wehklagen und tiefe Bedauern anhörte, das aus der Höhle drang, wurde in allen Einzelheiten beschrieben. Es wurde erzählt, dass die Schuldigen von tiefer Reue erfüllt waren und sich für ihre Übeltat schreckliche

Strafen wünschten. Ihr Wunsch wurde ihnen erfüllt, denn König Salomo ließ sie auf eine Art hinrichten, die für sich selbst sprach.

Die Auszüge aus den maurerischen Ritualen, die wir hier preisgegeben haben, werden Freimaurern sehr vertraut sein, aber allen anderen zweifellos höchst seltsam vorkommen. Es ist die Gewöhnung, die uns diese unerklärlichen Handlungen normal erscheinen lässt, obwohl sie doch in jeder Hinsicht extrem seltsam sind. Einige Maurer halten die Geschichten für wahr – genauso wie viele Christen die Legenden des Alten Testaments glauben. Andere wiederum betrachten sie als unterhaltsamen Akt mit moralischen Untertönen, aber nur sehr wenige verschwenden auch nur einen Gedanken daran, wo ein so seltsames Ritual seinen Ursprung haben könnte.

Viele der beschriebenen Charaktere sind in der jüdisch-christlichen Mythologie zu finden – König Salomo, Boas, Jachin und einige andere, aber die Hauptperson bleibt ein völliges Rätsel. Hiram Abif wird im Alten Testament überhaupt nicht erwähnt, kein Architekt wird mit Namen genannt, und kein Mörder eines Hohen Priesters findet sich in den Aufzeichnungen. Einige christliche Kritiker verurteilen deshalb die Freimaurerei, indem sie feststellen, dass sie die Auferstehung eines anderen als Jesus Christus verherrliche und demzufolge im Grunde eine heidnische Religion sei. Eines darf man aber nie übersehen – nachdem Hiram Abif umgebracht wurde, blieb er auch tot. Er ist nicht auferstanden, und man findet auch keinen Hinweis auf ein Leben nach dem Tod. Im maurerischen Ritual gibt es nichts, was übernatürlichen Inhalts wäre, und genau deshalb sind zweifellos Mitglieder vieler unterschiedlicher Religionen den Freimaurern beigetreten – sie kamen nicht in Konflikt mit ihrem Glauben.

Die eigentliche Geschichte ist sehr einfach und wenig Aufsehen erregend, da sie weder eine spezielle dramatische Struktur besitzt noch irgendeinen symbolischen Wert. Richtig – Hiram Abif ist lieber gestorben, als das zu verraten, woran er glaubte, aber das haben unzählige Männer und Frauen seit ewigen Zeiten getan. Wenn man sich daranmacht, eine Geschichte zu erfinden, die eine symbolische Schlüsselstellung einnehmen soll, dann denkt man sich doch bestimmt etwas Bemerkenswerteres aus, oder? Dieser Gedanke bewegte uns dazu, unsere Suche nach den Ursprüngen des Ordens zu beginnen.

Wir waren beide frustriert über die unbestimmte, konventionelle Erklärung über den Ursprung des Ordens. Unsere Gespräche kreisten immer häufiger darum, und unser Interesse wuchs, während wir einander anstachelten. Es dauerte nicht lange und wir beschlossen, eine wissenschaftliche Untersuchung zu beginnen, die zwei Dinge zum Ziel haben sollte: zum einen zu klären, wer Hiram Abif war, und zum anderen die verlorenen Geheimnisse der Freimaurerei zu finden. Zu diesem Zeitpunkt glaubte keiner von uns beiden daran, diese seltsamen Nachforschungen erfolgreich abschließen zu können, aber wir wussten, dass es auf jeden Fall eine interessante Sache werden würde. Es war uns damals jedoch nicht klar, dass wir gerade mit einer der größten kriminalistischen Nachforschungen aller Zeiten begonnen hatten und dass das, was wir herausfinden sollten, nicht nur für die Freimaurerei, sondern für die ganze Welt von großer Bedeutung sein würde.

Es gibt nur wenig an den freimaurerischen Ritualen, was man als normal bezeichnen könnte. Dem Kandidaten, der in die Gemeinschaft aufgenommen werden möchte, werden die Augen verbunden, es sind ihm Geld und alle Metallgegenstände abgenommen worden, er ist gekleidet wie ein verurteilter Häretiker auf seinem Weg zum Galgen, und dann sagt man ihm, dass er im dritten Grad zu lernen habe, wie man stirbt. Die Reise von der Dunkelheit zum Licht ist offenbar von Bedeutung, ebenso wie die beiden Säulen, die Boas und Jachin genannt werden und die »Stärke« und »festen Stand«, zusammen aber »Stabilität« symbolisieren.

Die Freimaurerei beansprucht für sich, älter als das Goldene Vlies oder der Römische Adler zu sein und brüderliche Liebe, Erleichterung und Wahrheit zum Ziel zu haben – tatsächlich wird die Erforschung der Geheimnisse von Natur und Wissenschaft als sehr wichtig angesehen. Die ursprünglichen Geheimnisse des Ordens, so sagte man uns, seien verloren gegangen und durch andere ersetzt worden, bis die wirklichen Geheimnisse wieder gefunden würden.

Die zentrale Figur in der Freimaurerei ist der Erbauer des salomonischen Tempels. Er wird Hiram Abif genannt und wurde von drei seiner eigenen Leute ermordet. Der symbolische Tod und die Auferstehung des Kandidaten ist ein Ritus, der ihn zum Maurermeister macht, und wenn er aus seinem Grab steigt, steht der helle Morgenstern am Firmament. Wo könnten solche seltsamen Ideen wohl entstanden sein, und warum? Wir konnten unsere Suche nicht anders beginnen als bei den bekannten Theorien.

2.
Die Suche beginnt

Welchen Ursprung hat die Freimaurerei?

Eine große Anzahl gutinformierter Männer hat vor uns den Versuch unternommen, die Ursprünge der Freimaurerei zu ergründen, und keine der offensichtlichen Möglichkeiten wurde von ihnen – oder von den Romantikern und Scharlatanen, die sich ebenfalls an der Jagd beteiligten – in Betracht gezogen. Für manche ist es furchtbar einfach – die Freimaurerei ist so alt wie das Datum ihrer ersten historischen Erwähnung (im siebzehnten Jahrhundert), und alles, was angeblich vor diesen Aufzeichnungen geschehen sein soll, ist schlicht Unsinn. Diese ultrapragmatische Einstellung ist sauber und unkompliziert, aber sie ist auch aus vielen Gründen am leichtesten zu widerlegen, von denen nicht der geringste der ist, dass es vielfältige Beweise dafür gibt, dass der Orden sich bereits über dreihundert Jahre vor der Gründung der Vereinigten Großloge von England allmählich bildete.

Es ist eine Tatsache, dass die Organisation, die wir heute den Freimaurerbund nennen, vor Mitte des siebzehnten Jahrhunderts eine Geheimgesellschaft war, und Geheimgesellschaften veröffentlichen ihre Geschichte nicht. Seit der Gründung der Vereinigten Großloge von England im Jahre 1717 war die Existenz des Ordens klar ersichtlich, und nur die Erkennungszeichen blieben der Öffentlichkeit verborgen. Wir haben keine Zeit darauf verschwendet zu untersuchen, ob die Freimaurerei spontan entstand, denn diese Theorie ist bereits weitgehend verworfen worden.

Wir schauten uns die verfügbaren Beweise an und kamen zu dem Schluss, dass es drei seriöse Theorien gab, die bei Historikern der Freimaurerei Beachtung fanden:

1. Dass sie so alt ist, wie das maurerische Ritual behauptet, und in der Tat aufgrund von Geschehnissen beim Bau des salomonischen Tempels entstand und durch unbekannte Umstände bis heute überlebt hat.

2. Dass sie sich aus den mittelalterlichen Steinmetzgilden entwickelt hat, wo die »handwerklichen« Tätigkeiten der Steinbearbeitung auf die so genannten »visionären« maurerischen Fertigkeiten der Charakterverbesserung übertragen wurden.

3. Dass das maurerische Ritual seinen Ursprung direkt im Orden der armen Soldaten Christi und des Tempels Salomos hatte – heute besser bekannt unter dem Ordensnamen Tempelritter.

Dass die Freimaurerei eine Schöpfung von König Salomo war, erschien uns damals als ein so unmögliches Forschungsobjekt, dass wir es gar nicht weiterverfolgten.

Dass Steinmetzen im Mittelalter den Bund gründeten, um ihren Charakter zu schulen, ist eine Theorie, die auch von Leuten akzeptiert wird, die der Freimaurerei nun wirklich nicht nahe stehen. Trotz der scheinbaren Logik dieses Gedankens und der großen Anzahl von Büchern, die diese Theorie im Laufe von Generationen immer wieder propagiert haben, fanden wir doch bald, nachdem wir etwas tiefer geschürft hatten, heraus, dass es sich um ein recht schwieriges Gebiet handelte. Zum Beispiel konnten wir trotz gründlicher Suche keine Aufzeichnungen darüber finden, dass Steinmetzgilden in England im Mittelalter überhaupt existierten. Wenn es sie gegeben hätte, würde sich eine Spur finden lassen, davon waren wir fest überzeugt, denn es gab sie in vielen europäischen Ländern, und dort haben sie unzählige Spuren hinterlassen.

Solche Handwerker waren fähige Künstler, die in den Diensten der Kirche oder reicher Landbesitzer standen, und es erscheint unwahrscheinlich, dass ihre Herren aufgeschlossen genug waren, um eine solche Form der »Gewerkschaft« zu gestatten – selbst dann, wenn ihre Arbeiter den Wunsch danach gehabt hätten. Viele von ihnen verbrachten ihr ganzes Leben damit, an einem einzigen Bau – wie zum Beispiel dem einer Kathedrale – zu arbeiten, und das Bedürfnis nach geheimen Erkennungszeichen und Losungsworten war für uns schlicht nicht vorhanden, wenn man sich fünfzig Jahre auf derselben Baustelle herumtreibt.

Die meisten Steinmetzen im Mittelalter waren Analphabeten und besaßen neben ihren handwerklichen Kenntnissen nur wenig Bildung. Es erscheint unglaubwürdig, dass sie ein Ritual, wie es heute bei den Freimaurern angewandt wird, verstanden hätten – vom Kreieren eines solchen Rituals ganz zu schweigen. Ihr Wortschatz – und höchstwahrscheinlich auch ihre Fähigkeit, abstrakt zu denken – muss in der Tat ziemlich beschränkt gewesen sein. Reisen waren eine Seltenheit, und deshalb waren Geheimzeichen, Griffe und Kennwörter ziemlich wertlos. Und selbst wenn sie von einem Bau zum nächsten reisten, wozu sollten sie dann geheime Erkennungszeichen brauchen? Wenn jemand sich fälschlicherweise als Steinmetz ausgab, dann dauerte es bestimmt nicht lange, bis man entdeckt hatte, dass er einen Stein nicht bearbeiten konnte.

Viele Könige und ihre mächtigsten Lehnsherren sind von Anfang an bis zur Gegenwart Freimaurer gewesen, und es fiel uns ein wenig schwer, uns vorzustellen, wie eine Gruppe Adliger bei einem Steinmetztreffen auftauchte, um zu fragen, ob sie ihre Praktiken kopieren könnten, um sie symbolisch zur Verbesserung ihrer Moral zu nutzen.

Den definitiven Beweis, dass man diese »Steinmetz-Theorie« am besten verwirft, fanden wir, als wir die Schrift durchlasen, die bei Freimaurern unter dem Namen »Die alten Regeln« bekannt ist – sie datiert angeblich aus der Zeit gegen Ende des fünfzehnten Jahrhunderts. Darin stehen die Verhaltensregeln und Pflichten eines Freimaurers, und man hat immer angenommen, dass sie den Verhaltensrichtlinien mittelalterlicher Steinmetzgilden entnommen worden seien. Eine dieser Regeln fordert, dass »kein Bruder das Geheimnis eines anderen Bruders preisgeben darf, und sollte es ihn auch Leben und Besitz kosten«. Das einzige Geheimnis, das zu der damaligen Zeit eine solche Strafe nach sich zog, wenn es vom Staat entdeckt wurde, wäre Häresie gewesen – ein Verbrechen, das bestimmt nicht von einfachen, christlichen Steinmetzen verübt oder gedeckt wurde. Die Frage, die wir uns nun stellten, war folgende: Warum in aller Welt sollte Häresie als schmutziges Geheimnis bei diesen Kirchen- und Kathedralenbauern vermutet werden? Das ergab einfach keinen Sinn. Wichtige Regeln werden nicht auf die bloße Chance hin aufgestellt, dass eines der Mitglieder sich vielleicht eines Tages eines Verbrechens gegenüber der Kirche schuldig machen könnte. Der Jemand, der diese alte Regel aufstellte, war sich ganz klar darüber, dass jeder Bruder mit der Gefahr lebte, als Häretiker gebrandmarkt zu werden. Wir waren sicher, dass diese Regeln nicht für einfache Steinmetzen geschaffen wurden, sondern für eine Gruppe, die am Rande des Gesetzes lebte.

Nachdem wir zufrieden zu dem Ergebnis gekommen waren, dass es keinen Beweis gab, um die Steinmetz-Theorie zu stützen, hingegen viele, um sie zu verwerfen, fragten wir uns mit zunehmender Irritation, für welche Art von Menschen die »Alten Regeln« wohl gegolten haben mochten. Eine andere Regelsammlung aus der gleichen Zeit, die unter Historikern heiß umstritten ist, weist auf eine Heimlichkeit hin, denn sie bezieht sich auf die Bereitschaft, eine »Beschäftigung« für einen reisenden Bruder für die Dauer von zwei Wochen zu finden, wonach er »etwas Geld bekommen und zur nächsten Loge weitergeschickt werden sollte«. Das ist eine Behandlung, die man für einen Menschen auf der Flucht erwartet, der einen sicheren Unterschlupf auf der Reise braucht. Eine andere Regel verbietet es Maurern, sexuelle Beziehungen zu der Frau, Tochter, Mutter oder Schwester eines Mitglieds der Bruderschaft zu haben – eine absolute Notwendigkeit, was die Sache mit der Zuflucht anbetrifft, denn es würde die brüderliche Gastfreundschaft nun wirklich arg strapazieren, wenn ein Gastgeber heimkommt und ein Mitglied der Bruderschaft im Bett bei seiner Frau oder Tochter vorfindet. Wir konnten uns nicht vorstellen, welche Art von Häresie sich diese frühen Freimaurer hatten zuschulden kommen lassen, dass sie ein solch ausgeklügeltes System von Erkennungszeichen schaffen mussten, um außerhalb von Kirche und Staat überleben zu können.

Die zentrale Idee, die sich durch die gesamte Freimaurerei zieht, ist der Bau von König Salomos Tempel. Es gibt keine Verbindung zwischen den mittelalterlichen Steinmetzen und diesem Ereignis, aber es gibt eine zu der nächsten alternativen Theorie, der wir uns zuwenden wollen – der Theorie, in der es um die Tempelritter geht.

Die Tempelritter – oder um ihnen ihren vollen Namen zu geben: die »armen Soldaten Christi und des Tempels Salomos« – wurden sechshundert Jahre vor der Formierung der Großloge von England gegründet. Wenn es eine Verbindung zwischen diesen kreuzfahrenden Mönchsrittern und der Freimaurerei gibt, werden wir die Spanne von vierhundert

Jahren erklären müssen, die zwischen der plötzlichen Auflösung des Ordens im Oktober 1307 und dem offiziellen Auftreten der Freimaurerei liegt. Diese große Zeitspanne hat bei vielen Beobachtern – Freimaurer oder nicht – dazu geführt, Hinweise auf eine eventuell bestehende Verbindung als Wunschdenken zu verwerfen. Manche haben sogar Bücher veröffentlicht, in denen sie aufzeigen, dass die Befürworter dieser Theorie ausgesprochene Romantiker sind, die geneigt sind, allen möglichen esoterischen Unsinn zu glauben. Doch Beweise aus jüngster Zeit haben das Blatt zugunsten einer Verbindung zwischen Freimaurern und Templern gewendet, und unsere eigenen Nachforschungen haben bei uns jeden Zweifel daran getilgt.

Doch ehe wir uns der Gründung dieses faszinierenden Ordens zuwenden, möchten wir uns der Entstehung des Bauwerkes widmen, das den Templern ihren Namen und der Freimaurerei ihr Thema gab.

Der Tempel König Salomos

Wir fanden heraus, dass es vier Tempel auf dem Berg Moria in Jerusalem gab. Der erste wurde vor dreitausend Jahren von König Salomo erbaut. Der zweite existierte nur in einer Vision des Propheten Ezechiel während der babylonischen Gefangenschaft um 570 vor Christus. So imaginär dieser Tempel auch war, ist doch sein Einfluss auf später datierte hebräische Schriften und Glaubenssätze, die sich dann auf das Christentum übertrugen, nicht unbedeutend gewesen. Der dritte Tempel schließlich wurde von Serubbabel Anfang des sechsten Jahrhunderts erbaut. Das war nach der Rückkehr der Juden aus der Babylonischen Gefangenschaft. Der letzte Tempel wurde von Herodes um die Zeit von Christi Geburt begonnen und nur vier Jahre nach seiner Fertigstellung im Jahre 70 nach Christus von den Römern fast völlig zerstört.

Wie wir später entdecken sollten, hatte Salomo damit begonnen, viele große Gebäude einschließlich eines Tempels zu errichten, um den Gott zu beherbergen, den wir heute als Jehova oder Jahwe kennen – beide Namen stellen den Versuch einer Übersetzung aus dem Hebräischen dar, denn in der geschriebenen Form dieser Sprache gibt es keine Vokale. Salomo wird oft als weiser König bezeichnet, und als wir tiefer in die Materie eindrangen, entdeckten wir, dass die Bezeichnung »weise« jedem Bauherrn und König, der Gebäude errichten ließ, zuteil wurde – und das Tausende von Jahren vor Salomo.

Die Juden hatten keine große Vergangenheit als Baumeister, und niemand besaß die Fähigkeit, etwas Anspruchsvolleres als eine simple Mauer zu errichten. Der logische Schluss daraus ist, dass der Tempel in Jerusalem von Handwerkern gebaut wurde, die man von Hiram, dem phönizischen König von Tyrus, ausgeliehen hatte. Trotz der Namensgleichheit war es uns und jedem anderen früheren Forscher klar, dass dieser König Hiram ganz und gar nichts mit Hiram Abif zu tun hatte. Das Ritual der Königslade, das wir später noch näher erläutern werden, macht völlig klar, dass Hiram, der König von Tyrus, die Materialien zum Tempel lieferte, während Hiram Abif der Architekt war, ja es wird sogar an einem Punkt erwähnt, dass diese drei Personen, Salomo und die beiden Hirams, einer wichtigen Loge vorsaßen und gemeinsam als einzige die wahren Geheimnisse eines Meistermaurers kannten.

Trotz der allgemeinen Auffassung, dass dieses Bauwerk ein Markstein in der Geschichte der Baukunst war, entdeckten wir, dass Experten darauf hinweisen, wie sehr Stil, Größe und Grundriss eine fast exakte Kopie eines sumerischen Tempels waren, der zirka tausend Jahre früher für den Gott

Nimurta errichtet worden war. Dieser war ein kleines Gebäude, etwa so groß wie eine englische Dorfkirche, und man ist der Meinung, er sei nur halb so groß gewesen wie Salomos Palast. Wir konnten ahnen, wo die Prioritäten des großen Königs lagen, als wir entdeckten, dass das Gebäude, welches seinen Harem beherbergte, mindestens ebenso groß war wie Jahwes Tempel.

Von unserem heutigen Standpunkt aus und aufgrund unserer Vertrautheit mit Kirchen, Synagogen und Moscheen könnten wir ganz leicht den Schluss ziehen, dass Salomos Tempel ein Ort war, den man besuchte, um seinen Gott anzubeten. Doch dies wäre ein fataler Irrtum, denn dieser Tempel wurde nicht für Menschen gebaut, sondern buchstäblich als Haus Gottes – gewissermaßen ein Heim für Jahwe selbst. Es gibt keine greifbaren Überreste von Salomos Tempel und keinerlei neutrale Aufzeichnungen darüber, und deshalb kann sich niemand sicher sein, ob es ihn nun wirklich gab oder ob er nur eine Erfindung der späteren Verfasser der jüdischen Schriftrollen war, die mündlich überlieferte Ereignisse lange nach ihrem tatsächlichen Stattfinden aufschrieben. Sie erzählen uns, dass dieser wohl berühmteste aller Tempel aus Stein gebaut und innen ganz mit Zedernholz aus Tyrus ausgekleidet war. Die Mauern sollen angeblich 4 Meter und 11 Zentimeter dick gewesen sein und ein flaches Dach aus Zedernholz mit einer Krone aus Föhrenholz getragen haben. Das Besondere, was den Tempel von allen anderen unterschied, war die Menge an Gold, die zwischen Schnitzereien von Cherubim und Blüten Wände, Boden und Decken bedeckte. Das Innere war 27 Meter lang und etwa 9 Meter breit, und das ganze Gebäude war in westöstlicher Richtung ausgelegt, mit einem Eingang im Osten. Ein Raumteiler mit einer Art Klapptür unterteilte den Innenraum, sodass ein Drittel abgeteilt wurde, dessen Seitenlänge und Breite je 9 Meter betrug. Das war das Orakel des Alten

Testaments, auch das Allerheiligste genannt. Im maurerischen Ritual bezeichnet man es als Sanctum Sanctorum. Dieser Raum war bis auf einen rechteckigen Schrein aus Akazienholz völlig leer. Der Schrein maß 1 Meter und 20 Zentimeter in der Länge, war 61 Zentimeter breit wie hoch und stand genau in der Mitte des Raumes auf dem Boden. Das war die Bundeslade, die nur drei Dinge enthielt – zwei Steintafeln, auf denen die Zehn Gebote standen, und den Gott Jahwe selbst. Darüber lag eine dicke Schicht aus reinem Gold, und zwei hölzerne Cherubim, ebenfalls reich mit Gold verziert, schützten mit ausgebreiteten Schwingen den kostbaren Inhalt.

Diese Cherubim waren keine pausbäckigen, fliegenden Kleinkinder mit Heiligenschein, wie sie so beliebt bei den Malern der Renaissance waren und von denen man sich vorstellte, dass sie ihre Trompeten bei jedem heiligen Ereignis – vom letzten Abendmahl bis zu Johanna von Orléans – bliesen. Sie waren wohl eher der ägyptischen Stilrichtung zuzuordnen und sahen genauso aus wie die Figuren auf den Wänden und Sarkophagen der Pyramiden. Das Allerheiligste war ständig dunkel. Nur an einem Tag im Jahr, dem Tag der Buße, trat der Hohepriester mit dem Sühneopfer des Volkes herein – dem Sündenbock. Nachdem der Hohepriester den Raum wieder verlassen hatte, wurde eine große Goldkette vor die Tür gehängt und die kleinere Kammer so versiegelt. Die große Kammer wurde laut der späteren jüdischen Tradition nur von Priestern und Leviten benutzt, und sie enthielt einen mit Gold bedeckten Altar aus Zedernholz, der vor den Türen stand. Außerdem befanden sich vor dem Osteingang die beiden Säulen Boas und Jachin. So sah also das Gebäude aus, das die Templer als größtes Heiligtum ihres Ordens verehrten. Aber es waren die Ruinen eines anderen Tempels, zwischen denen sie ihr Lager errichteten. Eines Tempels, der am gleichen Platz fast genau tausend Jahre spä ter von dem berüchtigten König Herodes gebaut worden war. Wir fragten uns nun, warum sich die Templer entschlossen, Salomos Tempel zum Bestandteil ihres Namens zu machen.

Es fiel uns leicht, die Theorie, dass die Freimaurer aus einer Steinmetzgilde entstanden seien, zu verwerfen – aus einem einfachen Grund: Es gab in England keine solchen Steinmetzgilden. Auch die Tatsache, dass es solche Gilden im übrigen Europa gab, ist nicht relevant, denn die Freimaurerlogen entwickelten sich nicht in den Einzugsbereichen dieser Handwerkergesellschaften.

Die Regelsammlung der »Alten Regeln« des Ordens mit der Aufforderung, einen reisenden Bruder zu beschäftigen und die weiblichen Verwandten von anderen Brüdern zu schützen, schien uns hingegen viel besser für eine Geheimgesellschaft geeignet als für eine Gruppe fleißiger Bauarbeiter.

Wir haben lang und hart gearbeitet, viele hundert Stunden in verschiedenen Bibliotheken in Bücher vertieft zugebracht, aber wie wir uns auch bemühten, es fand sich keine Verbindung zwischen dem Tempel des Königs Salomo und den mittelalterlichen Steinmetzen. Die Geschichte berichtet, dass es auf dem Gelände drei verschiedene Steintempel gab und zudem einen imaginären Tempel, der nicht unberücksichtigt gelassen werden darf, da er durch die Jahrtausende so viele Menschen inspiriert hat. Der originale Tempel, der im Auftrag Salomos errichtet wurde, war ein kleines Gebäude sumerischer Bauart, kleiner als Salomos Harem, das in erster Linie dazu dienen sollte, den problematischen Sturmgott Jahwe zu beheimaten, und das nicht als Ort des Gebets gedacht war. Jahwe hielt sich in der Bundeslade auf, die im Allerheiligsten des Tempels stand, einem Teil des Gebäudes, der Freimaurern als Sanctum Sanctorum vertraut ist. Die Lade war in ägyptischer Weise konstruiert und verziert, und am östlichen Tor dieses ersten Tempels standen die beiden Säulen, die die Freimaurer Boas und Jachin nennen.

Die Vorstellung, dass die Freimaurer als eine Geheimgesellschaft, die nur vor den Augen der Welt verborgen gewesen war, direkt von König Salomo abstammen könnte, schien völlig absurd, und so blieb uns schließlich nur eine einzige plausible Richtung, in die wir forschen konnten. Wir wussten, dass die ersten Tempelritter auf dem Gelände des letzten Tempels Grabungen durchgeführt hatten, und auch, dass schon viele Forscher eine Verbindung zwischen diesen Tempelrittern und den Freimaurern vermutet hatten.

3.
Die Tempelritter

Die Anfänge des Ordens

Das Bild des tapferen Kreuzritters mit Vollbart, im weißen Mantel mit einem roten Kreuz darauf, kennt jeder seit seiner Kindheit. Wir erfuhren aus Bilderbüchern und Filmen, wie die Schlechten getötet und die Guten von diesen heldenhaften Rittern beschützt wurden, aber die Wirklichkeit sah ganz anders aus. Das rote Kreuz auf dem weißen Umhang war nicht das Abzeichen eines jeden Kreuzritters, sondern das der berühmten Mönchskrieger – der Tempelritter. Ihr mysteriöser Aufstieg aus dem Nichts, ihr großer Reichtum und Einfluss und ihr tiefer Sturz am Freitag, dem 13. Oktober 1307, hat Diskussionen und Spekulationen bis heute angeregt. Fast zweihundert Jahre lang waren die Templer mächtiger als die meisten Könige; sie besaßen legendäre Fähigkeiten als Kämpfer, und ihr Reichtum war immens.

Konnte es wirklich eine Verbindung zwischen diesem seit langem verschwundenen mittelalterlichen Orden und den Männern aus der Mittelklasse, die hinter verschlossenen Türen in fast jeder größeren Stadt der westlichen Welt maurerische Rituale murmeln, geben? Auf den ersten Blick schienen Welten dazwischenzuliegen, sodass man eine Menge Beweise brauchen würde, um eine direkte Beziehung zu finden, aber als wir beide Orden einmal genauer miteinander verglichen, wurde die Kluft zwischen ihnen sehr schnell kleiner.

Seit dem siebten Jahrhundert herrschten die Moslems über Jerusalem, hatten Juden und Christen jedoch den Zugang zur Stadt nie verwehrt, was für alle drei Religionen aus unterschiedlichen Gründen wichtig war. Gegen Ende des elften Jahrhunderts aber wurde Seljuk Herrscher von Jerusalem und verbot den Christen die Pilgerfahrten dorthin. Die europäischen Staaten und die Kirche waren natürlich nicht glücklich darüber und mobilisierten ein Heer, um das Land Jesu zurückzuerobern. Die so genannten »Kreuzzüge«, die Kämpfe um die Herrschaft im Heiligen Land, waren gnadenlose Kriege.

Die grausamen und selbstgerechten christlichen Eindringlinge aus dem Norden glaubten, die Moslems würden in Zeiten der Gefahr ihr Gold und ihre Juwelen verschlucken, um sie zu verbergen, und so starben viele Moslems unter großen Schmerzen mit aufgeschlitzten Bäuchen, während die Finger der Ungläubigen in ihren Gedärmen nach Wertgegenständen suchten, die es nicht gab. Den Juden der Stadt erging es nicht viel besser. Sie hatten seit Jahrhunderten glücklich Seite an Seite mit den Moslems gelebt, aber am 14. Juni 1099 starben auch sie, denn die Blutgier der Kreuzfahrer kannte keine Grenzen. Ein Kreuzfahrer, Raimond von Aguilers, war so bewegt vom Anblick der zerschlagenen Stadt und den verstümmelten Leichen ihrer Bewohner, dass er stolz einen Vers aus dem Psalter zitierte: »Dies ist der Tag, den der Herr gemacht hat: lasst uns frohlocken und seiner uns freuen!« (Ps 118,24)

In den Jahren, die auf die Eroberung Jerusalems folgten, pilgerten Christen aus ganz Europa in die »Heilige Stadt«. Die Reise war so lang und hart, dass man kräftig und gesund sein musste. Die wachsende Zahl von Pilgern, die aus den Häfen von Akka, Tyrus und Jaffa nach Jerusalem reisten, schuf Probleme, und man musste Versorgungsstationen für sie einrichten. Wichtig war hier die Herberge der Amalfi-Brüder, die dem ständigen Strom von Reisenden Verpflegung und Unterkunft bot. Die Bedeutung und der Reichtum des kleinen Mönchsordens, der die Herberge führte, wuchs proportional zu der wachsenden Zahl von Besuchern, und die neuen christlichen Herren der Stadt belohnten ihre Anstrengungen mit großzügigen Geschenken. Der Orden wurde schnell größer und ihr Prior muss ein ehrgeiziger und politisch gewandter Mensch gewesen sein, denn er unternahm den ungewöhnlichen Schritt, einen militärischen Zweig einzurichten und es Rittern zu erlauben, in den Orden einzutreten. Danach änderte er den Namen des Ordens in »Das Hospital des heiligen Johannes von Jerusalem«. Der Orden bekam 1118 den päpstlichen Segen, als er eine formelle Verfassung, auch unter dem Namen »Regel« bekannt, bekam.

Diese Organisation regte wahrscheinlich einen französischen Adligen aus der Champagne namens Hugo de Payen an, denn er gründete im gleichen Jahr zusammen mit acht anderen Rittern einen Laienorden namens »Die armen Soldaten Christi und des Tempels Salomos«. Der Überlieferung zufolge unterstützte König Balduin II. sofort bereitwillig den neuen Orden und brachte ihn im östlichen Teil seines Palastes unter, der neben der früheren Al-Aksa-Moschee lag und sich an der Stelle befand, wo König Salomos Tempel gestanden hatte. Die Templer, wie man sie heute gewöhnlich nennt, sollen angeblich gegründet worden sein, um der wachsenden Zahl von Pilgern Schutz zu gewähren, weshalb sie dauernd waghalsige Reisen zwischen dem Hafen von Jaffa und Jerusalem unternahmen.

Alle diese ersten Ritter waren Laien, die den Eid schworen, zu leben wie Mönche, sprich: arm, keusch und in Gehorsam. Anfangs trugen sie keine besondere Kleidung, aber sie beteten zu festgelegten Zeiten und verhielten sich, wie es in einem religiösen Orden üblich ist.

In den Geschichtsbüchern steht, dass irgendwann im Jahr 1118 diese neun Ritter aus Frankreich ankamen und sich zu Wächtern der jüdischen Wüstenstraßen ernannten – aber dieser Standardsatz weckte unser Misstrauen. Wenn das wirklich so war, hatten sich diese Franzosen eine Aufgabe gestellt, die im besten Fall einer reichlich optimistischen Grundhaltung und im schlimmsten Fall schierer Dummheit entsprang, denn sogar eine kleine Gruppe Sarazenen hätte sie doch bestimmt überwältigt, ganz gleich, wie gut ausgebildet und bewaffnet sie auch gewesen sein mochten. Zu unserer Überraschung fanden wir heraus, dass Folko von Chartres, der Beichtvater Balduins II., sie in seiner ausführlichen Chronik, die die ersten neun Jahre, in denen dieser Laienorden existierte, abdeckt, noch nicht einmal erwähnte. Der früheste sichere Beweis von der Existenz der Tempelritter, den wir kennen, datiert aus dem Jahr 1121, als ein gewisser Graf Folko V. von Anjou im Tempel übernachtete und dem Orden danach eine jährliche Summe von dreißig angevinischen Livres zusprach.

Aus den vorhandenen Beweisen lässt sich schließen, dass die neun Ritter noch lange nach ihrer Gründung unter sich blieben. Erst nachdem sie sage und schreibe neun Jahre in ihrem Quartier neben dem Tempel des Herodes verbracht hatten, verließ Hugo de Payen den Osten, um im Westen nach Rekruten zu suchen, die den Orden zu einer Größe anschwellen lassen würden, die der Erfüllung seiner selbstgewählten Mission angemessener wäre.

Wonach suchten sie eigentlich?

Wir fühlten instinktiv, dass hier irgendetwas nicht stimmte. Es gibt keinen Beweis dafür, dass diese Gründer des Tempelritterordens jemals Pilger beschützten, und wir sollten bald herausfinden, dass es Hinweise darauf gibt, dass sie ausgiebige Ausgrabungen unter den Ruinen des herodianischen Tempels durchführten. Wir merkten bald, dass wir bei weitem nicht die einzigen waren, die Bedenken am Wahrheitsgehalt der allgemein akzeptierten Behauptung, die Templer seien Wächter gewesen, hatten. Denn je mehr wir suchten, desto mehr Theorien über die Motive der Templer entdeckten wir. Gaetan Delaforge kommentiert in seinem Buch *The Templar Tradition in the Age of Aquarius**:

> Die wahre Aufgabe der neun Ritter war die, in diesem Gebiet Nachforschungen anzustellen, um bestimmte Reliquien und Manuskripte zu finden, die die Essenz der geheimen Überlieferungen des Judentums und des alten Ägypten enthielten und von denen einige wahrscheinlich bis zurück in die Tage Mose reichten.

Dieser Kommentar wurde von Graham Hancock dazu benutzt, die weit verbreitete Alternativmeinung, dass diese Ritter nicht das waren, was sie zu sein schienen, zu illustrieren. Er zog den Schluss, dass für sie nur der Standort von Interesse gewesen sein kann und dass es heute Beweise für ihre Ausgrabungstätigkeit gibt. Er zitiert auch aus dem offiziellen Bericht eines israelischen Archäologen, in dem festgestellt wird, dass diese neun Ritter in der Tat in den Ruinen des Tempels nach etwas Bestimmtem suchten:

> Der Tunnel führt von der Südmauer etwa dreißig Meter weit hinein, bis er von Steinschutt blockiert wird. Wir wissen, dass er noch weiterführt, aber wir hatten es uns

---

* Anm. z. dt. Ausgabe: Die Titel von Büchern, die es nicht in einer deutschsprachigen Version gibt, sind im Literaturverzeichnis übersetzt (siehe Anhang).

zur Regel gemacht, keine Ausgrabungen innerhalb des Tempelberges durchzuführen, ohne vorher die Erlaubnis der moslemischen Behörden einzuholen, unter deren Verwaltung er zur Zeit steht. In diesem Fall erlaubten sie uns nur, den freien Teil des Tunnels zu vermessen und zu fotografieren. Ausgrabungen durften nicht durchgeführt werden. Nachdem wir diese Arbeit beendet hatten ... verschlossen wir den Eingang des Tunnels mit Felsblö-cken.

Weitere Beweise dafür, dass die Templer irgendetwas unter den Ruinen des herodianischen Tempels suchten, fanden wir in den Aufzeichnungen Lieutenant Wilsons von den Royal Engineers, der um die Jahrhundertwende eine archäo-logische Expedition nach Jerusalem leitete. Er sicherte bei Ausgrabungen tief unter dem Tempel viele alte Stücke, die man ganz sicher den Templern zuordnen kann. Als dieses Buch fast fertig war, hatten wir das große Glück, Robert Bry-don kennen zu lernen, einen schottischen Gelehrten, der ein Archiv der Templer betreut und viele dieser Stücke in seiner Obhut hat.

Unser Motiv, nach den Ursprüngen der Tempelritter zu su-chen, bestand ganz klar darin, jede direkte Verbindung zwi-schen diesem Orden und der modernen Freimaurerei zu be-stätigen oder zu beleuchten. Wir haben – und hatten – nie Interesse daran, einen romantischen Mythos aufzubauen oder an die Öffentlichkeit zu bringen, und manche Ge-schichten, auf die wir im frühen Stadium unserer Nachfor-schungen zu diesem Thema stießen, haben uns überrascht und mit Skepsis erfüllt. Während wir die bekannten Fakten aufführten und die offiziellen und inoffiziellen Abhandlun-gen zu den frühen Templern lasen, kamen wir zu einem un-ausweichlichen Schluss, nämlich dass sie wirklich unter dem Tempel nach etwas suchten. Die Fragen, auf die wir nun eine Antwort brauchten, waren: Was suchten sie, und – noch wichtiger – was haben sie wirklich gefunden?

Andere Autoren haben darüber spekuliert, dass sie nach den verlorenen Schätzen des Tempels suchten, nach dem Heiligen Gral oder sogar nach der Bundeslade selbst. Diese Spekulationen könnten sehr wohl zutreffen, aber wir waren natürlich mehr daran interessiert zu erfahren, was sie wirklich gefunden haben, und nicht, was sie ursprünglich finden wollten.

Neun Jahre lang haben diese neun eifrigen »Schatzjäger« den Ort unterhöhlt, an dem die großen Tempel der Juden standen, und während dieser Zeit haben sie keinem anderen Ritter erlaubt, dem Orden beizutreten, und allein von der Gnade Balduins gelebt.

Es muss alles recht gut vorangegangen sein, während sie sich Jahr um Jahr durch den Felsen wühlten und dem Allerheiligsten immer näher kamen, aber irgendetwas geschah, das den ursprünglichen Plan änderte. Als wir über diese Sinnesänderung nachdachten, dämmerte es uns, dass es wahrscheinlich mehr als ein Zufall war, dass Hugo de Payen nur wenige Monate nach dem Tod ihres Wohltäters im Oktober 1126 westwärts reiste, um zum ersten Mal Rekruten zu suchen. Waren ihnen etwa Geld und Vorräte ausgegangen, bevor ihre unbekannte Aufgabe vollendet war, oder haben sie nur Balduins Tod abgewartet, um ihm keinen Anteil an dem Schatz zukommen lassen zu müssen?

Die Regel des Ordens

Es scheint so, als ob Hugo de Payens Reise von der Furcht um den Fortbestand der Gruppe bestimmt gewesen sei. Ein Brief, den Hugo de Payen in Europa schrieb, zeigt seine Sorge bezüglich der Standhaftigkeit seiner Mitritter in Jerusalem. Darin steht, dass die Berufung der Ritter durch den Teufel geschwächt worden sei, und er zitiert danach Bibelstellen, um die übrigen sieben Ritter zu stärken. Es waren nur noch sieben Ritter am Tempelberg geblieben, weil Hugo de Payen auf seiner Reise von André de Montbard begleitet wurde, dem Onkel des sehr jungen, aber äußerst einflussreichen Abtes von Clairvaux (der später der heilige Bernhard werden sollte). Es muss diese familiäre Verbindung gewesen sein, die sie als erstes zu Bernhard führte, den die Geschichte seines Onkels sehr beeindruckte. Die Worte, mit denen er ihr Hilfersuchen unterstützte, lassen wenig Zweifel daran aufkommen, welche Meinung er von diesen Rittern in Jerusalem hatte:

> Sie gehen nicht einfach in die Schlacht, sondern tun es vorsichtig und überlegt, friedlich, wie wahre Kinder Israels. Aber gleich nachdem der Kampf begonnen hat, stürzen sie sich unverzüglich auf den Feind … und kennen keine Furcht … einer allein hat oft tausend, zweitausend oder sogar zehntausend in die Flucht geschlagen … sie sind sanfter als Lämmer und grimmer als die Löwen; sie besitzen die Milde der Mönche und die Kühnheit der Ritter.

Der zukünftige St. Bernhard verschaffte dem bröckelnden Orden schnell die Aufmerksamkeit von Papst Honorius II., indem er darum bat, dass die kleine Gruppe von Rittern in Jerusalem in seiner Obhut eine »Regel« bekommen sollte, eine eigene Verfassung, die Verhaltensmaßregeln enthielte, sodass sie innerhalb der Kirche Legitimität und einen festen Status bekämen. Das wurde ihnen schließlich am 31. Januar 1128 gewährt, als Hugo de Payen vor dem Konzil von Troyes erschien. Diese illustre Versammlung stand unter dem Vorsitz des Kardinals von Albano, eines päpstlichen Legaten, und darin saßen die Erzbischöfe von Reims und Sens, nicht weniger als zehn Bischöfe und eine Anzahl Äbte, zu denen auch Bernhard gehörte. Der Antrag wurde vorgebracht, und die Tempelritter bekamen das Recht zugesprochen, einen eigenen Mantel – der zu diesem Zeitpunkt nur rein weiß war – zu tragen, und ihre Verfassung.

Jetzt waren sie für die ganze Welt Ritter und Mönche.

Am meisten faszinierte uns an der Regel der Templer nicht das, was darin stand, sondern das, was nicht darin stand. Nirgendwo wurden Pilger und ihr Schutz erwähnt. Seltsam, dachten wir, dass der scheinbar einzige Grund für die Gründung dieses Ordens so vollkommen übersehen wurde! Zu diesem Zeitpunkt waren wir davon überzeugt, dass irgendetwas sehr Seltsames zur Gründung dieses Ordens geführt haben musste.

Die ersten neun Ritter hatten sehr lange gezögert, neue Rekruten aufzunehmen, aber jetzt waren sie dazu gezwungen, denn sie brauchten Geld, mehr Arbeiter und vielleicht sogar Geistliche als Beichtväter. Ihre neue Regel besagte, dass neu eintretende Mitglieder sich ein Jahr lang bewähren mussten. Trotzdem mussten sie gleich einen Eid auf die Armut schwören, sodass ein neuer »Bruder« sein Vermögen sofort dem Orden zu übergeben hatte. Alle Kandidaten mussten ehelich geboren, von adliger Abstammung, frei von Gelöbnissen oder Bindungen und gesund sein. Nach seiner Zulassung gehörte einem Bruder nur noch sein Schwert und nichts sonst, er besaß also nichts mehr außer dem Schwert, das er in den Dienst des Ordens stellte. Wenn er starb, trug sein Grab keine Inschrift, sondern wurde nur mit einem rechteckigen Stein bedeckt, in den der Umriss seines Schwertes geschnitten war.

Gleich nachdem ihnen ihre Regel verliehen worden war, nahm der Einfluss der Templer zu. Sie wurden von unzähligen einflussreichen Landbesitzern unterstützt, und aus allen Ecken der christlichen Welt flossen ihnen Zuwendungen zu. Bernhard hatte den Papst von ihrem Wert überzeugt, und plötzlich wurde es Mode, sie mit Reichtümern zu überschütten. Hugo de Payen und André de Montbard kehrten zwei Jahre nach ihrer Abreise wieder nach Jerusalem zurück, und ihr Erfolg war überwältigend. Diese beiden Ritter waren mit nichts nach Westen gezogen und mit einer päpstlichen Verfassung, Geld, Wertsachen, Landbesitz und nicht weniger als dreihundert rekrutierten Adligen, die Hugo de Payen als Großmeister eines größeren Ordens folgten, zurückgekehrt.

Hugo de Payen musste doch einen Gewinn versprochen haben, um ein so großes Interesse zu erregen und eine solche Unterstützung zu bekommen. Mit wachsender Neugier warfen wir einen genaueren Blick auf das, was heute noch von diesen kriegerischen Mönchen bekannt ist.

Die neuen Mitglieder des Ordens wurden auf Armut, Keuschheit und Gehorsam eingeschworen, aber ob die Regel rückwirkend auf die Gründer angewendet wurde oder nicht, wird nie erwähnt. Sicher ist nur, dass Hugo de Payen weiterhin mit Catherine de St. Clair verheiratet blieb und das erste Präzeptorium der Tempelritter außerhalb des Heiligen Landes auf dem Grundbesitz ihrer Familie in Schottland bauen ließ, eine Tatsache, die sich später als äußerst wichtig erweisen sollte. Novizen waren dazu verpflichtet, sich die Haare zu schneiden, die Bärte aber durften nie gestutzt werden. Daher kommt auch das Bild des Tempelritters mit langem, wehendem Bart. Ihre Verpflegung, ihre Kleidung und alle anderen alltäglichen Dinge wurden von der Mönchsregel bestimmt. Besonders ihr Verhalten auf dem Schlachtfeld unterlag strengen Regeln. Tempelritter durften nie um Gnade bitten oder sich gegen ein Lösegeld austauschen lassen, sondern waren dazu verpflichtet, bis zum Tod zu kämpfen. Rückzug war ihnen nur dann gestattet, wenn die Zahl der Gegner drei zu eins betrug, und obwohl die Geschichte zeigt, dass sie am Ende verloren, steht sowohl in moslemischen wie auch in christlichen Quellen zu lesen, dass ihre Fähigkeiten als Kämpfer geachtet und gefürchtet waren.

Wir waren verblüfft, als wir herausfanden, dass zehn Jahre nach der originalen »lateinischen Regel« die Tempelritter offenbar eine »französische Regel« schrieben, um die ältere durch eine in der Umgangssprache des Ordens zu ersetzen. Die Tatsache, dass sie das Selbstbewusstsein besaßen, das zu tun, macht deutlich, welche Macht die Templer hatten und welche Unabhängigkeit sie genossen. Diese neue Regel enthält ein paar bedeutsame Änderungen, aber interessanterweise wird auch hier der Schutz der Pilger mit keinem Wort erwähnt. In dieser Regel wird die Bewährungszeit von einem Jahr Dauer gestrichen, und man stellte zudem eine sehr wichtige Regel auf den Kopf, was die legale Grundlage des Ordens änderte.

In der lateinischen Regel heißt es in einer Anweisung: »... du musst dorthin gehen, wo nicht exkommunizierte Ritter versammelt sind.« Doch in der französisch übersetzten Regel wird dieser Satz zu: »Wir befehlen dir, dorthin zu gehen, wo exkommunizierte Ritter versammelt sind.« Es ist unmöglich, dass es sich hier einfach um einen Übersetzungsfehler handelt, denn die Geistlichen arbeiteten in ihrer Muttersprache, nicht an einer fremden Schrift, und eine so genaue Umkehrung der Bedeutung wäre doch im Orden aufgefallen – selbst wenn der Schreiber einen dummen Fehler gemacht hätte. Nach dem, was wir heute von der Arroganz der Templer und ihrer vermutlichen Abkehrung von der römisch-katholischen Kirche wissen, drängt sich der Eindruck auf, dass sie es wagten, so etwas zu schreiben, aber wir konnten nichts finden, was auf ihre Gründe dafür hinwies.

Schließlich traf sie doch das Unglück. Der Papst und König Philipp von Frankreich griffen sich den abirrenden Orden und zwangen ihn an einem schrecklichen Tag auf die Knie … am Freitag, dem 13. Oktober 1307. Die Zahl 13 gilt seither als Unglücksbringer, und Freitag der Dreizehnte ist zu einem Datum geworden, an dem ein abergläubischer Mensch im Haus bleibt und sich an seine Glücksbringer klammert.

Das Siegel des Ordens

Das erste Siegel der Tempelritter zeigte zwei Ritter auf einem Pferd, und es wird gewöhnlich behauptet, dass dies ein Hinweis auf die Armut ist, auf die die Mitglieder eingeschworen wurden – sie konnten sich noch nicht einmal für jeden Ritter ein Pferd leisten. Wenn das der Wahrheit entsprochen hätte, hätte das ihrer Kampfkraft wohl großen Abbruch getan. Doch die französische Regel legt fest, dass der Großmeister »vier Pferde, einen Beichtvater und einen Diener mit drei Pferden und einen Leutnant mit zwei Pferden und einen Knappen, der sein Schild und seine Lanze trägt, mit einem Pferd haben muss …« Daraus ist ganz klar ersichtlich, dass Pferde bestimmt nicht knapp waren.

Uns kam der Gedanke, dass dieses Siegel vielleicht die beiden ritterlichen Ränge innerhalb des Ordens repräsentieren könnte. Die einen, höher im Rang, die das Geheimnis der Templer kannten, und die »Hinterbänkler«, die es nicht kannten. Diese Interpretation des Siegels ist natürlich reine Spekulation, aber es scheint ziemlich sicher zu sein, dass die Templer ein Geheimnis zu bewahren hatten, und nachdem sie die zwölfmonatige Bewährungszeit abgeschafft hatten, brauchten sie eine Methode, um sich vor unbewährten und vielleicht nicht vertrauenswürdigen Neulingen zu schützen.

Der Orden bestand nicht nur aus Rittern, sondern es gab in Wirklichkeit unter der Klasse der vollwertigen Brüder noch zwei weitere Abstufungen. Die Angehörigen der ersten Unterklasse sind unter dem Namen »Leutnants« bekannt. Sie wurden aus der arbeitenden Klasse rekrutiert und nicht aus dem Adel, der die Quelle für die Ritter darstellte, und waren Stallburschen, Kämmerer, Wachen und Fußtruppen. Wie ihre Vorgesetzten trugen auch sie ein rotes Kreuz auf dem Mantel, aber dieser war dunkelbraun, nicht weiß, was ihren Mangel an Reinheit im Vergleich zu den Rittern des Ordens widerspiegelte. Schließlich gab es noch die Geistlichen, die sich um das Seelenheil der Ritter kümmerten. Sie waren die einzigen Mitglieder des Ordens, die schreiben konnten. Sie besorgten das Führen der Chronik und den Briefverkehr, wobei sie manchmal stark verschlüsselte Codes verwendeten. Französisch war die Amtssprache der Tempelritter, aber diese vielseitigen Priester konnten die Messe auf Lateinisch halten, danach mit Händlern aus dem Ort auf Arabisch feilschen und waren auch noch in der Lage, das Alte Testament auf Hebräisch und das Neue Testament in Griechisch zu lesen. Sie kümmerten sich um das Seelenheil der kämpfenden Truppe und waren daran zu erkennen, dass sie einen grünen Mantel mit dem Templerkreuz trugen.

Diese Geistlichen segneten Brot und Wein bei der Eucharistiefeier genauso, wie Priester es heute noch tun, aber sie nahmen diese Pflicht so ernst, dass sie angeblich stets weiße Handschuhe trugen, die sie nur dann auszogen, wenn sie während der Messe die Hostie hielten. Da die Hostie den Leib Christi symbolisierte, war es ihnen wichtig, ihn nicht mit profanem Staub zu besudeln, und so trugen sie weiße Handschuhe, damit ihre Hände rein genug blieben, um den Leib Gottes zu halten. Dieses Tragen von weißen Handschuhen war für uns eine offensichtliche Parallele zu dem modernen Freimaurer, der bei seinen Logentreffen immer weiße Handschuhe trägt – ohne dass es hierfür einen erklärbaren Grund gibt. Wir fragten uns nun, ob das wohl eine Verbindung zu den Templern sein könnte.

Eine andere entfernte Verbindung zu den Sitten der Freimaurer von heute ist der Gebrauch von Schaffell bei den Templern. Es war nicht nur ihre einzige Raumdekoration, sondern sie mussten auch ständig enge Hosen aus Schaffell unter ihrer Oberbekleidung tragen. Das sollte ein Symbol für ihre Unschuld und Keuschheit sein. In Zeiten der persönlichen Hygiene ist es ein etwas beunruhigender Gedanke, dass diese selbstgerechten Ritter ihre Hosen noch nicht einmal auszogen, um sich darunter zu waschen. Und wenn man weiter bedenkt, dass viele von ihnen sich in heißen Wüstengebieten aufhielten, muss nach ein paar Tagen – gar nicht zu reden von ein paar Jahrzehnten – ihre Keuschheit schon durch den Geruch völlig gesichert gewesen sein! Obwohl die Freimaurer von heute keine Schaffellhosen mehr tragen, so tragen sie doch bei ihren Logentreffen weiße Schürzen aus Lammfell, was – wie man uns sagte – das Symbol der Unschuld und das Emblem der Freundschaft sein soll.

Es gab noch einen weiteren Punkt, der bei diesem Stand unserer Nachforschungen auf eine mögliche Verbindung zu den Templern hinwies – wir fanden nämlich heraus, dass die Fahne der Templer (Beausant genannt) aus zwei vertikalen Blöcken bestand. Der eine ist schwarz, der andere weiß. Der schwarze Teil symbolisiert die Sünde, die der Ritter hinter sich ließ, als er in den Orden eintrat, und das Weiße spiegelt den Schritt vom Dunkel ins Licht wider. Die modernen Freimaurerlogen haben im Zentrum immer ein schwarzweißes Muster, und bei Logentreffen trägt jeder Bruder einen schwarzen Anzug mit weißem Hemd und schwarzer Krawatte, wenn er nicht wegen unpassender Kleidung hinausgewiesen werden will. Niemand hat je erklärt, warum Freimaurer Lammfell und Schwarz und Weiß tragen, um angemessen gekleidet zu sein. Die einzige Begründung ist, dass »unsere Brüder von alters her so gekleidet waren«.

Obwohl es hier eine Reihe von seltsamen Zufällen gab, machten wir doch kein großes Aufheben um diese Ähnlichkeiten, damit wir unseren Blick nicht auf Dinge fixierten, die wir sehen wollten. Diese Koinzidenzen sind zwar zufällige Beweise, aber wir waren damit zufrieden, dass sie unsere Begeisterung, die Verbindung zwischen den beiden Orden genauer zu untersuchen, anfeuerten. Jetzt bewegte uns eine brennende Frage:

Was hatten die Tempelritter entdeckt, dass sich ihr Orden so rapide vergrößerte?

Wir wissen heute, dass die Templer unter großen Mühen die Ruinen des herodianischen Tempels ausgruben und dass der Niedergang des Ordens mit dem Vorwurf der Häresie begann. Falls die Templer häretischen Glaubenssätzen anhingen und seltsame Rituale durchführten, schien es durchaus möglich, dass der Ursprung dafür in einem Schriftstück oder Schriftstücken lag, die sie gefunden hatten. Falls diese Ritter im zwölften Jahrhundert irgendwelche alten Texte entdeckt haben sollten, erlangten sie durch ihre Interpretation eine einzigartige Stellung. Obwohl man allgemein der Auffassung ist, dass die Ritter Analphabeten waren, so konnten ihre Seelsorger doch viele Sprachen lesen und schreiben, und sie waren berühmt für ihre Fähigkeit, neue Schriften zu entwickeln und zu entschlüsseln. Wir verfolgten weiter diesen Weg und wussten dabei nicht, dass der Beweis für die wichtige Rolle eines Templers direkt vor unserer Nase war – nämlich in dem Ritual eines maurerischen Grades, den keiner von uns beiden erlangt hatte.

4.
Das gnostische Bindeglied

Die frühchristlichen Zensoren

In diesem Jahrhundert sind viele verlorene Manuskripte wieder ans Tageslicht gekommen, wobei die wichtigste Entdeckung wohl die so genannten »Schriftrollen vom Toten Meer« waren, die man 1947 in Qumran fand, sowie die ausführliche Sammlung der so genannten »gnostischen Evangelien«, die man 1945 in Nag Hammadi in Oberägypten entdeckte.

Man kann wohl annehmen, dass in Zukunft noch weitere Entdeckungen gemacht werden und dass in der Vergangenheit viele Entdeckungen gemacht wurden, von denen wir nichts wissen. Die Funde, die vor unserer Zeit gemacht wurden, kann man in drei Kategorien einteilen: diejenigen, die bekannt und verzeichnet sind, diejenigen, die zerstört wurden oder später verloren gingen – und diejenigen, deren Fund geheim gehalten wurde. Vielleicht – so spekulierten wir – hatten die Templer eine Sammlung von Schriften ans Tageslicht geholt, die mit den Funden dieses Jahrhunderts vergleichbar waren, und hatten sie vor der ganzen Welt geheim gehalten.

Die moderne Freimaurerei wird immer wieder als »gnostisch« beschrieben, deshalb beschlossen wir, uns die Nag-Hammadi-Schriften einmal genauer anzuschauen. Vielleicht konnten wir dort Hinweise auf das entdecken, was die Templer gefunden haben mochten.

Die gnostischen Evangelien

Der Begriff »gnostisch« wird heutzutage (von den Christen, die das Wort überhaupt kennen) für eine ganze Bandbreite häretischer Werke verwendet, die die wahre Kirche in der Vergangenheit vielleicht infizierten, dann als Unfug aus anderen Religionen mit Acht und Bann belegt wurden. Es handelt sich aber um eine sehr ungenaue Definition und keine Bezeichnung für irgendeine philosophische Denkrichtung. Schriften, die man als christliche Gnostik bezeichnet, enthalten indische, persische und andere Einflüsse ebenso wie eher traditionelle jüdische Gedanken. Manche dieser Werke sind extrem abartig und enthalten Geschichten darüber, dass Jesus in einem Wutanfall Kinder umbrachte und danach ein paar seiner Opfer wieder auferstehen ließ. Andere wiederum sind klare und einfache philosophische Botschaften, die Jesus zugeschrieben sind.

Der Begriff selbst hat seinen Ursprung in dem griechischen Wort »Gnosis«, was nichts anderes bedeutet als »Wissen« und »Verstehen« – allerdings nicht in dem wissenschaftlichen Sinn, wie wir heute diese Worte benutzen, sondern eher im Sinn einer Erleuchtung, so wie Buddhisten durch Selbstbesinnung und Mitgefühl mit ihrer Umwelt Erleuchtung finden. Sich seiner selbst bewusst zu sein, die Natur und die Naturwissenschaften zu schätzen, das sind für den Gnostiker Wege zu Gott. Die meisten christlichen Gnostiker sahen in Jesus Christus nicht Gottes Sohn, sondern einen Menschen, der diesen Weg erleuchtete – genau so, wie Gautama Buddha und Mohammed von den Anhängern ihrer Religion betrachtet werden. Gnostische Evangelien gibt es schon genauso lange wie die Evangelien des Neuen Testaments, aber diese nicht-kanonischen Werke wurden einer breiteren Öffentlichkeit erst bekannt, als man die Übersetzung von 52 Papyrusrollen aus dem Koptischen veröffentlichte. Sie wurden im Dezember 1945 in der Nähe der Stadt Nag Hammadi in Oberägypten gefunden. Obwohl diese Rollen im vierten Jahrhundert nach Christus entstanden, enthalten einige doch Kopien von Werken, die etwa dreihundert Jahre älter sind. Sie wurden von einem arabischen Jungen, Muhammad Ali al-Samman, und seinen Brüdern in einer versiegelten roten Tonvase gefunden. Die Vase war fast einen Meter hoch und neben einer großen Säule vergraben. Die Brüder zerschlugen die Vase in der Hoffnung, einen Schatz zu finden, entdeckten aber zu ihrer Enttäuschung nur dreizehn Bücher aus Papyrus, in Leder gebunden. Sie nahmen die Bücher mit nach Hause, denn sie waren sehr trocken und sollten als Futter für den Ofen dienen. Glücklicherweise stand dem jungen Muhammad Ali die Polizei ins Haus, deshalb bat er den Priester al-Qummus Basilyus Abd al-Masih, die Rollen zu verstecken, denn er hatte Angst, beschuldigt zu werden, er habe die Texte gestohlen. Natürlich erkannte der Priester, dass die Rollen möglicherweise etwas wert sein könnten, und schickte sie nach Kairo. Dort gingen sie durch die Hände von mehreren Gelehrten und Händlern, bis ein Abschnitt des Thomas-Evangeliums – und zwar ein weit älterer, als bisher bekannt war – in die Hände eines gewissen Professor Quipel der Jung-Stiftung in Zürich gelangte. Dieser Fund entzückte den Gelehrten über alle Maßen, und er fand schnell die Spur der restlichen Bücher, die inzwischen im Koptischen Museum in Kairo gelandet waren. Als er erst einmal Gelegenheit hatte, alle Schriften genauer anzusehen, merkte er rasch, dass er viele unbekannte Texte vor sich hatte, die vor 1600 Jahren vergraben worden waren – in einer Zeit, in der es für die römisch-katholische Kirche um Sein oder Nichtsein ging. Die Texte waren zu jener Zeit zwar bekannt, wurden aber von ekklesiastisch eingestellten Christen als häretisch eingestuft. Wenn diese Dokumente den Siegern dieses Kirchenstreits gehört hätten, dann wäre die Entwicklung der Christenheit wohl anders vonstatten gegangen, und die orthodoxe Form der Religion, wie wir sie heute kennen, würde es gar nicht geben. Das Überleben der organisatorischen und theologischen Struktur der römisch-katholischen Kirche war immer von der Unterdrückung der Gedanken, die diese Bücher enthalten, abhängig.

Die Auferstehung in der Gnostik

Es gab große Unterschiede bei den beiden frühchristlichen Überlieferungen die Auferstehung Jesu betreffend. In dem gnostischen Werk »Traktat über die Auferstehung« wird das Leben als seelischer Tod, aber die Auferstehung als der Augenblick der Erleuchtung, der enthüllt, was wirklich leben heißt, beschrieben. Jeder, der diesem Gedankengang folgt, erhält seelisches Leben und kann sofort von den Toten auferstehen. Den gleichen Gedanken findet man im »Evangelium des Philipp«, das sich über »die dummen Christen« lustig macht, »die die Auferstehung wörtlich nehmen«:

> Die, die behaupten, sie werden erst sterben und dann auferstehen, irren sich. Sie müssen die Auferstehung empfangen, solange sie leben.

Diese Beschreibung einer Auferstehung während des Lebens erinnerte uns beide an das Hauptthema der maurerischen Zeremonie des dritten Grades und ermutigte uns, weiter nach der Ursache des Streites darüber, ob die Auferstehung Jesu wörtlich zu nehmen ist, zu forschen.

Die Auferstehung Jesu und seine Auffahrt gen Himmel wörtlich zu nehmen zeitigte große Konsequenzen. Schließlich beruht die Autorität der römisch-katholischen Kirche auf den Berichten der zwölf Apostel von der Auferstehung und Auffahrt Jesu. Diese in sich abgeschlossene und unwiderlegbare Erfahrung hatte großen Einfluss auf die politische Struktur der frühen Kirche.

Die Führung der Kirche wurde so auf einen kleinen Kreis beschränkt, der unumstößliche Autorität besaß und sich das Recht nahm, seine Nachfolge selbst zu bestimmen. Dies führte zu einer Auffassung religiöser Autorität, die bis heute überlebt hat, nämlich dass nur die Apostel definitiv religiöse Autorität besaßen und dass ihre einzigen legitimen Erben Priester und Bischöfe sind, die sich bei ihrer Ordination auf diese Nachfolge berufen. Selbst heute noch führt der Papst seine Autorität auf Petrus zurück, den ersten unter den Aposteln, der Zeuge der Auferstehung wurde. Diese Sichtweise ist sehr bequem, wenn das Interesse einer Organisation darin besteht, alle religiöse Macht in Händen zu halten. Es lag somit im Interesse der Führer der Urkirche, die Auferstehung buchstäblich wörtlich zu nehmen, weil sie damit selbst zur unfehlbaren Quelle der Autorität wurden. Weil niemand aus den folgenden Generationen den gleichen Zugang zu Christus hatte wie die Apostel, musste jeder Gläubige zur Kirche nach Rom schauen, die ja von den Aposteln gegründet worden war, und musste ihre Bischöfe als Autorität ansehen.

Die gnostische Kirche nannte diese unkritische Ansicht der Auferstehung »den Glauben von Narren« und behauptete, diejenigen, die verkündeten, dass ihr toter Meister leiblich auferstanden sei, würden eine spirituelle Weisheit für ein wirklich geschehenes Ereignis halten. Die Gnostiker zitierten die geheime Überlieferung von Jesu Lehren, wie es in seiner Rede vor den Jüngern im Matthäus-Evangelium aufgezeichnet wurde:

Weil es euch gegeben ist, die Geheimnisse des Reiches der Himmel zu erkennen, jenen aber ist es nicht gegeben. (Mt 13,11b)

Die Gnostiker erkannten, dass ihre Theorie des geheimen Wissens, das nur durch eigene Bemühungen zu erreichen war, auch politische Implikationen besaß. Denn es bedeutete, dass jeder, der »den Herrn« in einer Vision »sah«, für sich die gleiche Autorität wie die Apostel und ihre Nachfolger in Anspruch nehmen konnte.

Wir fanden heraus, dass Irenäus, den man den Vater der katholischen Theologie nennt und der als der wichtigste Theologe des zweiten Jahrhunderts nach Christus gilt, die Gefahren erkannte, die diese Auffassung für die Autorität der Kirche barg:

Sie halten sich für reif, ihre Gnosis für so unvergleichlich, dass sie sogar der Erwähnung von Petrus, Paulus oder einem der anderen Apostel standhält … Sie bilden sich ein, dass sie mehr erkannt haben als die Apostel und dass die Apostel das Evangelium immer noch unter dem Einfluss des Judentums predigten, aber dass sie klüger und intelligenter als die Apostel sind.

Diejenigen, die sich für klüger halten als die Apostel, halten sich auch für klüger als Priester – und was die Gnostiker über die Apostel und besonders über die zwölf Jünger Jesu zu sagen haben, drückt klar aus, welche Haltung sie gegenüber den Aposteln und im besonderen gegenüber den Priestern und Bischöfen, die behaupten, direkte Nachfolger der Apostel zu sein, einnehmen. Aber viele gnostische Lehrer behaupteten auch, einen Zugang zu geheimen Quellen der apostolischen Tradition zu haben, was natürlich von der apostolischen Nachfolge abweicht, die allgemein von den

Kirchen vertreten wird. In der »Apokalypse des Petrus« wird die gnostische Sicht deutlich, als der auferstandene Christus die religiöse Autorität hinterfragt und Petrus erklärt:

… die, die sich Bischof und Diakon nennen und sich benehmen, als stamme ihre Autorität von Gott, sind in Wirklichkeit wie wasserlose Kanäle. Obwohl sie keine Ahnung von Mysterien haben, prahlen sie damit, dass das Mysterium der Wahrheit ihnen allein gehöre. Sie haben die Lehren der Apostel falsch verstanden und haben anstelle einer wahren christlichen Bruderschaft eine falsche Kirche errichtet.

Dieser Standpunkt wurde von den Gelehrten, die die gnostischen Evangelien übersetzt hatten, aufgenommen und erweitert. Uns beiden raubte die politische Bedeutung des Gedankens an eine Auferstehung während des Lebens förmlich den Atem, als wir eines Nachmittags in der Universitätsbibliothek in Sheffield diesen Kommentar von Elaine Pagels in ihrem Buch *Versuchung durch Erkenntnis* fanden:

Auch wenn man die politischen Implikationen der Lehre von der Auferstehung erkennt, erklärt dies noch nicht ihre außerordentliche Wirkung auf die religiöse Erfahrung der Christen. (…) Aber für die Sozialordnung hatte die orthodoxe Lehre (…) ganz andere Wirkung: Sie legitimierte eine Hierarchie von Menschen, deren Vollmacht nun für alle anderen den Zugang zu Gott vermittelte. Die gnostische Lehre war, wie Irenäus und Tertullian erkannt hatten, für diese Ordnung potenziell zerstörerisch: Sie versprach jedem Eingeweihten einen direkten Zugang zu Gott, den die Priester und Bischöfe selbst vielleicht gar nicht kannten.

Wir wissen heute, dass die Interpretation der Auferstehung eine ungeheure Streitquelle in der Urkirche war und dass es eine geheime Überlieferung bezüglich einer seelischen Auferstehung während des Lebens gab, die man einer Gruppe von Christen zuschrieb, die Gnostiker hießen. Sie wurden aus politischen Gründen als Häretiker denunziert, weil ihr Wunsch, Wissen zu erlangen, die Autorität der Bischöfe der orthodoxen Kirche unterminierte.

Die Auferstehung spielt auch eine große Rolle im Ritual des dritten Grades der Freimaurer, aber dort geht es eigentlich mehr um eine Art Wiedergeburt im Leben, vermischt mit der Geschichte eines Mordes, des Auffindens und erneuten Begrabens der Leiche. Was die Auferstehung während des Lebens anging, so hatten wir darüber genug in den gnostischen Evangelien gefunden, aber jetzt benötigten wir mehr Informationen, damit wir Vermutungen darüber anstellen konnten, was die Templer vielleicht gefunden hatten. Zu weiteren Nachforschungen begannen wir also in den Übersetzungen der Nag-Hammadi-Schriften zu lesen. Besonders die Bücher des Thomas gaben uns weitere Hinweise.

Im Evangelium des Thomas fanden wir eine Stelle, die mit den Grundlagen des freimaurerischen Rituals direkt korrespondiert:

Jesus sagte: Zeigt mir den Stein, den die Bauleute verwarfen. Er wird zum Eckstein werden.

Wir wussten bereits, dass es im Neuen Testament ähnliche Stellen gibt:

Jesus sagte zu ihnen: Habt ihr nie in den Schriften gelesen: »Der Stein, den die Bauleute verworfen haben, der ist zum Eckstein geworden; durch den Herrn ist dieser es geworden, und er ist wunderbar in unseren Augen«? (Mt 21,42)

Habt ihr [denn] auch gar nicht dieses Schriftwort gelesen: »Der Stein, den die Bauleute verworfen haben, der ist zum Eckstein geworden«? (Mk 12,10)

Er aber blickte sie an und sprach: Was bedeutet nun dieses Schriftwort: »Der Stein, den die Bauleute verworfen haben, der ist zum Eckstein geworden«? (Lk 20,17)

Diese Zitate aus den synoptischen Evangelien sprechen alle davon, dass Jesus anhand der Schriften die Bedeutung eines verworfenen Ecksteines betonte, aber nur im Evangelium des Thomas verlangt er den Stein, den die Bauleute verwarfen, auch zu sehen, was eine exakte Parallele zu dem Ritual der Meistermaurer darstellt. Das schien auf eine mögliche Verbindung zwischen Freimaurerei und Gnostizismus hinzudeuten.

Außerdem fanden wir in der »Legende des Thomas« die Geschichte, wie der Apostel durch gute Werke auf Erden einen schönen Palast im Himmel baut. Diese Geschichte ist die verkleinerte Ausführung der Begrüßungsrede in der nordöstlichen Ecke im maurerischen Ritual des ersten Grades.

Obwohl diese Punkte sehr interessant waren, schienen sie doch nicht auszureichen, um das Verhalten der Tempelritter zu erklären. Wir entschlossen uns, zunächst die Gründung der Urkirche genauer zu betrachten, denn nur dann – so meinten wir – konnten wir hoffen herauszufinden, was die Templer entdeckt hatten.

Wir hatten vermutet, dass die Templer eine Schriftrolle gefunden hatten, die ihre Sicht der Welt umgeworfen hatte. In dem Bemühen herauszufinden, was sie entdeckt hatten, schauten wir uns eine Reihe von frühchristlichen Schriften an, die man im Allgemeinen die gnostischen Evangelien nennt. Wir schlossen, dass das Konzept »Gnosis« (Wissen) das Gegenteil des kirchlichen »Glauben« ist und dass es sich hierbei um eine Denkart handelt, die gut mit der Freimaurerei zusammenpasst. Wir waren zu dem Schluss gekommen, dass die selektive Doktrin der frühen Kirche ihre Ursache nicht nur in religiöser Meinung, sondern auch in politischer Nützlichkeit hatte. In den Nag-Hammadi-Schriften, die zwischen 350 und 400 vor Christus versteckt und in Ägypten wieder entdeckt worden waren, fanden wir eine sehr unterschiedliche Interpretation vom Wirklichkeitsgrad der Auferstehung Jesu. Hier lebte eine gnostisch-christliche Tradition der lebendigen Auferstehung, die uns sehr an die freimaurerische Zeremonie des dritten Grades erinnerte.

Der Glaube an die wirkliche Auferstehung des Körpers Jesu, der dann in den Himmel aufsteigt, ist ein wichtiger Machtfaktor für die katholische Kirche in Rom. Deren Autorität gründet sich auf die Aussagen der zwölf Apostel, die die Auferstehung bezeugten – ein Erlebnis, von dem alle nachfolgenden Christen ausgeschlossen waren. Dieses einzigartige Zeugnis war die Quelle der Macht des Bischofs von Rom in der Struktur der frühen Kirche und gab ihm die unangefochtene Herrschaft über alle, die glaubten.

Wir haben gnostische Schriften gelesen, die diesen buchstäblichen Glauben an die Auferstehung »den Glauben Verrückter« nannten und verkündeten, dass jeder, der behauptete, sein toter Meister sei wirklich ins Leben zurückgekehrt, eine spirituelle Wahrheit mit einer realen Begebenheit verwechsle. Diese Sichtweise wurde unterstützt durch die Berufung auf eine geheime Tradition von Jesu Lehre im Evangelium des Matthäus. Irenäus, ein Theologe des zweiten Jahrhunderts, hatte darüber geschrieben, wie gefährlich diese Idee von einer rituellen lebendigen Auferstehung für die Macht der bestehenden Priesterschaft sein könnte. Unser Studium der Nag-Hammadi-Texte zeigte uns, dass die Interpretation der Auferstehung eine ungeheure Kontroverse innerhalb der frühen christlichen Kirche hervorgerufen hat. Die Gnostiker, so schlossen wir, waren aus politischen Gründen als Häretiker angeklagt worden.

Ein genaues Studium der gnostischen Evangelien ließ uns immer wieder an das uns so vertraute freimaurerische Ritual denken. Durch diese Entdeckungen ermutigt, beschlossen wir, uns einmal ganz unbefangen die christliche Urkirche etwas genauer anzusehen. Wir begannen damit, indem wir die Einzigartigkeit der Behauptungen, die über Jesus selbst existieren, sammelten.

5.
Jesus Christus:
Mensch, Gott, Mythos oder Freimaurer?

Noch mehr Jungfrauen haben Kinder bekommen

Wenn die Version der Kirche von den Ereignissen, die rund um den Mann, den wir Jesus Christus nennen, passiert sind, historisch nicht so ganz akkurat war, dann kann man wohl erwarten, dass die Mehrheit der damals zeitgenössischen Schriften dieser »offiziellen« Geschichte widersprechen würden. Das war auch wirklich der Fall, wie wir sehr schnell herausfanden, denn die Funde von Nag Hammadi und dem Toten Meer warfen ein ganz anderes Licht auf das, was wir aus dem Neuen Testament zu kennen glaubten.

Ein grundlegendes Problem für die Kirche liegt in der unausweichlichen Tatsache, dass der gesamte zentrale Mythos, um den es hier geht, in die Zeit vor Jesus zurückreicht. Das Gerüst dieses Mythos ist so alt wie die Menschheit selbst – von der jungfräulichen Geburt in der finsteren Höhle bis zum Opfertod, der die Gläubigen rettet – das ist immer wieder für religiöse Leitbilder so aufgeschrieben worden. Das sind nicht nur bloße Ähnlichkeiten – die Geschichten sind absolut austauschbar. Die Geschichte des Mithras – ein Kult, der zu Zeiten des Römischen Imperiums ebenfalls sehr populär war – war so ähnlich, dass die Kirchenväter behaupteten, es müsse sich um ein Werk des Teufels handeln, das Christus lächerlich machen sollte. Die unglückliche Tatsache, dass es den Mithras-Kult schon lange vor der Geburt des christlichen Messias gab, fochten diese gebildeten Menschen nicht an; sie behaupteten einfach, dass der Teufel ein gerissener alter Fuchs sei und die Zeit zurückgedreht habe, um einen Menschen zur Welt kommen zu lassen, der die »offensichtliche« Einmaligkeit der Geschichte Jesu in Misskredit bringen würde. Hier nur eine Auswahl der alten Götter oder Religionsstifter, die zeitlich alle vor Christi Geburt lebten oder wirksam waren:

Gautama Buddha – um 600 vor Christus von der Jungfrau Maya geboren.

Dionysos – griechischer Gott, von einer Jungfrau in einem Stall geboren, verwandelte Wasser in Wein.

Quirinus – Heilsbringer der frühen Römerzeit, geboren von einer Jungfrau.

Attis – von der Jungfrau Nama zirka 200 vor Christus in Phrygien geboren.

Indra – um 700 vor Christus von einer Jungfrau in Tibet geboren.

Adonis – babylonischer Gott, Sohn der Jungfrau Ishtar.

Krischna – Hindu-Gottheit, zirka 1200 vor Christus von der Jungfrau Devaki geboren.

Zoroaster – zirka 1500–1200 vor Christus von einer Jungfrau geboren.

Mithras – am 25. Dezember, etwa 600 vor Christus, in einem Stall geboren. Seine Auferstehung wurde an Ostern gefeiert.

Im Laufe der Jahrhunderte scheinen eine Menge jungfräulicher junger Damen den Söhnen von Göttern das Leben geschenkt zu haben! Der Mithras-Kult bringt Christen, die nicht der Theorie von der Zeitreise des Teufels anhängen, besonders in Verlegenheit. Der Mithras-Kult ist ein syrischer

Ableger des weit älteren persischen Kultes um Zoroaster, der etwa um 67 vor Christus Einzug ins Römische Reich hielt. Seine Glaubenssätze enthielten die Taufe, ein Abendmahl mit sakramentalem Charakter, den Glauben an die Unsterblichkeit, einen Gottessohn, der starb und wieder auferstand, um so als Mittler zwischen Menschen und Gott zu dienen, die Auferstehung, das Jüngste Gericht und Himmel und Hölle. Interessanterweise fanden in den Zeremonien dieses Kultes Kerzen, Weihrauch und Glocken Verwendung. Seine Gläubigen erkannten die Göttlichkeit des Kaisers an und durften neben anderen Kulten ihren Glauben ausüben, wurden aber schließlich von den viel weniger toleranten Christen ausgerottet, obwohl sie die wahren Anhänger Jesu waren, wie wir später herausfanden. Der Jerusalemer Kirche fehlten diese heidnischen Fallstricke, die später von den Römern hinzugefügt wurden, um eine hybride Theologie zu schaffen, die den Bedürfnissen der größtmöglichen Zahl von Bürgern entsprach. Die Römer gingen von folgender Überlegung aus: Wenn die Plebejer ihren Aberglauben nun einmal brauchten, warum ihn dann nicht staatlich kontrollieren?

Die meisten Menschen wissen, dass der Name »Jesus Christus« griechischen Ursprungs ist, aber man macht sich nicht oft die Mühe, sich zu fragen, wie wohl der richtige Name dieses Gottessohnes gelautet haben mag. Sein Geburtsname ist nicht bekannt, aber man ist sich fast sicher, dass er zu Lebzeiten unter dem Namen Jehoshua bekannt war, was bedeutet »Jahwe bringt« und heutzutage etwa die Bedeutung von »der, der Sieg bringen wird« hat. In heutiger Zeit würde er wohl Josua genannt, also den gleichen Namen tragen wie der Mann, der seinem Volk in der Schlacht von Jericho den Sieg brachte, als die Mauern dieser Stadt angeblich durch Posaunenschall zu Fall gebracht wurden. Der Name Jesus ist einfach eine griechische Umsetzung des hebräischen Namens Ichoshua, aber die Beifügung »Christus« macht weit mehr Probleme. Es ist eine griechische Form des jüdischen Titels »Messias«, der man die Bedeutung »er bringt das Heil, indem er die Sünden büßt« hinzugefügt hat – trotz der Tatsache, dass das hebräisch/aramäische Wort einfach »eine Person, die rechtmäßiger König der Juden sein wird« bezeichnet.

Die jüdische Tradition besagt, dass Israels Könige durchaus auch als Messiasse galten. Für die Juden war es die Bezeichnung für einen zukünftigen König oder einen König im Wartestand, und wir können daher sicher annehmen, dass der jüdische Begriff des Messias keine übernatürlichen Implikationen kannte (wie es auch S. Mowinckel in seinem Buch *Han som kommer* betonte).

Es verblüfft dann doch, dass »Messias« nur zweimal in der autorisierten Version des Alten Testaments und gar nicht im Neuen Testament vorkommt. Doch zu Jesu Lebzeiten wurde dieser Begriff sehr populär unter den Juden, denn sie hofften auf eine Zukunft, in der sie sich wieder selbst regieren würden, anstatt unter der Kontrolle von Unterdrückern (sie nannten sie »Kittim«) wie den Syrern, den Babyloniern oder – eben besonders zu dieser Zeit – den Römern zu stehen. Für diese Nationalisten aus dem ersten Jahrhundert vor und nach Christus wäre der Titel »Messias« nie wieder aufgetaucht, nachdem die richtige Person den Thron Israels bestiegen hätte.

Die Tatsache, dass das Wort »Messias« im Neuen Testament nicht gebraucht wird, kann nur dadurch erklärt werden, dass die Übersetzer der frühen Texte immer dann, wenn der hebräische Begriff »Messias« (in der Bedeutung »Retter«) auftauchte, das griechische Wort »Christos« einsetzten. Mit der Zeit ist die Bezeichnung »Christos« zum Synonym für Jesus Christus geworden, obwohl wir wissen, dass sie anfänglich häufiger angewandt wurde.

Für die späteren christlichen Kritiker des jüdischen Glaubens war die hebräische Bedeutung des Wortes »Messias« viel zu passiv und auch zu fremd. Daraus folgt dann, dass die griechische Übersetzung Untertöne eines geheimen hellenischen Kultes birgt und die übernatürliche Kraft, Seelen zu retten und die ganze Welt zu erlösen, ausdrückt. Norman Cohen trifft in seinem Buch *Cosmos, Chaos and the World to Come* die Situation genau, wenn er den jüdischen Messias so beschreibt:

> Er wird höchstens ein großer militärischer Führer und ein weiser und gerechter Herrscher sein, der von Jahwe angeleitet und von ihm ernannt wird, über sein Volk in Juda zu herrschen. Die Bedeutung eines überirdischen Retters in Menschengestalt, die so wichtig im Zoroastrinismus und so zentral im Christentum ist, ist in der hebräischen Bibel völlig unbekannt.

Dass die Christen die Begründung für ihren Glauben aus dem Alten Testament beziehen, muss moderne jüdische Gelehrte ziemlich aufbringen, denn ihnen ist klar, dass ihr Erbe dazu benutzt wurde, einem römischen Mysterienkult, der zum Großteil persischen Ursprungs war, Glaubwürdigkeit zu verleihen. Diese Ausplünderung der zweiundzwanzig jüdischen Texte erfreute sich zu Beginn des zweiten Jahrhunderts großer Beliebtheit, als die Christen nach Begründungen suchten, die die Glaubenssätze ihres Kultes unterstützten.

Die Mitglieder der Urkirche betrachteten sich als Juden, und bis zum Ende des ersten Jahrhunderts sah man allgemein die Christen als jüdische Sekte an. Doch zu Beginn des zweiten Jahrhunderts waren die meisten Christen nichtjüdische Konvertierte aus dem Römischen Reich, die sich überhaupt nicht mehr als Juden betrachteten. Diese kulturellen Freibeuter achteten gar nicht oder nur wenig auf den Kontext oder auf offizielle Interpretationen und zitierten unbekümmert aus jüdischen Texten, die von ihren Eigentümern nicht als Schriftgut angesehen wurden.

Das Alte Testament wurde bereits im dritten Jahrhundert vor Christus ins Griechische übersetzt. Diese Übersetzung heißt Septuaginta (das Kürzel LXX). Die Christen fügten neue Passagen und ganze Bücher ein und besaßen dann noch die Unverschämtheit, die Juden zu beschuldigen, sie hätten diese Stellen aus ihrem Kanon gestrichen! Diese ungeheure Behauptung wurde im christlichen Denken verinnerlicht und führte zu Akten des Vandalismus wie 1242 in Paris, als vierundzwanzig Wagenladungen jüdischer Schriftrollen aus den Synagogen geraubt und dann verbrannt wurden, und 1262, als König Jaime I. von Aragon befahl, alle jüdischen Bücher zu vernichten.

Einige frühchristliche Gelehrte glaubten, dass das Alte Testament ihrer neuen Religion fremd sei, aber die Mehrheit las fantasievoll zwischen den Zeilen, um »offensichtliche« Referenzen an ihren Erlöser zu entdecken. Die zweiundzwanzig Bücher der Heiligen Schrift wurden passend erweitert und so ein »großes« Altes Testament geschaffen. Die Erweiterungen sind: Esra, Judith, Tobit, Makkabäer, Sprüche Salomos, der Prediger Salomo, Baruch, das Gebet des Manasse und im Buch Daniel der Gesang im Feuerofen, die Geschichte Susannas und Bel und der Drache.

Eine Zeit lang waren die Christen mit ihrem »neuen« Alten Testament glücklich, doch als immer mehr ernsthafte Gelehrte wie zum Beispiel Origenes erneut nachforschten und Zweifel laut werden ließen, führte dies zu der Erkenntnis, dass die jüdische Version die einzig korrekte war. Es wurde der Vorschlag gemacht, dass alle neuen Schriften in den christlichen Kirchen vernichtet werden sollten, aber diese Streitfrage wurde schnell von dem allgemeinen Bedürfnis, eine eigenständige Religion mit eigenem Schrifttum zu sein, überdeckt.

Während die Kirche im Allgemeinen den einfachen Weg wählte, hörte die Debatte doch nicht auf, und viele christliche Denker waren noch nicht überzeugt. Im vierten Jahrhundert verbot Kyrill von Jerusalem das Lesen dieser extrakanonischen Bücher (sogar zu Hause), und erst im achtzehnten Jahrhundert – also reichlich spät – unterstützten ein paar führende christliche Denker wie Johannes Damaszenus die Meinung, dass die zweiundzwanzig jüdischen Bücher die einzig wahre Heilige Schrift darstellten.

Die gleichen Menschen, die das Alte Testament bearbeitet hatten, stellten auch das Neue Testament zusammen. Ehe man sich mit den Ereignissen, die zu der Formung dieses relativ künstlichen Blocks brandneuer Schriften führten, näher befasst, muss man unbedingt die jüdische Weltsicht in dieser bedeutsamen Phase ihrer Entwicklung begreifen.

Heutzutage erkennen nahezu alle Menschen der westlichen Welt die Trennung zwischen Politik und Religion an, aber es ist ein Fehler anzunehmen, dass man in anderen Ländern oder zu anderen Zeiten die Dinge ebenso sieht oder gesehen hat. Im modernen Iran gibt es zum Beispiel keinerlei Trennung dieser beiden Bereiche, und die Menschen vor zweitausend Jahren in Judäa und Galiläa hätten einen für verrückt erklärt, wenn man versucht hätte anzudeuten, dass ihre Beziehung zu ihrem Gott etwas anderes sei als der Kampf ihres Volkes. Politik war zu Zeiten Jesu Christi eine ernste theologische Sache, denn die Stabilität der Nation beruhte auf Gottes Haltung ihr gegenüber. Wenn sie sich als würdig erwiesen, bekämen die Juden ihren eigenen König und würden ihre Feinde in der Schlacht besiegen. Seit Hunderten von Jahren waren sie nicht würdig gewesen, Gott hatte sie verlassen und den Launen ihrer Feinde anheim gegeben, aber als die gläubigen Juden begannen, ein strengeres

Leben zu führen, fingen sie an, auf die Ankunft eines Messias zu warten, der den Prozess der Rückkehr zur Selbstbestimmung einleiten sollte.

Es gibt hier einen wichtigen Punkt, den man nicht ignorieren kann: Nirgendwo im Alten Testament wird das Kommen eines Retters der Welt prophezeit. Die Juden erwarteten einen Führer, der in der Nachfolge von David ein irdischer König sein würde – und so gern es einige Christen auch gesehen hätten, war Jesus nicht der Messias aus dem Geschlecht Davids, denn es gelang ihm nicht, der unbestrittene König von Israel zu werden. Für die Juden der damaligen Zeit – Jesus eingeschlossen – gab es keine andere Bedeutung des Wortes. Das ist keine Frage des Glaubens, sondern eine unbestreitbare Tatsache der Geschichte, die keine theologische Debatte zulässt. Die Kirche weiß heute um dieses Missverständnis der Frühzeit und mag ja behaupten, dass ihre »spirituelle« Interpretation wahr und richtig ist – entgegen der Tatsache, dass die Juden dieses Wort in ganz anderem Sinn benutzten. Doch trotzdem – nachdem die Kirche einmal zugibt, dass die christliche und die jüdische Bedeutung des Wortes »Messias« nichts gemein haben, folgt daraus auch, dass die Kirche kein Recht hat, das Alte Testament als Beweisquelle für das Kommen ihres Christus zu benutzen. Das zu tun ist schlicht Betrug. Die Juden erwarteten keinen Gott oder den Retter der Welt, sie warteten einfach auf einen politischen Führer, der aus dem Geschlecht ihres ersten Königs stammte – David. (Anmerkung der Autoren: Wenn es jemals wirklich einen jüdischen Messias gegeben hat, dann kann das nur David Ben Gurion gewesen sein, der Zionist, der 1948 zum ersten König eines eigenständigen jüdischen Staates wurde. Sein moderner Titel lautete zwar Premierminister und nicht König, aber die Wirkung war die gleiche. Ob er aus dem Geschlecht König Davids stammte oder nicht, wissen wir nicht.) Ein weiteres Problem für die gesamte Christenheit ist der Glaube, dass Jesus einer magischen Vereinigung von Jahwe und Maria entstamme. Wie wir bereits gesehen haben, ist diese Vereinigung von Gott und Frau eine uralte Notwendigkeit in den Kulturen des Mittleren Ostens, wenn es um die Zeugung von Halbgöttern geht. Die Rechtfertigung für diese Behauptung der Christen ist der Titel, den Jesus sich selbst gab – »Sohn Gottes«, damals der Titel für jeden, der Anspruch auf den Königsthron erhob. Alle Könige – noch vor den Pharaonen – haben ihr Recht zu herrschen von ihrer göttlichen Abstammung abgeleitet.

Während wir den ganzen komplexen Bereich von der Erwartungshaltung dem Messias gegenüber erforschten, entdeckten wir etwas sehr Seltsames und Interessantes, mit dem sich unseres Wissens noch niemand befasst hat. Es betrifft den Namen des Mörders, der während der Verhandlung anstelle von Christus freigelassen wurde. Wie Sie sich vielleicht erinnern werden, war sein Name Barabbas. Ach, noch ein Name aus der Bibel, mögen Sie jetzt denken, und einer, der auch noch einen schlechten Klang hat ... »Barabbas, der gemeine Mörder, den die bösen Juden anstelle unseres Erlösers freiließen.« Die Forderung der Menge, Christus anstelle eines gewöhnlichen Verbrechers zu kreuzigen, gehört zu den Stellen des Neuen Testaments, die ein Beweis für den »verächtlichen Charakter der Juden« sein sollen – was zu zweitausend Jahren Antisemitismus führte. Doch man muss nur ein wenig über die Sprache dieser Zeit wissen, um zu erkennen, dass »Barabbas« kein Name, sondern ein Titel ist ... der wörtlich übersetzt »Sohn Gottes« bedeutet! »Bar« heißt »Sohn von« und »abba« nichts anderes als »Vater«, was aber in dem Sinne gebraucht wurde – und immer noch wird –, dass es eine Referenz auf *den* Vater, also Gott, darstellt. Das verblüffte uns schon, aber wir waren wie vor den Kopf geschlagen, als wir weiter entdeckten, dass in frühen Manuskripten des Matthäus-Evangeliums, in Vers

27,16, der volle Name dieses Mannes genannt wurde: »Jesus Barabbas.«

Derjenige, der auf den Wunsch der Menge freigelassen und nicht gekreuzigt wurde, war also unbestreitbar im Evangelium als »Jesus, Sohn Gottes« geführt. Die Auslassung des ersten Namensteiles wurde viel später im Matthäus-Evangelium vorgenommen – und zwar von denen, die darauf aus waren, Fakten einzufügen, die zu ihren nichtjüdischen Glaubenssätzen passten. Eine solche Selektion würden wir wohl heute euphemistisch einen »ökonomischen Umgang mit der Wahrheit« nennen, aber eigentlich ist es nichts anderes als ein Betrug, um schwierige Fragen zu vermeiden, die die Kirche weder beantworten wollte noch, was wahrscheinlicher ist, beantworten konnte.

Die Sache verdichtete sich.

In den Evangelien steht, dass dieser andere »Jesus, Gottes Sohn« angeklagt war, ein jüdischer Rebell zu sein, der während eines Aufstandes Menschen umgebracht hatte. Barabbas stand also unter einer ähnlichen Anklage wie Jesus – er war kein Krimineller, sondern ein jüdischer Fanatiker. (So steht es übrigens auch in *Peake's Commentary on the Bible*.)

Wenn man nun diese ganzen Fakten in Betracht zieht, werden die Umstände von Jesu Verhandlung viel komplizierter. Zwei Männer gleichen Namens, mit dem gleichen Ziel und dem gleichen »Verbrechen« – woher sollen wir wissen, wer nun freigelassen wurde? Viele der ältesten christlichen Sekten hängen dem Glauben an, dass Jesus nicht am Kreuz gestorben ist, sondern dass ein anderer an seiner Stelle starb. Die Mohammedaner von heute achten Jesus Christus sehr hoch als einen Propheten, der gekreuzigt werden sollte, sind aber überzeugt, dass ein anderer seinen Platz einnahm. Das Symbol des gekreuzigten Christus ist für die Christenheit absolut zentral, aber viele Gruppen – sowohl zeitgenössische, die das Ereignis erlebten, als auch moderne – halten an der Behauptung fest, dass er so nicht gestorben sei. Könnten sie Recht haben?

Der Beweis, den wir da gefunden hatten, stammte nicht aus einem umstrittenen gnostischen Evangelium, sondern aus dem Neuen Testament, sodass es unseren kirchlichen Kritikern schwer fallen dürfte, diese Wahrheit unter den Teppich zu kehren. Wir zweifeln nicht daran, dass manche so tun werden, als hätten sie unsere Einwände nicht gehört oder dass wir einen Fehler gemacht hätten, der durch Diskussionen wegrationalisiert werden könne – wie es der übliche Weg ist.

Da wir frei von jedem Dogma waren, hatten wir bereits in Erfahrung gebracht, dass die Legende von Jesus, dem Christus, ein Mischmasch übernatürlicher Handlungsstränge war, die man von anderen Religionen übernommen hatte. Aber jetzt begannen wir uns zu fragen, ob die allgemeineren Details von Jesu Leben wohl die Zusammenstellung aus den Lebensläufen zweier Männer sein könnte – genauso wie man glaubt, dass die Figur des Robin Hood aus den Geschichten entstand, die man sich über mehrere angelsächsische Adlige, die sich gegen die normannischen Eroberer auflehnten, erzählte.

Fühlten sich die römischen Besatzer durch den wachsenden Nationalismus in Judäa so bedroht, dass sie gegen alle bekannten Unruhestifter zugleich vorgingen? Die Juden waren ein kleiner, aber beharrlicher Dorn im Fleisch des Kaisers, und der weit verbreitete Glaube an die Ankunft eines neuen Messias, der die Römer aus dem Land werfen würde, machte die Bevölkerung entschieden zu rebellisch. Die Sikari, die bewaffneten fanatischen Zeloten, brachten Juden um, die Freunde Roms waren, und die Bevölkerung wurde immer selbstbewusster, was die Möglichkeit einer Unabhängigkeit von Rom anging. Es wäre also zu erwarten gewesen, dass die Römer die aufkeimende Unruhe im Keim erstickten. Wir können nur darüber spekulieren, was vielleicht passiert ist, um die seltsame Lage zu schaffen, von der im Neuen Testament berichtet wird.

Unser erstes Szenario war, dass zwei konkurrierende Messiasse unterschiedliche Gruppen in Judäa repräsentierten, denn es ist gut dokumentiert, dass es während der ersten beiden Jahrhunderte viele vermeintliche Anwärter auf den Titel eines Messias gab. Was wäre nun geschehen, wenn beide zur gleichen Zeit auf dem Höhepunkt ihrer Popularität gestanden hätten? Beide wären von ihren Anhängern Jesus genannt worden, denn es ist der Name, den man dem Retter des jüdischen Volkes gibt, dem, der den Juden Sieg und künftigen Wohlstand beschert. Zum Zeitpunkt der Verhaftung könnte vielleicht eine dieser messianischen Gestalten unter dem Namen »Jesus, König der Juden« und die andere als »Jesus, Gottes Sohn« bekannt gewesen sein. Als diese Kriminellen dann öffentlich vorgeführt wurden, ist Pontius Pilatus vielleicht aufgegangen, dass die Situation ziemlich explosiv wurde, und da er ein Blutbad fürchtete, in dem er eines der Opfer hätte sein können, bot er an, einen dieser gefangenen Messiasse freizulassen. Die Menge hatte zwischen ihrem königlichen Messias und dem priesterlichen Messias zu wählen – und sie wählte den letzteren.

Wir nennen dieses Szenario »Schrödingers Katzentheorie des Messias«, nach dem berühmten logischen Experiment, das zeigt, wie zwei verschiedene Ergebnisse in der seltsamen Welt der Quantenmechanik nebeneinander existieren können, denn man kann unmöglich sagen, ob der »echte« Jesus des christlichen Glaubens nun gekreuzigt oder freigelassen wurde. Die Geschichten der beiden Männer sind heute so vollständig miteinander verknüpft, dass die christlichen Sekten, die behaupten, Jesus sei nie gekreuzigt worden, völlig Recht haben – und auch die Kirche, die sagt, dass er gekreuzigt wurde, nicht im Unrecht ist.

Unser zweites Szenario basierte darauf, dass es eine traditionelle Notwendigkeit für das Vorhandensein von zwei messianischen Gestalten gab, die Hand in Hand für den endgültigen Sieg Jahwes und seines erwählten Volkes arbeiteten. Ein königlicher Messias aus dem Stamm Juda und dem Geschlecht Davids würde von einem priesterlichen Messias aus dem Stamme Levis unterstützt. Das nahmen wir so an, weil jüdische Priester der Tradition folgend immer Leviten sein mussten. Diese Theorie vermutet, dass zu dem Zeitpunkt der Verhandlung beide verhaftet und als Aufrührer angeklagt wurden. Der Jesus aus dem Königsgeschlecht Judas starb am Kreuz, während der Jesus aus dem Priestergeschlecht der Leviten freigelassen wurde.

Wer war nun wer? Der Jesus, der von Maria geboren wurde, behauptete, ein Messias zu sein, weil er aus dem Königsgeschlecht Davids stammte und angeblich in der Stadt Davids, in Bethlehem, zur Welt kam. Doch wie man in der Einleitung des Neuen Testaments diese Abstammung nachlesen kann, so basiert sie auf der von Marias Ehemann Josef, der nach dem christlichen Glauben ja wohl nicht der Vater Jesu war! Ein grausamer logischer Schluss: Wenn er der Sohn Gottes war, konnte er nicht der königliche Messias sein!

Der Jesus, den Maria zur Welt brachte, konnte also nicht der königliche Messias sein, wohl aber bestand die Möglichkeit, dass er die priesterliche Version verkörperte, denn seine Mutter war mit Johannes dem Täufer verwandt, der Levit war, also muss auch Jesus levitisches Blut gehabt haben. Wenn diese Argumente nun auf »unseren« Jesus zutrafen, wäre es klar, dass nicht er am Kreuz gestorben ist.

Mit dieser Geschichte vom »doppelten Jesus« waren wir auf eine offensichtliche Unstimmigkeit in der christlichen Auffassung vom Messias gestoßen, aber wir kamen zu diesem Zeitpunkt nicht weiter und konnten nur die beiden Szenarios als mögliche Lösungen diskutieren. Erst als wir ein großes freimaurerisches Rätsel lösten, stand uns die Lösung klar vor Augen, aber davon werden wir später in diesem Buch erzählen.

Die jüdische Gesellschaft zur Zeit des ersten Jahrhunderts

Die drei Hauptgruppen der Bevölkerung von Judäa im ersten Jahrhundert waren Sadduzäer, Pharisäer und Essener. Die ersten beiden werden in den Fußnoten der Douay-Bibel wie folgt definiert:

> Pharisäer und Sadduzäer. Das waren die beiden Sekten bei den Juden. Die ersteren waren zum Großteil berüchtigte Heuchler; die letzteren waren eine Gruppe religiöser Freidenker.

Es ist bemerkenswert, wie ungenau diese karge Information ist!

Die Sadduzäer bildeten durch ererbtes Recht die priesterliche und aristokratische Verwaltung von Jerusalem. Was ihre religiösen Ansichten anging, waren sie sehr konservativ, glaubten nicht an ein Leben nach dem Tode und betrachteten zweifelsfrei die komplexen Ansichten und Taten der Pharisäer als das Werk abergläubischer Narren. Sie führten das Land eher im römischen Sinn als im jüdischen, waren also das, was wir heute Kollaborateure nennen würden. Sie vertraten die Ansicht, dass jeder die Freiheit habe, sein Schicksal zu bestimmen, und im Gegensatz zu den Pharisäern glaubten sie, dass Geschichte nicht Teil eines göttlichen Planes sei, sondern ihren eigenen Weg nehme. Es ist gut dokumentiert, dass sie – obgleich sie reich waren und hoch oben auf der gesellschaftlichen Rangleiter standen – ungebildet, grob und extrem hart zu jedem waren, der das Gesetz brach oder sich in ihre Verwaltung einmischte. Sie waren keine Männer mit Idealen und Ideen, aber sie regierten das Land und nutzten alles zu ihrem Vorteil. Fairerweise muss gesagt werden, dass sie sich wahrscheinlich nicht von der herrschenden Klasse in den meisten Ländern bis heute unterschieden, aber sie als »religiöse Freidenker« zu bezeichnen, das ist nun so weit von der Wahrheit entfernt wie nur irgend möglich.

Andererseits waren die Pharisäer streng genommen eigentlich keine Priester. Aber sie befolgten gläubig die Gebote und versuchten, sie in jedem Bereich ihres Lebens anzuwenden. Um die Gesetze völlig zu befolgen, hatten sie sich zur Unterstützung Interpretationen geschaffen, durch die jede Handlung genau bestimmt wurde. Sie schufen hohe Vorgaben, die heute die Grundlagen für das orthodoxe Judentum bilden, und ob jemand ihrem Glauben anhing oder nicht, war ihnen ziemlich egal. Traditionell war es so, dass die Anbetung Jahwes auf den Tempel von Jerusalem beschränkt war und unter Kontrolle des Hohen Priesters stattfinden musste, aber es waren letztendlich die Pharisäer, die die Grundlage für das System mit Rabbi und Synagoge schufen, sodass die Juden auf der ganzen Welt Zugang zu ihrem Gott haben können.

Heutzutage leben die Ängste und Hoffnungen der Pharisäer im orthodoxen Judentum fort. Auf der ganzen Welt wird kein orthodoxer Jude am Sabbat Geschäfte machen oder Auto fahren, ein öffentliches Verkehrsmittel benutzen, einen Kinderwagen schieben, nähen oder flicken, Fernsehen gucken, kochen oder einen Schwamm ausdrücken, und sie werden auch keine Türklingel drücken oder einen Aufzug benutzen. Kürzlich wurde der jüdische Manager eines kosheren Hotels im südenglischen Ferienort Bournemouth entlassen, weil er am Samstagmorgen den Schalter der Zentralheizung gedrückt hatte. Die Tatsache, dass seine Gäste möglicherweise an Unterkühlung gestorben wären, war keine Entschuldigung für dieses offene Vergehen gegen das Gesetz der Thora, die »das Entfachen von Feuern« am Sabbat verbietet.

Die Essener waren eine geheimnisvolle Gruppe. Erst als 1947 in den Höhlen von Qumran in der Wüste, etwa dreißig Kilometer östlich von Jerusalem, die Schriftrollen vom Toten Meer gefunden wurden, lüftete sich der Schleier. Die Schriftrollen erzählen uns eine Menge über diese seltsamen Männer, die vom zweiten Jahrhundert vor Christus bis 68 nach Christus in einem wüsten Felsental lebten. Es gibt Beweise dafür, dass bis 136 nach Christus (das Jahr des letzten großen Aufstandes der Juden mit einem anderen Jesus als Führer) eine kleinere Gruppe weiter in den Höhlen lebte, aber man weiß nicht genau, ob diese Menschen Essener waren.

Die Regeln der Essener waren so streng, dass die Pharisäer neben ihnen wie eine Bande sorgloser Hedonisten wirken. Obwohl bekannt ist, dass die Essener und die Urkirche viel gemeinsam hatten, hat die römisch-katholische Kirche stets eine Verbindung zwischen beiden bestritten. Eines der bekanntesten Bindeglieder war die Endzeiterwartung, die beide teilten. Beide erwarteten, dass ihre Welt abrupt und vollständig untergehen würde.

Der Hauptunterschied der Essener gegenüber Sadduzäern und Pharisäern war der, dass man durch freie Entscheidung als Erwachsener Mitglied bei den Essenern wurde und nicht durch Geburt. Die Essener von Qumran hielten sich für die einzig wahren Verwalter der rechten religiösen Lehren Israels und glaubten, dass sie durch ihren priesterlichen Gründer – in den Schriftrollen »der Lehrer der Gerechtigkeit« genannt – einen »neuen Bund« geschaffen hätten, die ultimative und endgültige Form einer perfekten Allianz zwischen dem Volk Israel und seinem Gott. Dieses großartige Arrangement war allein für die Mitglieder der Gemeinschaft reserviert, die sich strikt an alle 613 Gebote des Gesetzes hielten und von einem tiefen Glauben an ihre Unwürdigkeit erfüllt waren. Wie die Pharisäer glaubten auch sie an die Engel und daran, dass Gott ihre Bruderschaft mit zu den Söhnen des Himmels zählte.

Dass die Autoren der Schriftrollen vom Toten Meer, die wir heute die Gemeinde von Qumran nennen, Essener waren, ist über jeden Zweifel erhaben. Und dass diese Leute Nasoräer, also Angehörige der Jerusalemer Kirche waren, wurde uns bald sehr klar. Die Beweise, dass diese Gruppen letztlich ein und dasselbe waren, sind vielfältig, und das Argument der Kirche, dass sie alle noch unterschiedlich waren, scheint nur ein Versuch zu sein, die »Einmaligkeit« Jesu zu schützen, denn die Schriftrollen vom Toten Meer erzählen ja eine ganz ähnliche Geschichte wie die seine, allerdings ohne ihn auch nur einmal zu erwähnen. Wenn die Kirche von heute akzeptieren sollte, dass die Qumraner die Jerusalemer Kirche waren, dann müsste sie erklären, warum ihr Menschensohn nicht Führer dieser Gemeinschaft war.

Jeder, der die Schriftrollen vom Toten Meer liest, kann erkennen, dass sie eine Gruppe mit einer einheitlichen Weltsicht beschreiben, die die gleiche Terminologie benutzte und den gleichen eschatologischen Glaubenslehren anhing wie die Jerusalemer Kirche. Experten, wie zum Beispiel Professor Robert Eisenman, haben bewiesen, dass der Führer der Qumraner Gemeinde in den Jahren um 40–60 nach Christus Jakobus der Gerechte war, der Bruder Jesu, der nach Meinung der Kirche der erste Bischof von Jerusalem war.

Wie hat Jakobus seine Zeit zwischen den beiden Gruppen aufgeteilt? Von einem zum anderen Tag oder vielleicht morgens hier, nachmittags dort? Wohl kaum. Die unausweichliche Antwort darauf lautet wohl, dass es sich um dieselbe Gemeinde handelte. In den letzten drei Jahrzehnten dieses

Bestehens war die Gemeinde von Qumran die Kirche von Jerusalem.

Die Essener waren geistig gesehen ultrakonservative Juden, aber auf eine gewisse Art und Weise waren sie über alle Maßen progressiv und kreativ. Das Vokabular der Qumraner ist in der christlichen Literatur präsent, und Missdeutungen ihrer ursprünglichen Bedeutung haben die unterstützt, die dem Strom des Judaismus nichtjüdische Götter hinzufügen wollten. Das neue Vokabular der Qumraner hielt im ersten Jahrhundert vor Christus Einzug in die theologische jüdische Kultur und entwickelte sie im ersten Jahrhundert nach Christus weiter, als Targum-Schriften Allgemeingut waren. Targum war die Übersetzung der hebräischen Bibel ins Aramäische, die Sprache der Juden zur Zeit von Jesus, dem Christus. Obwohl Gottesdienste in Hebräisch gehalten wurden, verstanden es doch nur wenige, und so wurde simultan frei ins Aramäische übersetzt, damit der gewöhnliche Gläubige es verstand. Die Übersetzer benutzten Begriffe und Phrasen, die im Licht der zeitlichen Umstände verständlich waren, und deshalb bezogen sich qumranische Begriffe im christlichen Ritual, wie zum Beispiel »Dein Reich komme«, »das Reich des Herrn«, »das Reich Gottes« und »das Reich des Hauses David«, alle auf den gleichen politischen Bereich. George Wesley Buchanan bemerkt in seinem Buch *Jesus – The King and His Kingdom:*

> Als Jesus angeblich gesagt haben soll »Mein Reich ist nicht von dieser Welt« (Joh 18,36), da meinte er nicht damit, dass es im Himmel wäre. Im Evangelium des Johannes werden alle Menschen in zwei Gruppen aufgeteilt: 1) die von dieser Welt, und 2) die, die nicht von dieser Welt sind. Zu den zweiten gehörten Jesus und die, die an ihn glaubten. Sie lebten auf der Erde. Sie waren nicht im Himmel, aber auch keine Heiden. Sie gehörten zur »Kir-

che«, die einen Gegensatz zur »Welt« bildete. Zur »Welt« gehörten alle Heiden und die, die nicht an ihn glaubten.

Wir können erkennen, dass die Begriffe, die zu jener Zeit verwendet wurden, einfache, politische Statements waren. Wenn man sich der Unabhängigkeitsbewegung anschloss, so befand man sich im »Reich Gottes«, und wenn nicht, dann lebte man in der gewöhnlichen »Welt«. In Lukas 17, 20–21 fragt ein Pharisäer Jesus, wann das Reich Gottes denn kommen würde, und er erhält die Antwort:

> Das Reich Gottes kommt nicht so, dass man es beobachten könnte. Man wird auch nicht sagen: Siehe, hier! Oder: Dort! Denn siehe, das Reich Gottes ist in eurer Mitte.

Die Begriffe »Himmelreich« und »Reich Gottes« hatten für die, die sie ursprünglich benutzten, eine ganz klare und einfache Bedeutung, aber als sie von nichtjüdischen Christen übernommen wurden, dachten die neuen Benutzer glücklich an ein Paradies, in das gute Menschen, nachdem ihr Leben vorbei ist, kommen und dort möglicherweise wieder vereinigt mit ihren Lieben endlos froh sind. Die evangelische Sekte Jehovas Zeugen bringt Schriften heraus, in denen das Leben nach dem Tode als ein niemals endendes Picknick an einem idyllischen Platz beschrieben wird. Da das Wort »Paradies« ein altes persisches Wort ist, das »Park« oder »Tiergarten« bedeutet, ist diese Interpretation nicht weit von einer wörtlichen Übersetzung entfernt, aber es ist sehr weit weg von dem, was jener Jesus (der Siegbringer) im ersten Jahrhundert lehrte. Das aramäische Wort, das »Reich« bedeutete, wurde bei der Übersetzung ins Griechische ebenfalls falsch verstanden, denn in diesem Kontext kann es auch »Regierung« oder »Herrschaft« heißen, und wenn man die vollständige Bedeutung des Wortes anschaut, so heißt es:

»Das Land Israel regiert nach dem mosaischen Gesetz.« Wenn Jesus und seine Zeitgenossen also vom »Kommen des himmlischen Reiches« sprachen, dann meinten sie damit einfach nur »den Zeitpunkt, an dem wir bald die Kittim (die fremden Besatzer) und ihre Marionetten aus Judäa hinausschmeißen und uns wieder der strengen Beachtung der jüdischen Gesetze widmen«. Die Religiösesten unter ihnen waren der Meinung, diese Probleme wären entstanden, weil Jahwe sie verlassen hätte, da sie die Gesetze Mose nicht beachtet hätten. Die einzige Buße für alles, was sie plagte, war für sie, jeden Buchstaben des Gesetzes einzuhalten.

Die schlagenden Beweise der Schriftrollen vom Toten Meer

Die Verbindungen zwischen den Begriffen, die im Neuen Testament benutzt werden, und den Schriftrollen vom Toten Meer sind offensichtlich, aber die römisch-katholische Kirche hat von Anfang an versucht, sie herunterzuspielen. Die Entzifferung der Schriftrollen wurde unter Leitung einer römisch-katholischen Gruppe durchgeführt, zu der Pater de Vaux, Pater Milik, Pater Skehen, Pater Puech und Pater Benoit gehörten. Mitarbeiter, die nicht zu dieser Gruppe gehörten, beklagten, dass sie an viele der Schriftrollen einfach nicht herangelassen wurden. John Allegro und Edmund Wilson stellten übereinstimmend fest, dass sie das Gefühl hatten, man wäre darauf aus, die Gemeinde von Qumran von der Urkirche abzugrenzen, obwohl immer mehr Beweise für Gemeinsamkeiten vorhanden wären. So schreiben es M. Baigent und R. Leigh auch in ihrem Buch *The Dead Sea Scrolls Deception*.

Pater de Vaux vertrat entschieden die Ansicht, dass die Gemeinde von Qumran sich völlig vom Christentum unterschieden habe. Er bemerkte auch, dass Johannes der Täufer nicht als Christ, sondern nur als Vorläufer des Christentums betrachtet werden könne, da er den Lehren von Qumran so eng verbunden gewesen sei.

Aus dem Neuen Testament ist aber klar ersichtlich, dass Johannes der Täufer die zentrale Figur für Jesu Sendung gewesen ist, und eine solche Verbindung kann man eigentlich nicht herunterspielen. De Vaux ignorierte auch schlankweg die Tatsache, dass beide Gruppen tauften, ihre Besitztümer teilten, einen Rat der Zwölf besaßen, sich mit messianischen Figuren befassten und auf das »Reich Gottes« hofften. Am 16. September 1956 schrieb John Allegro in einem Brief an Pater de Vaux folgendes:

> ... Sie sind unfähig, das Christentum objektiv zu betrachten ... Sie erzählen munter, was die ersten Judenchristen in Jerusalem dachten, und niemand würde vermuten, dass Ihre einzige Quelle – wenn man sie überhaupt so nennen kann – das Neue Testament ist.

Pater de Vaux und sein Team konnten gar nicht anders, als diese neuen Schriftrollen im Licht ihres Glaubens zu sehen, und sie verdrehten die Fakten – ob nun bewusst oder unbewusst, sei dahingestellt –, um zu beweisen, dass die Gemeinde von Qumran und die Nasoräer keinerlei Verbindung miteinander hatten.

Dieser Täuschung verfallen wir heute nicht mehr.

Für uns war es unabdingbar, dass der Mann, der Jesus, der Christus war, während der dreißiger und vierziger Jahre des ersten Jahrhunderts eine führende Gestalt in Qumran gewesen sein musste. Die Gemeinde war klein – manche behaupten, es wären nie mehr als zweihundert Personen gewesen –, und wahrscheinlich gab es nie mehr als insgesamt viertausend Essener. Sie stellten einen Bund von Gleichgesinnten dar, die ihr Heil darin sahen, heilig und wie Mönche zu leben, obwohl sie keine geweihten Priester waren. Das beinhaltete einen Lebensstil, der extrem hierarchisch war – vom Wächter oder Großmeister bis hinunter zu solch niedrigen Wesen wie verheirateten Männern oder, noch schlimmer, Frauen, besonders menstruierenden Frauen. Frauen, die diese Zeit ihres Körperzyklus erreicht hatten, mussten sich unsichtbar machen. Fortpflanzung war unglücklicherweise eine Notwendigkeit des Lebens, und diejenigen, die sich der Fleischeslust hingaben, mussten sich einer gründlichen Reinigung unterziehen, ehe sie wieder in die Gemeinschaft zurückkehrten.

Es gab verschiedene Grade der Zugehörigkeit, die von einem breiteren Kreis Außenstehender bis zu denen, die zum inneren Heiligtum Zutritt hatten, reichte. Um zu den höheren Weihen zugelassen zu werden, musste man schwören, alles geheim zu halten. Diese Schwüre waren mit schrecklichen Strafen gekoppelt, sollte man die Geheimnisse der Bruderschaft verraten. Das klingt sehr nach den Freimaurern, aber es gibt einen Unterschied – die Qumraner äußerten diese Drohungen nicht nur so zum Spaß. Sie meinten es ernst.

Die Leute von Qumran waren von großem Interesse für uns. Sie trugen weiße Roben, schwuren, arm zu bleiben, waren unter Androhung schwerster Strafen zur Geheimhaltung verpflichtet und hatten geheime Kenntnisse. Wir bauten uns das Bild einer revolutionären jüdischen Gruppe auf, zu der wahrscheinlich auch Jesus gehört hatte und die im Mittelpunkt der jüdischen Revolte stand, die letztendlich zur Zerstörung des Tempels und Jerusalems führte.

Wir hatten zweifelsfrei festgestellt, dass die Templer die Ruinen des herodianischen Tempels ausgruben, und was immer sie auch gefunden haben mochten, musste zwischen Anfang des ersten Jahrhunderts, als noch am Tempel gebaut wurde, und vor 70 nach Christus, als er zerstört wurde, verborgen worden sein. Somit blieben siebzig Jahre, in denen

das Material versteckt worden war. Die berühmte Kupferrolle, die in Qumran entdeckt wurde, berichtet, wie die Gemeinschaft ihre Schätze und Schriften kurz vor dem Jahr 70
nach Christus unter dem Tempel versteckte, und deshalb
müssen wir nicht spekulieren, wessen Schriftrollen die
Templer fanden. Und wenn wir Recht damit hatten, dass
die Gemeinde von Qumran und die Urgemeinde von Jerusalem ein und dasselbe waren, dann besaßen die Templer
wohl die ursprünglichsten »christlichen« Dokumente, die
man sich nur denken kann – weit bedeutender als die synoptischen Evangelien!

Das wichtigste Bindeglied zwischen den Essenern von
Qumran, den Tempelrittern und den Freimaurern ist wohl
die Tatsache, dass das zentrale Anliegen von allen dreien der
mystische und reale Aufbau des salomonischen Tempels ist
und war. Ein Zufall scheint hier eher unwahrscheinlich zu
sein, und es kann sich auch nicht um einen Fall von betrüge-
rischer Verbindung handeln – zumindest was die Freimaurerei angeht –, denn die Großloge von England lehrte bereits
über zweihundert Jahre vor Entdeckung der Schriftrollen
vom Toten Meer über den Bau eines spirituellen Tempels.

Als wir uns die Gnostiker näher anschauten, hatten wir herausgefunden, dass es zwischen ihnen, dem Neuen Testament und der Freimaurerei eine Verbindung gab, denn alle
drei erwähnen einen Eckstein. Als wir uns die Texte von
Qumran ansahen, fanden wir erneut diesen Hinweis. Robert
Eisenman und Michael Wise weisen in ihrem Buch *Jesus und
die Urchristen* ebenfalls auf diese Beobachtung hin:

Lesern, die mit dem Neuen Testament vertraut sind, wird
sogleich auffallen, dass »Tempel« und »Gemeinde« hier
grundsätzlich parallel laufen, denn so wie Jesus selbst in
den Evangelien und bei Paulus als »Tempel« dargestellt
wird, zeichnet die Gemeinderegel, die sich einer ver-

gleichbaren spiritualisierten »Tempel«-Metaphorik in VIII, 5–6 und IX, 6 bedient, den Rat der Gemeinde als »Allerheiligstes für Aaron und einen Tempel für Israel«. Diese Metaphorik ist, wie wir sehen werden, in Qumran weit verbreitet, einschließlich der begleitenden Anspielungen auf »Buße«, »angenehmen Wohlgeruch«, auf »Eckstein« und »Fundament/Gründung«.

Die Familie Jesu

Ein schwerwiegendes Problem, das die Kirche nur ungern anspricht, ist die Tatsache, dass Jesus Brüder hatte – und wahrscheinlich auch Schwestern. Erwähnungen der Brüder Jesu finden sich in vielen Dokumenten des ersten und zweiten Jahrhunderts, auch im Neuen Testament. Geschwister zu haben ist ziemlich normal, aber wenn angenommen wird, dass man der Sohn Gottes ist, so erhebt sich die Frage, wer der Vater der anderen war. Glücklicherweise deuten die Beweise, die noch zu finden sind, darauf hin, dass Jesus der Älteste war, sodass eine jungfräuliche Geburt nicht sofort ausgeschlossen werden kann – zumindest nicht auf dieser Grundlage. Dieses Bruder-Problem ist seit langem bekannt, und es gibt in der Hauptsache drei Theorien zur Klärung der Situation:

Die »helvidische« Sicht gibt zu, dass es in der Tat Brüder von Christus gab, die »epiphanische« These behauptet, dass sie Josephs Söhne aus einer früheren Ehe wären, und die von schierer Verzweiflung geprägte Theorie des Hieronymus tut kund, dass der Begriff »Bruder« eigentlich Vetter bedeutet. Trotz der Tatsache, dass die Bibel öfter Christi Brüder erwähnt, macht die römisch-katholische Bibelversion von Douay klar, welcher dieser Theorien sie den Vorzug gibt, denn in den Erläuterungen steht zu lesen:

… Helvidius und andere Häretiker haben in ihrer Unfrömmigkeit in Betracht gezogen, dass die gesegnete Jungfrau Maria neben Christus noch andere Kinder hatte.

Die Autoren scheint nicht zu stören, dass in Matthäus 13, 55–56a steht:

Ist dieser nicht des Zimmermanns Sohn? Heißt nicht seine Mutter Maria und seine Brüder Jakobus und Joseph und Simon und Judas, und sind nicht seine Schwestern alle bei uns?

Die Reaktion der Autoren der Douay-Bibel ist erfindungsreich, wenn sie auch den kritischen Leser alles andere als überzeugt:

Dies waren die Kinder Marias … der Schwester unserer Muttergottes, und deshalb wurden sie, in der üblichen Schreibweise der Schrift, Brüder genannt, was nahe Verwandte unseres Erlösers bedeuten soll.

Wenn auch nur ein Funke Wahrheit in dieser seltsamen Erklärung steckt, müsste es einem trotzdem auffallen, dass Jesu Großeltern mütterlicherseits nicht gerade mit Fantasie begabt waren, wenn sie zwei Töchtern den Namen Maria zudachten. Heute ist es allerdings fast überall akzeptiert, dass Jesus Brüder und Schwestern hatte. Sein jüngerer Bruder Ja'acov (in den griechischen Versionen der Bibel Jakobus gerufen) überlebte Jesus um annähernd dreißig Jahre und war, wie wir später entdeckten, verantwortlich dafür, die wahre Lehre zu bewahren, sodass sie schließlich angesichts unglaublicher Widerstände doch triumphieren konnte.

Wir wussten inzwischen, dass es einen großen Unterschied gab zwischen der Urgemeinde von Jerusalem und der späteren Organisation, die sich einfach ihr Kleid anzog, nachdem die Urgemeinde im Krieg mit den Römern ausgelöscht worden war. Wir schauten uns die Schriften der Leute an, die die römisch-katholische Kirche die »frühen Kirchenväter« nennt, und auch die späterer Kirchenführer, und wir waren entsetzt über die Verwirrung, die Missverständnisse und die abstrusen Gedanken, die es im Laufe der Jahrhunderte so gab. Doch wir entdeckten auch manche verblüffend ehrliche Bemerkung. So soll Papst Leo X. (der Papst, der Heinrich VIII. von England zum »Verteidiger des Glaubens« ernannte) gesagt haben:

Dieser Christusmythos hat uns wohl gedient.

Seit dem Fall Jerusalems im Jahre 70 nach Christus hatte der Glaube, den man Christentum nannte, sehr schnell begonnen, sich von seinen jüdischen Wurzeln zu lösen, und bald war jede klare Sicht auf den Helden namens Jehoshua durch fremde Mythen und Legenden verstellt. Alte heidnische Geschichten wurden zuhauf in die Geschichte des Mannes gepackt, der nur versuchte, der König zu werden, der sein Volk rettet. In Rom wurde die Legende von Romulus und Remus mit zwei neuen, geringeren Göttern neu erzählt – es waren die großen Heiligen Petrus und Paulus. Der Sonnengott Sol hatte seinen Geburtstag am 25. Dezember, und man hielt es für passend, Jesus und ihn am gleichen Tag zu feiern. Der Sabbat war jetzt der Tag des Sonnengottes – Sonntag –, und das Symbol der Sonne wurde hinter die Köpfe der Göttlichen und Heiligen gestellt – in Form des Heiligenscheins.

Die Bürger des Imperiums fanden Vertrautes und Beruhigendes in der neuen Religion – wenn es ihnen in diesem Leben nicht so gut ging, würde es ihnen im nächsten besser ergehen. Sie dachten nicht allzu viel über die logische Struktur dieses Glaubens nach. Wie für viele Menschen seit Anbeginn der Welt war Logik für sie nutzlos, sie zogen es vor, sich am Gefühlvollen zu erfreuen. Sie baten ihren – inzwischen gab es nur noch einen – Gott in Zeiten der Not um Hilfe und lobten ihn, wenn es ihnen gut ging. Das Christentum wurde zu einem rituellen Kult anstatt zu einem ideellen, und die Theologie wurde zum Hinterbänkler der politischen Kontrolle. Die kalte Hand der Kirche von Rom war dabei, die Welt in ein dunkles Zeitalter zu führen, das tausend Jahre währen sollte.

Das Römische Imperium war ungeheuer erfolgreich gewesen, doch trotz seines rücksichtslosen Vordringens konnte seine Macht nicht ewig währen. Es fing gerade an, als kulturelle Macht zu zerbröckeln, als man herausfand, dass es viel effektiver war, den Verstand der Menschen zu beherrschen und nicht nur ihre Körper. Das Christentum schenkte Rom den Mechanismus, ungeteilte politische Macht auf ungebildete Menschen auszuüben, indem man ihnen ein besseres Leben nach dem Tod dafür bot, dass sie den Befehlen des Papstes folgten. Thomas Hobbes, der Philosoph und politische Denker des siebzehnten Jahrhunderts, erfasste die Situation ganz klar, als er in seinem *Leviathan* schrieb:

> Das Papsttum ist nichts anderes als der Geist des toten Römischen Imperiums, das dort gekrönt auf seinem Grab sitzt.

Das wahrscheinlich wichtigste Ereignis bei der Entstehung dessen, was wir heute »die Kirche« nennen, fand am 20. Mai 325 in der Türkei statt, und zwar auf dem Konzil von Nizäa, als Kaiser Konstantin beschloss, die Herrschaft seines Teilimperiums ein für alle Mal an sich zu reißen. Zu diesem Zeitpunkt war Konstantin extrem unbeliebt, und es herrschte Unzufriedenheit. Die Idee, mit der er kam, um seine Probleme zu lösen, war ein wahrer Geniestreich. Er war realistisch genug zu erkennen, dass Rom nicht mehr die gleiche Macht besaß wie früher. Und wenn er seine Position schon nicht mehr durch Zwang oder Geldgeschenke sichern konnte, dann konnte er sein Volk doch regieren, wenn er an den Religionen teilhatte, mit denen er die Loyalität seiner Untertanen teilte. Das ganze Imperium war zu einem Potpourri von Kulten geworden, von denen sich einige, wie zum Beispiel das Christentum, in vielen unterschiedlichen Formen präsentierten. Im Verlauf von ein paar Generationen hatte fast jede östliche Religion ihren Weg nach Rom gefunden und war aufgesogen und verändert worden, um den lokalen Ansprüchen zu genügen. Die Romanisierung war so schwer wiegend, dass nur wenige der Religionsstifter ihren eigenen Kult wiedererkannt hätten, denn die Kulte waren so miteinander verschmolzen, dass sie austauschbar geworden waren – ein theologischer Mischmasch also. Die, die sich Christen nannten, waren durch fundamentale Glaubensunterschiede untereinander völlig zerstritten.

Obwohl Konstantin das Christentum legalisierte, war er ein Anhänger des Sonnengott-Kultes. Erst auf seinem Sterbebett ließ er sich taufen – denn vielleicht hatten die Christen ja doch recht. Das kann man nur eine billige und überlegte Versicherung für das Leben nach dem Tod nennen.

Zu dem Zeitpunkt, als sich der Kaiser zum ersten Mal näher mit den Christen befasste, war ihr Anteil an der Bevölkerung ziemlich hoch, denn einer von zehn Bürgern war ein Angehöriger dieser jüdischen Splittergruppe. Er schlichtete Streitfragen zwischen unterschiedlichen christlichen Fraktionen, die sich gegenseitig der Fälschung bezichtigten, und er muss gespürt haben, dass diese Religion langsam zur Vorherrschaft drängte.

Konstantin verdiente sich also wirklich den Titel, den die Geschichte ihm zusprach: »Konstantin der Große.« Er heckte seinen Plan aus und führte ihn fehlerfrei durch. Zu der Zeit gab es zwei Kaiser – Konstantin herrschte in Westrom und Licinius in Ostrom, und als Konstantin seinem Mitkaiser darlegte, dass die Monotheisten nicht mehr verfolgt werden sollten, stimmte ihm Licinius bereitwillig zu. Da diese Verfolgungen sowieso schon längst aufgehört hatten, muss sich Licinius sehr darüber gewundert haben, dass Konstantin sich plötzlich so interessiert an dem Wohlergehen eines akzeptierten Kultes wie dem Christentum zeigte. Er fand es bald darauf heraus, denn Konstantin beschuldigte ihn, die Vereinbarung nicht eingehalten zu haben, und ließ ihn umbringen, um »die religiöse Freiheit seiner Untertanen« zu schützen. Konstantin war nun Alleinherrscher und besaß die volle Rückendeckung der immer einflussreicher werdenden Christen. Das war ganz sicher ein hervorragender Weg, um die Ordnung aufrechtzuerhalten und die Spaltung aufzuheben, und Konstantin muss gemerkt haben, dass man diese Entwicklung weiter fördern sollte. Seiner Strategie stellten sich zwei Hindernisse in den Weg – zum einen die Tatsache, dass es immer noch zu viele verschiedene Religionen gab, die allgemein praktiziert wurden, und zum anderen, dass die Christen untereinander so zerstritten waren, dass die Gefahr einer Aufsplitterung in verschiedene Glaubensformen bestand. Seine Lösung für dieses Problem war einfach genial.

Obwohl er immer noch gläubiger Anhänger des Sol-Invictus-Kultes war, berief Konstantin das erste internationale Konzil der Christen ein, um ein für alle Mal eine offizielle Sicht des Christentums und ihres jüdischen Propheten Jesus Christus zu etablieren. Dazu lud er Kirchenführer aus allen

Ecken des Reiches ein – aus Spanien, Frankreich, Ägypten, Persien, Syrien, Armenien und aus dem Heiligen Land. Weil die Christen bei weitem die größte Sekte des Imperiums waren, wurde dieses Konzil in Nizäa in der heutigen Türkei abgehalten und bekam den Charakter eines Parlaments des wieder vereinigten Imperiums. Das Ereignis war hervorragend in Szene gesetzt, denn Konstantin saß in der Mitte, und die Bischöfe waren an seiner Seite platziert, sodass seine Autorität bei allen Diskussionen galt. Der Kaiser sah sich in der Position des »gegenwärtigen« Christus mit seinen Jüngern, und der Heilige Geist goss ebenfalls seine Macht über sie aus – wie die Legende später wissen wollte – und handelte in dem Mann, der als Gründer der Kirche gilt. Konstantin war in erster Linie am Gott der Christen interessiert, den er als Manifestation seines Sonnengottes betrachtete. Jesus Christus hingegen war für ihn der jüdische Messias – so wie er der Messias des Imperiums war. Jesus war für ihn eine kriegerische und geheiligte Gestalt wie er selbst, der darum kämpfte, Gottes Rolle zu festigen – nur dass der jüdische König versagt hatte, während es ihm gelungen war.

Seit der Zeit Konstantins haben die Christen ihn immer als Lichtgestalt ihres Glaubens betrachtet, die die Häretiker besiegte. Von seinem Übertritt zum Christentum wird folgende Geschichte erzählt: Bei der Schlacht an der milvischen Brücke war der Kaiser der Anweisung eines prophetischen Traumes gefolgt und hatte das Symbol des wahren Gottes auf die Schilder seiner Armee malen lassen. Aus Konstantins späterer enger Verbindung mit dem Christentum wurde geschlossen, dass es die geheiligten griechischen Buchstaben Chi und Rho gewesen sein mussten, die ersten beiden Buchstaben des Wortes »Christos«. Aber da Konstantin nie Christ wurde, war das Zeichen auf diesen Schildern bestimmt die strahlende Sonne seines »wahren« Gottes – Sol Invictus. Es gibt zeitgenössische Berichte, die dieses Symbol beschreiben, denn da der Kaiser gerade dem Kult des Sol Invictus beigetreten und für den Rest seines Lebens dessen Hoher Priester war, scheint es höchst unwahrscheinlich, dass er ein anderes Symbol gewählt hätte.

Das Endergebnis des Konzils war das »Nizäische Glaubensbekenntnis«, das die unterschiedlichen Fraktionen zu versöhnen suchte und doktrinäre Klippen vermied, die beinahe die östliche Kirche völlig zersplittert hätten. Die Regeln, die dabei beschlossen wurden, bilden immer noch die Grundlage für die meisten kirchlichen Regeln von heute, denn sie widmen sich vielen Einzelheiten wie zum Beispiel der Frage, wann die Gemeinde während des Gottesdienstes aufzustehen und wann sie sitzen zu bleiben hat. Das Hauptthema war jedoch das Problem, ob Jesus, der Christus, nun Mensch oder Gott war – und wenn er Gott war, welchen Grad hatte seine Göttlichkeit?

Diese Leute hatten sich also eine große Aufgabe gestellt, und sie muss ihren theologischen Verstand sehr beansprucht haben. Es im Gefühl zu haben war einfach, aber die Logik war schwierig und schmerzhaft: Wenn es nur einen Gott gab, wie konnte Jesus Gott sein, ohne dieser Gott zu sein? Und wenn Maria ihn empfangen hatte – folgte daraus nicht, dass es eine Zeit gegeben haben musste, als Gott noch nicht geboren war? Also musste es einen älteren Gott geben, der sich nicht völlig von ihm unterschied. So dachte es sich jedenfalls Konstantin in seinem nichtjüdischen Hirn aus, denn er erklärte es mit »Gott, dem Vater« und »Gott, dem Sohn«. Das scheint uns eine ziemlich dürftige Schlussfolgerung zu sein, denn niemand kann ernsthaft glauben, dass einer und sein Vater nur unterschiedliche Manifestationen ein und derselben Gestalt sind, denn dann hätte es ja nur einen Menschen gegeben, schließlich stammen wir alle von einer unendlich langen Kette von Vater-Kind-Linien ab.

Der unausweichliche Schluss, den man daraus ziehen muss,

ist der, dass das Christentum gar keine monotheistische Religion ist, es betrügt sich nur selbst, indem es sich schwindlig denkt.

Die Teilnehmer des Nizäischen Konzils strapazierten ihre logischen Fähigkeiten sogar noch weiter, indem sie sich die schreckliche Frage stellten: »Gott, den Vater, muss es schon gegeben haben, bevor Er die Welt erschuf, aber was könnte Er getan haben, als Er ganz allein war?« Die Antwort auf diese harte Nuss wurde nie gefunden, aber ein Jahrhundert später machte der heilige Augustinus den Lösungsvorschlag, dass »Gott diese Zeit damit verbracht hat, eine besondere Hölle für die zu schaffen, die solche Fragen stellen«!

Arius, ein Presbyter aus Alexandria, war der Chef der Kein-Gott-Lobby. Der Presbyter hatte das Argument vorgebracht, dass Jesus, der Christus, nicht Gott gewesen sein konnte, weil er ein Mensch und Gott nun mal Gott war, und dass es blasphemisch wäre zu denken, dass er von Natur aus göttlich war, denn er konnte nur durch seine Taten göttlich werden. Arius war ein extrem cleverer Theologe und er brachte viele Zitate aus der Heiligen Schrift vor, die seine These unterstützten, dass Christus ein Mensch war wie alle übrigen Anwesenden. Sein Widerpart war ein anderer Alexandriner namens Athanasius, der behauptete, dass der Vater und der Sohn (paradoxerweise) von gleichem Wesen wären.

Man war also unterschiedlicher Meinung, was die Göttlichkeit Jesu anbelangte, und eine Wahl musste entscheiden. Arius verlor, und die Strafe, die er für diesen Wahlausgang bezahlte, war, dass sein Name als Synonym des Bösen geächtet wurde – Arius, der Häretiker.

Häresie war eine Anschuldigung, die die christlichen Gruppen stets gegeneinander vorbrachten, aber nachdem Konstantin die Kontrolle hatte, blieben nur noch Schwarz und Weiß übrig. In Wahrheit war es so: Was der Kaiser sagte, war richtig, alles andere war Häresie, das Werk des Teufels. Viele Schriften wurden mit dem Titel »gnostisch« versehen, geächtet und effektiv aus der jetzt wohl definierten Religion des Christentums verbannt.

Interessanterweise entstand das wohl wichtigste Dokument nicht auf dem Konzil von Nizäa: die »Donatio des Konstantin«. Das war nämlich eine Entdeckung des achten Jahrhunderts, die vorgab, Konstantins Anweisung zu enthalten, dass die Kirche von Rom absolute Autorität in geistlichen Fragen genoss, weil der heilige Petrus, der Nachfolger Jesu als Leiter der Kirche, dem Bischof von Rom ebendiese Autorität verliehen hätte. Heute weiß jeder, dass dies eine schlechte Fälschung ist, aber trotzdem klammert sich die römisch-katholische Kirche immer noch an die Rechte, die dieses falsche Dokument ihr einst verlieh. Wir sollten an dieser Stelle auch erwähnen, dass die Behauptung, Petrus habe dem Papst die Schlüssel des Himmels gegeben, eine Lüge ist, die nur gebraucht wurde, um die Stellung der römisch-katholischen Kirche zu festigen. Aus der Apostelgeschichte und den Paulusbriefen ist klar ersichtlich, dass Jakobus, der jüngere Bruder von Jesus, dem Christus, die Führerrolle der Jerusalemer Urgemeinde übernahm. Ebenfalls interessant ist die Beobachtung, dass die ersten zehn Bischöfe der Jerusalemer Urgemeinde, laut Eusebius, alle beschnittene Juden waren, die alle die jüdischen Speisevorschriften einhielten, für ihre täglichen Gebete eine jüdische Liturgie benutzten und nur die jüdischen Feiertage einhielten – was den Tag der Buße einschloss. Diese letzte Beobachtung demonstriert ganz klar, dass sie den Tod Jesu nicht als Buße für ihre Sünden betrachteten!

Neben allem anderen hat Konstantin ganze Arbeit bei der Torpedierung jüdischer Theologie geleistet. Obwohl er ja wirklich der Baumeister der Kirche war, wurde er selbst nie Christ, aber seine Mutter, die Kaiserin Helena, war ganz bestimmt Christin. Helena wollte, dass alle heiligen Orte durch eine Kirche oder einen Schrein kenntlich gemacht würden, und so schickte sie Suchteams los, die die Anweisung hatten, erst dann zurückzukehren, wenn sie alle heiligen Orte und Reliquien gefunden hatten – vom brennenden Busch Mose bis zum wahren Kreuz.

Christi Grab wurde erwartungsgemäß in Jerusalem neben dem Jupitertempel gefunden, und der Ort der Kreuzigung nicht weit davon entfernt. Die Stelle, an der Maria Magdalena stand, als sie die gute Nachricht von der Auferstehung vernahm, wurde genau lokalisiert und mit einem Stern markiert – all das geschah dreihundert Jahre, nachdem diese Ereignisse stattgefunden haben sollten, und zweihundertfünfzig Jahre, nachdem die Römer die Stadt zerstört hatten. Durch einen wundersamen Zufall war es Helena selbst, die das wahre Kreuz fand – komplett mit Pilatus' »König der Juden«-Aufschrift. Oder waren ihre Diener vielleicht doch ein wenig zu diensteifrig?

Die Kaiserin ließ Kirchen errichten. Eine auf dem Ölberg an der Steile, an der Christus zum Himmel aufgefahren ist, und eine andere in Bethlehem, seiner Geburtsstätte. Helena fand, was sie finden wollte. Eine der Stellen war der genaue Ort, an dem Gott zu Moses aus dem brennenden Dornbusch sprach. Er liegt auf dem Berg Horeb in der Wüste Sinai, an der Stelle, wo das Katharinenkloster steht.

Die Wahrheit in der Häresie

Die frühe römisch-katholische Kirche setzte sich die Aufgabe, alles zu zerstören, was nicht ihren Dogmen entsprach. Die Wahrheit war dabei völlig unwichtig, denn die Autorität der Kirche musste geschützt werden, und alles, was ihr widersprach, musste ausgemerzt werden. Bis vor kurzem war alles, was man über Jesus, den Christus wusste, das Wenige, was man im Neuen Testament findet. Es ist schon seltsam, dass ein Mann, der die Leitfigur der größten Religion der westlichen Welt ist, so wenig Spuren hinterließ. Es ist oft möglich, die Existenz einer historischen Gestalt durch die negativen Dinge, die seine Feinde über ihn sagten, zu beweisen, aber Jesus wird in Quellen wie den Texten des Josephus, des Chronisten der Juden im ersten Jahrhundert, überhaupt nicht erwähnt – erst kürzlich wurde ein Text entdeckt, der unter dem Namen »der slawonische Josephus« bekannt ist, aber darauf kommen wir später noch einmal zurück. Dass Jesus nicht einmal erwähnt wurde, ist auf die Schnitte der Zensoren zurückzuführen, aber glücklicherweise war ihnen kein voller Erfolg beschieden, wie der lange verschwundene »slawonische Josephus« beweist.

Es ist sehr wahrscheinlich, dass es viele Schriften über Jesus, den Christus, gegeben hat, aber die römisch-katholische Kirche hat jede Stelle, die ihren Erlöser als Sterblichen und nicht als Gott zeichnete, gnadenlos ausgemerzt. In einem der größten Akte von Vandalismus brannten Christen die Bücherei von Alexandria nieder, weil sie so viele Informationen über die Jerusalemer Urgemeinde enthielt. Damit zerstörten sie die größte Sammlung antiker Texte, die die Welt je gesehen hat. Glücklicherweise ist ihnen ihr Vorhaben nicht ganz geglückt, denn sie konnten nicht jeden Beweis vernichten. Gerade im zwanzigsten Jahrhundert wurde ungeheuer viel ausgegraben, ganz besonders die gnostischen Evangelien und die bemerkenswerten Schriftrollen vom Toten Meer. Die Schriften der Kirchenväter durchzulesen wirft auch ein ganz besonderes Licht auf die Menschen und die Gedanken, die sie auszumerzen versuchten. Auch die Werke früher christlicher Denker entkamen manchmal der Zensur, weil man sie für harmlos hielt, aber wir können daraus eine Menge lernen.

Ein solch interessantes Schriftstück stammt aus der Feder des Klemens von Alexandria, der einer der führenden christlichen Denker des zweiten Jahrhunderts war. Man hielt ihn wegen seiner Ansichten für einen Gnostiker, aber seine Werke wurden dennoch nicht ganz vernichtet, weil man entschied, dass er milde genug war, um seinen Platz in der Geschichte zu behalten. Ein Brief, den er an einen unbekannten Mann namens Theodorus schrieb, wurde gefunden und ist in dem Buch *The Secret Gospel* von Morton Smith wie folgt zu lesen:

Du hast gut daran getan, die unaussprechlichen Lehren der Carpokratianer zum Schweigen zu bringen. Denn sie sind die »wandernden Sterne«, von denen bei den Propheten die Rede ist, die von der schmalen Straße der Gebote abirren in den Abgrund fleischlicher Sünden. Denn obwohl sie stolz auf ihr Wissen vom – wie sie es nennen – »Innersten des Satans« sind, wissen sie nicht, dass sie sich an die »Unterwelt der Dunkelheit« und Lüge wegwerfen, und sie, die so damit prahlen, dass sie frei sind, sind die Sklaven ihrer Begierden geworden. Solche (Menschen) sind in allem und jedem unsere Gegner. Denn selbst wenn sie etwas Wahres sagen sollten, darf jemand, der die Wahrheit ehrt, ihnen trotzdem nicht zustimmen. Denn weder ist alles, was wahr ist, auch die Wahrheit, noch sollte diese Wahrheit, die nach menschlichem Ermessen wahr zu sein scheint, der wahren Wahrheit des Glaubens vorgezogen werden.

Jetzt zu dem, was man ständig über das von Gott inspirierte Evangelium des Markus hört, dass manches überhaupt eine Fälschung ist und anderes, selbst wenn es wahre (Stellen) enthält, trotzdem nicht richtig berichtet wurde. Denn wenn das Wahre mit Erfindungen gemischt wird, also verfälscht wird, verliert selbst das Salz seine

Würze, wie das Sprichwort heißt. Also Markus hat, während Petrus sich in Rom aufhielt, die Taten des Herrn aufgeschrieben, doch dabei nicht alles berichtet und auch nicht auf die geheimen (Taten) hingewiesen, sondern nur die ausgewählt, von denen er glaubte, dass sie denen, die belehrt werden sollten, am meisten nützen würden. Aber als Petrus den Märtyrertod starb, kam Markus nach Alexandria. Dabei brachte er sowohl seine eigenen Aufzeichnungen als auch die des Petrus mit, aus welchen er in sein Buch die Stellen einarbeitete, die er für passend zur Erlangung von Wissen (Gnosis) erachtete. So stellte er also ein eher geistliches Evangelium zusammen, das denen nützen sollte, die vollkommen werden wollten. Doch trotzdem verriet er nichts, was nicht ausgesprochen werden sollte, und schrieb auch nicht die hierophantischen Lehren des Herrn auf, aber er fügte noch andere Geschichten zusätzlich ein und benutzte bestimmte Sprichwörter, von denen er wusste, dass die Interpretation derselben wie eine Zauberformel die, die darauf hören, in das Allerheiligste der Wahrheit führen würden, die von den sieben verborgen wird. So hat er alles in allem die Sache meiner Meinung nach weder unvorsichtig noch bösartig geregelt. Als er starb, hinterließ er seine Zusammenstellung der Kirche in Alexandria, wo sie immer noch sorgfältig bewacht wird und nur von denen gelesen wird, die in die großen Mysterien eingeweiht sind. Aber weil die bösen Dämonen immer darauf sinnen, die Menschheit zu zerstören, hat Carpokrates, der von ihnen Anweisungen erhält und verwerfliche Praktiken benutzt, einen bestimmten Presbyter der Kirche in Alexandria so in seinen Bann gezogen, dass er von ihm eine Kopie des geheimen Evangeliums bekam, das er nicht nur nach seiner blasphemischen und der Fleischeslust zugewandten Doktrin interpretierte, sondern es auch verunreinigte, indem er in die makellosen und heiligen Worte ungeheuer schamlose Worte mischte. Aus dieser Mischung stammen die Lehren der Carpokratianer.

Wie ich bereits weiter oben sagte, darf man diesen nie nachgeben, und wenn sie ihre Fälschungen verbreiten und man zu dem Schluss kommen sollte, dass das geheime Evangelium von Markus ist, sollte man dies selbst unter Eid leugnen. Denn: »Nicht alles, was wahr ist, sollten alle Menschen wissen.« Aus diesem Grund lässt uns Gott in seiner Weisheit durch Salomo wissen: »Antworte dem Toren nach seiner Torheit« (Sprüche 26,5a), was uns lehrt, dass das Licht der Wahrheit vor denen verborgen werden sollte, die geistig blind sind. Außerdem heißt es noch: »Von dem, der hat, soll nichts genommen werden«, und: »Lass den Narren im Dunkel erwachen.« Aber wir sind die »Kinder des Lichts«. Wir wurden vom »Tagquell« des göttlichen Geistes von »hoch oben« erleuchtet. Denn es heißt: »Wo der Geist des Herrn ist, ist Freiheit«, weil »dem Reinen ist alles rein«.

Doch dir werde ich ohne Zögern alle (Fragen) beantworten, die du mir gestellt hast, und die Fälschungen durch die Worte des Evangeliums ersetzen. Zum Beispiel für (die Stelle) nach: »Und sie befanden sich auf dem Weg nach Jerusalem« mit allem, was dann folgt bis: »Nach drei Tagen soll er wieder auferstehen« bringt (das geheime Evangelium) Folgendes, was ich Wort für Wort wiedergebe: »Und sie kamen nach Bethanien, und dort war eine Frau, deren Bruder gestorben war. Und sie warf sich vor Jesus hin und sprach zu ihm: ›Sohn Davids, sei gnädig mit mir.‹ Aber die Jünger stießen sie fort. Das erzürnte Jesus, und er ging mit ihr in den Garten, wo das Grab war, und gleich war ein Schrei daraus zu hören. Jesus ging hin und schob den Stein, der das Grab verschloss, fort. Er ging hinein, streckte seine Hand aus und erweckte den Jungen wieder zum Leben. Aber der Junge sah ihn, liebte ihn und bedrängte ihn, bei ihm zu liegen. Und sie gingen aus dem Grab in das Haus des Jungen, denn er war reich. Und nach sechs Tagen beschied Jesus ihm, was er tun sollte, und am Abend kam der Junge zu ihm, nur ein Leinentuch über (seinem) nackten Körper. Und er blieb in dieser Nacht bei ihm, denn Jesus lehrte ihn das Mysterium des Reiches Gottes. Und danach kehrte er an das andere Ufer des Jordan zurück.«

Nach diesen Worten folgt der Text: »Und Jakobus und Johannes kamen zu ihm« und der folgende Abschnitt. Aber die Worte »Und nackter (Mann) bei nacktem (Mann)« und das andere, über das du schriebst, sind nicht zu finden. Und nach dem (Satz): »Und sie kamen nach Jericho« fügt (das geheime Evangelium) nur an: »Und die Schwester des Jungen, den Jesus liebte, und seine Mutter und Salome waren dort, und Jesus empfing sie nicht.« Aber die vielen anderen Dinge, von denen du schriebst, scheinen nicht nur, sondern sind Fälschungen.

Jetzt die wahren Erklärungen, und das, was die wahre Philosophie dazu sagt ...

An diesem Punkt bricht der Brief abrupt ab.

Diese Erwähnung eines geheimen Evangeliums und – was noch wichtiger ist – einer geheimen Zeremonie, die von Jesus selbst durchgeführt wurde, war ein großer Fund. Wir fragten uns, ob das wohl wahr sein könnte? Klemens konnte sich natürlich irren, aber das schien höchst unwahrscheinlich zu sein, und der Brief konnte eine Fälschung sein, obwohl wir uns nicht vorstellen können, welche Motive einen Menschen damals dazu bewogen haben könnten. Was die Erwähnung des jungen Mannes, der bis auf ein Leinentuch nackt war, angeht, so gibt es eine starke Ähnlichkeit mit einem unerklärlichen Vorfall bei der Verhaftung Jesu in Gethsemane, der in Markus 14,51–52 so beschrieben ist:

> Und ein Jüngling ging ihm nach, der war mit einem linnenen Gewand auf dem bloßen Leib bekleidet; und sie wollten ihn festnehmen. Er aber ließ das Gewand fahren und entfloh nackt.

Die Carpokratianer waren eine besonders unerfreuliche frühchristliche Sekte, die glaubten, dass man durch Sünde zum Heil käme, und die Implizierung von zwei nackten Männern kann ein absichtlicher Lesefehler sein, um ihr eigenes bizarres Verhalten zu rechtfertigen. Der Inhalt des Briefes scheint auch zu stimmen, wenn man diesen Vorfall im Markus-Evangelium in Betracht zieht. Und es erinnerte uns an maurerische Zeremonien, in denen der Kandidat nur weißes Leinen trägt – und natürlich war der Mantel der Tempelritter ursprünglich nur aus weißem Leinen.

Wenn ein Christ im zweiten Jahrhundert von geheimen Zeremonien wusste, die von Jesus, dem Christus, und seinen Jüngern durchgeführt wurden, dann konnte er nur aus Alexandria kommen, denn dieser Ort ist dafür bekannt, dass er enge Verbindungen mit der Jerusalemer Urgemeinde hatte. Ein paar Schriften Klemens' sind erhalten, obwohl vielleicht spätere christliche Zensoren sie verfälscht haben. In einem kurzen Werk mit dem Titel: »Die Mysterien des Glaubens, die nicht allen bekannt werden sollen« weist er darauf hin, dass die Weisheit nicht für jeden verfügbar sein darf:

> … die Weisen sprechen nicht laut aus, was sie im Rat überlegen. »Denn was man euch ins Ohr flüstert«, spricht der Herr, »sollt ihr von den Häusern verkünden.« Damit bittet er sie zwar, die geheimen Überlieferungen der wah-

ren Weisheit zu empfangen, sie aber nur hoch oben und in vertrautem Kreis zu erörtern; und wie wir es ins Ohr geflüstert bekommen haben, sollen wir es nur an den weitergeben, der etwas damit anfangen kann; wir dürfen es aber nicht wahllos jedem erklären, was diese nur in Gleichnissen hören.

Das deutet darauf hin, dass es eine geheime Überlieferung gab und dass sie zumindest teilweise in der Bibel auf eine Art erhalten ist, dass der Uneingeweihte die Geschichte allgemein begreift, während der Informierte daraus etwas weit Wichtigeres und Bedeutungsvolleres entnimmt. Das konnte sich nur auf die Teile des Neuen Testaments beziehen, die normalerweise als Gleichnisse betrachtet werden, denn jedermann akzeptiert schließlich, dass Geschichten wie die vom »guten Samariter« nichts anderes als versteckte Moralpredigten sind. Könnte es vielleicht eine verborgene Bedeutung in den seltsameren Teilen der Geschichte von Jesus, dem Christus geben, die ja von den modernen Christen einfach wörtlich als Wahrheit hingenommen wird? Enthalten etwa Berichte, dass Jesus Wasser in Wein verwandelte oder die Toten auferstehen ließ, verschlüsselte Botschaften, die noch geheimnisvoller sind als diese unmöglichen Taten, auf die sie sich anscheinend beziehen? Wir begannen damit, uns ebenso für die Details biblischer Schriften zu interessieren wie für maurerische Texte.

Als wir ein Werk durchlasen, das einem Christen aus dem zweiten Jahrhundert namens Hippolytos zugeschrieben wird und den Titel trägt: »Widerlegung aller Häresien«, fanden wir den faszinierenden Bericht über eine häretische Sekte, die Hippolytos als Naassener bezeichnet. Er beschreibt, dass sie behaupteten, ihre Lehren von Jakobus, dem Bruder des Herrn, erhalten zu haben, der sie wiederum an Marianne weitergab. Sie sollen den Geschlechtsverkehr zwischen

Frauen und Männern als schlimm und schmutzig betrachtet haben, und sich zu waschen war hingegen toll für sie. Hippolytos schreibt dazu:

> Sie erklären dann, dass die Ägypter, die nach den Phrygiern – wie es ja bekannt ist – das älteste Volk der Menschheit sind und die bekanntermaßen dem Rest der Menschheit die Riten und Orgien aller Götter offenbarten, sowie die Grade für die Heiligen und Erhabenen, und für die, die nicht eingeweiht sind, die unaussprechlichen Mysterien der Isis. Doch die sind nichts anderes als das Geschlechtsteil des Osiris, das von Isis durch die sieben Kleider und die Rüstung hindurch geraubt wurde. Und sie sagen, dass Osiris Wasser ist. Aber seine von sieben Roben umhüllte Gestalt, umhüllt und umwoben von sieben Hüllen ätherischen Stoffes, denn so nennen sie die Planeten in Allegorie und nennen sie vergänglich wie den Wechsel der Generationen. Und so erscheint die Gestalt verwandelt, unzeichenbar, unempfänglich und gestaltlos. Und genau das behaupten sie (die Naassener), wird in der Schrift erklärt: »Der Gerechte wird siebenmal fallen und wieder auferstehen.« Denn dieses Hinfallen ist der Wechsel der Sterne, die von IHM, der die Sterne bewegt, in Gang gesetzt werden, so sagen sie.

Als wir diesen Absatz lasen, gingen uns eine Menge Lichter auf. Der Ausdruck »Naassener« ist nur eine andere Spielart von »Nasoräer«, der Bezeichnung, die sich die ersten Jünger Jesu, die die Jerusalemer Urgemeinde begründeten, gaben. Die Beschreibung ihres Ekels vor sexuellem Kontakt und die große Rolle der Waschungen passt perfekt zu dem, was wir inzwischen von den Essenern in Qumran, den Schöpfern der Schriftrollen vom Toten Meer, wissen. Die Fixierung auf die Zahl sieben gibt interessanterweise eine Überleitung zu der

Stelle in Klemens' Brief, in der von dem »Allerheiligsten der Wahrheit, verborgen von sieben« die Rede ist. Das Ganze erinnerte uns auch stark an die Freimaurer, obwohl wir zuerst nicht genau wussten, was es war, aber später wurde es uns ganz klar, als wir nämlich das Ritual des Grades vom königlichen Torweg kennen lernten, das wir später näher erläutern werden.

Ein Bindeglied zwischen Jesus und den Templern

Aus den Beweisen, die uns vorlagen, war uns jetzt klar, dass Jesus und seine Gläubigen ursprünglich Nasoräer (oder Nazarener) genannt wurden, aber es war von Interesse, die Bedeutung dieses Begriffes zu verstehen und zu überlegen, warum er dann nicht mehr gebraucht wurde. Jesus selbst schuf diesen Namen, wie es in Matthäus 2,23 zu lesen ist:

> … und er kam in eine Stadt namens Nazareth und nahm [dort] Wohnung, damit erfüllt würde, was durch die Propheten gesagt worden ist: Er wird »Nazoräer« heißen.

Das schien ein Hinweis darauf zu sein, dass das Evangelium des Matthäus entweder von jemand geschrieben wurde, der über die wahre Kirche gut Bescheid wusste, oder dass man es später hinzufügte, um ein paar unbefriedigende lose Enden zu verknüpfen – wobei das Letztere wahrscheinlicher ist. Es schien uns ziemlich unlogisch zu sagen, dass Jesus in einen bestimmten Ort ziehen müsse, nur weil irgendein Prophet, der schon lange tot war, behauptet hatte, dass er es tun würde. Ein großes Problem für die neutestamentliche Behauptung, dass die Menschen ihren Erlöser »Jesus von Nazareth« nannten, besteht schlicht in der Tatsache, dass die Stadt Nazareth zu Jesu Lebzeiten noch nicht existierte!

Keine historische Quelle erwähnt die Stadt, auf die sich die Evangelien beziehen, und das ist ziemlich eigenartig, denn die Römer zeichneten gründlich alles auf, was in ihrem Imperium geschah. Der Begriff, der benutzt wurde, war »Jesus, der Nasoräer«, denn er war eine der Leitfiguren der Bewegung, die diesen Namen trug. Das Neue Testament ortet Jesu frühe Tätigkeit in Galiläa, und sein vermutlicher Gang nach Kapernaum, wie er in Matthäus 4,13 beschrieben ist, war mehr eine notwendige Korrektur, um die Geschichte wahr klingen zu lassen – so schreibt zumindest *Peake's Commentary on the Bible*.

Ein weiterer interessanter Punkt traf uns hier wie ein Blitz, denn der Kontext beschreibt Jesus nur als Mitglied der nasoräischen Sekte, was den starken Eindruck erweckt, dass er nicht notwendigerweise ihr erster Leiter war. Es scheint also durchaus möglich, dass Jesus überhaupt nicht der Begründer der Kirche gewesen ist.

Die Nasoräer gewannen in der Geschichte, die sich vor unseren Augen entfaltete, zunehmend an Bedeutung, und eine wichtige Spur kam aus ganz unerwarteter Quelle. Während eines Besuches im Sinai nahm Chris, der ein guter Taucher ist, die Gelegenheit wahr, in den Korallenriffen des Roten Meeres zu tauchen. Von früheren Tauchgängen wusste er, dass sie zu den schönsten der Welt gehören.

Chris berichtet: Normalerweise ist das Wasser rund um Sharm el Sheik ganz klar, aber eines Tages wurde es durch die Korallenblüte ziemlich finster. Das Wasser war trüb, und an manchen Stellen konnte man nur ein paar Meter weit sehen.

Ich wusste, dass das nicht so schlimm war, denn das Plankton lockte so herrliche Kreaturen wie Mantarochen herbei, die sich damit ein üppiges Festmahl gönnten. Es war gegen zehn Uhr morgens, als ich von dem extrem heißen Deck der *Apuhara* sprang (eines ägyptischen Schiffes, das sein Leben als schwedischer Eisbrecher begonnen hatte) und dreißig Meter tief in das vielfarbige Meer tauchte.

Ich schwamm in Richtung Festland und stieg dabei langsam höher, das Wasser wurde flacher und machte meinen Tauchgang sicher für die Nitro-Dekompression. In zirka zehn Meter Tiefe geriet ich in einen Schwarm Plankton und konnte meinen Mittaucher nicht mehr sehen, deshalb zog ich mich in klareres Wasser zurück. Als ich wieder sehen konnte, sah ich einen riesigen Manta direkt auf mich zuschwimmen. Sein Maul war weit geöffnet, um tonnenweise Wasser einströmen zu lassen, aus dem er sein Frühstück herausfilterte. Er hielt etwa vier Meter vor mir inne und schwebte regungslos dort wie eine fliegende Untertasse. Die Spannbreite dieses Fisches betrug über sechs Meter, und ich betrachtete aufgeregt und voller Bewunderung diese großartige Kreatur. Plötzlich drehte er ohne sichtbare Bewegung seiner Flügel nach links ab, und dann sah ich zwei kleinere Mantas von hinten heranschweben, um sich an dem Futter gütlich zu tun, das mit der Strömung vom Festland kam.

Das war einer der schönsten Tauchgänge, die ich je erlebt habe, und gleich nachdem ich wieder an Bord war, fragte ich Ehab, meinen freundlichen und gewöhnlich alles wissenden arabischen Führer, nach dem Namen dieser Stelle. Er erwiderte, dass man sie Ras Nasrani nenne. Im Plauderton fragte ich ihn, was dieser Ausdruck bedeute, und erfuhr, dass »Ras« übersetzt »Kopf« oder »Punkt« bedeute und »Nasrani« das Wort für »viele kleine Fische« sei. Ich bohrte weiter und fragte, was für eine Art Fisch damit denn gemeint sei, und bekam die Antwort: »Einfach normale kleine Fische in einem Schwarm.«

Im Katharinenkloster hörte ich ein paar Tage später, wie ein Araber die Christen mit genau den gleichen Worten beschrieb: »Nasrani.« Als ich mich näher erkundigte, wurde mir bestätigt, dass dies das arabische Wort für die Anhänger des großen Propheten Jesus sei. Sofort kam mir die wörtliche Übersetzung in den Sinn, und plötzlich ergab das alles einen Sinn. Könnte es sein, dass die Bezeichnung für die Urchristen wörtlich hieß: »die kleinen Fische«?

Das konnte auf dem Bild vom »Menschenfischer« beruhen, das die Kirche Christus beilegt, oder – was wahrscheinlicher ist – es basiert auf der antiken Assoziation von Priestern mit Fischen. Die Essener waren in ihrem Gehorsam und ihrer Ergebenheit gegenüber dem Gesetz alle wie Priester, und sie badeten sich bei jeder Gelegenheit, womit ein guter Grund da gewesen wäre, sie »Fische« zu nennen. Zu dieser Theorie passt die Tatsache, dass die Anhänger der Nasoräer ihre heiligen Orte mit zwei Bögen kennzeichneten, die das berühmte Zeichen des Fisches bildeten. Die Beobachtung, dass ursprünglich der Fisch und nicht das Kreuz das Symbol dieser Organisation war, ist interessant, weil sie darauf hinweist, dass zu diesem Zeitpunkt die Hinrichtung Jesu nicht den späteren Stellenwert hatte.

Es könnte auch so gewesen sein, dass Petrus und Johannes einen hohen Rang bei den Nasoräern innehatten, andere warben und so in Anerkennung dieser Leistung als »Fischer« bezeichnet wurden. Das würde deshalb Sinn machen, weil es im Toten Meer eigentlich keine richtigen Fische gibt, sodass die späteren Autoren des Neuen Testaments ihre Heimat an den See von Galiläa verlegen mussten, um diesem Widerspruch aus dem Weg zu gehen.

Weitere Nachforschungen zeigten, dass das Adjektiv »na-zôraios« ein Wort war, das ganz früher von Außenstehenden für die Sekte benutzt wurde, die man später Christen nannte. Epiphanius spricht von einer vorchristlichen Gruppe namens Nasaraioi, die, so haben einige führende Wissenschaftler wie Lidzbarski angenommen, ursprünglich die vorchristliche Sekte bildeten, aus der Jesus und später die Kirche hervorgingen. Wieder ein Hinweis darauf, dass Jesus wohl eher ein Anhänger als ein Gründer war.

An zwei Dingen zweifelten wir keinesfalls: erstens, dass Jesus nicht aus der Stadt Nazareth stammte, und zweitens, dass er Anhänger der Nasoräer war, die sich mit ziemlicher Wahrscheinlichkeit selbst als »Fische« bezeichneten.

Diese Entdeckung war so schlüssig, dass wir Büchereien nach Informationen durchforsteten, die diese viel versprechende Hypothese erhärten konnten. Es waren zwar verschiedene Sachen sehr interessant, aber wir waren hingerissen, als wir entdeckten, dass die Nasoräer nie ganz ausgestorben sind, sondern dass es sie im südlichen Irak immer noch gibt – als Teilgruppe der größeren Sekte der Mandäer, die sich nicht auf Jesus, sondern auf Yahia Yuhana, Christen besser unter dem Namen Johannes der Täufer bekannt, zurückführen! In ihrer Literatur benutzen sie das gleiche Wort, um sich selbst zu beschreiben – »natzoraje«. Sie glauben, dass Yshu Mshiha (= Jesus) Nasoräer war, aber ein Rebell und Häretiker, der wichtige geheime Regeln verriet, die man ihm anvertraut hatte. Wir fragten uns, welche Geheimnisse er wohl gekannt und an wen er sie wohl verraten haben mochte? Die mögliche Antwort lag direkt vor unserer Nase.

Wir wussten nicht viel über die Mandäer und suchten uns aus mehreren Büchern Informationen über sie zusammen. Entzückt waren wir, als wir in Arkon Daraouls Werk *Secret Societies* Folgendes lasen:

Die Mandäer, eine kleine, aber beständige Gemeinschaft im Irak, praktiziert eine antike Form des Gnostizismus, die Initiation, Ekstase und Rituale, die denen der Freimaurer ähneln sollen, enthält.

Da war es. Eine Gruppe, die ihre Herkunft von der Urgemeinde in Jerusalem ableitete, und eine der ersten Beschreibungen, auf die wir von ihr stießen, verglich ihre Rituale mit denen der Freimaurerei.

Konnten die Geheimnisse, die Jesus angeblich verraten haben soll, freimaurerischer Natur gewesen sein? Ein faszinierender Gedanke. Das musste der Anfang einer ganz wichtigen Spur sein. Die Bestätigung erhielten wir schnell, als wir entdeckten, dass die Mandäer von heute ihre Priester »Nasoräer« nennen! Richtig fasziniert waren wir, als wir herausfanden, dass diese Leute ihren Namen aus dem Wort »manda« ableiten, was nichts anderes heißt als »geheimes Wissen«, und wir entdeckten schnell Beweise, die auf mögliche Verbindungen zur Freimaurerei schließen lassen.

Die Mandäer benutzen einen rituellen Handschlag namens »kushta«, der Kandidaten bei Zeremonien gezeigt wird. Er bedeutet »Aufrichtigkeit« oder »dass man das Richtige tut«. Das hielten wir für einen Gedanken, der genauso gut von den Freimaurern stammen könnte.

Ein anderer Aspekt des mandäischen Rituals, der anscheinend maurerische Beiklänge hat, war die Tatsache, dass die Mandäer ein rituelles Gebet sprechen, wenn ihre Initianten im Ritual als tot angesehen werden – ähnlich wie die geheime Formel der Freimaurer, die immer in das Ohr des Meisterkandidaten geflüstert wird, wenn er aus seinem rituellen Grab aufersteht. Das sollte sich später als sehr wichtiges Bindeglied zwischen der antiken Vergangenheit und der modernen Freimaurerei erweisen.

Chris begann, sich genauer mit dem Glauben und den Ritualen dieses bemerkenswerten theologischen Fossils einer Kultur, die aus der Zeit Jesu stammte, auseinanderzusetzen, und er stieß dabei auf ein paar Worte, die zu einer Aufsehen erregenden historischen Enthüllung führen sollten.

Josephus, der jüdische Chronist des ersten Jahrhunderts, bemerkte, gute Seelen wohnten jenseits des Meeres in einer Region, in der es weder Regen noch Schneestürme gäbe, keine große Hitze, sondern nur die sanfte Brise des Westwindes vom Meer. Dieses idyllische Land jenseits des Meeres im Westen, oder manchmal auch im Norden, existiert im Glauben vieler Kulturen – von den Juden über die Griechen bis zu den Kelten. Doch die Mandäer glauben, dass die Bewohner dieses fernen Landes so frei von Sünde sind, dass kein Sterblicher sie je erblicken wird, und dass dieser Ort von einem Stern markiert wird, der »Merica« heißt.

Ein Land jenseits des Ozeans; ein vollkommener Ort, über dem ein Stern namens Merica steht ... oder vielleicht A-merica? Wir wussten bereits, dass der Morgenstern für die Nasoräer große Bedeutung hatte, und im Westen ist der Abendstern der gleiche Planet wie der Morgenstern im Osten – die Venus. Wie wir später bei unseren Nachforschungen herausfanden, wurden die Vereinigten Staaten von Amerika von Freimaurern begründet. Die amerikanische Verfassung basiert auf freimaurerischen Prinzipien. Und wir wussten ja bereits, dass jeder frisch gebackene Freimaurermeister zum Morgenstern aufschauen muss. Das Symbol des Sterns war in den Vereinigten Staaten schon immer von Bedeutung. Wir wandten uns daraufhin gleich wieder dem maurerischen Ritual zu und dem Schluss jedes Logentreffens, wenn der Verehrungswürdige Meister folgende Fragen an den Seniorwächter und den Juniorwächter richtet:

»Bruder Seniorwächter, wohin richtest du deine Schritte?«
»Gen Westen, Verehrungswürdiger Meister.«
»Bruder Juniorwächter, warum muss man den Osten verlassen und nach Westen gehen?«
»Um das zu suchen, was verloren wurde, Verehrungswürdiger Meister.«
»Bruder Seniorwächter, was wurde denn verloren?«
»Die wahren Geheimnisse der Meistermaurer, Verehrungswürdiger Meister.«

Diese Übereinstimmungen konnten Zufälle sein, aber für uns waren das zu viele Zufälle auf einmal.

Der Stern Amerikas

Es mag dies ein etwas seltsamer Seitensprung sein, wenn man gerade dabei ist, zu erforschen, wie es in Jerusalem zur Zeit Jesu war, aber der Ursprung des Namens Amerika ist ein interessanter und potentiell wichtiger Nebeneffekt unserer Funde. Wir glauben nämlich, dass eines der Probleme traditioneller historischer Forschung darin besteht, dass sich Experten immer nur bestimmte »Pakete« der Geschichte angesehen haben, so als ob bestimmte, bedeutende Umstände immer an einem bestimmten Datum zugleich eintraten, damit wir sie besser beobachten und einordnen können. Seit neuestem geben viele ernsthafte Forscher zu, dass es unerwartete und starke Verbindungen zwischen allen möglichen Ereignissen gibt, die man früher nie in Betracht gezogen hat. Wir wussten, dass die Mandäer die direkten Erben der Nasoräer waren, die wiederum mit den Leuten aus Qumran identisch waren – denen, die ihre geheimen Schriftrollen unter dem Tempel des Herodes vergruben. Daraus folgt, dass das mystische Land unter einem Stern namens »Merica« wahrscheinlich in ihren geheimen Schriften beschrieben war – wenn die Vorgänger der Mandäer die Autoren der Schriftrollen waren, die die Tempelritter ausgruben.

Kurz gesagt: Es scheint möglich zu sein, dass die Tempelritter aus den Schriftrollen von einem wundervollen Land erfuhren, das unter einem einsamen, hellen Stern lag – und wenn es so ist, besteht die Möglichkeit, dass sie nach Westen segelten, um es zu finden!

Man glaubt allgemein, dass der Kontinent Amerika seinen Namen vom Vornamen Amerigo Vespuccis hat, einem reichen Schiffshändler aus Sevilla, der 1499, sieben Jahre nach Kolumbus, in die Neue Welt segelte. Es ist auch inzwischen allgemein anerkannt, dass viele Europäer und Asiaten lange vor diesen berühmten Expeditionen der Spanier den Kontinent entdeckten. Vielleicht waren Nachfahren der Templer an der Namensgebung des neuen Kontinents beteiligt, oder die Tempelritter selbst machten sich sogar auf die Suche nach einem Land unter dem Abendstern, den sie unter dem Namen »Merica« kannten.

Ihre Schiffe waren so stabil gebaut, dass sie sogar den Stürmen der Biskaya standhielten, und ihre Navigationstechniken waren mit Magnetkompass und Sternenkarten alles andere als dürftig. Eine Fahrt über den Atlantik war nicht nur möglich – wenn sie vom Land des Morgensterns wussten, dem Land des Merica, dann hatten sie nicht nur das perfekte Motiv, die neue Welt zu finden, sondern auch, die alte zu verlassen: Sie flohen, nachdem ihr Orden als häretisch gebrandmarkt worden war.

Im Licht dieser neuen Beweise hielt Chris es für denkbar, dass ein paar Tempelritter nach Westen in das Unbekannte gesegelt waren. Dann fanden sie einhundertfünfundachtzig Jahre vor Kolumbus das Land des westlichen Sterns.

Der Gedanke selbst schien plausibel, aber die Beweise dafür blieben noch schwammig.

Chris hatte gerade an der Interpretation der komplexen Fragestellungen der Kulte des ersten Jahrhunderts nach Christus gearbeitet, und als ihm das erste Mal der Gedanke kam, dass es eine Verbindung zwischen »Merica« und »America« geben könnte, spürte er die Bedeutung dessen wohl, aber er wusste, dass er keine richtigen Beweise dafür hatte.

Chris erzählt: Ich erinnere mich, dass ich das Gefühl hatte, Robert würde es bei unserem nächsten Treffen sehr aufregend finden zu erfahren, dass der Name des amerikanischen Kontinents nasoräischen Ursprungs war. Ich erzählte nicht gleich alles, sondern wartete ab, bis er meinen Kapitelentwurf gelesen hatte. Er lud meine Diskette in seinen Computer und blickte auf den Bildschirm. Als er an den wichtigen Abschnitt kam, bestand seine Reaktion in eisigem Schweigen. Ich war ziemlich enttäuscht – wenn Robert diese Hypothese nicht interessant fand, würde es wohl keiner tun.

Robert stand auf und brummte vor sich hin, während er sich durch die Bücherstapel wühlte, die jeden Zentimeter des Fußbodens in seinem Arbeitszimmer bedeckten. Er fluchte, als ein paar Bände von Goulds *Geschichte der Freimaurerei* zu einem unordentlichen Haufen zusammenkrachten, und lächelte dann, als er ein sehr neues Buch mit glänzendem Einband daraus hervorzog, den Autobahnatlas der Britischen Inseln.

Er blätterte rasch den Atlas durch und tippte mit dem Zeigefinger auf den Süden Schottlands.

»Was hieltest du von einem Ausflug?«, erkundigte er sich.

»Worauf zeigst du da?«, fragte ich und versuchte nicht allzu niedergeschlagen dreinzublicken. »Edinburgh?«

»Nein. Ein paar Kilometer weiter südlich. Roslin. Wo die Kapelle von Rosslyn steht.«

Zwei Tage später fuhren wir Richtung Edinburgh, und Robert hatte mir immer noch nicht erklärt, wohin und warum wir dorthin fuhren. Seit dem Beginn unserer Arbeit hatten wir die Periode der Tempelritter grob unter uns aufgeteilt. Robert konzentrierte sich auf die Ereignisse seit dem dreizehnten Jahrhundert und ich kümmerte mich um alles, was früher lag. Zu dieser Zeit war ich gerade dabei, das erste Jahrhundert nach Christus in Jerusalem zu erforschen. Robert beschäftigte sich mit dem Schottland des vierzehnten Jahrhunderts. Frühere Besuche hatten zur Entdeckung vieler Gräber von Tempelrittern und Freimaurern geführt, was uns demonstriert hatte, wie wichtig dieses Land für die Entwicklung der Freimaurer war. Was hatte Robert wohl sonst noch entdeckt?

Wir nutzten die Fahrt, um uns über verschiedene Gebiete unserer Arbeit zu unterhalten, aber als wir uns bei Gretna der schottischen Grenze näherten, wurde ich ungeduldig und bestand darauf, dass Robert mir erklärte, was wir an diesem Tag vorhatten.

»Okay«, meinte er mit einem Lächeln. »Du weißt, dass ich mich mit der Geschichte der Familie Sinclair beschäftigt habe und der Kapelle, die William St. Clair bauen ließ, wo jetzt das Dorf Roslin steht.«

»Ja«, knurrte ich, damit er auf den Punkt kam und mir eine ellenlange Einleitung ersparte.

»Nun, es ist mir gar nicht so aufgefallen, als ich es das erste Mal las, aber es gibt etwas sehr Seltsames in der Kapelle von Rosslyn, das genau zu deiner Idee mit dem ›Merica‹ passt.«

Ich hörte gespannt zu, als Robert fortfuhr: »Das ganze Gebäude ist innen mit Schnitzereien dekoriert, die für die Freimaurerei von Bedeutung sind … und auch für die Botanik übrigens. Bögen, Türstürze, Säulen und Ähnliches sind mit dekorativen, aber sehr detailliert dargestellten Pflanzenmotiven bedeckt. Dabei sind viele unterschiedliche Arten dargestellt.«

Das war äußerst faszinierend, aber die Verbindung zu meiner mandäischen Entdeckung war mir noch nicht klar.

»Der Punkt ist der«, Robert hielt inne, um die Spannung zu erhöhen. »Zu den dargestellten Pflanzen gehören auch der Aloe-Kaktus und Maiskolben.«

Um das zu verdauen, brauchte ich ein paar Sekunden. »Wann wurde die Kapelle noch einmal gebaut?«

»Das ist es ja«, sagte Robert und schlug sich aufs Knie. »Der erste Spatenstich wurde 1441 gesetzt, und die Arbeit wurde fünfundvierzig Jahre später, also 1486, vollendet. Ich schätze, dass die Schnitzereien nicht später als 1470 fertig gestellt wurden.«

»Wann genau hat Kolumbus noch mal Amerika entdeckt?«, wollte ich wissen.

»Er landete 1492 auf den Bahamas, 1493 in Puerto Rico, 1494 in Kuba, hat aber nie einen Fuß auf das Festland gesetzt.« Robert fuhr fort, ehe ich noch eine Frage stellen konnte. »Und ja, der Aloe-Kaktus und der Mais sind beide Pflanzen der Neuen Welt, die wahrscheinlich bis zum sechzehnten Jahrhundert außerhalb dieses Kontinents völlig unbekannt waren.«

Ich starrte Robert ungläubig an, als ich den unausweichlichen Schluss zog. Sogar wenn Kolumbus diese Pflanzen bei seiner ersten kurzen Reise gefunden hätte, so war doch die Kapelle von Rosslyn sechs Jahre vorher fertig gestellt worden – und die Schnitzereien der Aloe und des Mais wurden geschaffen, als Christoph Kolumbus noch ein Schuljunge war. Es blieb die Tatsache, dass noch jemand anderer nach Amerika gereist war und lange vor Kolumbus die Neue Welt entdeckte und Pflanzen zurückbrachte. Und der Beweis dafür befindet sich in einem Bauwerk der Templer und Freimaurer!

Wir erreichten die Kapelle gegen Mittag und waren beide zugleich aufgeregt und geehrt, dass wir an einem so besonderen Ort weilen durften. Beim Spazieren durch die Kapelle fanden wir bald die Pflanzen, nach denen wir suchten. Die

Maiskolben waren in einem Fensterbogen an der südlichen Mauer, und der Aloe-Kaktus erschien in einem Fenstersturz an der gleichen Mauer. Überall sonst konnten wir andere bekannte Pflanzen sehen und auch verschiedene Erscheinungsformen des »grünen Mannes«, der keltischen Fruchtbarkeitsfigur. Über einhundert »grüne Männer« sind gezählt worden, aber man glaubt, dass bei den Pflanzen noch mehr versteckt sind.

Die Kapelle von Rosslyn ist ein bemerkenswerter und magischer Ort. Sie verbindet das Christentum mit keltischer Folklore und tempelritterlicher Freimaurerei. Wir wussten bestimmt, dass dies nicht unser letzter Besuch in diesem einzigartigen Bauwerk war.

Nachdem wir herausgefunden hatten, dass es zwischen den Qumranern und Jesus und den Tempelrittern beziehungsweise der Freimaurerei starke Querverbindungen gab, wollten wir nun wissen, welchen Ursprung die Rituale der Qumraner hatten. Die Qumraner bildeten das Destillat von allem, was man mit dem Wort »Jüdisch« beschreiben kann, denn im Aufbau ihrer Gemeinschaft und in ihrem Glauben gab es offenbar vieles, was man eher dem Alten Testament zuschreiben kann.

Wieder einmal wussten wir nicht, welchen Schritt wir als Nächstes machen mussten. Genauso wie wir in die Zeit Jesu zurückmussten, um eine Erklärung für den Glauben der Templer zu finden, mussten wir jetzt noch weiter zurückgehen, um die Theologie der Juden zu begreifen. Die Rituale der Freimaurer könnten natürlich durchaus von den Qumranern abstammen, aber irgendwie hatten wir das Gefühl, sie müssten viel, viel älter sein.

6.
Im Anfang erschuf der Mensch Gott

Der Garten Eden

Es ist erwiesen, dass die meisten Sprachen des indischen Subkontinents, des westlichen Asiens, Europas und von Teilen Nordafrikas die gleiche Wurzel haben. Die Gemeinsamkeiten von Hunderten von Dialekten haben das bewiesen. Uns kam der Gedanke, dass die gleiche Tatsache auch auf die Theologie zutreffen könnte, denn als sich die Menschen ausbreiteten, haben sie wahrscheinlich nicht nur ihre Sprache, sondern auch ihre Legenden und Götter mitgenommen. Die Verbindungen zwischen scheinbar unterschiedlichen Religionen können unserer Meinung nach genauso viele Gleichheiten zutage fördern, wie es den Philologen bei der Sprache gelungen ist.
Der Ursprung der Sprache wird seit Tausenden von Jahren gesucht. Viele Urvölker nahmen an, dass die Sprache göttlichen Ursprungs sei und dass man die Sprache der Götter gefunden habe, wenn man nur die erste und reinste Form entdeckte. Viele »Experimente« wurden durchgeführt, um die Ursprache zu finden. Darunter auch eins von Psamtic I., Pharao von Ägypten im siebten Jahrhundert vor Christus, der zwei Kinder großziehen ließ, ohne dass sie je ein gesprochenes Wort hörten. Er hoffte darauf, dass sie instinktiv die reine Sprache der Götter sprechen würden. Man sagt, dass

sie spontan Phrygisch gesprochen haben sollen, eine antike Sprache Kleinasiens. Das gleiche Experiment wurde mehr als zweitausend Jahre später von James IV. von Schottland durchgeführt, und diesmal war es Hebräisch, was genauso wenig überzeugt.

Die erste Sprache, von der nahezu alle Ausprägungen der Alten Welt abstammen, wurde ziemlich unpoetisch mit dem Namen Proto-Indo-Europäisch belegt. Das war also die Wurzel der Sprachen Urdu, Französisch, Pandschabi, Persisch, Polnisch, Tschechisch, Gälisch, Griechisch, Litauisch, Portugiesisch, Italienisch, Afrikaans, Altnordisch, Deutsch, Englisch und vieler anderer. Wie lange es her ist, dass Proto-Indo-Europäisch eine lebende Einzelsprache war, werden wir nie erfahren, denn unsere Kenntnis der Vergangenheit beruht auf dem nächsten Entwicklungsschritt nach der Sprache – dem geschriebenen Wort.

Das Buch Genesis wurde vor zirka zweitausendsiebenhundert Jahren geschrieben, weit nach der Zeit König Salomos. Obwohl das ziemlich lange her ist, wissen wir doch heute, dass die Schrift ihren Ursprung vor mehr als doppelt so langer Zeit in einem Land mit dem Namen Sumer hatte.

Sumer ist die anerkannte Geburtsstätte der Zivilisation. Schrift, Theologie und Bautechnik der Sumerer bilden die Grundlagen aller späteren Kulturen des Mittleren Ostens und Europas. Obwohl niemand sicher weiß, woher die Sumerer kamen, ist es bekannt, dass sie ihrem Glauben nach aus einem Land namens Dilmun stammten, das nach Meinung der Wissenschaftler an der Westküste des Persischen Golfes lag, dort, wo heute Bahrain ist. Um 4000 vor Christus hatten sie ein blühendes Staatswesen zwischen den beiden Flüssen Tigris und Euphrat gebildet. Heute ist das der Süden des Irak. Die weiten Ebenen hatten fruchtbaren Boden zum Anbau von Getreide, Viehzucht und Fischfang gediehen ebenfalls. Im vierten Jahrtausend vor Christus war die

Kultur der Sumerer so weit fortgeschritten, dass sie Städte, Handwerker, Bewässerungssysteme, Tempel und schriftliche Aufzeichnungen vorweisen konnten.

Städtische Kulturen unterscheiden sich sehr von dörflichen Kulturen, denn die Zusammenballung vieler Menschen erfordert eine ausgeklügelte Sozialstruktur, bei der die Mehrheit der Arbeitskräfte sich nicht mehr der Bebauung des Bodens widmen darf, damit die Gemeinschaft nicht an Produktivität verliert. Die Sumerer entwickelten hervorragende Ackerbaumethoden, und aus den Aufzeichnungen ihrer Steintafeln geht hervor, dass ihre Weizenproduktion sich durchaus mit den Ergebnissen der modern bebauten Felder Kanadas messen konnte – und das vor 4400 Jahren!

Neben dem hocheffizienten Ackerbau und der Schaffung von Industrien wie der Textilherstellung und der Keramikfabrikation erfanden die Sumerer neue Materialien wie zum Beispiel Glas und wurden nicht nur hervorragende Glaser, sondern auch Metallarbeiter, die Gold, Kupfer und Bronze verarbeiteten. Sie waren gute Steinmetzen und schufen feine Filigranarbeiten und Holzschnitzereien, aber zweifellos war die wichtigste Erfindung dieser ungemein fähigen Menschen das Rad.

Ihre Bauwerke waren beeindruckend, und sie erfanden viel, unter anderem die Säule, die direkt vom Stamm der Dattelpalme inspiriert wurde. Ihre ältesten Städte waren aus Lehmziegeln gebaut, die im Laufe von ein paar Generationen zerkrümelten, sodass man ein neues Gebäude auf einem alten errichtete. Im Verlauf der Jahrtausende, in denen die sumerische Kultur blühte, schuf dieser Prozess des Niedergangs, Zusammenbruchs und Neuaufbaus große Hügel, die wir »Tell« nennen. Sie sind heute noch zu sehen und manchmal über zwanzig Meter hoch.

Der Reichtum der Sumerer zog Besucher aus fernen Ländern an, die ihre einfachen Güter gegen die herrlichen Produkte dieser fortgeschritteneren Zivilisation eintauschen wollten. Im Gegenzug entwickelten die Sumerer den Beruf des internationalen Händlers mit großen Lagern für den Import und Export. Sie waren in einer guten Position, um gute Handelskonditionen zu fordern, und es ist wahrscheinlich, dass die Stadtbevölkerung Zugriff auf die exotischsten und kostbarsten Güter aus allen Teilen der bekannten Welt hatte. Viele Rohstoffe wurden über die Flüsse verschifft und entweder verkauft oder gegen kostbares Holz eingetauscht. Das einzige Holz, das dort in der Gegend wuchs, war die Dattelpalme, und dieses Holz war zu elastisch, um beim Bauen benutzt zu werden. Sumer besaß auch keine Steinbrüche; wenn die Sumerer also mit Stein bauen wollten, wurden fertig behauene Steinquader über die Flüsse herangebracht und auf den Kanälen des Bewässerungssystems an die entsprechende Stelle geschifft. Die Boote konnten nicht flussaufwärts fahren, und deshalb wurden Manufakturwaren, die zur Bezahlung von Rohstoffen dienten, mit Eseln nach Norden gebracht, denn das Pferd war noch nicht in der Region heimisch.

Die Städte Sumers

In Sumer gab es immerhin zwanzig Städte. Die wichtigsten waren Ur, Kish, Eridu, Lagash und Nippur. Jede war autonom, mit eigenem König und eigener Priesterschaft. Für die Sumerer gehörte Gott die Erde, und ohne ihn würde nichts mehr hervorgebracht. Der König war vielleicht eine Art erdgebundener Halbgott, der für die Produktivität der Gemeinschaft verantwortlich war. In der Mitte jeder Stadt befand sich das Haus ihres Gottes – der Tempel –, von dem aus die Priester das gesamte Leben kontrollierten. Dazu gehörte auch die Rechtsprechung, die Verwaltung, wissenschaftliche und theologische Lehre und das religiöse Ritual.

Die Schulen, die den Namen »Edubba« trugen, brachten die verschiedenen Berufsgruppen hervor, und die Erziehung dazu begann schon früh. Die Zöglinge lernten schreiben und bekamen Kenntnisse in einer Reihe von Fächern vermittelt, zu denen Mathematik, Literatur, Musik, Jura, Buchführung, Vermessungstechnik und Wiegemethoden gehörten. Ihre Erziehung war darauf ausgerichtet, belesene Führungspersönlichkeiten hervorzubringen. Obwohl auch heute noch Elemente der sumerischen Sprache erhalten sind, war sie nicht die Wurzel des Proto-Indo-Europäischen, sondern eine der wenigen Sprachen, die überhaupt keine Verbindung zu dieser Ursprache haben.

Wir waren deshalb interessiert an den Sumerern, weil wir prüfen wollten, ob ihre Theologie den gleichen Glaubensursprung hatte, der sich ja wie die Sprache verbreitet hatte – wobei er sich örtlich unterschiedlich anpasste, aber stets den gleichen Kern enthielt.

Aus den Ruinen von Nippur haben Archäologen viele tausend Bücher ausgegraben, die Aufzeichnungen über die Einwohner enthalten. Die frühesten Schriften sind auf 3500 vor Christus datiert, und genauso, wie sich die Sprache gebildet haben muss, wurden als erstes so wichtige Körperteile wie Kopf, Hand und Bein bezeichnet. Das waren leicht zu erkennende Piktogramme mit einem klaren Profil des dargestellten Objekts, aber bald schuf man symbolischere Worte. Das Zeichen für einen Mann war ein ejakulierender Penis, der einer Kerze sehr ähnlich sah, und daraus entstand das Zeichen für einen Sklaven – der Umriss der Kerze mit drei Dreiecken darüber, die Berge darstellen sollten. Da es in Sumer keine Berge gab, machte das den Fremden kenntlich, und die einzigen männlichen Einwohner Sumers, die keine Sumerer waren, waren Sklaven. Die Zeichen wurden mit einem Stock in feuchten Ton geritzt. Wo der Buchstabe anfing und aufhörte oder wo eine Zeile endete, war der Eindruck tiefer. Dieser dreieckige Eindruck am Ende jeder Linie wurde später als Serif bezeichnet.

Nicht nur der stilistische Ausdruck unserer Schrift stammt aus dem Land Sumer, sondern auch unser Alphabet hat ihm viel zu verdanken. Der Buchstabe »A« zum Beispiel entstand aus dem Bild eines Stierkopfes, der nahezu dreieckig war, mit zwei überlangen Seiten, die die Hörner darstellen sollten. Das wurde von den Phöniziern übernommen. Im frühen griechischen Alphabet sah es wie ein Stierkopf im Profil aus.

Als die Griechen ihr Alphabet weiterentwickelten, drehte es sich noch einmal um neunzig Grad und wurde zu »Alpha«, einem Buchstaben, der unserem modernen »A« sehr ähnlich ist – das letztlich nichts anderes als einen umgedrehten Stierkopf darstellt. Heute enthalten die englische und die deutsche Sprache immer noch ein paar fast rein übernommene sumerische Wörter wie zum Beispiel Alkohol, Cane (= Stock), Gips, Myrrhe und Safran.

Die Sumerer haben uns unter anderem das Rad, Glas, unser Alphabet, die Tageszeiten, Mathematik, die Baukunst und Gott beschert. Sie haben uns auch die ältesten bekannten historischen Aufzeichnungen hinterlassen, und als Freimaurer interessierten uns natürlich besonders die sumerischen Hinweise auf Enoch, der für die maurerische Lehre wichtig ist, und die Geschichte der Sintflut, die eine so große Rolle im Grad der maurerischen Schiffszimmerleute spielt.

Die Etymologen haben bewiesen, dass die Geschichte vom Garten Eden im Buch Genesis die Geschichte Sumers ist, und Städte wie Ur, Larsa und Haram, die im Buch Genesis erwähnt werden, lagen in Sumer. Das Buch Genesis vermittelt uns folgende Schöpfungsgeschichte:

Im Anfang schuf Gott den Himmel und die Erde. Die Erde war aber wüst und öde, und Finsternis lag auf der Urflut, und der Geist Gottes schwebte über den Wassern. Und Gott sprach: Es werde Licht! Und es ward Licht … Und Gott sprach: Es werde eine Feste inmitten der Wasser, und sie scheide die Wasser voneinander! … Gott machte die Feste und schied die Wasser unter der Feste von den Wassern über der Feste … Und Gott sprach: Das Wasser unter dem Himmel sammle sich an einen Ort, dass das Trockene sichtbar werde! Und es geschah also. Und Gott nannte das Trockene Land, und die Ansammlung der Wasser nannte er Meer … Und Gott sprach: Die Erde lasse sprossen junges Grün: Kraut, das Samen trägt nach seiner Art, und Bäume, die Früchte tragen, in denen ihr Same ist, je nach ihrer Art …

Vergleichen wir das einmal mit einer Zusammenfassung eines babylonischen Schöpfungsberichts, der nach seinen ersten beiden Worten »Enuma Elish« (= als hoch oben) heißt. Er wurde sowohl auf Babylonisch als auch auf Sumerisch fast tausend Jahre vor der Genesis aufgeschrieben und ist fast vollständig auf sieben Steintafeln erhalten geblieben.

Alles Land war Meer. Dann war da Bewegung mitten auf dem Meer; da wurde Eridu gemacht … Marduk legte Ried auf das Wasser. Er knetete Staub und verstreute ihn neben das Ried. Er formte den Menschen. Mit ihm schuf die Göttin Aruru den Samen des Menschen. Die Tiere des Feldes und alles, was im Feld lebt, formte er. Den Tigris und den Euphrat schuf er und setzte sie an ihre Stelle: Ihre Namen rief er wohlgelaunt aus. Das Gras, die Binse und das Sumpfland, das Ried und den Wald schuf er. Das Land, die Marschen und die Moore. Die wilde Kuh und ihr Kalb, das Lamm im Pferch, Obstbäume und

Wälder. Den Ziegenbock und die Bergziege ... Der Herr Marduk baute einen Damm neben dem Meer ... Schilf formte er, Bäume schuf er. Ziegel trocknete er, Gebäude errichtete er. Häuser machte er, Städte baute er ... Erech machte er ...

Das mesopotamische Schöpfungsepos ist zweifellos die Quelle der Schöpfungslegende der Genesis, und es schreibt Gott all die guten Sachen zu, die die bemerkenswerten Sumerer schufen. Die Hinweise, dass Gott Gebäude schuf, sind nicht in die israelitische Geschichte übernommen worden, weil die Juden zur Zeit der Genesis als Nomaden lebten und nur in Städten gewohnt hatten, die andere gebaut hatten – nachdem sie nicht selten die Einwohner umgebracht hatten. Der Gott der Genesis ist natürlich Jahwe, der erst ein paar hundert Jahre nachdem diese Steintafeln geschrieben wurden, »geboren« wurde.

Nach der Meinung vieler Experten sind die Götter späterer Zivilisationen eine Weiterentwicklung der sumerischen Fruchtbarkeits- und Sturmgötter. Konnte das stimmen? Ganz bestimmt spielte der Sturmgott in Sumer und bei der Legende von Noah eine große Rolle. Die Sumerer betrachteten die Natur als lebendige Einheit, die Götter und Göttinnen waren Verkörperungen dieser lebendigen Kräfte, und jeder hatte bei den Kräften der Natur seine Rolle zu spielen. Manche dieser Götter waren für die Fruchtbarkeit des Bodens und seiner Nutzer zuständig, während andere die Verantwortung für die Stürme hatten. Es war offenbar wichtig für das Fortbestehen der Menschheit, die Gunst der Fruchtbarkeitsgötter zu erlangen, aber die Götter, die die Stürme verursachten, waren ungeheuer mächtig, wie man aus der zerstörerischen Wirkung ihrer Taten ja ersehen konnte.

Es müsste also ein Sturmgott, dem Gewalt über das Wetter

gegeben war, gewesen sein, der die große Flut verursachte, die zu Noahs Geschichte führte. Als Freimaurer waren wir natürlich interessiert an Sturmgöttern und Fluten, weil die Freimaurerei einen Nebenzweig besitzt – den Grad der Schiffszimmerleute –, der ein detailliertes Ritual pflegt, in dem es um die Geschichte von Kapitän Noah und der Legende der Sintflut geht.

Ein Problem, mit dem sich die Sumerer herumschlagen mussten, war die Überflutung der Ebenen durch Euphrat und Tigris. Von Zeit zu Zeit war die Überflutung katastrophal, und einmal muss sie besonders heftig gewesen sein, denn die Erinnerung daran wurde für alle Zeit festgehalten. Ob nun ein Bootsbauer namens Noah wirklich gelebt hat, wissen wir nicht, aber wir können sicher sein, dass es die Sintflut wirklich gegeben hat.

Eine Analyse der Genesis und der Genealogie von Seth und Kain deutet ganz klar auf die Entstehung der Schöpfungsgeschichte in Sumer. Es gibt eine Liste sumerischer Könige aus Larsa, die die Namen von zehn Königen enthält, die vor der Sintflut regierten, wobei die Dauer ihrer Regierungszeit von 10 000 bis 60 000 Jahre reicht. Die Liste von Larsa endet mit den Worten: »Nach der Sintflut ernannte Gott die Könige.« Das lässt den Schluss zu, dass nach der Sintflut ein neuer Anfang gemacht wurde. Der letzte Name auf der Liste von Larsa ist übrigens Ziusundra, was nur ein anderer Name für Utanapishtim ist, den Helden der babylonischen Geschichte der Sintflut, die auf der elften Tafel des Gilgamesch-Epos aufgeschrieben ist. Der siebte König der sumerischen Liste wurde als besonders weise im Umgang mit den Göttern angesehen und soll der erste Prophet gewesen sein. Sein Name ist Enoch, und die Heilige Schrift sagt über ihn: »Er ging mit Gott.« In der späteren jüdischen Überlieferung steht, dass er lebendig in den Himmel gefahren sei. Uns schien es so zu sein, dass der Verfasser der Genesis sumerisches Material benutzte, das in die frühe jüdische Tradition eingegangen war. Die Beziehungen zwischen der Religion der Juden und dem Land Sumer sind klar zu erkennen, aber die Situation wird sogar noch interessanter, wenn wir uns einmal anschauen, warum der Verfasser, wissenschaftlich Jahwist genannt, der dieses Material benutzte, Seths Nachkommen vor der Flut eine so lange Lebensspanne zuschrieb. Wir vermuten, dass es deshalb geschah, um den Kontrast der Lebensbedingungen vor und nach der Sintflut herauszustellen. Doch es gibt noch einen anderen möglichen Grund. Ein paar Autoren haben den Gedanken gehabt, dass die astronomisch hohen Zahlen der sumerischen Königslisten das Ergebnis astrologischer Spekulationen waren. Hierfür wurden Daten verwendet, die aus der Beobachtung von Sternen stammten, mit denen man mythische Regierungszeiten ableitete. Auf die gleiche Weise könnten die frühen jüdischen Verfasser diese Zahlenliste arrangiert haben. Sie sollte mit einer Chronologie korrespondieren, die eine bestimmte Anzahl von Jahren zwischen die Schöpfung und den Bau von Salomos Tempel setzte. Diese Periode war in Epochen unterteilt, wie *Peake's Commentary on the Bible* schreibt, und die erste von der Schöpfung bis zur Sintflut dauerte 1656 Jahre.

Jetzt zweifelten wir nicht mehr daran, dass die Sumerer die Geschichte und die Verbindung der Juden zu Gott geliefert hatten.

Ur, die Stadt Abrahams

Ur ist heute wegen seines großen Stufenturms berühmt, aber im dritten Jahrtausend vor Christus war es einer der größten Stadtstaaten der Welt. An der Nord- und Westseite der Stadt verliefen breite Kanäle, die es Schiffen ermöglichten, vom Euphrat her und auch vom Meer, das vor 4400 Jahren viel näher an der Stadt war als heute, die Stadt anzulaufen. Auf einer Ladeliste, die gefunden wurde, stehen für eine einzige Ladung Gold, Kupfererz, Hartholz, Elfenbein, Perlen und andere Edelsteine.

Ur stand unter Ur-Namma gegen 2100 vor Christus in seiner Blüte. Damals wurden große Teile der Stadt neu erbaut, sie vergrößerte sich und beherbergte fünfzigtausend Menschen. Der große Stufenturm wurde vergrößert, mit Mosaiken verziert und mit Büschen und Bäumen bepflanzt. Im Zentrum befand sich der Tempel der Stadtgottheit – Nanna, der Mondgott. Im Jahre 2000 vor Christus zogen sich die Bewohner den Zorn ihres Gottes zu, denn Ur wurde zusammen mit sechzehn anderen sumerischen Städten von den Elamiten besiegt. Diese Niederlage wurde natürlich wie immer darauf zurückgeführt, dass die Bewohner ihren Gott verraten hatten und dieser sie im Gegenzug nicht mehr vor ihren Feinden beschützte. Die Zerstörung wurde von einem Augenzeugen dieses schrecklichen Ereignisses so beschrieben:

Auf allen Straßen, auf denen man sonst promenierte, lagen Leichen. Auf den Plätzen, wo sonst die Festlichkeiten stattfanden, lagen wahre Leichenberge.

Tempel und Häuser wurden geschleift, Wertsachen geraubt, und viele von denen, die nicht getötet wurden, wurden in die Sklaverei verschleppt. Die Stadt überlebte zwar, erlangte aber nie wieder ihre frühere Größe, und im achtzehnten Jahrhundert vor Christus war Ur eine relativ unbedeutende Stadt. Während dieser Periode des Niedergangs wurde das Verhältnis zwischen den Sumerern und ihrem Pantheon von Göttern etwas gespannt, und die Idee der persönlichen Götter gewann an Bedeutung.

Diese persönlichen Götter, die gewöhnlich namenlos waren, standen in direkter Verbindung zu einer Einzelperson, wir würden sie heute wohl Schutzengel nennen. Eine Person konnte ihren Gott vom Vater »erben«. Wenn man also sagte: »Er betete zum Gott seiner Väter«, machte man keine Feststellung über den Status von Gott, sondern drückte etwas über die Identität dieser Familie aus – sein Geburtsrecht gewissermaßen. Dieser persönliche Gott würde für ihn sorgen und seine Sache vor den mächtigeren Göttern vertreten, wenn es nötig war, aber er verlangte auch Gehorsam und viel Aufmerksamkeit als Gegenleistung. Sollte sich ein Mensch seinem Gott gegenüber schlecht benehmen, würde ihn dieser wahrscheinlich verlassen. Der Mensch setzte natürlich selbst die Richtschnur für das, was falsch und was richtig war. Wenn er das Gefühl hatte, etwas falsch gemacht zu haben, würde er sich vor der Reaktion seines Gottes fürchten – wenn er hingegen etwas getan hatte, was außer ihm die ganze Welt für falsch hielt, war er vor seinem Gott sicher. Das scheint eine gute Methode zu sein, übles Verhalten zu kontrollieren, und hat die gleiche Wirkung wie die Frage nach dem Gewissen.

Zu irgendeinem Zeitpunkt in dieser Periode des Niedergangs zwischen 2000 und 1800 vor Christus beschloss ein Mann namens Abram, seine Heimatstadt Ur zu verlassen und sein Glück im Norden zu suchen. Diese Himmelsrichtung war fast genau der Himmelsrichtung entgegengesetzt, in der sich das Heilige Land befand, von dem sein Volk träumte – Dilmun, das Land ihrer Ahnen. Zu irgendeinem Punkt der jüdischen Geschichte wurde aus Abram Abraham, der Vater des jüdischen Volkes. Uns war es völlig klar, dass die Gedanken, die er aus Ur mitbrachte, sehr wichtig bei dem waren, was wir noch entdecken mussten.

Wir waren dazu gedrängt worden, immer weiter in der Zeit zurückzugehen, weil wir hofften, so mehr Einsicht in Abraham und seinen Gott zu gewinnen, denn es handelt sich hier um die früheste Begegnung in der Bibel zwischen einem richtigen Menschen (was im Gegensatz zu einer mythischen Person steht) und der Gottheit, die später zum Gott der Juden wurde. Keiner von uns beiden wusste vorher viel über Sumer, aber diese große Periode der Geschichte war bis etwa zur Mitte des neunzehnten Jahrhunderts überhaupt nicht bekannt. Erst dann nämlich machte P. E. Botta, ein französischer Archäologe, große Ausgrabungen in dem Gebiet, das wir heute unter dem Namen Mesopotamien kennen.

Die Verbreitung dieser sumerischen Kultur muss vor mehr als 5000 Jahren stattgefunden haben. Eines der bekanntesten Beispiele für diese kulturelle Entwicklung aus einem nordafrikanischen/südwestasiatischen Ursprung sind die Kelten, die durch Zentraleuropa zogen und sich schließlich in den Küstengebieten des westlichen Spaniens und Englands, in Cornwall, Wales, Irland und Schottland niederließen, wo es immer noch Gruppen gibt, die genetisch rein erhalten sind, weil es keine Heiraten mit anderen Völkern gab. Ihre verdrehten, verschlungenen Keramikmuster sind stark an die Kunst des Mittleren Ostens angelehnt, und falls es doch noch irgendeinen Zweifel gegeben haben sollte, dann hat der Vergleich des Erbguts von einer Gruppe Kelten von heute gezeigt, dass es identisch mit dem nordafrikanischer Stämme ist.

Niemand weiß sicher, wie lange Sumer existiert hat, aber aus den Aufzeichnungen, die wir durchgesehen haben, kann man vernünftigerweise annehmen, dass alles, was wir von Sumer wissen, nach der Sintflut stattfand; viele der Städte waren wahrscheinlich sogar noch größer, bevor die Flut sie von der Erde tilgte.

Die Sintflut ist selbst bei den Völkern der Antike als uraltes Ereignis verzeichnet. Die Bibel erzählt, wie Noah samt seiner Familie und verschiedenen Tieren überlebt. In einem mesopotamischen Mythos rettet der sagenhafte König Utanapishtim Samen und Tiere vor der zerstörerischen Flut, die von Enlil geschickt wurde, um die anderen Götter zu terrorisieren. In der griechischen Mythologie bauten sich Deucalion und seine Frau Pyrrha die Arche, um dem Zorn des Zeus zu entgehen.

Vermutungen sind nicht mehr gefragt, denn der Beweis für eine große Überschwemmung vor über 6000 Jahren ist inzwischen in Ur gefunden worden, wo eine zweieinhalb Meter dicke Schicht wassergetränkten Tons ein Gebiet von über 100 000 Quadratkilometern bedeckt. Das ergibt eine Breite des Gebiets vom Zweistromtal von nördlich von Bagdad bis zu der Küste des Persischen Golfes, also ein Gebiet, zu dem Teile des Iran, Irak und Kuwait von heute gehören. Um solch eine dicke Erdschicht zu hinterlassen, muss die Flutwelle gigantische Ausmaße gehabt haben, und sie hat bestimmt alle Menschen und ihre Kultur in Sumer hinweggefegt. Dieses Datum der Sintflut erklärt auch, warum die Sumerer gegen 4000 vor Christus scheinbar aus dem Nichts aufgetaucht sind – nach der Meinung von Archäologen über Nacht. Eine vollerblühte und gebildete Kultur ohne jede Geschichte oder Ursprung, das ist in der Tat geheimnisvoll.

Aber dieses Geheimnis hat eine ganz simple Lösung: Die Antwort lautet nämlich, dass die frühere und wahrscheinlich bedeutendere Periode in der Geschichte Sumers durch die Katastrophe wörtlich vom Erdboden verschluckt wurde und dass die wenigen überlebenden Sumerer vollständig neu anfangen mussten. Das Hauptproblem, dem sich die Überlebenden gegenübersahen, war das, Menschen zu finden, die »Träger von königlichen Geheimnissen« gewesen waren, also die, die Hohepriester der untergegangenen Tempel waren und Kenntnisse in den Wissenschaften besaßen, besonders in der Baukunst. Ein paar müssen überlebt haben, vielleicht warnte sie auch ihr Wissen über die geheimen Mysterien der Natur vor der bevorstehenden Flut, was ihnen die Zeit gab, zu flüchten oder vielleicht auch eine Arche zu bauen. Während die Geheimnisse und der Symbolismus des Bauens aus der Zeit vor der Sintflut datieren, glauben wir, dass das plötzliche, drängende Bedürfnis, »die ganze Welt« neu aufzubauen, eine neue Auffassung schuf, die darauf basierte, die stabilen, geraden und aufrechten Fundamente einer neuen Ordnung zu bauen. Wir behaupten nicht, dass das eine Art Freimaurerei war, aber es ließ eine Verbindung zwischen der maurerischen Lehre und dem Konzept der Wiederauferstehung vermuten, denn die Welt war »tot« gewesen und wieder aus den Wassern der Schöpfung auferstanden.

Vielen Menschen dürfte der Wiederaufbau von Sumer ein übermächtiges Vorhaben gewesen sein, und sie verließen wohl die Region, um sich eine neue Heimat zu suchen, die nicht wie ihr bisheriges Land von feuchtem, weichem Ton bedeckt war. Sie nahmen ihre Sprache mit, die grammatikalisch genauso ausgefeilt war wie viele Sprachen heutzutage. Dazu kam ihr Wissen über den Ackerbau, die Geschichte ihrer Bauwerke, ihre Götter und ihre Mythen. Auf die unkultivierten Völker Europas und Asiens müssen diese Menschen wie Götter gewirkt haben.

Beim Niederschreiben der Geschichte unserer Nachforschungen ist ein Problem die Bandbreite der Themen, denen wir uns widmen mussten, denn alle haben auf den ersten Blick keine Verbindung miteinander, sind aber tatsächlich eng miteinander verknüpft. Zu manchen Zeiten stapelte sich in unseren Arbeitszimmern Quellenmaterial, das vom Anbeginn der Zeit bis zur Gegenwart reichte. Alles das in eine sinnvolle Reihenfolge zu bringen war eine Herausforderung, aber je mehr Informationen wir überprüften, desto mehr klärte sich das Bild. Das traf besonders auf Fragen über Sumer zu. Je mehr wir uns anschauten, welchen Einfluss die Sumerer auf andere Kulturen ausübten, desto mehr fanden wir heraus. Dieses Buch kann nicht alles aufführen, aber wir geben Ihnen nur ein Beispiel, das zeigt, welch außergewöhnliche Rolle diese Kultur gespielt hat.

Die Idee einer Säule oder eines heiligen Berges, die den Mittelpunkt der Erde mit dem Himmel verbinden, ist ein sumerisches Konzept, das seinen Weg in viele Religionen gefunden hat – auch in die Nordasiens. Die Tataren, Mongolen, Burjaten und Kalmücken Nordasiens erzählen eine Legende, die behauptet, ihr heiliger Berg wäre eine Stufenpyramide gewesen, bestehend aus sieben Stufen, die bis zum Himmel reichten. Seine Spitze war der Polarstern, »der Nabel des Himmels«, sein Fundament natürlich passend dazu »der Nabel der Erde«. Diese Bauweise war den russischen Stämmen nicht bekannt, aber es ist die genaue Beschreibung eines sumerischen Turmes, die ja gebaut waren wie künstliche Berge. Wir können sicher sein, dass diese Verbindung kein Zufall ist, weil der Name, den diese nördlichen Nomaden diesem sakralen, mythischen Turm gaben, schlicht … »Sumer« ist, wie man in dem Buch *Schamanismus und archaische Ekstasetechnik* von Mircea Eliade nachlesen kann. Obwohl der allgemeinen Meinung nach alle sumerischen Tempel so aussahen, ist der berühmteste der uns allen wohl bekannte Turm zu Babel, das große Bauwerk, das mit Noahs Nachkommen in enger Verbindung steht. Dieser Turm wurde von Nabopolassar in Babel erbaut und war ein siebenstufiger Ziggurat von über neunzig Meter Höhe mit einem Schrein des Gottes Marduk in der Spitze. Wie die Geschichte der Sintflut wurde auch die Erzählung über den Turm von Babel im Buch Genesis aufgeschrieben, wobei wieder verschiedene Versionen alter Legenden verarbeitet wurden, um den Verfassern den Freiraum zu geben, ihre Weltsicht stimmig zu erläutern.

Das zehnte Kapitel der Genesis befasst sich damit, wie die Menschen sich nach der Flut auf der Erde ausbreiteten, und erklärt, wie die Söhne Noahs in jedem Teil der Welt neue Stämme begründeten. Für die Hebräer war der bedeutendste Sohn Sem, von dem alle Semiten abstammen (was er im Verlauf seines Lebens, das immerhin beeindruckende sechshundert Jahre währte, schaffte). Das nächste Kapitel der Genesis erzählt die Geschichte des Turms zu Babel. Sie beginnt mit der Feststellung, dass es nur eine Sprache gab. So fängt es an:

> Es hatte aber alle Welt einerlei Sprache und einerlei Worte. Als sie nun im Osten aufbrachen, fanden sie eine Ebene im Lande Sinear, und sie ließen sich dort nieder. Und sie sprachen untereinander: Wohlan, lasst uns Ziegel streichen und hart brennen! Und es diente ihnen der Ziegel als Stein, und der Asphalt diente ihnen als Mörtel. Und sie sprachen: Wohlan, lasst uns eine Stadt bauen und einen Turm, dessen Spitze bis in den Himmel reicht; so wollen wir uns ein Denkmal schaffen, damit wir uns nicht über die ganze Erde zerstreuen. Da fuhr der Herr hernieder, um die Stadt zu besehen und den Turm, den die Menschenkinder gebaut hatten. Und der Herr sprach: Siehe, sie sind *ein* Volk und haben alle *eine* Sprache. Und dies ist erst der Anfang ihres Tuns; nunmehr wird ihnen nichts unmöglich sein, was immer sie sich vornehmen. Wohlan, lasst uns hinabfahren und daselbst ihre Sprache verwirren, dass keiner mehr des anderen Sprache verstehe. Also zerstreute sie der Herr von dort über die ganze Erde, und sie ließen ab, die Stadt zu bauen. (Gen 11,1–9)

Diese hübsche Erzählung machte den Juden klar, warum die Menschen unterschiedliche Sprachen hatten. Und weil die Welt eine öde Wildnis war, bevor Gott sich entschloss, sie mit den Nachkommen Noahs wieder zu bevölkern, war es völlig vernünftig, dass Er das Land Kanaan den Söhnen Sems versprechen konnte, ohne auch nur einen Gedanken an das Volk zu verschwenden, das dort vorher gelebt hatte. Seit Seinen Anfängen in Sumer schlug Gott unterschiedliche Wege ein – zu den Tälern des Nils, des Indus und möglicherweise sogar zum Gelben Fluss, wobei Er die großen Weltreligionen schuf. Das alles geschah weit in der Vergangenheit, und eine der jüngsten Variationen der sumerischen Theologie war der Gott der Juden.

Abraham, der erste Jude

Nachdem Abraham sich entschlossen hatte, Ur zu verlassen, war die vorgegebene Richtung der Norden, dem Verlauf der beiden Flüsse folgend, um einen Ort zu suchen, an dem er in Frieden mit seinem Gott leben konnte. Das Alte Testament erzählt uns, dass die Vorfahren Israels bis zu Abrahams Auftauchen »anderen Göttern dienten« (Josua 24,2), was wohl kaum überrascht, denn Jahwe, der Gott der Juden (und damit auch der Christen), lag für sie in ebenso ferner Zukunft wie der Personal-Computer für Gutenberg! Selbst nachdem Jahwe sich mit seinem »erwählten Volk« bekannt gemacht hatte, war die Verbindung mit ihm bestenfalls spärlich, denn für mehr als tausend Jahre waren andere Götter genauso populär. Als es für die Israeliten an der Zeit war, die Geschichte und das Erbe ihres Volkes aufzuschreiben, mussten sie riesige Zeitperioden in der Vergangenheit abdecken, und sie bekräftigten alte, mündliche Traditionen, indem sie Einzelheiten einfügten, die erklärten, wie es hätte sein müssen.

Abraham war wahrscheinlich deshalb gezwungen, seine Heimatstadt Ur zu verlassen, weil er die »gottlosen« Nomaden aus dem Norden, die langsam dort den Alltag bestimmten, nicht mehr ertragen konnte, denn damals wurde politische Unzufriedenheit immer mit religiöser Unzufriedenheit begründet. Die Bibel beschreibt Abraham als einen Menschen, der aus einer Ordnung kam, in der Gottes Regeln missachtet worden waren. Das bezieht sich auf die Entthronung von Gottes Repräsentanten auf der Erde, also des Königs von Ur und seiner Priester.

Abraham wird im Allgemeinen als erste historische Figur der Bibel angesehen. Adam, Eva, Kain, Abel und Noah repräsentieren hingegen Völker und Zeiten, gewissermaßen die Gedanken, die die frühen Juden sich über die Entstehung des Lebens auf der Erde machten. Es ist wahrscheinlich wahr, dass er als Beduine ins Land Kanaan reiste und auf seiner Reise heftige Diskussionen mit seinem persönlichen Gott führte, der natürlich mit ihm aus Sumer gekommen war.

Abraham als Beduinen zu beschreiben macht durchaus Sinn, denn er und die Menschen, die mit ihm reisten, besaßen kein eigenes Land. Wir entdeckten, dass der Name Hebräer von dem Begriff »Habiru« abgeleitet wurde – ein Schimpfwort der Ägypter für die semitischen Stämme, die wie Beduinen herumwanderten.

Die jüdische Geschichtsschreibung führt ihre Abstammung auf Sem zurück, den Sohn Noahs, der ja selbst ein Charakter einer sumerischen Legende war, und später auf Abraham, der Sumer verließ, um das Gelobte Land zu finden. Wenn man bedenkt, dass es keine Spur mehr von den Bewohnern des Zweistromlandes gibt, müssen wir einfach glauben, dass viele Sumerer nach Norden und Westen gezogen sind und zu einem bedeutenden Teil der Nomaden geworden sind, die später zur jüdischen Nation verschmolzen. Aber alle

Beweise zeigen, dass die Juden weder eine Rasse noch eine Nation sind, wie sie später glaubten, sondern eine Mischung aus unterschiedlichen semitischen Gruppen, die alle ohne Heimatland waren und eine theologische Geschichte von einer sumerischen Untergruppe adoptierten. Vielleicht einer von zehn Israeliten zur Zeit Davids und Salomos war sumerischer Abstammung, und nur ein winziger Teil dieser Menschen stammte von Abraham ab, der bestimmt nicht der einzige Sumerer war, der während der zweiten Hälfte des zweiten Jahrtausends vor Christus nach Kanaan und Ägypten reiste. Die Habiru waren deshalb von den übrigen Beduinen in Ägypten zu unterscheiden, weil sie Asiaten waren, die seltsame Kleidung anhatten, einen Bart trugen und eine fremde Sprache sprachen.

Abraham wird als Schlüsselfigur für die Gründung Israels angesehen, denn sein Gott versprach ihm eine neue Heimat für sein Volk in dem Land, das im nördlichen Teil des so genannten »fruchtbaren Halbmonds« lag und später Kanaan hieß. Es ist wahrscheinlich, dass er ein Priester mit einem besonderen Gott war, der sein Gefährte und Schutzengel war.

Dem durchschnittlichen Juden oder Christen, der die Bibel liest, kann man verzeihen, wenn er glaubt, dass das Land Kanaan ein rechtmäßiges Geschenk Gottes für sein erwähltes Volk war, aber die Einnahme dieses Gelobten Landes war eigentlich nichts Geringeres als Diebstahl. Wenn man die Worte des Alten Testaments für bare Münze nimmt, dann waren die Juden und ihr Gott schlicht unverschämt. Nichts kann das Abschlachten so vieler Ureinwohner, wie es das Alte Testament beschreibt, rechtfertigen – auch keine übernatürliche Eingebung.

Heute haben die meisten Christen nur einen verschwommenen, vagen Eindruck von der Geschichte ihres Gottes, der zuerst der Gott der Hebräer war. Sie stellen sich vor, wie ihr

allmächtiger und liebevoller Gott seinem »erwählten Volk«
ein wunderbares Land, in dem Milch und Honig flossen
(eine Art Sumer oder wieder gefundenes Paradies), versprach – ein Land namens Kanaan. Aber Kanaan war keine
öde Wildnis, in der sich edle Wanderer eine neue Heimat
aufbauen konnten, und Jahwe war kein lieber Wohltäter. Er
war ein Sturmgott, ein Kriegsgott.

Archäologische Studien in jüngster Zeit haben bewiesen,
dass die Kanaaniter eine hohe Kultur mit befestigten Städten und zahllosen kleineren Ortschaften besaßen, die Handel trieben, Felder bebauten und Waren produzierten. Wenn
man also die Geschichten in der Bibel für bare Münze
nimmt, dann war der Gott der Hebräer in Wirklichkeit eine
Gestalt, die Invasion, Diebstahl und Mord rechtfertigte, also
viel Ähnlichkeit mit Dschingis-Khan hatte!

Was uns verblüfft, ist die Tatsache, dass die meisten Christen
heutzutage glauben, das Alte Testament sei ein echter historischer Ereignisbericht, obwohl es Gott als eingebildeten, rachsüchtigen Irren zeichnet, der nicht den kleinsten Funken Mitleid hat. Außer dem Befehl, Hunderttausende von Männern,
Frauen und Kindern in den Städten abzuschlachten, die von
ihren rechtmäßigen Einwohnern gestohlen werden sollten,
war er auch bekannt dafür, seine Freunde ohne ersichtlichen
Grund anzugreifen. In Exodus 4,24–25 lesen wir, dass Jahwe
beschloss, Moses zu töten – kurz nachdem er ihm befohlen
hatte, nach Ägypten zu gehen, um die »versklavten« Israeliten zu retten. Dieses sehr ungezogene Vorhaben wurde ihm
von einer Frau ausgeredet, die behauptete, Moses sei ihr
Bräutigam. Das wurde dann später umgeschrieben, und die
Schuld trug jetzt nicht mehr Jahwe, sondern ein Geist namens
Mastema – was nur ein anderes Wort für die »böse« Seite von
Jahwes Charakter ist. Doch es ist ganz klar, dass Gott wirklich Moses' Sohn umbrachte, als ihm danach war.

Obwohl es bis jetzt niemandem gelungen ist, sicher die Zeit

festzulegen, zu der Abraham herumgezogen ist, ist man allgemein der Meinung, dass es nicht früher als 1900 vor Christus und nicht später als 1600 vor Christus war. Wenn er im letzten Teil dieser Zeitspanne gelebt haben sollte, dann hätte er sich mitten in der Besetzung Ägyptens durch die so genannten »Hyksos« oder »Schäfer« befunden, Könige, die die Ägypter über 200 Jahre lang belagerten und unterdrückten, nämlich von 1786 bis 1567 vor Christus. Wir waren inzwischen zu der Ansicht gekommen, dass die Geschichte sich wie ein Puzzle zusammenfügen würde, falls es eine Verbindung zwischen Abraham und den Semiten gäbe, die aus der Gegend um Jerusalem kommend Ägypten okkupierten. Er war nämlich mit seinen Gefolgsleuten in Richtung Haran aufgebrochen, einer großen Stadt am Ufer des Flusses Balikh, die auf der Handelsroute von Sumer den Euphrat entlang lag. Von dort zog seine Gruppe nach Kanaan, was natürlich gleichbedeutend mit Israel ist.

Irgendwann während dieses Zuges machte sich Abraham Gedanken, dass er etwas falsch gemacht hatte, weil er das Gefühl hatte, sein persönlicher Gott sei nicht zufrieden mit ihm. So überdachte er wahrscheinlich ein schwieriges Problem oder einen schlimmen Vorfall in seiner Gruppe, denn er meinte offenbar, diese schwierige Lage sei darauf zurückzuführen, dass sein Gott ihm den Schutz versagte, weil er verärgert war. Abrahams Gott war offenbar so verärgert (was zeigt, wie groß das Problem war), dass Abraham als einzigen Ausweg die Opferung seines Sohnes Isaak sah. Der Vers Micha 6,7 macht den Ernst der Lage deutlich:

Soll ich meinen Erstgeborenen hingeben für meine Sünde, die Frucht meines Leibes als Sühne meiner Seele?

Zweimal kommen in der Geschichte Abrahams die Worte »nachdem diese Sache geschehen war« vor, und es ist seit langem bekannt, dass es die Momente einer großen Krise waren, in der der Gott Abrahams versöhnt werden musste. Zum Glück für den kleinen Isaak muss das Problem doch nicht völlig unlösbar gewesen sein, und sein höchst abergläubischer Vater machte sein Vorhaben, ihn zu töten, nicht wahr. Doch es gibt aus späterer Zeit eine Midrasch-Erzählung, in der Isaak von Abraham geopfert wurde, aber danach auferstand. Isaak wird darin wie Jesus, der Christus, als »leidender Diener« gezeichnet, der anderen das Heil bringt.

Tausend bis dreizehnhundert Jahre vergingen, ehe die Geschichte von Abraham zum ersten Mal schriftlich festgehalten wurde. Bis dahin gab es über einen sehr großen Zeitraum nur die mündliche Überlieferung. Als sie dann aufgeschrieben wurde, schien es ganz natürlich, dass Abrahams Gott Jahwe gewesen sein musste – und das ungeachtet der Tatsache, dass Jahwe erst zur Zeit Mose auftrat. Die Terminologie Mose, der den Israeliten, als er sie aus Ägypten führte, erzählte, der »Gott ihrer Väter« würde ihn leiten, ist die sumerische Methode, sich auf einen persönlichen Gott zu beziehen, der die Nachkommen Abrahams beschützt (so schreibt es auch John Sassoon in seinem Buch *From Sumer to Jerusalem*). Obwohl nur ein winziger Teil dieser heimatlosen Asiaten (auch Proto-Juden genannt) von Abraham abstammen konnte, hatten zu dieser Zeit alle diese Legende vereinnahmt und sie als akzeptablen und noblen Grund für ihre gegenwärtigen Lebensumstände angenommen.

Wenn Moses nämlich in Ägypten vor diesen Sklaven gestanden und ihnen erzählt hätte, seine Weisung käme von Jahwe oder einem Gott der ganzen Welt, der alle anderen Götter verdrängte, hätte man ihn schlicht für verrückt gehalten.

Anders als frühere Vaterfiguren wurde Abraham nicht der Stammvater einer ganzen Genealogie, die dann auch seinen Namen trug, sondern sein persönlicher Gott, »der Gott

Abrahams«, wurde zum besonderen Kennzeichen seines Volkes. Wir finden es wirklich erstaunlich, dass die Psyche eines Sumerers die Grundlage für eine der drei großen monotheistischen Weltreligionen schuf.

Bis jetzt hatte unsere Suche uns zum Verständnis der Idee vom persönlichen Gott geführt und eines Volkes, das sein kulturelles Erbe auf einen Mann zurückführte, der die sumerische Stadt Ur mit seinem persönlichen Gott verlassen hatte. Obwohl wir Midrasch-Kommentare über eine mögliche Auferstehungszeremonie in Verbindung mit Isaak, dem Sohn des Stammvaters der Juden, fanden, schien diese Geschichte doch erst viel später entstanden zu sein. Hier war keinerlei Verbindung zur Freimaurerei zu finden, und deshalb meinten wir, dass wir uns erst einmal die berühmteste antike Zivilisation von allen am Ufer des Nils anschauen sollten, ehe wir uns wieder dem jüdischen Volk zuwandten. Abraham hatte während der Gründungszeit der jüdischen Nation schließlich eine gewisse Zeit in Ägypten zugebracht, und wir wussten auch, dass später einige Juden es in Ägypten zu hohem Ansehen gebracht hatten.

Erst als wir uns anschauten, wie Gott ins Bewusstsein der Menschen kam, merkten wir, wie wenig man uns über Ur- und Frühgeschichte beigebracht hatte. Wir hatten nichts über das Land Sumer gewusst, die Geburtsstätte der Zivilisation und der Ort, an dem Schrift und Bildung entstanden. Wir hatten entdeckt, dass die Sumerer die Säule erfanden und auch die Pyramide, die sich weit über ihre Landesgrenzen hinaus verbreitete. Der Bericht der Sintflut in der Genesis stellte sich als tausend Jahre älter heraus, als wir angenommen hatten – nämlich als Übernahme aus dem sumerischen Schöpfungsbericht »Enuma Elish«.

Abraham kam irgendwann zwischen 2000 und 1800 vor Christus aus der sumerischen Stadt Ur und nahm seinen persönlichen Gott mit, der als »Gott seiner Väter« bekannt ist. Wir hatten uns gefragt, ob Abraham wohl in Verbindung mit den Hyksos-Königen gestanden hatte, die Ägypten von 1786 bis 1567 vor Christus regierten, aber wir wussten nicht genug über die Ägypter, um diese Frage zu beantworten. Aber trotz ein paar verführerischer Hinweise auf Personen, die eine Rolle in der Freimaurerei spielen, hatten wir überhaupt keine Bindeglieder zur modernen Freimaurerei gefunden. Wenn wir dieses Puzzle je lösen wollten, mussten wir wieder einen Zeitsprung machen – diesmal nach vorn – und die Zivilisation der Ägypter studieren.

7.
Das Erbe der Ägypter

Die Anfänge Ägyptens

Die Ägypter sind berühmt wegen ihrer Pharaonen und ihrer Kunstwerke, aber wahrscheinlich am meisten wegen ihrer Pyramiden. Wie wir herausfinden sollten, hinterließ uns dieses Volk weit mehr als antike Kunstwerke, denn es war verantwortlich für ein paar wichtige Beiträge unseres heutigen Alltags. Heute sind die Ägypter eine Mischung aus arabischen, negroiden und europäischen Völkern, was eine Vielfalt von Hautfarben und Gesichtszügen schafft. Einige sind hinreißend schön, manche erinnern an die Bilder, die man in den Grabkammern der Pyramiden fand. Diese Schönheit ist übrigens nicht nur äußerlich, denn die Ägypter waren immer eine freundliche und recht tolerante Nation. Die weit verbreitete Idee, dass die »bösen« Ägypter hebräische Sklaven dazu benutzten, die Pyramiden zu bauen, ist Unsinn, nicht zuletzt deshalb, weil es die Hebräer damals noch gar nicht gab.

Die frühen Ägypter müssen durch die Städtebauer Sumers stark beeinflusst, wenn nicht sogar angeleitet worden sein. Wahrscheinlich machten sich nach der Sintflut ein paar Träger der Geheimnisse und Mysterien der Baukunst auf den Weg nach Norden und Westen, bis sie ein anderes Volk entdeckten, das sein Leben nach den rhythmischen Gezeiten eines Flusses ausrichtete, der der Erde der Wüste Feuchtigkeit bescherte. Da die Niederschlagsmenge dort zu gering ist, um Getreide wachsen zu lassen, war der Nil immer schon wichtig für den Fortgang des Lebens, und es ist kein Wunder, dass dieser Fluss geradezu ein Synonym für Ägypten geworden ist.

Von Ende August bis September zieht sich eine jährliche Überschwemmung vom Süden bis zum Mittelmeer im Norden und hinterlässt schwarzen Boden, in dem die Nahrung der Menschen gedeiht. Eine zu starke Überschwemmung überflutete das flache Land, zerstörte Häuser und tötete Mensch und Vieh, aber zu wenig Überschwemmung bedeutete keine Bewässerung und deshalb Hungersnot. Das Gleichgewicht des Lebens war völlig abhängig vom Nil.

Antike Aufzeichnungen zeigen, dass die ägyptischen Soldaten sich entsetzt zeigten, wenn sie ihre Feinde bis nach Kleinasien hinein verfolgten – zum Beispiel bis in den Libanon. Sie erzählten dann, dass man die Pflanzen dort »einfach wild wachsen ließ, sodass sie das Fortkommen der Truppen behinderten«, und der »Nil fiel seltsamerweise vom Himmel, anstatt in den Bergen zu entspringen«. Das zeigt deutlich, dass sie kein Wort für Regen hatten und dass selbst dieses Leben spendende Phänomen unwillkommen sein kann, wenn man gelernt hat, ohne es auszukommen. Sie ekelten sich auch vor der Temperatur des Wassers, das kühl in den Flüssen floss. Sie füllten es zuerst in Schalen, die sie zum Aufwärmen in die Sonne stellten, ehe sie es tranken.

Der Nil hatte Zehntausende von Jahren kleine, vereinzelte Gruppen von Jägern ernährt, aber im Verlauf des vierten Jahrtausends vor Christus entstanden Siedlungen von Bauern. Diese entwickelten sich zu Vorstufen von Königreichen mit abgesteckten Grenzen, die man verteidigen und schützen musste. Kämpfe waren an der Tagesordnung, ehe man merkte, dass Zusammenarbeit effektiver war als Aggression, und es bildeten sich harmonische Gemeinwesen. Irgendwann um 3100 vor Christus gab es schließlich nur noch ein Königreich, das Ober- und Unterägypten vereinigte.

Die Theologie der frühesten Perioden des vereinigten Königreiches war nur fragmentar, denn jede Stadt behielt ihre eigenen Götter. Die meisten glaubten, dass in grauer Vorzeit die Götter gelebt hatten wie die Menschen – mit Ängsten, Hoffnungen und dem Tod. Götter waren nicht unsterblich und ganz und gar nicht allmächtig, sie alterten und starben, worauf sie auf speziellen Friedhöfen beerdigt wurden. Diese Sterblichkeit widerspricht natürlich jeder Definition von einem Gott und führt zu der Frage, warum diese frühen Bewohner als Götter betrachtet wurden. Wir können nur vermuten, dass die Menschen, die vor mehr als fünfeinhalbtausend Jahren über das Gebiet am Nil herrschten, Fremde waren, die ein Wissen oder eine Technologie besaßen, welche der der Einheimischen so überlegen war, dass man sie als Zauberer ansah. In grauer Vorzeit waren Magie und Religion praktisch eins, und jede mächtige Person konnte als Gott gelten.

Es hat wenig Sinn, über das zu spekulieren, was in prähistorischer Zeit geschah, aber vielleicht waren diese »Götter« Menschen, die die Geheimnisse der Baukunst kannten und sie an die Pyramidenbauer weitergaben, ehe sie weiterzogen oder ausstarben.

Die Ägypter glaubten, dass die Materie schon immer existierte, und für sie war es unlogisch zu glauben, dass ein Gott etwas aus dem Nichts erschaffen hatte. Sie waren der Ansicht, dass die Welt begann, als Ordnung ins Chaos kam, und dass es seitdem einen ständigen Kampf zwischen den Kräften der Ordnung und der Unordnung gab. Diese Ordnung wurde von einem Gott geschaffen, den es immer schon gab – er existierte nicht nur vor den Menschen, dem Himmel und der Erde, nein, es gab ihn auch schon vor der Zeit der Götter.

Dieser chaotische Zustand wurde Nun genannt, und wie die sumerische und biblische Beschreibung der Öde vor der Schöpfung war auch hier alles ein dunkler, sonnenloser wässriger Abgrund, in dem eine schöpferische Kraft alles in eine Ordnung brachte. Diese latente Kraft, die in der Substanz des Chaos lebte, wusste nichts von ihrer Existenz. Sie war eine Wahrscheinlichkeit, ein Potenzial, das verwoben war mit der Zufälligkeit der Unordnung.

Es ist schon verblüffend, wie dieser Schöpfungsbericht völlig mit der Ansicht moderner Naturwissenschaftler übereinstimmt, besonders mit der »Chaos-Theorie«, die verzweigte Formen gezeigt hat, die sich innerhalb völlig unstrukturierter Ereignisse entwickeln und mathematisch wiederholen. Es scheint, als ob die alten Ägypter unserer physikalisch begründeten Weltsicht näher gestanden hätten, als es möglich scheint – und das bei Menschen, die keine Ahnung von der Struktur der Materie hatten.

Die einflussreichsten größeren Städte waren Memphis, Hermopolis, Crocodilopolis, Dedera, Esna, Edfu und Heliopolis, die Stadt der Sonne, die vorher den Namen Ort getragen hatte. In der Religion, die in diesen Städten gepflegt wurde, gab es immer »einen ersten Augenblick« in der Geschichte, als eine kleine Insel oder ein Hügel sich aus dem Chaos der Wasser erhob – fruchtbar und bereit, Leben zu geben. In Heliopolis und Hermopolis war der Funke, der das Leben entzündet hatte, der Sonnengott Re (zuweilen auch Ra genannt), während es in Memphis Ptar, der Erdgott, war. In beiden Fällen wurde behauptet, dass der Gott in dem Moment ins Bewusstsein gekommen sei, als die ersten Inseln sich aus dem Wasser erhoben. Re/Ptar wurde die Quelle aller materiellen Wohltaten, die die Ägypter genossen, er beflügelte alle Künste und war die Quelle bestimmter Fähigkeiten – besonders des Mysteriums des Bauens.

Die Herrscher von Ägypten, zuerst die Könige, später die Pharaonen, waren Halbgötter, die durch göttliches Recht herrschten. Jeder König war der »Sohn Gottes«, der im Augenblick seines Todes eins mit seinem Vater wurde und als Gott in einem kosmischen Himmel weiterlebte. Die Geschichte von Osiris erzählt, wie dieser Kreislauf der Götter und ihrer Söhne begann:

Die Himmelsgöttin Nut hatte fünf Kinder. Der Älteste war Osiris, der selbst ein Halbgott war. Wie später im alten Ägypten üblich, bekam er seine Schwester als Gemahlin. Sie hieß Isis. Mit der Hilfe seiner »rechten Hand«, des Gottes Thoth, regierte er das Land weise, und das Volk gedieh. Doch sein Bruder Set neidete ihm seinen Erfolg und ermordete ihn. Dann zerteilte er Osiris' Körper und warf die einzelnen Teile in den Nil. Isis war verzweifelt, besonders deshalb, weil Osiris keinen Erben gezeugt hatte, was bedeutete, dass die Schlechtigkeit von Set auch noch mit dem Recht zu herrschen belohnt werden würde. Da sie eine kluge Göttin war, ließ Isis sich nicht entmutigen. Sie ließ alle Körperteile von Osiris suchen und zu sich bringen, damit sie sie mit Zauberkraft zusammenfügen und ihren Bruder für einen kurzen Augenblick wieder zum Leben erwecken konnte. Dann setzte sie sich auf den göttlichen Phallus, und der Samen des Osiris strömte in sie. Nachdem Isis nun von ihm schwanger war, verschmolz Osiris mit den Sternen, wo er über das Königreich der Toten herrschte.

Isis gebar einen Sohn namens Horus, der zu einem Prinzen von Ägypten heranwuchs und den Mörder seines Vaters zum Duell forderte. In dem darauf folgenden Kampf entmannte Horus Set, verlor aber selbst ein Auge. Schließlich wurde der junge Horus zum Sieger erklärt und wurde der erste König.

Von da an war der König immer die Verkörperung des Gottes Horus, und im Augenblick seines Todes wurde er zu Osiris und sein Sohn der neue Horus.

Die Stabilität der beiden Länder

Ober- und Unterägypten wurden vor zirka 5200 Jahren zu einem Königreich vereint. Wir wissen nicht, welchen Problemen sich die Menschen dort vorher, als die Götter mitten unter ihnen lebten, gegenübersahen, aber von Anfang an diente die Vereinigung nur einem Ziel – dem Wohlergehen des Zwillingsstaates.

Der Bau der Pyramiden erfüllte bei den Ägyptern das gleiche Bedürfnis wie die Stufenpyramiden bei den Sumerern Mesopotamiens – sie waren künstliche Berge, die dem König und seinen Priestern dabei halfen, die Götter zu erreichen. Aber viel älter als die Pyramiden war die Säule. Sie hatte die gleiche Funktion, nämlich die Welt der Menschen mit der Welt der Götter zu verbinden.

Vor der Vereinigung besaß jedes der beiden Länder eine eigene Säule, die den König und seine Priester mit den Göttern verbinden sollte. Man kann wohl annehmen, dass beide Säulen beibehalten wurden, als Ober- und Unterägypten zu einem Königreich vereinigt wurden. Jede Säule bildete für sich eine spirituelle Verbindung zwischen Himmel und Erde, und die Ägypter brauchten einen neuen theologischen Rahmen, um die Beziehung zwischen ihrer neuen Dreiheit der beiden Länder und des Himmels auszudrücken.

In der alten Stadt Annu (in der Bibel später On und von den Griechen Heliopolis genannt) gab es eine große heilige Säule, die auch Annu hieß – wahrscheinlich noch ehe die Stadt diesen Namen trug. Wir glauben, dass dies die große Säule Unterägyptens war und ihr Gegenstück in Oberägypten stand, und zwar zur Zeit der Vereinigung in der Stadt Nekheb.

Eine Analyse der späteren ägyptischen Religion und Rituale hat uns davon überzeugt, dass diese heiligen Säulen zum greifbaren Manifest der Vereinigung wurden. Da sie den Zusammenschluss des Landes zu einem Königreich symbolisierten, glaubte man, sie wären durch den himmlischen Querbalken der Himmelsgöttin Nut miteinander verbunden, sodass die drei Teile ein Tor bildeten. Da eine Säule im Süden und die andere im Norden stand, wies die Öffnung naturgemäß nach Osten, um die aufgehende Sonne zu begrüßen. Unserer Meinung nach bedeutete das Stabilität, und solange die beiden Säulen intakt blieben, würde das Königreich der beiden Länder blühen und gedeihen. Wir fanden es sehr interessant, dass die ägyptische Hieroglyphe für die beiden Länder namens »taui« so beschrieben werden kann: zwei nach Osten gerichtete Säulen mit Punkten, die darauf hinweisen, wo die Sonne aufgeht.

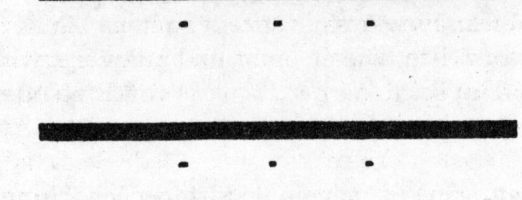

Wenn man sich dieses spirituelle Tor nun von Osten aus ansieht, stand die Säule zur Rechten in Unterägypten, was zu der rechten Säule in der Freimaurerei, Jachin, passt, die ja die Bedeutung hat »zu gründen«. Im modernen Ritual findet sich keine Erklärung dafür, was das bedeuten könnte, aber wir dachten uns, dass dies seinen Ursprung in Unterägypten, dem älteren der beiden Länder hat. Nach einem ägyptischen Mythos war es der Ort, an dem die Welt aus dem

Chaos namens Nun geboren wurde, und deshalb repräsentiert »Jachin« nichts anderes als die Gründung der Welt.

Für die Ägypter markierte die linke Säule Oberägyptens Verbindung zum Himmel, und im freimaurerischen Ritual heißt sie Boas, was angeblich übersetzt heißen soll: »Kraft« oder »darin liegt Kraft«. Wie wir im nächsten Kapitel darlegen werden, kam diese Übersetzung zu einer Zeit großer Not in Ägypten auf. Unterägypten war für kurze Zeit von mächtigen Feinden besetzt, aber Oberägypten bewies Stärke.

In der Freimaurerei heißt es, dass die Vereinigung beider Säulen »Stabilität« bedeutet, und das meinten zweifelsfrei auch die Ägypter. Solange die beiden Säulen standen, würde das Land gedeihen. Dieses Thema der Stärke durch die Vereinigung zweier Säulen war, wie wir glaubten, der Anfang eines Konzepts, das in vielen Spielarten von späteren Kulturen übernommen werden sollte – auch von den Juden und letztendlich auch von den Freimaurern.

Als wir uns in die Geschichte Ägyptens vertieften, stöberten wir sehr schnell ein Ideal auf, das in ihrer Zivilisation absolut zentral war. Es war ein Konzept namens Ma'at. Sie können sich vorstellen, wie erstaunt und aufgeregt wir waren, als wir in dem Buch *Warrior Pharaohs* von P. H. Newby folgende Definition fanden:

Ägypten wurde durch ein Bedürfnis nach Ordnung charakterisiert. Die ägyptische Religion besaß kaum moralische Inhalte, aber in praktischen Fragen herrschte allgemein die Erkenntnis, dass Gerechtigkeit ein so fundamentales Gut sei, dass sie Teil der natürlichen Ordnung der Dinge sein müsse. Die Vereidigung des Wesirs des Pharaos bei seiner Ernennung machte das ganz klar, denn das hier benutzte Wort Ma'at bedeutete im allgemeinen Verständnis etwas mehr als Klarheit. Ursprünglich war das Wort ein materieller Begriff und bedeutete: gleichmäßig, geordnet und symmetrisch, etwa wie der Grundriss eines Tempels. Später bekam das Wort die Bedeutung: Aufrichtigkeit, Wahrheit und Gerechtigkeit.

Konnte es eine klarere und ausführlichere Beschreibung der Freimaurerei geben? Wir, die wir selbst Freimaurer sind, glauben das nicht. Die Freimaurerei betrachtet sich als ein besonderes Moralsystem, das auf brüderlicher Liebe, Nachsicht und Wahrheit beruht. Dem frisch gebackenen Freimaurer wird gesagt, dass das sichere Zeichen zum Erkennen eines Freimaurers immer seine Geradlinigkeit ist.

Die Freimaurerei ist ebenso wenig eine Religion, wie das Konzept des Ma'at integraler Bestandteil einer theologischen Struktur oder Legende war. Beide sind Pragmatismen des Gedankens, dass Zivilisation und sozialer Fortschritt auf der Fähigkeit des Einzelnen beruhen, nach dem Grundsatz zu handeln: »Was du nicht willst, das man dir tu, das füg auch keinem andern zu.« Die Tatsache, dass bei beiden Entwurf und Bau eines Tempels als Beispiel benutzt werden, und die Beobachtung, dass menschliches Verhalten geradlinig und aufrecht sein sollte, ist bestimmt alles andere als ein Zufall. Es ist in jeder Gesellschaft schwer, einen Moralkodex zu finden, der außerhalb eines religiösen Systems existiert, und so kann man mit Sicherheit behaupten, dass Ma'at und die Freimaurerei Stein für Stein, Falllinie für Falllinie ein Gespann sind, das der modernen Welt eine Menge beibringen könnte.

Als wir versuchten, die Stärken und die Schönheiten des Ma'at abzuschätzen, bekamen wir immer mehr das Gefühl, dass die Freimaurerei in ihrer gegenwärtigen Form, wenn überhaupt, dann ein armseliger Sprössling davon ist. Vielleicht identifizieren sich ja Mitglieder der Großlogen mit den wahren Werten, die unstrittig in der Freimaurerei vorhanden sind, aber leider müssen wir sagen, dass unserer Erfahrung nach nur fürchterlich wenige gewöhnliche Freimaurer auch nur den entferntesten Schimmer davon haben, wie großartig ihr Verein für die Gesellschaft sein könnte. In der modernen westlichen Welt sind humane Werte wie Mitleid und Fürsorge religiös geprägt und werden oft als »christliche Werte« bezeichnet, was eigentlich eine Schande ist. Natürlich sind viele Christen gute und freigebige Menschen, aber wir meinen, dass das eher auf ihre Persönlichkeit zurückzuführen ist als auf theologische Gründe. Im Gegenteil – viele der schrecklichsten, unmenschlichsten Vorfälle der Geschichte sind im Namen des Christentums begangen worden.

Während wir uns mit den modernen Erscheinungsformen des Ma'at befassen, kommen wir nicht umhin zu bemerken, dass viele Sozialisten und Kommunisten sich vielleicht als nichtreligiöse Sucher menschlicher Güte und Gleichheit betrachten könnten. Doch sie irren sich. Wie bei einer Religion verlangen auch sie eine vorgeschriebene Anpassung an eine bestimmte Methodologie, damit ihre »Güte« funktioniert. Doch Ma'at war reine Güte, die freiwillig gegeben wurde. Uns erscheint es durchaus vernünftig zu behaupten, dass die westliche Gesellschaft schließlich Ma'at wieder entdeckt haben würde, wenn sie die von ihr angestrebten Ziele Gleichheit und Stabilität erreicht. Wenn Ingenieure heute noch die Fähigkeiten der Pyramidenbauer bewundern – was könnten dann nicht die Soziologen aus einem Konzept wie diesem machen!

Inzwischen hatten wir gemerkt, dass eine Verbindung zwischen freimaurerischen Werten und denjenigen des Ma'at nicht zu leugnen war. Bestimmt mögen einige darauf hinweisen, dass die Freimaurerei eine Modeerscheinung des siebzehnten Jahrhunderts war, die sich nach dem Konzept des Ma'at formte. Doch dieses Argument erscheint uns nicht schlagend, denn die ägyptischen Hieroglyphen wurden erst mit dem Stein von Rosette entziffert – einhundert Jahre nach Gründung der Großloge von England. So konnten die Freimaurer sich also gar nicht nach dem Ma'at formen, denn man konnte die Hieroglyphen noch nicht lesen! Wir hatten also endlich eine Zivilisation gefunden, die versuchte, nach den Prinzipien zu leben, die wir aus dem freimaurerischen Ritual kannten, und die auch das Konzept der zwei Säulen in ihrem Staatswesen benutzte. Es gab auch in Verbindung mit Osiris die Geschichte eines Mordes und einer Auferstehung, aber es gab keinerlei Verbindung zu dem Architekten von König Salomos Tempel oder überhaupt irgendeinem Tempel. Wir mussten uns also die alten Ägypter noch genauer anschauen.

Die Ägypter hatten während ihrer Gründungsperiode die Grenzen des Egoismus erlebt, und sie strebten – mittels der genialen Idee, die Ma'at nun einmal war – eine neue Ordnung an, die Menschen und Göttern gleichermaßen passte. Das zukünftige Wesen des ägyptischen Volkes ist scheinbar durch diesen Geist der Toleranz und Freundschaft geformt worden. In alten Zeiten war Ma'at die Grundlage der Gesetze und wurde bald die Richtschnur zu allem, was »recht« war – vom Gleichgewicht des Universums und aller Planeten bis zu Ehrlichkeit und Fairness im Alltag. In der Gesellschaft des alten Ägypten wurden Gedanke und Wesen als zwei Seiten einer Medaille verstanden – alles, was harmonisch oder regulär war, wurde als Manifestation des Ma'at verstanden. (So erklärte es auch Norman Cohen in seinem Buch *Cosmos, Chaos and the World to Come.*)

Aus unserem Studium der Freimaurerei wussten wir, dass Begriffe wie »harmonisch« oder »regulär« zentrale Bedeutung für die gesamte Freimaurerei haben. Das Recht, die verborgenen Mysterien der Natur und Wissenschaft zu ergründen, hat der Maurergeselle, der Freimaurer zweiten Grades.

Die Geschichte von Set und Osiris demonstrierte dem ägyptischen Volk, dass das göttliche Herrschaftsrecht legitimer Könige nie bestritten werden kann – auch nicht durch die Kräfte der Zerstörung und Anarchie, die Set verkörperte. Das Konzept des Ma'at wurde zum Merkmal eines guten Königs, und alte Aufzeichnungen zeigen, dass jeder König und Pharao so gekennzeichnet wurde: »er übte Ma'at«, »Schützer des Ma'at« oder »er lebte das Ma'at«. Soziale Ordnung und gerechte Rechtsprechung strömten aus dem Brunnen des Ma'at, aus dem lebendigen Gott Horus, dem König. Nur durch die Bewahrung der göttlichen Königslinie konnte die Zivilisation in Ägypten überleben. Diese einheitliche Präsentation der Untrennbarkeit von Ma'at und dem Königsgeschlecht war natürlich ein brillanter Schachzug, um Rebellionen zu verhüten und die Monarchie zu erhalten.

Nicht nur die politische Stabilität des Landes bewahrte sich durch die Klammer des Ma'at, sondern auch die ganze Wirtschaft, der Wohlstand. Wenn die Menschen nach den Grundsätzen des Ma'at lebten, würden die Götter dafür sorgen, dass der Nil eine Überflutung mit sich brachte, die gerade ausreichte, um genug Korn zur Ernährung der Bevölkerung wachsen zu lassen. Wenn die Überflutung zu gering oder zu stark war, waren die Resultate katastrophal, aber das wäre eindeutig die Schuld des Volkes und des Königs. Siege im Krieg wurden auch durch Ma'at bewirkt. Die Feinde des Landes wurden als Kräfte des Chaos angesehen, und man würde mit ihnen fertig werden, weil die Götter die Menschen, die gut nach Ma'at lebten, unterstützten.

Irgendwann wurde Ma'at zu einer Göttin. Sie war die Tochter des Sonnengottes Re, sie segelte mit ihm in einem Boot über den Himmel und wird oft dargestellt, wie sie am Ruder steht und für den richtigen Kurs sorgt. Ma'at trägt eine Straußenfeder in ihrem Kopfputz, und an jedem ihrer Arme hängt ein »Ank«. Der Ank war das Symbol des Lebens. Er ist geformt wie ein Kreuz mit einer Tropfenform als oberem Teil.

Eine weitere bedeutende Entdeckung für uns war die Tatsache, dass Ma'ats Bruder der Mondgott Thoth ist, der auf Abbildungen oft neben Ma'at am Ruder vom Boot des Re gezeigt wird. Unser Interesse wuchs, als wir Hinweise darauf fanden, dass Thoth bei frühen freimaurerischen Zeremonien eine wichtige Figur war. Thoth nämlich war es, der die Ägypter die Baukunst und die Religion lehrte, und man sagte von ihm, dass er die Wahrheit begründete. Ein König, der das Böse bekämpfte, bekam den Titel: »ein guter Gott – ein Erbe des Thoth«.

Wie man König wird

Die Freimaurerei besitzt viele Elemente, die sehr ägyptisch anmuten, von der Benutzung der Pyramiden bis zum Auge des Amun Re, aber niemand glaubt, dass es da wirklich eine Verbindung gibt. Die mündliche Überlieferung der Freimaurerei datiert die Schaffung des Rituals auf etwa viertausend Jahre zurück, aber keiner hält das für wahr. Die Tatsache, dass die Sache mit den zwei Säulen ägyptischen Ursprungs ist, und die identischen Werte des Ma'at weckten in uns den Glauben an eine mögliche Verbindung. Um weitere Beweise für Übereinstimmungen in den Ritualen zu sammeln, begannen wir damit, uns anzuschauen, wie es beim König und am Hof zuging.

Wenn der Herrscher der beiden Länder starb, wurde er Osiris, und sein Sohn wurde sofort der neue Horus und damit König. Wenn der König keine Söhne hatte, konnte man sich darauf verlassen, dass die Götter dieses Problem lösten. Allerdings glauben wir, dass natürlich die Angehörigen des königlichen Kreises die Entscheidungen trafen. Wenn ein neuer »Herr« übrigens erst einmal gekrönt war, war der Horus für alle Zeiten unbestritten.

So etwas gab es nach dem Tod von Thutmosis II., der von seiner Frau nur eine Tochter hatte, Hatschepsut, sein einziger Sohn stammte von einer Konkubine namens Isis. Diesem Jungen gelang es, Thutmosis III. zu werden, und er erzählte eine seltsame Geschichte, wie der Gott Amun ihn als neuen Herrscher der beiden Länder erwählt hätte. Als kleiner Junge sollte er auf die Priesterschaft vorbereitet werden und besuchte den großen Tempel, den der Baumeister Ineni für seinen Großvater errichtet hatte. Eines Tages war er gerade dort, als sein Vater dem Amun opferte, und der Gott wurde in einem Schrein in der Form eines Bootes in die Halle mit den Zedernsäulen getragen. Der Gott wurde schulterhoch in einem Kreis durch die Halle getragen. Der Junge warf sich, wie es sich gehörte, flach auf den Boden und schloss die Augen. Als der Schrein an ihm vorbeigetragen wurde, zwang der Gott die Prozession dazu, anzuhalten, indem er sich so schwer machte, dass die Träger den Gott absetzen mussten. Der Junge spürte, dass er emporgehoben wurde, und wusste in diesem Moment, dass er zum neuen Horus erwählt worden war – obwohl sein Vater ja noch lebte.

Diese Geschichte hat große Ähnlichkeit mit dem Benehmen Jahwes, wenn er von den Israeliten in der Lade (seinem Bootsschrein) herumgetragen wurde. Das brachte uns dazu, das Buch Exodus in einem neuen Licht zu betrachten und nachzuprüfen, wie ägyptisch die ganze Geschichte von Moses und seinen Israeliten wirklich ist.

Unserer Meinung nach war die Krönungszeremonie des neuen Horus (des zukünftigen Königs) gleichzeitig die Bestattungszeremonie für den neuen Osiris (den gewesenen König). Diese Rituale wurden im Geheimen durchgeführt und auf die höchsten Würdenträger des Allerheiligsten (die Großloge?) beschränkt. Dazu gehörten offenbar die Hohen

Priester und die männlichen Mitglieder der Königsfamilie, aber wahrscheinlich auch Baumeister, hochrangige Schreiber und Generale der Armee. Die Beerdigungsliturgie wurde nicht aufgezeichnet, aber ein großer Teil der Prozedur wurde zusammengefügt und ergibt ein hochinteressantes Bild.

Wir fanden es bedeutsam, dass die Thronbesteigung und die Krönung getrennt waren. Die Thronbesteigung fand gewöhnlich in der Morgendämmerung des ersten Tages nach dem Tod des alten Königs statt, aber die Krönung wurde viel später gefeiert. Trotz der ausführlichen Aufzeichnungen, die uns die Ägypter hinterlassen haben, wurde nie ein vollständiger Bericht von einer ägyptischen Krönung gefunden, was den Schluss Zulässt, dass die wichtigen Teile völlig geheim waren und einer winzigen Gruppe nur mündlich weitergegeben wurden.

Es ist bekannt, dass die Krönung in der Pyramide von Unas stattfand. Wie in einem Tempel der Freimaurer symbolisiert die Decke den Himmel mit den Sternen. Man ist allgemein der Ansicht, dass die Zeremonie in der letzten Nacht des abnehmenden Mondes gefeiert wurde. Sie begann bei Sonnenuntergang und dauerte die ganze Nacht bis zum Sonnenaufgang. Dies diente dazu, ein Auferstehungsritual durchzuführen, das den toten König mit Osiris vereinigte. So erklärt es J. Spiegel in seinem Buch *Das Auferstehungsritual der Unaspyramide*. Aus dem Ritual bei Amenophis I. geht allerdings klar hervor, dass Auferstehungszeremonien nicht nur beim Tod eines Königs verwandt wurden, sondern dass sie relativ häufig im Totentempel Anwendung gefunden zu haben scheinen, wie S. H. Hooke es in *The Kingship Rituals of Egypt* vermerkt. Das sollen angeblich Rituale zur Ehrung der königlichen Ahnen gewesen sein, aber es könnte auch sein, dass es sich hier um Initiationszeremonien für neue Mitglieder des königlichen Allerheiligsten handelte, die zuerst auferstehen mussten, ehe sie Zugang zu den »Geheimnissen und Mysterien« hatten, die mündlich seit der Zeit der Götter weitergegeben wurden. Es ist ganz klar, dass diese Geheimnisse eine Geheimgesellschaft erforderlich machten, eine privilegierte Gruppe, die eine Gesellschaft für sich bildete. Solch eine Gruppe muss unbedingt eine Eintrittszeremonie gehabt haben, denn schließlich hatte und hat jede Eliteorganisation eine Zeremonie, die Zutritt zu einer kleinen Gruppe von Führungspersönlichkeiten gewährt.

Es ist bekannt, dass beim Krönungs-/Beerdigungsritual der alte König wieder aufersteht, während der neue sich dadurch als passender Kandidat beweist, indem er die Grenzen des gesamten Landes bereist (Quelle: S. H. Hooke, *The Kingship Rituals of Egypt*). Das fand aber bloß als symbolischer Akt statt, denn der neue König wurde nur durch den Tempelsaal geführt, um sich den Anwesenden – dazu gehörten auch der Gott Re und sein erster Gehilfe – als würdiger Kandidat zu erweisen. Auch bei den Freimaurern wird das neue Mitglied durch den Tempel geführt, um sich als würdiger Kandidat zu erweisen. Nachdem er den Kreis des Kompasses abgeschritten ist, wird er im Süden, Westen und schließlich im Osten gezeigt. Der erste ist der Juniorwächter, der den Mond verkörpert (Thoth war der Gott des Mondes). Der Nächste ist der Seniorwächter, der die Sonne repräsentiert (Re war der Sonnengott), und schließlich dem Verehrungswürdigen Meister, den man als den auferstandenen Osiris betrachten könnte. Wie die Ägypter führen auch die Freimaurer ihre Zeremonie nachts durch.

Die Ähnlichkeiten sind frappant, aber welchen Beweis hatten wir denn, dass überhaupt eine Geheimgesellschaft existierte – ganz zu schweigen davon, dass die Prinzipien der Krönungszeremonie sich auch auf die Initiation ihrer Mitglieder erstreckte?

Es gibt viele Inschriften, die auf eine Gruppe von Ausgewählten hinweisen, die geheimes Wissen besaßen. Eine Inschrift auf einer falschen Tür, die sich im Museum von Kairo befindet, wurde von jemandem verfasst, den es überrascht und geehrt hatte, zum inneren Zirkel des Königs Teti zugelassen zu werden. Folgendes steht da:

> Heute in Anwesenheit des Sohnes des Re: Teti, er möge ewig leben, Hoher Priester des Ptar, vor allen anderen Dienern des Königs geehrt, als Meister aller geheimen Dinge Seiner Majestät; erfreut er das Herz seines Herrn jeden Tag, Hoher Priester des Ptah, Sabu, Hoher Priester des Ptar, Mundschenk des Königs, Meister der geheimen Dinge des Königs an jedem Ort … Als Seine Majestät mir seine Gunst schenkte, machte er, dass ich die innerste Kammer betrat, dass ich für ihn alle einsetzen könnte, wo ich einen Weg fand. Nie wurde einem Diener so viel Gunst zuteil wie mir, weil Seine Majestät mich mehr als alle anderen liebte, weil ich in seinem Herzen geehrt wurde. Ich war nützlich in Gegenwart Seiner Majestät, ich fand einen Weg in jede geheime Frage des Hofes, ich wurde in Gegenwart Seiner Majestät geehrt.

Diese Person fand es offenbar sehr ungewöhnlich, dass jemand seines Ranges Zutritt zu dieser Gruppe erhielt. Das deutet darauf hin, dass hohe Beamte offenbar automatisch das Recht auf Mitgliedschaft besaßen, während der König und vielleicht auch andere das Recht hatten, ausgewählte Personen einzuführen.

Ägyptologen haben nie eine Erklärung für den Ausdruck »ich fand den Weg« bezüglich geheimer Dinge gefunden, aber wir interpretieren es dahingehend, dass man mit geheimem Wissen instruiert wurde, das später gelebt wurde. Die

Essener und die Jerusalemer Urgemeinde benutzten den gleichen Begriff für die Einhaltung der Gesetze.

Es wurde auch eine Inschrift gefunden, die sich auf einen Baumeister bezieht, der ebenfalls der Geheimgruppe von König Teti angehörte:

> Ich tat es so, dass Seine Majestät mich bei meinem Bericht lobte – –. (Seine Majestät sorgte dafür), dass ich in die Privatgemächer eintreten durfte und Mitglied des innersten Hofzirkels wurde … Seine Majestät schickte mich, um die Arbeiten im Ka-Tempel – – und im Steinbruch von Troja – – ich machte eine falsche Tür und führte die Arbeit durch.

Die Übersetzung »Privatgemächer« stammt aus dem neunzehnten Jahrhundert und zeigt, wie man in der Moderne die persönlichen Zimmer des Königs verstand, aber das passt nicht zu dem Begriff »innerster Hofzirkel«, der ja einen Teil des Hofstaates beinhaltet. Vielleicht wäre die folgende Übersetzung besser: »Seine Majestät sorgte dafür, dass ich in die Gemächer durfte, zu denen man nur begrenzt Zutritt hat, damit ich zum Mitglied der Elite des Königs gemacht wurde.« Wie wir gesehen haben, gab es für diese Elite eine Einweisung in geheime Dinge, und das muss mittels einer Zeremonie geschehen sein, die geringeren Personen völlig unbekannt war. Das muss das Höchste gewesen sein, was ein Mensch erreichen konnte, aber für einen Menschen, der auch ein Gott war, den Horus, gab es etwas ganz Besonderes: die Krönung. Dies war ein enorm wichtiges Ereignis, das die dauerhafte Verbindung der beiden Länder und die Stabilität und den Wohlstand, dessen sie sich erfreuten, verkörperte. Zwischen dem Tod des alten Königs und der Bestätigung des neuen lag der einzige Schwachpunkt, denn nur hier war die Gefahr einer Erhebung zu sehen.

Der Ägyptologe Fairman bemerkt in seinem Buch *The Kingship Rituals of Egypt* dazu:

> Es ist offensichtlich, dass zu irgendeinem Punkt der Krönungszeremonie – bei seiner Wahl oder sogar der Krönung selbst – etwas geschah, das seine Legitimität sicherte, etwas, das automatisch die Opposition entwaffnete und ihm Loyalität sicherte – und das ihn gleichzeitig zu einem Gott machte und ihn so direkt mit Ägyptens Vergangenheit verband.

Diese Ansicht ist weit verbreitet, aber bis jetzt ist nichts entdeckt worden, was darauf hinweist, was dieses Schlüsselereignis innerhalb der Zeremonie eigentlich gewesen sein könnte. Doch im Licht unserer Forschungsarbeiten kam uns eine neue, verblüffende Theorie darüber, auf welch besondere Art ein König in Ägypten »gemacht« wurde, in den Sinn.

Schauen wir uns einmal an, was von diesem Prozess bekannt ist.

Die Krönung fand in zwei Akten statt: Das erste Stadium schloss die Salbung, die Einkleidung mit einem Kragen und einer Schürze sowie die Darreichung eines Ank (das ägyptische Henkelkreuz und das Lebenssymbol) und von vier Blumen ein. Im zweiten Akt wurden die Insignien überreicht, und der Hauptteil des Rituals begann. Ein unerlässlicher Bestandteil war die Bestätigung der Union der beiden Länder und die Einkleidung des Königs mit der Präsentation der beiden Kronen und Regalien. In welchem Stadium dieses Vorgangs der König zum Gott wurde, ist nie erklärt worden (Quelle: Fairman, *The Kingship Rituals of Egypt*).

Wir meinen, dass der zentrale und unerlässliche Teil der Zeremonie darin bestand, dass der Kandidat zu den Sternen reiste, um bei den Göttern aufgenommen zu werden und dort zum neuen Horus zu avancieren, vielleicht indem er eine spirituelle Krönung durch den toten König – der ja jetzt selbst der neue Osiris war – empfing. Irgendwann während der Nacht der Krönung müssen der alte König und der neue König dann zum Sternbild des Orion gereist sein – der eine, um in seinem himmlischen Heim zu bleiben, der andere, um zurückzukehren und über die Menschen zu herrschen.

Der neue König wird »tot« gewesen sein, wahrscheinlich durch einen Trank, den ihm der Hohepriester im Beisein des innersten Zirkels der königlichen Geheimnisträger gereicht hat. Die Droge darin wird ein Halluzinogen gewesen sein, das eine Starre auslöste, sodass der neue König wie eine Leiche dalag. Im Laufe der Nacht ließ die Wirkung der Droge nach, und der neu geschaffene Horus kehrte von seinem Aufenthalt bei den Göttern und den früheren Königen Ägyptens zurück. Diese Rückkehr war sorgfältig abgestimmt, sodass der neue König genau dann wieder zu Bewusstsein kam, wenn der Morgenstern am Horizont aufging. Von diesem Augenblick an konnte kein Sterblicher auch nur daran denken, seine Macht zu übernehmen, die ihm von den Göttern im Himmel gegeben worden war. Nachdem die Mitglieder der Elite, die »Geheimnisträger«, beschlossen hatten, wer in den einzigartigen und erhabenen Rang des Horus erhoben werden sollte, war jede Konkurrenz ausgeschaltet.

Diese Theorie entspricht allen wissenschaftlichen Kriterien für den unbekannten Teil der Zeremonie, die den neuen König unangreifbar machte. Hier noch einmal die drei wichtigsten Auswirkungen dieser Zeremonie:

1. Sie entwaffnete die Opposition und schuf völlige Loyalität.
2. Sie machte den König zu einem Gott (offenbar konnte kein Mensch diesen Status auf sich übertragen).

3. Sie verband ihn direkt mit Ägyptens Vergangenheit (denn er hatte ja mit allen früheren Königen Kontakt gehabt).

Der Beweis des Unbeweisbaren

Wenn wir gerade eine neue Kammer in einer der Pyramiden entdeckt und auf den Wänden eine vollständige Beschreibung dieses Krönungsprozesses gefunden hätten, dann hätten wir wohl genug Beweise, um die meisten (aber zweifellos nicht alle) Wissenschaftler zu überzeugen. Das ist aber nicht der Fall, und er wird auch nie eintreten. Der Bericht über das, was dort vor sich ging, würde ebenso wenig die Zusammensetzung des Trankes, der dem zukünftigen König verabreicht wurde, enthalten, wie er darüber berichten würde, welche Salben zum Einbalsamieren des toten Königs benutzt wurden. Solange es keine hieroglyphischen Aufzeichnungen darüber gibt, dass der Königskandidat eine Zeit lang »scheintot« war und zu den Sternen reiste, würden wir behaupten, dass die Hauptsache die Schöpfung des neuen Osiris war, wobei die Schöpfung des Horus ein zwingendes Nebenprodukt war. Es gibt ein paar zufällige Beweise, die diese Theorie stützen.

Bevor wir die Gründe angeben, warum unserer Meinung nach diese Theorie stimmt, würden wir Sie gern an den Standpunkt erinnern, den wir zu Beginn dieses Buches bezüglich unseres zweischichtigen Forschungsansatzes gemacht haben. Wir wollten keine bewiesenen Fakten ignorieren und immer darauf hinweisen, wenn wir spekulieren. Anders als bei vielen anderen neuen Gedanken, die wir hier in diesem Buch vorgetragen haben, können wir keinen Beweis dafür vorbringen, dass die Krönung wirklich so ablief, aber wir haben eine Theorie entwickelt, die genau die Lücke von dem füllt, was von der Krönung bekannt ist, und manche Fakten stützen sie. Es ergibt auch einen Sinn, wenn man das im Kontext unseres gesamten Vorhabens betrachtet.

Die stille Gewissheit

Viele Menschen glauben, dass die alten Ägypter die Pyramiden bauten, um ihre toten Pharaonen darin zu begraben. Doch das Zeitalter, in dem Pyramiden gebaut wurden, war wirklich nur sehr kurz, und die meisten Leser wird es überraschen zu erfahren, dass Königin Kleopatra zeitlich gesehen den Konstrukteuren des Space-Shuttle näher stand als den Erbauern der großen Pyramiden. Es ist auch gar nicht klar, dass die Pyramiden hauptsächlich als Grab für tote Könige dienten, und es wird heftig diskutiert, welchen Zweck sie erfüllen sollten. Die St.-Pauls-Kathedrale ist ja auch nicht das Grabmal von Sir Christopher Wren – obwohl er darin begraben ist.

Die Hauptquelle für Informationen über das Osiris-Horus-Ritual stammt aus den so genannten »Pyramiden-Texten«, die in den fünf Pyramiden von Sakkara gefunden wurden, von denen die wichtigste die des Königs Unas ist, die aus der Endzeit der fünften Dynastie stammt. Obwohl sie 4300 Jahre alt ist, gilt sie als relativ junge Pyramide, aber das beschriebene Ritual soll nach der allgemeinen Auffassung 5300 Jahre alt sein.

J. Spiegel bemerkt in seinem Buch *Das Auferstehungsritual der Unaspyramide*, dass die Texte zwar eine Rekonstruktion einiger Elemente des Rituals enthalten, aber dass das Interessanteste fehlt. Die Inschrift beschreibt genau, welche Bedeutung die einzelnen Kammern im Ritual hatten. Die Grabkammer symbolisierte die Unterwelt, der Vorraum den

Horizont oder die Welt an der Oberfläche und die Decke den Nachthimmel. Der Sarg mit der Leiche des toten Königs wurde in die Grabkammer gebracht, wo das Ritual durchgeführt wurde. Die Leiche wurde in den Sarkophag gelegt, und die Mitglieder der »Elite« gingen in den Vorraum. Beim Verlassen der Grabkammer zerbrachen sie zwei rote Vasen. Während der Zeremonie verlässt die Seele (»Ba« genannt) den Körper und durchquert die Unterwelt (die Grabkammer), nimmt kurzfristig Form in der Statue des Körpers an, schwingt sich zum Nachthimmel auf und erreicht den Horizont, wo sie sich mit dem allmächtigen Gott vereinigt. Dieser Vorgang wird dann noch einmal in verkürzter Form wiederholt. Für wen?, fragten wir uns. Vielleicht für den Königskandidaten?

Der interessanteste Aspekt bei der Interpretation des Pyramidentextes von Unas ist, dass er noch ein weiteres Ritual enthält, das neben dem Hauptritual herläuft. Spiegel sagt, dass es sich um ein Ritual ohne Worte handelt, das sich mit einer Art Auferstehung befasst. Dieses stille Ritual scheint zu Anfang des gesprochenen Rituals durchgeführt worden zu sein, während die Teilnehmer von der Grabkammer in den Vorraum wechselten und diese roten Vasen zerbrachen. Die einzige wissenschaftliche Vermutung zur Erklärung für dieses parallele Ritual ist die, dass es für Oberägypten galt, während das gesprochene Unterägypten zuzuordnen war. Ob das wohl der Unterstützung des scheintoten Königskandidaten dienen konnte, den man ja wieder auferstehen lassen musste, ehe das Grabmal versiegelt wurde?

Es ist bekannt, dass die gleichen Zeremonien auch in anderen Perioden durchgeführt wurden, und viele Experten halten das Ritual für weit älter als die ältesten ägyptischen Aufzeichnungen, die zirka um 3200 vor Christus entstanden.

Ein Gebet aus einer Pyramide der sechsten Dynastie drückt den Geist der altägyptischen Theologie aus, die auf einer

Auferstehung zu den Sternen und ständiger Stabilität auf Erden aufgebaut war:

Du stehst da, ON, beschützt, gekleidet wie ein Gott, bekleidet mit der Macht des Osiris auf dem Thron des Ersten des Westens. Du tust, was er unter den Seelen, den unzerstörbaren Sternen, tun möchte. Dein Sohn steht auf deinem Thron, eingekleidet mit deinem Wesen; er tut, was du zuvor als Haupt der Lebenden getan hast unter dem Befehl des Re, des großen Gottes; er lässt Gerste und Dinkel wachsen, damit er es dir darreichen kann. Ho N, alles Leben und Eigentum gehören dir, die Ewigkeit ist dein, spricht Re. Du sprachst es selbst, als du Gott wurdest, und du bist groß unter den Göttern. Ho N, dein Ba hat seinen Platz unter den Göttern, unter den Seelen, deren Herzen sich vor dir fürchten. Dein Name lebt auf Erden auf ewig; du wirst bis in alle Ewigkeit nicht vergehen und zerstört werden.

Schauen Sie sich jetzt einmal ein stilles Gebet für den Königskandidaten an, der kurzfristig seinen Tod erlebt, um die Unterwelt zu durchqueren und mit den ehemaligen Königen der beiden Länder zusammenzutreffen:

Allmächtiger und ewiger Re, Baumeister und Beherrscher des Universums, der alles geschaffen hat, wir, die schwachen Kreaturen von deinen Gnaden, bitten dich demütig, über diese Versammlung, die sich in deinem Namen versammelt hat, den Tau deines Segens auszugießen. Besonders bitten wir dich, diesem deinem Diener deine Gnade zuteil werden zu lassen, der sich danach sehnt, mit uns an den Geheimnissen der Sterne teilzuhaben. Schenke ihm Kraft, damit er in der Stunde der Versuchung nicht versagt, sondern unter deinem Schutz sicher das Tal der Toten durchschreitet und schließlich verwandelt aufersteht, um für alle Ewigkeit wie die Sterne zu leuchten.

Das passt doch perfekt zueinander, nicht wahr? Doch das Letztere ist kein altägyptisches Ritualgebet, sondern das Gebet in der Zeremonie des dritten Grades der Freimaurer, bevor der Kandidat einen symbolischen Tod stirbt, um dann als Meistermaurer wieder aufzuerstehen! Wir haben einfach das Wort »Gott« in »Re« umgewandelt und »die Geheimnisse des Meistermaurers« in »Geheimnisse der Sterne«, um unseren Standpunkt darzulegen – sonst ist alles unverändert.

Jetzt zu der Behauptung, dass ein Betäubungsmittel eingesetzt wurde, um den neuen König zu den Sternen zu »transportieren«. Wie wir bereits bemerkt haben, konnte es keine Aufzeichnungen über diesen Trank geben, weil es überhaupt keine Niederschrift des Krönungsrituals gibt. Es scheint logisch zu sein, dass man nichts über den ungeheuer wichtigen Augenblick der Königswerdung aufschrieb, weil niemand wusste, was nun eigentlich geschah. Der Kandidat trank die Droge, flog zu den Sternen und kehrte als König und Horus zurück. Sein »Team« auf Erden hatte nichts anderes zu tun, als ihn mit den Fallen des Regierens bekannt zu machen und sich ansonsten aus den Geschäften der Götter herauszuhalten – und der König war jetzt ein Gott. Der König wird unter Drogeneinfluss seltsame Träume gehabt haben, würde aber natürlich niemandem etwas erzählen. Durch diesen Vorgang der Königswerdung wurde der neue Horus der über allen Zweifel erhabene Herrscher der beiden Länder von Gottes Gnaden.

Betäubungsmittel sind in fast allen alten Kulturen für religiöse Zeremonien benutzt worden, und es wäre überraschend, wenn man in einer Hochkultur wie der der frühen

Ägypter keine Ahnung davon gehabt hätte, wie man sie benutzt. Die Frage lautet nicht: Haben sie solche Drogen benutzt?, sondern: Warum glauben wir, dass sie keine benutzt haben? Für einen Menschen gibt es nur eine Möglichkeit, den Himmel des Todes zu erreichen – er muss die Brücke mit der Hilfe von Drogen lebend überqueren.

Die Totenbrücke, ein Bindeglied zwischen Himmel und Erde, das Menschen stets nutzten, um mit den Göttern zu kommunizieren, ist ein gebräuchliches Symbol alter religiöser Praktiken. In einer seligen Zeit in der Vergangenheit waren solche Brücken allgemein gebräuchlich, aber im Zuge der fortschreitenden Zivilisation ist es schwieriger geworden, solche Brücken zu nutzen. Man kann diese Brücken nur im Geiste überqueren, entweder als tote Seele oder im Zustand der Ekstase. Solch eine Überquerung wäre äußerst schwierig, und nicht alle Seelen hätten Erfolg, denn Dämonen und Monster könnten von denen Besitz ergreifen, die nicht gut vorbereitet sind. Nur die »guten« und geschulten Adepten, die wirklich den Weg von einem rituellen Tod zur Wiederauferstehung kannten, konnten die Brücke leicht überqueren (Quelle: Mircea Eliade, *Schamanismus und archaische Ekstasetechnik*).

Diese Gedanken zum Schamanismus passen perfekt zu dem, was wir bereits über ägyptische Religion auf jeder Ebene wissen. Dämonen wurden vom Weg des Osiris durch Flüche fern gehalten, aber aus zwei Gründen war sein Weg sowieso sicher. Erstens lebte er nach dem Ma'at, war also ein guter Mensch, und zweitens war er den Weg bereits gegangen, als er zum Horus wurde. Vielleicht wird der Weg des neuen Königs deshalb nur schweigend begleitet, um die Dämonen nicht aufzustören. Der neue König kann dann dem toten König durch den Himmel folgen und den Weg lernen, sodass er dann den nächsten König führen kann, wenn er selbst stirbt.

Im Buch *Kingship and the Gods* von Henri Frankfort lasen wir, dass dieser Forscher bereits entdeckt hatte, dass die Wiedergeburtsriten des toten Königs parallel zu den Krönungsritualen seines Erben verliefen. Das bestätigte unsere Ansicht von einer doppelten Zeremonie für den toten und den lebenden König. Außerdem zeigt eine Stelle aus den Pyramidentexten (Pyramidentexte 1000–I), dass der neue Horus als Verkörperung des Morgensterns angesehen wurde. Der neue Osiris sagt dort nämlich:

Die Schilfboote des Himmels stehen bereit für mich, sodass ich mit ihrer Hilfe zu Re an den Horizont treiben kann … Dort werde ich in ihrer Mitte stehen, denn der Mond ist mein Bruder, der Morgenstern mein Kind …

Wir halten es für eindeutig, dass die Ägypter den Großteil ihrer Theologie und Technologie aus den Geheimnissen der Städtebauer von Sumer übernahmen, und dass die Sumerer sehr versiert im Gebrauch von Drogen für religiöse Zwecke waren.

Die nächste Frage, die wir uns stellen mussten, war die, ob solche Auferstehungsrituale nur für Krönungen reserviert waren. Die Antwort, die wir uns darauf gaben, lautete schlicht nein. Gegen Ende des Alten Reiches wurde jährlich einmal eine Form der königlichen Wiederauferstehungszeremonie abgehalten, und im Verlaufe des Mittleren Reiches wurde das Ritual auch wohlhabenden Bürgern zuteil, die wahrscheinlich aber keine Mitglieder des innersten Hofzirkels waren. Diese Leute besaßen also bestimmt nicht das geheime Wissen der königlichen Gruppe.

Die Theologie Ägyptens war zum Großteil eine Weiterentwicklung des sumerischen Glaubens, und der zukünftige jüdische (und daher auch christliche) Glauben war eine Weiterentwicklung der ägyptischen Theologie, die mit späteren babylonischen Versionen des gleichen Quellenmaterials verschmolzen wurde. Wir hatten bereits entdeckt, dass bei den Essenern/der Jerusalemer Urgemeinde und den Freimaurern der Morgenstern das Symbol der Wiedergeburt war, und wir fanden Parallelen dazu auch im alten Ägypten. Die Pyramidentexte 357, 929, 935 und 1707 bezeichnen das Kind des toten Königs (den Horus) als Verkörperung des Morgensterns.

Interessant ist auch, dass die ägyptische Hieroglyphe für den Morgenstern buchstäblich »göttliches Wissen« bedeutet. Das scheint unsere These zu stützen, dass der Königskandidat in den Status des neuen Gottkönigs Horus erhoben wurde, indem er an den Geheimnissen der Götter im Land der Toten teilhatte. Dort lernte er die großen Geheimnisse, ehe er zu dem Zeitpunkt auf die Erde zurückkehrte, als der Morgenstern kurz vor Sonnenaufgang am Horizont aufging.

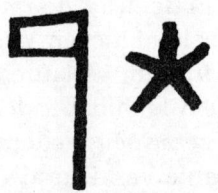

Hieroglyphe für den Morgenstern

Als wir gerade an dieser Phase unserer Forschungen arbeiteten, kam ein neues Buch heraus, das behauptete, ein neues

Licht auf den Zweck der Pyramiden zu werfen, und sich detailliert mit dem astrologisch inspirierten Entwurf beschäftigte. Das Buch hieß *Das Geheimnis des Orion* und war von Robert Bauval und Adrian Gilbert geschrieben. Bauval und Gilbert wiesen wohlbelegt nach, dass die Pyramiden von Giseh mit voller Absicht dem Sternbild des Orion nachgebaut wurden. Sie berichteten auch von Ritualen, die in den Stufenpyramiden des alten Mesopotamien durchgeführt wurden. Dazu gehörte auch »der Morgenstern in Gestalt der großen, kosmischen Göttin Ishtar«. Obwohl von einem anderen Ansatz ausgehend, bestätigte dieser Beweis das, was wir unabhängig davon herausgefunden hatten, als wir uns ausgehend von den Ritualen der modernen Freimaurerei in der Zeit zurückbewegt hatten.

In Ägypten ist der neue König, der Horus, der Morgenstern und erhebt sich (wie der Freimaurer) von einem symbolischen Totenbett. Der Morgenstern, gewöhnlich ist es Venus, erwies sich als sehr wichtiges Glied unserer Beweiskette.

Gab es einen Weg von den Idealen des Ma'at, den Geheimnissen der ägyptischen Könige und einem ausgefeilten Auferstehungsritual zu den Essenern? Dafür mussten wir uns die Sache mit Osiris genauer ansehen.

Sets brutaler Mord an seinem Bruder Osiris, der zur Auferstehung und Auffahrt zu den Sternen führte, ist ein sehr frühes Beispiel für den Lohn unschuldigen Leidens. Osiris' Schicksal schenkte den unteren Schichten der Bevölkerung Hoffnung und gab dem Leiden Bedeutung und Zweck. Der Kult des Osiris wurde zu einem bescheidenen Bestattungskult, der auch den unteren Schichten der Bevölkerung zugänglich war. Cohen bemerkte in seinem Buch *Cosmos, Chaos and the World to Come:* »Während andere Götter auf ihre Tempel beschränkt waren, konnte jeder überall Osiris neben dem lokalen Gott anbeten.«

Nehmen Sie als Schicksal einfach »seine Kreuzigung«, und

diese Beschreibung würde auf Jesus, den Christus, zutreffen. Wir waren uns jetzt sicher, dass wir die Verbindungen, die es nach unseren Vermutungen geben musste, auch finden würden. Wir brauchten nicht lange auf das Auftauchen einer starken Hypothese zu warten. Denn als wir gerade dabei waren, die nächste Periode der ägyptischen Geschichte – ein Schlüssel für alles Übrige – zu analysieren, tauchte plötzlich die Hauptperson unserer Nachforschungen aus den Nebeln der Zeit vor unseren Augen auf.

Inzwischen hatten wir das Gefühl, dass es nicht nur möglich, sondern sogar wahrscheinlich war, dass die ersten ägyptischen Baumeister aus Sumer stammten und dass diese sumerischen Einwanderer den Ägyptern Technologie und Theologie gebracht hatten. Die junge ägyptische Zivilisation war um 3100 vor Christus etabliert, und die beiden Königreiche von Ober- und Unterägypten waren bereits zu einem einzigen Staat verschmolzen worden. Diese Union – wobei es weiter zwei Königreiche gab, die aber ein und denselben göttlichen Herrscher hatten – sollte sich bei unseren Nachforschungen als äußerst wichtig erweisen.

Das Recht des Königs zu herrschen gründete auf der Geschichte des Mordes an Osiris durch Set und erzählte, wie Isis Osiris' Körper wieder zusammenfügte und danach von ihm einen Sohn, Horus, bekam. Horus nahm Set in einer gewaltigen Schlacht die Königreiche von Ägypten wieder ab. Jeder König danach wurde als Inkarnation des Horus angesehen, buchstäblich als »Sohn Gottes«. Wenn der König starb, vereinte er sich mit Osiris (Gott, der Vater) und lebte fortan im Reich der Toten, während sein Sohn zum Horus wurde und der nächste lebende Gottkönig.

Wir hatten entdeckt, dass die Sicherheit des gesamten Staates davon abhing, dass die beiden Königreiche zusammenarbeiteten. Diese Kooperation wurde durch zwei Säulen symbolisiert, eine im Norden und eine im Süden, beide vereint durch einen himmlischen Kreuzbalken, sodass ein Tor entstand, das in Richtung aufgehende Sonne stand. Dieses Konzept der Stärke mittels der Vereinigung zweier Säulen ist immer noch das zentrale Thema des freimaurerischen Rituals – und es war ein Bild, das uns sehr vertraut ist.

Das war nicht das einzige Bindeglied mit der modernen Freimaurerei, das wir gefunden hatten, weil das Konzept des Ma'at, das Aufrichtigkeit, Wahrheit und Gerechtigkeit auf einem geordneten symmetrischen Fundament bedeutet, die Prinzipien zusammenfasste, die wir als Freimaurer gelernt hatten. Dieser humanistische, ethische Kodex war weder ein religiöses Gebot noch eine gesetzliche Notwendigkeit … es war einfach freiwillige Güte.

Wir wussten, dass die Freimaurerei dieses Konzept nicht von den Ägyptern übernommen haben konnte, denn das Konzept des Ma'at lag bis zur Entzifferung des Steins von Rosette im Dunkel der Geschichte verborgen. Und der Stein von Rosette wurde erst gut hundert Jahre nach der Gründung der Großloge von England gefunden.

Zu diesem Zeitpunkt hatten wir zwei Bindeglieder zur Freimaurerei entdeckt: Es gab einen Hinweis auf eine Auferstehungszeremonie in Verbindung mit der Osiris-Legende und es gab Ma'at, zuerst eine große Wahrheit und später eine Göttin, nämlich eine Schwester von Thoth, dem Gott des Mondes (und eine sehr wichtige Gestalt im freimaurerischen Mythos).

Als wir die Krönungszeremonie erforschten, hatten wir herausgefunden, dass die Bestattungszeremonie selbst nicht aufgezeichnet wurde, aber dazu ein Auferstehungsritual gehörte, das den toten König mit Osiris eins werden ließ. Wir fanden auch Beweise dafür, dass ähnliche Zeremonien nicht nur auf die Krönungszeremonie beschränkt gewesen sein können, sondern weit verbreitet waren, und dass offenbar eine Geheimgesellschaft existierte. Den Beweis für die Existenz dieser Geheimgesellschaft fanden wir in der Übersetzung von Inschriften im Museum von Kairo. Wiederum handelt es sich um Texte, die erst nach 1799, also nach der Entzifferung des Steins von Rosette, übersetzt werden konnten. Und das war lange nachdem die Freimaurerei an die Öffentlichkeit getreten war und ebendiese Rituale durchführte.

Durch unseren Einblick, den wir durch unsere »Ausbildung« zum Freimaurer hatten, waren wir in der Lage, eine Rekonstruktion der ägyptischen Krönungszeremonie zu versuchen, in die alle bekannten Fakten passten.

Die aufregendste Parallele zum dritten Grad der Freimaurer stammte aus dem Pyramidentext, in dem die Rede davon ist, dass der König den leuchtenden Morgenstern verkörperte – was wiederum ein immens wichtiger Bestandteil unserer eigenen Auferstehungszeremonie gewesen war. Die ägyptische Hieroglyphe für den Morgenstern war der gleiche fünfzackige Stern, der im dritten Grad der Freimaurer die fünf Punkte der Bruderschaft repräsentiert. Das ermutigte uns natürlich dazu, uns diese ägyptische Verbindung genauer anzuschauen, denn obwohl wir gewisse Vermutungen hatten, besaßen wir doch keine stichfesten Beweise dafür, dass es irgendwelche Praktiken gegeben hatte, die unwiderlegbar freimaurerischer Natur waren. Wir waren schon weit gekommen, seit wir damit begonnen hatten, die scheinbar so sinnlosen freimaurerischen Rituale zu erforschen, die uns so fasziniert hatten, aber manchmal fragten wir uns schon, ob wir nicht irgendwelchen Hirngespinsten nachjagten.

8.

Der erste Freimaurer

Wir waren gerade dabei, uns auf bestimmte Charaktere und Vorfälle zu konzentrieren, die für uns als Freimaurer Bedeutung hatten, aber wir suchten vor allem nach bestimmten Mustern in der Geschichte. Meistens passt die konventionelle Interpretation historischer Ereignisse ganz gut zu dem, was über diese Vorfälle bekannt ist. Aber es gibt Fälle, in denen diese Methode von Fakten beeinträchtigt wird, die nicht in das akzeptierte Muster passen. Wenn diese historischen »Ausrutscher« auftreten, ist es manchmal möglich, hinter dem akzeptierten Gesicht der Geschichte zu ahnen, wie es wirklich gewesen ist. Solch ein Ausrutscher brachte uns auch dazu, die Hyksos-Periode in der ägyptischen Geschichte einmal näher zu betrachten. Heutzutage bezeichnen die Ägyptologen diese Ära als zweite Zwischenzeit, die zwischen das Mittlere Reich und das Neue Reich fällt. Hier gab es im ansonsten so ruhigen Fluss der ägyptischen Geschichte einen ziemlichen Wirbel. Es war die Sorte von Katastrophe, von der sich die meisten Zivilisationen nie wieder erholen. Trotzdem hat sich Ägypten nicht nur von diesem Schlag erholt, sondern sich danach auch zu neuen Höhen aufgeschwungen, obwohl die traditionelle Monarchie völlig am Boden war und die Bevölkerung sechs Generationen lang von einer Gruppe fremder Invasoren, die uns zuerst unter dem romantischen Namen »Schäfer-Könige« über den

Weg gelaufen waren, unterdrückt wurde. Es galt ein riesiges Puzzle zusammenzufügen, wenn man die Gründe für dieses Geschehen verstehen wollte.

Die Zeit, in der der Wechsel von den ägyptischen Königen zu den Herrschern der Hyksos und wieder zurück zur Monarchie von Theben stattfand, konnte möglicherweise weitere Stücke zu unserem Puzzle liefern, und so konzentrierten wir uns auf diese Periode, wobei wir alle möglichen Informationsquellen nutzten – das Alte Testament eingeschlossen.

Hiram Abif ist entdeckt

Wenn es eine Verbindung von den alten Ägyptern zu den Juden des ersten Jahrhunderts gab, dann musste sie fast sicher über Moses gehen, den Begründer der jüdischen Nation, der ein Adoptivsohn der ägyptischen Königsfamilie war. Die Chance, dass man eine solche Verbindung würde nachweisen können, war gering, aber wir suchten weiter unter den Fakten, die uns bekannt waren, danach.

Nachdem wir den dritten Grad der Freimaurerei erlangt hatten, also Meistermaurer waren, machten uns die Hinweise auf Hiram Abif und das Alte Testament ziemlich stutzig. Der Verehrungswürdige Meister sagt Folgendes, wenn er den Kandidaten mit dieser alten Figur vertraut macht:

> Der Tod birgt nicht den gleichen Schrecken wie der Makel der Falschheit und der Entehrung. In den Annalen der Freimaurer steht ein großartiges Beispiel für unerschütterliche Treue bis in den frühen Tod – das unseres Großmeisters Hiram Abif, der sein Leben verlor, bevor er den Tempel König Salomos vollenden konnte, dessen oberster Baumeister er war, wie du zweifellos weißt.

Hier herrscht offenbar die Annahme, dass der gebildete Kandidat diese Person kennen müsste, wahrscheinlich aus der Bibel. Keiner von uns beiden hatte jemals von diesem Menschen gehört, und bis jetzt hat noch keine Version der Bibel, die uns unterkam, den Baumeister von Salomos Tempel erwähnt. Weil Hiram, der König von Tyrus, die Arbeitskräfte und das Zedernholz dazu lieferte, hat man diese beiden in Verbindung gebracht, aber abgesehen von der Tatsache, dass sie den gleichen Namen haben, gibt es keine Verbindung. Wie alle Freimaurer, die wir kennen, akzeptieren auch wir die Echtheit dieses Helden der Freimaurer, obwohl wir wissen, dass er nirgendwo als Beteiligter am Bau des salomonischen Tempels genannt wird.

Wenn der Name des Baumeisters den Verfassern der Bücher der Könige bekannt gewesen wäre, hätten sie sich wohl schwerlich die Geschichte seines Mordes beim Erzählen dieser bedeutenden Geschichte der Bibel entgehen lassen. Diese Wahrnehmung veranlasste uns zu dem Schluss, dass er erst viel später erfunden wurde und möglicherweise einen anderen wichtigen Charakter verkörperte, der zugunsten eines Einzeldramas zum Hinterbänkler der Geschichte wurde. Die einzige vernünftige Erklärung, die uns in den Sinn gekommen war, betraf den Namen selbst. Hiram bedeutet nämlich »edel« oder »königlich«, und Abif kommt aus dem Altfranzösischen und heißt in etwa »Verlorener«, was zusammengenommen dann als »König, der verloren ging« oder so ähnlich übersetzt werden könnte. Als wir darangingen, uns mit dem alten Ägypten zu beschäftigen, hatten wir die Suche nach Hiram Abif aufgegeben, weil wir überhaupt keine Hinweise hatten und es für eine unlösbare Aufgabe hielten.

Seltsamerweise tauchte Hiram Abif selbst aus der Vergangenheit auf, um uns zu finden!

Nachdem wir ein viel weiteres Gebiet erforscht hatten, als

wir ursprünglich vorhatten, und nun mit vielen Einzelheiten aus dem alten Ägypten vertraut waren, hob sich langsam wie von selbst der Schleier über einer möglichen Lösung für das größte aller freimaurerischen Geheimnisse. Inzwischen waren wir zu dem Schluss gekommen, dass es innerhalb der Königskrönung im alten Ägypten eine geheime Zeremonie gab, die auf einen »Scheintod« und eine Auferstehung gründete, und wir stellten uns die Aufgabe zu erforschen, wie die Israeliten möglicherweise in den Besitz dieser besonderen Mysterien gekommen sein konnten.

Damit anzufangen, beides in Verbindung zu bringen, war leicht, denn schon die Bibel stellt die Bedeutung von Ägypten für die Geschichte des jüdischen Volkes heraus: So wichtige Personen wie Abraham, Isaak, Jakob, Joseph und Moses haben alle entscheidende Erlebnisse in Ägypten. Die beiden Letzten werden sogar als hohe Hofbeamte des Königs vorgestellt – wenn auch zu unterschiedlichen Zeiten. Die letzten Kapitel der Genesis zeichnen ein Bild der Toleranz und der Kooperation zwischen den Ägyptern und den Proto-Israeliten, aber im 2. Buch Mose, dem Exodus, wird eine Situation dargestellt, in der große Verbitterung zwischen beiden Völkern herrscht. Die Gründe für diese rapide Veränderung im Verhältnis der beiden wurde viel klarer, als wir uns der Periode der so genannten Hyksos-Könige widmeten, und die Person, die Hiram Abif war, spielte die Hauptrolle in der ganzen Geschichte.

Der Zusammenbruch des ägyptischen Staates

Als wir uns durch die Entwicklungsstadien Ägyptens arbeiteten, kamen wir auch an den Punkt, der als Tiefpunkt in der Geschichte dieser Nation angesehen wird. Gegen Ende des mittleren Bronzezeitalters, also gegen Ende des dritten

Jahrtausends vor Christus, stellte sich in Ägypten ein Niedergang ein. Die Regierung war schwach, und die Gesellschaft brach auseinander. Fremde aus der Wüste überfielen das Land, Raub wurde üblich, und die offene, entspannte Lebensweise der Menschen wurde durch Misstrauen und die Machtlosigkeit des Staates ersetzt. Langsam versickerten der Geist und die Energie, die Ägypten groß gemacht hatten, und machte das Land schutzlos. Eine Invasion war unausweichlich, und Ägypten wurde von einem Volk unterdrückt, das man die »Hyksos« nannte. Die Hyksos kamen nicht plötzlich den Nil hinaufgesegelt und verlangten die Kapitulation, nein, dieser Prozess lief viel subtiler ab. Sie unterwanderten über einen langen Zeitraum das Land und zwangen den beiden Ländern erst ihre Kontrolle auf, als sie sich stark genug fühlten. Es gibt genaue Daten für diesen Verlust nationaler Selbstbestimmung, den man heute als »zweite Zwischenzeit« bezeichnet. Sie dauerte von 1786 bis 1567 vor Christus und befand sich am Ende der Phase der ägyptischen Geschichte, die wir heute Mittleres Reich nennen.

Wir fanden heraus, dass der Name »Hyksos« in Wirklichkeit nicht »Schäfer-Könige« bedeutete, sondern aus dem ägyptischen Wort »Hikau-Khoswet« abgeleitet war, das einfach »Wüstenprinzen« heißt. Man glaubt, dass es sich um eine Gruppe aus mehreren asiatischen Völkern handelte, die zum Großteil Semiten waren und aus Syrien und Palästina kamen. Ihre endgültige Machtergreifung stieß auf Widerstand, was zur Folge hatte, dass ein paar Städte, die sich nicht ergeben wollten, niedergebrannt wurden. Tempel wurden auch zerstört, und der Höhepunkt war das Schleifen der Hauptstadt Memphis im Jahr 1720 vor Christus. Diese Hyksos glaubten nicht an Ma'at, und als sie an die Macht wollten, gingen sie äußerst grausam gegen jeden vor, der ihnen im Wege stand, aber nachdem sie erst einmal fest im Sattel saßen, konnte man gut mit ihnen fertig werden, und die ägyptische Beamtenschaft scheint mit ihnen zusammengearbeitet zu haben. Im achtzehnten Jahrhundert vor Christus hatten sie ihren Herrschaftsbereich dann bis nach Oberägypten ausgedehnt.

Dieses so genannte Volk der Hyksos stammte größtenteils aus den Ländern, die wir heute unter den Namen Israel und Syrien kennen, und es redete in der gleichen westsemitischen Sprache wie das Volk, das später unter dem Namen Israeliten bekannt werden sollte. Sofort stellten wir uns eine Frage: Waren diese Hyksos etwa Juden? Die Antwort darauf war ein entschiedenes Nein, denn zu dieser Zeit gab es das Judentum noch gar nicht. Die verstreut lebenden Nomaden, die die Ägypter Habiru (Hebräer) nannten, waren ein Mischmasch aus asiatischen Semiten, die zwar alle die gleiche Sprache sprachen, aber auf keinen Fall ein eigenes Volk darstellten. Aber es ist sehr wohl möglich, dass die Völker der Hyksos/Habiru zu einem späteren Zeitpunkt den Kern des Stammesbundes bildeten, aus dem dann die Stämme Israels und schließlich das jüdische Volk entstanden. Es gibt mehrere Gründe, warum wir glauben, dass es eine direkte Verbindung zwischen den Hyksos und den Juden gibt – nicht zuletzt die Tatsache, dass die erste Erwähnung des jüdischen Volkes in der Bibel exakt mit dem Zeitpunkt zusammenfällt, zu dem die Ägypter die Hyksos aus ihrem Land jagten – nach Jerusalem!

Geologische Forschungen haben in jüngster Zeit Beweise dafür geliefert, dass die Wüstenlandschaft im Mittleren Osten noch gar nicht so alt ist und dass noch vor fünf- oder sechstausend Jahren das Gebiet außerhalb der ägyptischen Grenzen ein wesentlich grüneres und fruchtbareres war. Man kann in Aufzeichnungen lesen, dass im Laufe des zweiten Jahrtausends vor Christus plötzlich dramatische klimatische Veränderungen eintraten, die fast im gesamten Nahen

Osten Dürre verursachten. Da sie an das Prinzip des Ma'at glaubten, verhielten sich die Ägypter großzügig, versorgten die wandernden Habiru mit Wasser und überließen ihnen Land zum Grasen für ihre Schafe, wenn die Bedingungen außerhalb des Nildeltas unerträglich wurden. In Genesis 12,10 wird das beispielhaft so formuliert:

> Es kam aber eine Hungersnot über das Land. Da zog Abram nach Ägypten hinab, um dort eine Weile zu verbleiben; denn die Hungersnot lastete schwer auf dem Lande.

In der Zeit des Niedergangs der ägyptischen Gesellschaft kontrollierte man diese wasserhungrigen Asiaten nur wenig, und sie strömten in großer Zahl in das Land und mussten nicht wieder weiterziehen, wenn ihre Bedürfnisse gestillt waren. Da das Land keine Einwanderungspolitik betrieb, wurde es von diesen Nomadenvölkern überrannt – und diesen folgten weit gebildetere Leute, die eine Gelegenheit erkannten, aus der allgemeinen Verwirrung Gewinn zu ziehen. Diese semitischen Städtebauer, die Hyksos, waren viel kriegerischer als die überheblichen Ägypter und besaßen hoch entwickelte Waffen, wozu auch Streitwagen gehörten, die von Pferden gezogen wurden. Das erlaubte ihnen zu nehmen, was sie wollten, ohne dass ihnen von den friedliebenden Einheimischen nennenswerter Widerstand entgegengebracht wurde.

Die Könige der Hyksos

Es ist wahrscheinlich, dass die Stämme der Habiru während der Hyksos-Ära einen höheren gesellschaftlichen Status hatten und sich ans Stadtleben gewöhnten. Vor dieser Zeit konnte ein Wüstenhirt nur dann in den Genuss des Stadtlebens kommen, wenn er sich bei einer ägyptischen Familie als Sklave verdingte. Dieses Arrangement war nicht Sklaverei in dem Sinne, wie man es sich heute vorstellt – es war eher ein lebenslanges Dienstbotenverhältnis. Der Lohn war bestimmt nicht sonderlich hoch, aber die Lebensqualität dafür weit besser.

Nachdem die Hyksos-Könige erst einmal fest im Sattel saßen, begannen sie damit, den Tempelbau zu fördern. Auch Statuen, Reliefs, Skarabäen, Kunstwerke und ein paar der schönsten, besten literarischen und technischen Meisterwerke dieser Zeit entstanden unter ihrer Ägide. Die Hyksos brachten anscheinend selbst kein kulturelles Erbe mit, sondern übernahmen schnell die ägyptischen Verhaltensweisen. Diese neuen Herrscher begannen ihre Namen in Hieroglyphen zu schreiben, übernahmen die traditionellen Titel der ägyptischen Könige und gaben sich sogar ägyptische Namen. Zuerst herrschten die Hyksos nur über Unterägypten, das größere und blühendere der beiden Länder. Das geschah von der neu erbauten Stadt Avaris aus, wo sie als ihren Staatsgott eine Gottheit übernahmen, die in dem Gebiet, wo sie zuerst gesiedelt hatten, sehr verehrt wurde. Dieser Gott war Set oder auch Seth, der große Ähnlichkeit mit ihrem vormaligen kanaanitischen Gott Baal hatte. Ihre Theologie kreiste zwar um Set, aber sie akzeptierten auch Re als großen Gott und ehrten ihn durch die Beinamen ihrer Könige. Später beherrschten sie beide Länder von der alten Hauptstadt Memphis aus. Man kann durchaus sagen, dass es sich um eine symbiotische Beziehung handelte, denn die Eroberer erlernten Kultur und theologische Feinheiten, und die Ägypter bekamen im Gegenzug Streitwagen und andere neue Waffen wie Bögen und Bronzeschwerter, die ihre alten Waffen ersetzten. Außerdem erlernten sie noch eine weitere, ausgesprochen wichtige Sache von den Hyksos: Zynismus.

Sie waren in der Vergangenheit viel zu vertrauensselig und leichtlebig gewesen und hatten sich nur wenig um die Verteidigung ihres Landes gekümmert. Die Erfahrung der Hyksos-Periode erteilte ihnen eine wertvolle Lektion, und das Ergebnis war eine neue positive Einstellung, die den Grundstein für die Wiederherstellung des ägyptischen Staatswesens im Neuen Reich legte.

Obwohl sie die alte Hauptstadt Memphis verloren hatten, überlebten ein paar Angehörige der rechtmäßigen alten ägyptischen Monarchie in Theben, einer Stadt in Oberägypten. Aus den Aufzeichnungen geht klar hervor, dass die Thebaner sich der Oberhoheit ihrer asiatischen Herrscher beugten und mit ihnen anscheinend auf gutem Fuß standen. Mit der Zeit übernahmen die Könige der Hyksos immer mehr von der ägyptischen Kultur und ihren religiösen Praktiken, was unausweichlich zu einem großen Problem führte. Die Invasoren gaben sich nicht mehr nur mit der Macht über die Körper ihrer Untertanen zufrieden, sie wollten jetzt auch geistige Herrschaft. Zum Beispiel nahm der Hyksos-Herrscher König Khyan (oder Khayana) den ägyptischen Thronnamen Se-user-en-re an und trug die Titel: »der gute Gott« und »Sohn des Re«. Dazu kreierte er für sich den Horus-Namen »Beherrscher aller Gebiete«, was die Beherrschung der gesamten Welt suggerierte. Diese Behauptung eines Hyksos, »der Sohn Gottes« zu sein, muss das ganze ägyptische Volk sehr aufgebracht haben.

Wir sind der Meinung, dass sich moderne Ägyptologen diesem Thema noch nicht intensiv genug gewidmet haben. Wir wissen ja inzwischen, dass es während der Krönungszeremonie einen ganz besonderen Punkt gab, nach dessen Überschreiten der neue Horus unangreifbar wurde, aber die Möchtegern-Pharaonen der Hyksos waren trotz ihrer Macht über den Staat und ihrer religiösen Anbiederung von dieser ultimativen Krönung ausgeschlossen. Wie konnte nun ein

Fremder seinen Namen einfach von Khyan in Seuserenre ändern und sich selbst als Horus hochstilisieren, ohne den hochgeheimen Initiationsprozess, der nur den wahren Königen Ägyptens und ihrem Allerheiligsten bekannt war, durchzumachen? Die Antwort darauf lautet schlicht, dass er es nicht konnte. Es ist wider alle Vernunft zu denken, dass die Ägypter ihre größten Geheimnisse mit diesen groben Fremden geteilt hätten, aber weil Khyan verzweifelt die Macht dieses Titels wollte, ihn aber auf legitimem Weg nicht bekam, hatte er keine andere Möglichkeit, als ihn sich einfach zu nehmen. Oberflächlich gesehen war das Verhältnis zwischen den Ägyptern und ihren neuen Herren gut, aber unter dieser Oberfläche muss ein tiefer Groll geschwelt haben. Die Hyksos sprachen Ägyptisch mit einem lustigen Akzent, trugen Bärte (die Ägypter rasierten sich täglich, außer wenn sie in Trauer waren), sie kleideten sich seltsam und fuhren in Streitwagen herum, die von Pferden anstatt Eseln gezogen wurden.

Der Verlust der ursprünglichen Geheimnisse

Unser Bedürfnis, das Wesen der Freimaurerei zu verstehen, war immer ein Ziel, das wir meinten, durch die Untersuchung des Symbolismus zu erreichen. Nicht in unseren kühnsten Träumen hätten wir jedoch daran gedacht, dass es sich als ein Mensch von Fleisch und Blut herausstellen würde. Wir setzten gerade unsere Forschungsarbeit am späten Mittleren Reich fort und hatten das sichere Gefühl, dass die Spannungen zwischen den neuen Hyksos-Königen und der wahren königlichen Linie Ägyptens ihren Höhepunkt mit der Anmaßung des Horus-Titels erreicht hatten. Wenn wir mit der geheimen Auferstehungszeremonie der legitimen Könige Recht hatten, dann musste es da ein Problem mit diesen dreisten Eindringlingen geben, die sich alles genommen hatten und jetzt auch noch an die königlichen Geheimnisse wollten. Im Alltag zu herrschen war eine Sache, aber sich in den Bereich der Götter hineinzudrängen – gleich, ob es sich nun um irdische oder himmlische Götter handelte – muss unerträglich gewesen sein. Nachdem die Hyksos-Könige in dritter oder vierter Generation in Ägypten geboren waren und die ägyptische Religion angenommen hatten, kann man sicher sein, dass sie das Gefühl hatten, ein Recht auf die Geheimnisse des Horus zu haben – schließlich betrachteten sie sich ja als Horus. Und was noch wichtiger war: Auch sie wollten nach ihrem Tod zu Osiris werden und bis in alle Ewigkeit als Stern leuchten. Nachdem sie schon Könige von Ägypten geworden waren, warum sollten sie als Kanaaniter sterben, wenn der Tod als Horus ihnen ewiges Leben bescherte?

Es war eine komplexe und interessante Periode, und wir schauten uns immer wieder alle Beteiligten genau an. Etwas an der Periode im Allgemeinen und an der Haltung und den Taten des wahren ägyptischen Königs – Seqenenre Tao II. – setzte sich in Chris' Kopf fest. Wegen dieses Königs, dessen Herrschaftsgebiet sich gegen Ende der Regentschaft der Hyksos auf die oberägyptische Stadt Theben beschränkte, und aus vielen anderen weniger wichtigen Gründen hatte Chris das Gefühl, dass die Geschichte von Hiram Abif mit einem Machtkampf zwischen Seqenenre und dem bedeutenden Hyksos-König Apepi I., der den ägyptischen Thronnamen A-user-re (»großer und mächtiger Re«) und den Titel »König von Ober- und Unterägypten – Sohn des Re« trug, begonnen haben könnte.

Monatelang beschäftigte sich Chris mit dieser Periode und suchte nach Beweisen, die sein Hirngespinst bestätigen oder ad absurdum führen würden. Doch allmählich wurde dieses Hirngespinst zu einer soliden Spur. Er berichtet selbst:

Ich wusste, dass der Hyksos-König auch unter dem Namen Apophis bekannt war, und diese Namensgebung war so bedeutsam, dass ich auf die Idee kam, er könnte in einen spirituellen Kampf verwickelt gewesen sein, der nichts anderes war als die Wiederholung der Staatsgründung durch Osiris, Isis und Horus. Ich kam zu der Überzeugung, dass Apophis der Mann war, der entschlossen war, sich die Geheimnisse der wahren ägyptischen Könige anzueignen – ganz egal, wie.

Die Hyksos waren kriegerisch und egozentrisch. Sie verehrten Set als ihren Hauptgott – Set, der seinen Bruder Osiris, den Gott, mit dem sich jeder ägyptische König nach seinem Tod vereinigte – ermordete. Indem sie sich mit Set identifizierten, demonstrierten die Hyksos ihre Verachtung für das ägyptische Volk und ihre eigene Verbundenheit mit den Kräften des Bösen. Das Konzept des Ma'at muss Apophis verrückt vorgekommen sein und symptomatisch für die »Verweichlichung«, die die Ägypter ihr Land gekostet hatte. Das Gegenteil des Ma'at wurde »Isfet« genannt, und es stand für negative Kräfte wie Selbstsucht, Falschheit und Ungerechtigkeit, und in der ägyptischen Mythologie war der Herrscher dieser Verkörperungen des »Isfet« ein böser, drachenähnlicher, monströser Schlangengott mit Namen – Apophis. Ich war fassungslos, als ich herausfand, dass diese böse Macht den gleichen Namen trug wie der König der Hyksos.

Zu den Beinamen dieses Anti-Ma'at-Monsters gehörten unter anderem »Er, der böse aussieht« und »Er, der einen schlechten Charakter hat«. Für die Ägypter war er die Verkörperung des Chaos. Die Schlange, nach der sich der Hyksos-König selbst benannt hatte, wurde als blind und taub für alles abgebildet. Sie konnte nur durch die Dunkelheit schreien und wurde jeden Morgen von der aufgehenden Sonne verjagt. Es ist kein Wunder, dass sich jeder Ägypter am meisten vor dieser bösen Schlange fürchtete. Wenn Apophis in einer Nacht die Schlacht gegen Re gewann, gab es nämlich kein Morgen mehr. Um sich vor dieser ständigen Bedrohung zu schützen, wurden täglich Liturgien in den Tempeln des Sonnengottes gelesen, um ihn in diesem ewigen Kampf zwischen den Kräften des Lichtes und den Mächten der Finsternis zu unterstützen.

Ich fand heraus, dass man eine ganze Sammlung von Liturgien ausgegraben hat, die sich unter dem Titel »Das Buch der Überwindung des Apophis« zusammenfassen lassen. Das war ein geheimes Buch, das im Tempel unter Verschluss war und Hunderte von Zaubersprüchen enthielt, um das Böse in Gestalt des Apophis abzuwehren. Da gab es Anweisungen, wie man Wachsfiguren der Schlange herstellte, die man zu einer formlosen Masse zertreten oder sie ins Feuer werfen oder mit Messern zerstückeln musste. Ein Priesternovize musste diese Rollen jeden Tag morgens, mittags und abends studieren – und besonders in Augenblicken, wenn die Sonne durch Wolken verdeckt war.

Im Alltag der Ägypter gab es keinen größeren Schrecken als Apophis, den Geist der Dunkelheit.

Sechshundert Kilometer südlich der Stadt Avaris gab es in Theben weiterhin ägyptische Könige, die sich allerdings der Macht der Hyksos beugten und den Steuereintreibern des Apophis alles bezahlten, was verlangt wurde. Obwohl sie isoliert und verarmt waren, mühten sich die Thebaner, die Bräuche des Mittleren Königreiches zu bewahren. Die Hyksos und deren Vasallen, die Herrscher von Kush, hatten sie von dem Holz Syriens, dem Kalkstein Turas, dem Gold Nubiens, dem Ebenholz und Elfenbein des Sudan und den Steinbrüchen in Aswan und dem Wadi Hammamat abgeschnitten. Das zwang sie zur Improvisation beim Bauen. Wenn man sich anschaut, welche Einschränkungen sie hinnehmen mussten, dann produzierten sie schöne Gebäude –

aus Lehmziegeln, nicht aus Steinen. Diese Entbehrungen scheinen schließlich zum Wiederaufflammen des Geistes und der Entschlossenheit geführt zu haben, die Ägypten einmal groß gemacht hatten, und obwohl ihre Lebensqualität auch weiterhin erbärmlich blieb, entwickelte sich ihre Kultur stetig weiter. Dieses kleine Stadtkönigreich begann sich aus der Depression und Unrechtsordnung zu lösen und war entschlossen, sich gegen die Asiaten in Unterägypten zu behaupten.

Meine Idee war, dass Apophis im vierunddreißigsten Jahr seiner Herrschaft dem König von Theben befahl, ihn in das Geheimnis der Osiriswerdung einzuweihen, damit ihm das ewige Leben zuteil würde, auf das er als »rechtmäßiger« König der beiden Länder ein Anrecht hatte. Der thebanische König, Seqenenre Tao II., war ein unnachgiebiger junger Mann, der sich selbst als Horus ansah und nicht im Mindesten daran interessiert war, sein Geburtsrecht mit jemandem zu teilen – und schon gar nicht mit einem bärtigen Asiaten, der hieß wie die »Schlange der Dunkelheit«. Seine sofortige Abfuhr muss ziemlich rasch zu großen Spannungen zwischen den beiden geführt haben, und König Apophis ließ Seqenenre bei jeder Gelegenheit seine Macht spüren. Ein besonders schönes Beispiel für diesen Konflikt war ein Befehl, den Apophis sechshundert Kilometer weit von Avaris nach Theben überbringen ließ und in dem er sich bei Seqenenre über Lärmbelästigung beklagt:

> Lass den Nilpferdeteich im Osten der Stadt beseitigen. Denn sie lassen mich Tag und Nacht nicht schlafen (Quelle: Keller, *Und die Bibel hat doch recht*).

Apophis besaß kein außergewöhnlich gutes Gehör, aber trotzdem war dieser Befehl keine Spielerei, die dazu dienen sollte, Seqenenre nur zu demütigen. Das illustriert einen klaren Machtkampf um das göttliche Recht zu herrschen. Apophis besaß im Staat bereits alle Macht, aber er war nicht im Besitz des Geheimnisses der Auferstehung und des Segens der Götter – und deshalb war dieser Befehl hoch politisch. Die Thebaner hatten nämlich einen alten Ritus, der die Sicherheit der ägyptischen Monarchie sichern sollte, wieder belebt – das rituelle Harpunieren der Nilpferde in einem Teich im Osten der Stadt. Das an sich verärgerte Apophis natürlich schon, aber es verletzte ihn noch tiefer, weil das Nilpferd eine Erscheinungsform des obersten Gottes der Hyksos, Set, war – der Hyksos-König wurde also doppelt beleidigt.

Das Ritual um die Nilpferde beinhaltete fünf Szenen – einen Prolog, drei Akte und einen Epilog. Das Ziel dieses Schauspiels war die Erinnerung an den Sieg des Horus über seine Feinde, seine Krönung zum König der beiden Länder und sein endgültiger Triumph über seine Gegner. Der König selbst spielte natürlich den Horus, und im ersten Akt wirft er zehn Speere auf ein männliches Nilpferd, und zwar abwechselnd als Horus, Herr von Mesen, und als Horus, der Behdetite, was Ober- und Unterägypten repräsentiert. Im dritten Akt werden dem Opfer – der Verkörperung des Set – zwei Gliedmaßen abgehauen.

Dieser Machtkampf mag eine Zeit lang so weitergegangen sein, aber wir glauben, dass Apophis sich irgendwann entschlossen hat, der Frechheit der Thebaner einen Riegel vorzuschieben und Seqenenre ein für alle Mal die Geheimnisse zu entreißen. Das Ergebnis war die Ermordung Seqenenres, dicht gefolgt von der Vertreibung der Hyksos und der Rückkehr der ägyptischen Könige auf den Thron.

Inzwischen hatte ich das Gefühl, dass mein Hirngespinst, was sich dann zu einer Spur gesammelt hatte, jetzt langsam, aber sicher zu einer respektablen, wenn auch noch etwas wackligen Hypothese anwuchs. Ich war bereit, die ganze

Sache mit Robert in allen Einzelheiten zu diskutieren, der ziemlich schnell mit mir einig war, dass Seqenenre das Vorbild für Hiram Abif gewesen sein könnte.

Der biblische Beweis

Unser nächster Schritt war, dass wir uns eine andere wichtige Informationsquelle anschauten, die uns vielleicht den Machtkampf zwischen Apophis und Seqenenre aus anderer Perspektive zeigen könnte. Unsere Kenntnis der Ereignisse im sechzehnten Jahrhundert vor Christus hatten wir durch das Verschmelzen von Informationen aus schriftlichen ägyptischen Quellen und dem Ritual der Freimaurer bezogen, aber jetzt sollte auch noch das Buch Genesis dazukommen, denn es enthielt überraschend viele Informationen aus dieser Periode – was uns auch überrascht hatte.

Die Schlüsselfiguren, die möglicherweise Verbindungen zu Seqenenre und Apophis aufwiesen, sind Abraham, Isaak, Jakob, Joseph und vielleicht auch Moses. Diese Gestalten richtig zu datieren hat die Forscher weit mehr Mühe gekostet als die Einordnung späterer jüdischer Perioden ab David und Salomo, denn es gibt keine klaren historischen Ereignisse, die man zum Vergleich heranziehen könnte. Der logische Anfangspunkt für den Versuch herauszufinden, zu welcher Zeit der Geschichte diese fünf zu finden sind, ist, sich auf Joseph zu konzentrieren, den Proto-Juden, der – wie die Bibel uns erzählt – die höchste Beamtenstelle in Ägypten innehatte und gleich nach dem König kam.

Die Josephslegende – von seinem Verkauf in die Sklaverei durch seine Brüder bis zu seinem Aufstieg in Ägypten und von seinem berühmten vielfarbigen Mantel (ein Übersetzungsfehler, wie sich später herausstellte; es war ein einfacher langärmliger Mantel) – ist wohl bekannt, und man ist inzwischen allgemein der Auffassung, dass es Joseph wirklich gegeben hat. Doch es ist auch sicher, dass die Geschichte von den Schreibern, die die mündliche Überlieferung in die Schriftform übertrugen, heftig übertrieben wurde. Kamele als Lasttiere und Geldmünzen sind historisch unmöglich, denn beides gab es erst Hunderte von Jahren nach Josephs Zeit.

Nach der Genesis kam Abraham das erste Mal im Alter von fünfundsiebzig Jahren nach Ägypten, und er bekam seinen Sohn Isaak mit hundert Jahren, fünfundsiebzig Jahre später starb er. Isaak hatte im Alter von sechzig Jahren zwei Söhne, Jakob und Esau. Jakob hatte zwölf Söhne, von denen Joseph der zweitjüngste war. Man kann mit ziemlich großer Sicherheit sagen, dass hier grobe Übertreibung im Spiel war, besonders was Abrahams Alter angeht. Wenn wir von realistischeren Zeitspannen ausgehen wollen, können wir mit der Annahme beginnen, dass Joseph im Alter von dreißig bis sechzig Jahren auf der Höhe seiner Macht in Ägypten war. Dann können wir uns auf eine wahrscheinliche Zeitspanne einigen, die zwischen seinem hohen Amt und der Ankunft seines Urgroßvaters Abraham in Ägypten lag.

Jakob hatte offenbar Spaß daran, so viele Kinder wie möglich mit mehreren Frauen zu zeugen – wozu auch die Dienerinnen seiner Frauen gehörten. Joseph war einer der jüngsten, und es ist wahrscheinlich, dass sein Vater schon ziemlich alt war, als er geboren wurde; nehmen wir also an, dass Jakob sechzig war. Wir können das biblische Alter von sechzig Jahren für Isaak, als er Vater von Jakob wurde, akzeptieren, aber wir müssen Abrahams hundert Jahre auf siebzig Jahre reduzieren. Diese Altersangaben folgen dem Geist der Informationen in der Bibel, ohne allerdings die unmöglichen Extreme zu akzeptieren, die sich in die Geschichte eingeschlichen haben.

Die Genesis erzählt uns, dass Sara, die Frau Abrahams, eine sehr schöne Frau war und dass Abraham befürchtete, die Ägypter würden ihn umbringen, um sie für sich zu bekommen. Deshalb gab er sie als seine Schwester aus. Dieser Logik kann man nur schwer folgen, aber da die beiden später bei der Geburt des Isaak als alt und jenseits von gut und böse beschrieben werden, müssen sie junge Leute gewesen sein, als sie das erste Mal nach Ägypten kamen.

Am anderen Ende der Skala haben wir einen Hinweis in der Geschichte Josephs, der uns dabei hilft, ein historisches Datum festzulegen. Dieser Hinweis ist die Erwähnung eines Streitwagens, der von Pferden gezogen wird. Das legt die Ereignisse in die Hyksos-Zeit, denn es waren die Wagen der asiatischen Herrscher, nicht der einheimischen Könige. Das ist schon seit langem als bedeutsam erkannt, weil die meisten Gelehrten die Periode der Hyksos für den wahrscheinlichsten Zeitraum halten, in dem die Ereignisse um Joseph passiert sein könnten. Es ist allgemein anerkannt, dass es unter den Invasoren auch Semiten gab, und so war dies eine Zeit, in der semitische Einwanderer herzlich aufgenommen wurden. Viele Gelehrte (darunter auch *Peake's Commentary on the Bible)* haben bemerkt, dass der Thronwechsel nach der Vertreibung der Hyksos sehr gut zu Exodus 1,8 passt – »Da erstand ein neuer König über Ägypten, der nichts von Joseph wusste« – und dass jedem der Fremden, die in Ägypten geblieben waren, wohl eine solche Behandlung zuteil wurde, wie sie in den Anfangskapiteln des Exodus beschrieben ist.

Es gibt nur geringe Zweifel daran, dass der Zug der Hebräer nach Ägypten und der Aufstieg der Hyksos dort parallel zu Josephs politischer Karriere verliefen. Der Pharao zu Josephs Zeit hieß die Hebräer deshalb in seinem Reich willkommen, weil er ein Hyksos und ein Semite wie sie war. Es wurde auch schon der Gedanke geäußert, dass der neue ägyptische

Monarch nach der Entthronung der Hyksos die Hebräer als Bundesgenossen der Hyksos ansah und sie deshalb versklavte.

Die Experten scheinen nur langsam den einzig möglichen Schluss dieses Beweises ziehen zu wollen. Die Verse 8 und 9 im ersten Kapitel des Exodus liefern die klarstmögliche Datierung für Joseph und den ungenannten Pharao:

> Da erstand ein neuer König über Ägypten, der nichts von Joseph wusste. Der sprach zu seinem Volke: Seht, das Volk der Israeliten ist uns zu zahlreich und zu stark.

Wir waren jetzt zu dem Schluss gekommen, dass Joseph mit Sicherheit ein Zeitgenosse von Apophis und damit auch von Seqenenre war.

Wir mussten uns ständig daran erinnern, dass man das Alte Testament nicht wörtlich nehmen darf, weil zwischen den wirklichen Ereignissen und den Menschen, die sie aufschrieben, eine große Zeitkluft herrscht. Im Detail können sie sich irren – man denke nur an die Erwähnung der Kamele und Münzen –, aber im Großen und Ganzen handelt es sich um einen guten Indikator für das, was damals wirklich passiert ist.

In einfachen Worten erklärt uns die Bibel, dass Joseph der zweitwichtigste Mann in Ägypten nach dem Pharao wurde, und wir zogen daraus den Schluss, dass Joseph der Wesir des Hyksos-Königs Apophis, dem Gegner von Seqenenre Tao II., wurde.

Wir arbeiteten eine Chronologie aus, die sich ausgehend von der Konfrontation zwischen Apophis und Seqenenre, die die meisten Gelehrten um 1570 vor Christus datieren, nach hinten bewegt, und zur besseren Verständlichkeit nahmen wir an, dass der Wesir Joseph zu diesem Zeitpunkt zirka fünfzig Jahre alt war. Es ergab sich das folgende Muster:

Jahr	Ereignis
1570	Joseph Wesir (etwa 50 Jahre alt)
1620	Geburt Josephs (sein Vater Jakob ist schon ziemlich alt, wahrscheinlich um die 60)
1680	Geburt Jakobs (sein Vater Isaak ist 60)
1740	Geburt Isaaks (sein Vater Abraham soll sehr alt gewesen sein, sagen wir, er war 70)
1780	Abraham betritt zum ersten Mal ägyptischen Boden (wahrscheinlich ist er 30 Jahre alt)

Die Altersangaben, die wir hier gemacht haben, sind so nah wie nur möglich an die verfügbaren Informationen aus der Bibel angelehnt. Und als wir uns ausgehend vom Konflikt zwischen Apophis und Seqenenre nach hinten arbeiteten, war das Jahr, das wir als Abrahams ersten Aufenthalt in Ägypten festsetzten, identisch mit dem Zeitpunkt, der als Beginn der Herrschaft der Hyksos gilt! Der Schluss, den wir daraus ziehen mussten, war unausweichlich – Abraham war selbst ein Hyksos, vielleicht sogar ein Prinz. Man muss sich nur daran erinnern, dass der ägyptische Ausdruck »Hyksos« einfach »Wüstenprinzen« bedeutet, und alles weist darauf hin, dass Abraham der obersten Schicht von Ur angehörte.

Wir erinnerten uns daran, dass die Autoren dieser Geschichten mit Verdrehungen durch fast tausend Jahre mündlicher Überlieferung fertig werden mussten und dass sie, wie andere abergläubische Leute auch, ihre Vorurteile und ihren Glauben in die Geschichte einarbeiteten und sie deshalb interpretierten und überarbeiteten. Die Genesis beginnt mit extrem alten Erzählungen über die Ursprünge des Menschen, wechselt aber rasch von fernen Legenden zu relativ junger Geschichte. Nirgendwo erwähnen die Autoren offen die Eroberung Ägyptens durch die Asiaten, die bekanntermaßen irgendwann in der Zeit zwischen Abraham und Moses stattfand. Wussten sie nichts davon oder schämten sie sich vielleicht deswegen? Das können wir nicht wissen, aber die Tatsache, dass ein Bericht über diese bedeutungsvollen Jahre fehlt, kam uns sehr komisch vor.

Der Mord an Hiram Abif

König Seqenenre schlug eine große mentale Schlacht mit Apophis, der Macht der Dunkelheit, die sich in Gestalt eines Hyksos-Königs in Unterägypten materialisiert hatte, und er brauchte die ganze Kraft des Sonnengottes Amun Re, um siegreich daraus hervorzugehen. Jeden Tag verließ er den Palast in Malkata, um zum Tempel des Amun Re zu gehen. Das geschah um zwölf Uhr, wenn die Sonne ihren höchsten Stand hatte und ein Mensch kaum einen Schatten warf. Wenn die Sonne im Zenit stand, war die Macht Res am größten, und die der Schlange Apophis war am geringsten. Das Zitat »unser Meister Hiram Abif hatte sich, wie es seine Gewohnheit war, um die Mittagszeit zurückgezogen, um zu Gott zu beten« stammt aus dem Ritual des dritten Grades der Freimaurerei, das wir im ersten Kapitel dargelegt, wenn auch nicht richtig erklärt haben. Jetzt, im Kontext des Seqenenre, ging uns zum ersten Mal auf, was es bedeuten konnte.

Eines Tages hatten Verschwörer, die Apophis geschickt hatte, bereits ohne Wissen Seqenenres versucht, den beiden Hohen Priestern die Geheimnisse des Osiris zu entlocken. Nachdem es ihnen nicht gelungen war, die entsprechenden Antworten zu bekommen, brachten sie die Priester um. Sie waren jetzt völlig verschreckt und wussten nicht, was sie tun sollten, während sie sich an jedem Eingang des Tempels auf die Lauer legten und auf den König warteten. Nachdem Seqenenre seine Gebete beendet hatte, ging er zum Südtor, wo sich ihm der erste der drei Männer in den Weg stellte und von ihm die Geheimnisse des Osiris verlangte. Doch der König blieb fest und widerstand. Die Zeremonie des dritten Grades der Freimaurer erklärt, was an diesem Tag vor dreieinhalbtausend Jahren in einem Tempel in Theben passierte. Um es besser vergleichen zu können, haben wir die ägyptischen Namen eingesetzt:

Nachdem er seine Gebete beendet hatte, wollte er durch das Südtor hinausgehen. Dort wurde er vom ersten dieser Schurken aufgehalten, der sich in Ermangelung einer besseren Waffe mit einem Richtscheit bewaffnet hatte. Er bedrohte unseren Meister Seqenenre und verlangte von ihm die Preisgabe der Geheimnisse des Osiris; wenn er sich weigerte, so hätte das seinen Tod zur Folge. Aber getreu seines Eides erwiderte er, dass diese Geheimnisse nur drei Menschen auf der Welt bekannt seien und er ohne Einwilligung der anderen beiden weder etwas preisgeben könne noch wolle … Aber was ihn selbst angehe, wolle er lieber sterben als das heilige Vertrauen verraten, das man in ihn gesetzt habe.

Da diese Antwort den Schurken nicht zufrieden stellte, holte er zu einem gewaltigen Schlag aus, traf aber nur die rechte Schläfe. Der Schlag hatte aber noch genügend Kraft, um Seqenenre schwanken zu lassen, und er sank auf sein linkes Knie.

Nachdem er sich aus dieser Situation gerettet hatte, eilte er zum Westtor, wo er sich dem zweiten Schurken gegenübersah, dem er das Gleiche antwortete wie dem ersten, und zwar mit unverminderter Festigkeit, sodass ihm der Schurke, der mit einer Wasserwaage bewaffnet war, einen gewaltigen Schlag auf die linke Schläfe versetzte, sodass er auf sein rechtes Knie sank.

Nachdem ihm so die Fluchtmöglichkeiten in diesen Richtungen abgeschnitten waren, stolperte unser Meister einer Ohnmacht nahe und blutend zum Osttor, wo der dritte Schurke postiert war. Der bekam auf seine unverschämte Forderung die gleiche Antwort, denn unser Meister hielt sich auch unter Lebensgefahr an seinen Eid. Da schlug er ihm mit einem schweren Steinhammer mitten vor die Stirn, sodass er leblos zu Boden sank.

Die Geheimnisse der ägyptischen Krönungszeremonie starben mit Seqenenre, dem Mann, den wir Hiram Abif nennen – »der König, der verschwand«.

Wir hatten das Gefühl, den wahrscheinlichsten Kandidaten für unseren verlorenen Meister gefunden zu haben, und wir schauten uns nun genauer an, was über diesen Mann bekannt ist. Und wir waren höchst erstaunt, als wir zum ersten Mal in Ian Wilsons Buch *The Exodus Enigma* etwas über Seqenenres Mumie lasen, wo auch seine Wunden in allen Einzelheiten beschrieben sind:

Als Emil Brugsch im Juli 1881 die Mumie von Ramses II. entdeckte, fand sich in der Grabkammer noch eine weitere Königsleiche, die etwa 300 Jahre älter war als die des Ramses und einen stechenden Verwesungsgeruch ausströmte. Sie war kenntlich gemacht als Leiche von Seqenenre Tao, einem der ägyptischen Herrscher, der während der Hyksos-Zeit in Theben gelebt haben musste, und selbst für das ungeschulte Auge war offensichtlich, dass Seqenenre eines gewaltsamen Todes gestorben war. Seine Stirn war in der Mitte eingeschlagen … Ein weiterer Schlag hatte seine rechte Augenhöhle zerbrochen, ebenso seinen rechten Wangenknochen und seine Nase. Ein dritter hatte ihn hinter dem linken Ohr getroffen, sein Schläfenbein und den ersten Rückenwirbel zerschmettert. Obwohl er ein großer, gut aussehender Mann mit schwarzen Locken gewesen sein muss, zeigt der verkrampfte Gesichtsausdruck Seqenenres, dass er unter großen Schmerzen gestorben ist. Nach dem Tod scheint es ihm nicht viel besser ergangen zu sein, denn seine Leiche muss eine Zeit lang liegen gelassen worden sein, ehe sie mumifiziert wurde. Daher auch der stechende Gestank und die Anzeichen beginnender Verwesung. Ägyptische Aufzeichnungen schweigen über das Ende von Seqenenre, aber wahrscheinlich wurde er von den Hyksos/Kanaanitern ermordet.

Das Unmögliche war wahr geworden. Wir hatten Hiram Abif gefunden, und noch etwas Unglaublicheres – seine Leiche existiert noch.

Die Verletzungen passen perfekt. Nach einem gewaltigen Schlag auf die rechte Gesichtshälfte hat er bestimmt geschwankt und ist auf die Knie gesunken. Er war jung, groß gewachsen und kräftig gebaut und kam deshalb wieder auf die Füße, aber da traf ihn ein weiterer Schlag auf die linke Kopfseite und zersplitterte wieder einen Knochen. Sehr geschwächt und dem Zusammenbruch nahe stolperte er weiter, aber der letzte Schlag traf seine Stirn und tötete ihn augenblicklich. Eine andere Beschreibung, die wir bei Peter A. Clayton in *Die Pharaonen* fanden, erklärt die Wunden besser:

Die schweren Verletzungen an Seqenenres Schädel stammen von mindestens zwei Angreifern, die ihn mit Dolch, Axt, Speer und vielleicht auch einer Keule attackierten.

Es dauerte Tage, ehe sich unsere Aufregung soweit gelegt hatte, dass wir mit unseren Nachforschungen fortfahren konnten. Nachdem unsere Hochstimmung abgeebbt war, fassten wir zusammen, was wir entdeckt hatten.

Die Gegenstände, die als Mordwaffen angeführt wurden, erinnerten uns an die Symbole der Freimaurerlegende, nach der Hiram mit einer Reihe von Werkzeugen zum Tempelbau niedergeschlagen wurde, zu denen auch ein schwerer Meißel gehörte, der ähnliche Verletzungen wie eine Keule verursacht. Die vorherige Beschreibung der beginnenden Verwesung von Seqenenres Leiche zeigt, dass die königlichen Einbalsamierer die Leiche erst beträchtliche Zeit nach Seqenenres Tod in ihre Obhut bekamen. Da kam uns in den Sinn, wie es im dritten Grad der Freimaurer beschrieben wird, unter welchen Umständen Hiram Abifs Leiche nach dem Mord verschwindet:

Da er natürlich sehr um die Sicherheit seines obersten Architekten besorgt war, wählte der König fünfzehn vertrauenswürdige Gesellen aus und befahl ihnen, überall nach unserem Meister zu suchen, um festzustellen, ob er noch am Leben oder bei dem Versuch, ihm die Geheimnisse seines hohen Ranges zu entreißen, verletzt worden war. Nachdem für ihre Rückkehr nach Jerusalem ein bestimmter Tag festgelegt worden war, teilten sie sich in drei Gesellenlogen auf und schwärmten von den drei Tempeltoren aus. Viele Tage vergingen mit fruchtloser Suche – eine Gruppe kehrte sogar zurück, ohne überhaupt eine wichtige Entdeckung gemacht zu haben. Die zweite Gruppe hatte mehr Glück, denn am Abend eines bestimmten Tages, nachdem sie größte Entbehrungen erlitten hatten und völlig erschöpft waren, griff einer der Brüder beim Aufstehen nach einem Strauch, um sich hochzuhelfen. Zu seiner Überraschung löste sich der Busch leicht aus dem Boden. Als er genauer hinsah, fiel ihm auf, dass die Erde kürzlich aufgewühlt worden war. Er rief sofort seine Gefährten, und gemeinsam gelang es ihnen, das Grab zu öffnen, und sie fanden die Leiche unseres Meisters, den man einfach verscharrt hatte. Sie schlossen das Grab mit der gebotenen Ehrfurcht und

Achtung und steckten oben auf das Grab einen Akazienzweig, um die Stelle wieder zu erkennen. Dann eilten sie
nach Jerusalem, um ihre bestürzende Entdeckung König
Salomo mitzuteilen. Nachdem die erste Trauer des Königs abgeebbt war, befahl er ihnen, zurückzukehren und
unseren Meister so zu bestatten, wie es seinem Rang und
seinen Fähigkeiten zukam. Zugleich teilte er ihnen mit,
dass die Geheimnisse der Meistermaurer durch seinen
vorzeitigen Tod verloren wären. Deshalb wies er sie an,
besonders sorgfältig auf alle Zeichen, Symbole oder Worte zu achten, die sie zufällig entdeckten, während sie ihm
die letzten Ehren erwiesen.

Wenn man für einen Augenblick vergisst, dass diese Geschichte in der Zeit König Salomos spielt, dann passt alles
andere. Es war für uns auch sehr interessant zu erfahren,
dass die Leiche von Pharao Seqenenre die einzige bekannte
ägyptische Königsleiche ist, die Spuren eines gewaltsamen
Todes aufweist.
Jetzt hatten wir also die Geschichte eines Mannes, der durch
drei Schläge starb, weil er die Geheimnisse der ägyptischen
Könige den Hyksos nicht verriet. Aber was ist mit der Auferstehung? Seqenenre war offenbar nicht auferstanden,
denn seine Mumie befindet sich im Museum von Kairo, und
damit war unsere Geschichte noch nicht vollständig. Wir
beschlossen also, uns noch einmal das freimaurerische Ritual anzusehen.

Die Mörder von Hiram Abif

In der Freimaurerlegende tragen die Mörder von Hiram
Abif die Namen Jubelo, Jubela und Jubelum und werden
kurz als »die Juwes« bezeichnet. Die Namen selbst klingen

nach Erfindung und scheinen Symbolcharakter zu haben, aber die einzige Bedeutung, die wir herausfinden konnten, war die, dass alle drei das arabische Wort »Jubel« enthalten, was übersetzt »Berg« heißt. Das schien uns nicht sonderlich bedeutungsvoll zu sein.

Es sind die wirklichen Mörder, die uns interessieren, und kein späterer Symbolismus. Wie wir bereits gezeigt haben, weisen die Lebensumstände Josephs, die wir in der Bibel beschrieben finden, darauf hin, dass er der Wesir des Hyksos-Königs Apophis war. Daraus folgt, dass er mit hoher Wahrscheinlichkeit in das Komplott verwickelt war, Seqenenre die Geheimnisse zu entreißen.

Die Bibel erzählt uns auch, dass Josephs Vater Jakob im Alter einen Namenswechsel vornahm und zu »Israel« wurde, und seine zwölf Söhne galten als die zwölf Stämme Israels. Das war natürlich die Idee der späteren Verfasser der jüdischen Geschichte, die sich einfach einen hübschen, unangreifbaren Punkt aussuchten, an dem ihre Nation sich formell gründete. Die Söhne Jakobs/Israels bekamen die Stellung zugeordnet, die sie zu der Zeit hatten, als die Schreiber der Genesis die Geschichte zu Papyrus brachten. Der Stamm Ruben wurde verstoßen, und der Stamm Juda wurde die neue Elite, weshalb wir die Nachkommen der Israeliten auch »Juden« und nicht »Ruben« nennen. Als wir nach irgendwelchen Hinweisen in den Kapiteln der Bibel suchten, fiel uns ein seltsamer Vers auf. Es ist Genesis 49,6. Dieses Kapitel enthält Jakobs Weissagungssprüche und erzählt, wie Jakob im Sterben liegt und über seine Söhne sinniert, die neuen Häupter der Stämme Israels:

Ihrem geheimen Rat bleibe fern meine Seele, mit ihrer Versammlung eine sich nicht mein Herz; denn im Zorne töten sie Männer, und im Mutwillen reißen sie Mauern ein.

Hier wird auf einen Mord hingewiesen, der wichtig genug schien, um erwähnt zu werden, doch er ist nicht erklärt. Welcher geheime Rat wurde gesucht, und wer wurde getötet? Die katholische Kirche hält das für eine prophetische Weissagung der Tatsache, dass die Juden ihren Christus töteten, aber es fiel uns nicht schwer, diese Interpretation zu ignorieren. Im Rahmen unserer Arbeit tat sich eine weit wahrscheinlichere Möglichkeit auf. Die ersten Worte sind eindeutig: »Ihrem geheimen Rat bleibe fern ...« auf Deutsch heißt das im Klartext: »Euch ist es nicht gelungen, ihren geheimen Rat zu erhalten«! Die Anklage lässt sich auch so zusammenfassen: »Verdammt, euch ist es nicht gelungen, ihr Geheimnis zu bekommen, und dann habt ihr alles nur noch schlimmer gemacht, den Kopf verloren und ihn umgebracht, wobei ihr alles kaputtgemacht habt, sodass die ganze Welt gegen uns ist!«

Die beiden Brüder und Stämme Israels, denen diese Aussage über den unbekannten Mord gilt, sind Simeon und Levi, die Söhne Jakobs/Israels von der blinden Lia, die er verabscheute. Diese Stämme wurden ganz klar verflucht, weil sie »einen Mann umgebracht hatten«, aber wer war das ungenannte Opfer? Obwohl wir es für unwahrscheinlich hielten, dass die Mörder von Hiram Abif wirklich Simeon und Levi hießen und die Brüder Josephs waren, schien es doch sehr wahrscheinlich zu sein, dass diese Verse die Volkssage über die Tötung eines unbekannten Mannes enthielten, die Schande über zwei Stämme Israels gebracht hatte. Gestärkt wurde diese These noch durch den Punkt, dass dieses Verbrechen wichtig genug war, um in die Geschichte der Juden aufgenommen zu werden. Aber warum das Opfer ungenannt blieb, war uns ein Rätsel.

Wir gelangten immer mehr zu der Überzeugung, dass wir die Antwort bei Seqenenre Tao finden würden.

Wir wollen jetzt die Tat, wie sie unserer Meinung nach vor sich ging, zusammenfassen:

Apophis war außer sich vor Wut. Was glaubte dieser kleine König von Theben eigentlich? Wusste er denn nicht, dass die Welt sich geändert hatte und sein Reich Geschichte war, dass die Hyksos es zerquetscht hatten?

Der König rief seinen Wesir Joseph, der durch seine Fähigkeit, die Träume Apophis' zu deuten, zu seinem hohen Rang gekommen war. Apophis sagte ihm, dass jetzt die Zeit der Freundlichkeiten vorbei sei und man Seqenenre unverzüglich die Geheimnisse entreißen müsse. Der König wurde schließlich älter und wollte ein Leben nach dem Tod genießen.

Er übertrug Joseph die Verantwortung für dieses Vorhaben – und wer hätte als Verschwörer geeigneter sein können als zwei von Josephs entfremdeten Brüdern, die Simeon und Levi hießen? Wenn man sie erwischte und tötete, dann wäre das egal, denn sie verdienten es nicht besser, weil sie Joseph schließlich vor langer Zeit in die Sklaverei verkauft hatten. Wenn sie Erfolg hatten, umso besser, dann würde Joseph der Held sein, und seine Brüder hätten eine alte Schuld beglichen.

Die Brüder bekamen genau mitgeteilt, was sie zu tun hatten, und ein Plan der Stadt wurde ihnen auch geliefert. Vielleicht haben sie ihre verräterischen Hyksos-Bärte abrasiert, bevor sie Theben betraten, um dort kein Aufsehen zu erregen. Nachdem sie in der Stadt waren, nahmen sie Kontakt zu einem jungen, königlichen Priester des Tempels von Amun Re auf, der als sehr ehrgeizig und leicht beeinflussbar galt. Die Brüder erklärten ihm, dass Apophis ungeheure Macht besitze und beschlossen habe, Theben zu zerstören, wenn er nicht die Geheimnisse von Seqenenre bekäme. Der junge Priester (nennen wir ihn einfach Jubelo) bekam gesagt, dass er die Katastrophe für die Bevölkerung nur verhindern könnte, wenn er ihnen half, die Geheimnisse zu bekommen und so Apophis' Angriff unnötig zu machen. Und außerdem könnten sie ihm zusichern, dass er unter Apophis Hoher Priester werden würde, nachdem die Geheimnisse gesichert und der Machtkampf mit Seqenenre beendet wäre.

Jubelo fürchtete sich sehr vor diesen wüsten Asiaten, aber er wusste auch, was mit Memphis passiert war, nachdem es die Hyksos erzürnt hatte. Vielleicht war das Einzige, was er tun konnte, das Vertrauen, das man in ihn gesetzt hatte, zu verraten. Außerdem konnte er sich schon sehr gut als Hohen Priester vorstellen – sogar bei dem ekelhaften Apophis. Jubelo erzählte Simeon und Levi, welche beiden Priester das Geheimnis bewahrten und zu welcher Zeit und an welchem Ort man sie am besten überfallen könnte. Vielleicht hat Jubelo sie sogar in eine Falle gelockt. Beide wurden gefangen, weigerten sich aber, irgendetwas zu verraten. Deshalb wurden sie getötet, um das Inkognito der Verschwörer zu wahren. Jetzt blieb nur noch eine verzweifelte Lösung übrig: Sie mussten den König überfallen.

Jubelo war zu diesem Zeitpunkt völlig entsetzt, konnte aber nicht mehr zurück. Deshalb führte er seine Mitverschwörer, kurz bevor die Sonne ihren höchsten Stand erreichte, in den Tempel des Amun Re. Kurze Zeit später trat der König aus dem Tor, und man verlangte von ihm die Preisgabe der Geheimnisse. Er weigerte sich und wurde daraufhin geschlagen. Innerhalb von Minuten lag König Seqenenre in einer Blutlache auf dem Boden. In blinder Wut und voller Frustration schlug einer der Brüder noch zweimal auf die Leiche ein. Jubelo war schlecht vor Angst.

Alle drei wussten, dass sie jetzt keine Freunde auf der Welt mehr hatten und völlig allein waren. Sie würden von den Thebanern gejagt werden. Joseph würde kein Mitleid mit ihnen haben, und Apophis würde außer sich vor Wut sein, weil die großen Geheimnisse nun auf immer verloren waren. Sie hatten wirklich auf der ganzen Linie versagt. Die Geheimnisse waren für immer verloren, und bald würden

Kamose und Ahmose, die Söhne Seqenenres, einen Rachefeldzug führen. Einen Krieg, der die Hyksos für alle Zeiten aus Ägypten vertreiben würde. Über ihnen brach wirklich alles zusammen!

Was wurde dann aus dem verräterischen Priester? Er wurde ein paar Tage später in seinem Versteck in der Wüste hinter Theben an einem Ort entdeckt, den wir heute das Tal der Könige nennen. Er wurde zurück in den Tempel gebracht und dazu gezwungen, seine Rolle bei der Verschwörung und die Einzelheiten des Plans, den sich Apophis und Joseph, sein Wesir, ausgedacht hatten, darzulegen. Als er das in allen Einzelheiten hörte, war Kamose, Seqenenres Sohn, sehr aufgebracht über diese Übeltat der Hyksos, aber es beunruhigte ihn auch die Tatsache, dass er jetzt nicht mehr zum König gemacht werden konnte. Dadurch, dass die Geheimnisse verloren waren, konnte er nicht mehr Horus werden. Für ihn und seine Anhänger war das eine beispiellose Katastrophe.

Kamose rief die überlebenden Priester von höherem Rang zusammen, und einer von ihnen, der zum neuen Hohen Priester bestimmt war, erstellte eine bemerkenswerte Analyse der Situation und bot eine hervorragende Lösung für dieses Dilemma an. Er bemerkte, dass Ägypten vor Tausenden von Jahren im Zeitalter der Götter seinen Anfang nahm und dass der Aufstieg der beiden Länder durch Sets Mord an seinem Bruder Osiris zustande gekommen war. Doch die Göttin Isis ließ sich nicht entmutigen und hatte den toten Osiris wieder auferweckt, damit er einen Sohn zeugen konnte, den Horus. Auch Horus war ein Gott, der zum Mann heranwuchs und den bösen Set in einer Schlacht bekämpfte, in der Horus ein Auge verlor und Set kastriert wurde. Der junge Gott hatte zwar die Schlacht gewonnen, aber es war dennoch ein Unentschieden, denn es gab weiterhin ständige Spannungen zwischen Gut und Böse.

Der weise Priester erklärte weiter, dass Ägypten zwar nach dieser Schlacht immer stärker geworden war, aber dass die beiden Länder langsam verwahrlost waren. Mit der Ankunft der Hyksos war die Macht des Gottes Set verstärkt worden, denn sie beteten zu ihm und der Schlange Apophis. Es hatte dann eine weitere Schlacht zwischen Set und Horus auf der Erde stattgefunden, aber diesmal hatte Set gewonnen und Horus verloren. Auch in dieser Schlacht hatte der König (der Horus) ein Auge verloren, bevor er starb. Man musste sich jetzt nur an die Klugheit der Isis erinnern und sich einfach weigern aufzugeben, nur weil ein Gott ermordet worden war. Er hob langsam die Hand und zeigte mit dem Finger auf den bebenden jungen Priester und rief: »Da ist die Verkörperung des Set. Er wird uns dabei helfen, den Bösen zu bezwingen.«

Seqenenres Leiche war durch das Verscharren in schlechtem Zustand, aber die Einbalsamierer präparierten ihn auf die übliche Weise. Ein Teil der Strafe für Jubelo bestand darin, wiederholt in saure Milch getaucht zu werden; durch die trockene Hitze zersetzte sich das Eiweiß schnell, und er stank, was ihm das Unterscheidungsmerkmal »des Bösen« verlieh. Als es Zeit für Seqenenres Osiriszeremonie wurde – und damit gleichzeitig für Kamoses Horusweihe –, war alles vorbereitet. Aber es gab diesmal zwei Särge, nicht nur einen. Der erste Sarg war kostbar und für einen wohlriechenden Gottkönig gedacht, der zweite war weiß und ohne Inschrift. Als der Beginn der Zeremonien heranrückte, wurde der stinkende, halb bewusstlose Jubelo nackt zu den Einbalsamierern hereingebracht. Seine Hände wurden festgehalten, und mit einem entschlossenen Schnitt wurde er von Kamose selbst, der zum neuen Horus werden sollte, entmannt, und die Genitalien wurden auf den Boden geworfen. Der wimmernde Jubelo wurde dann von den Füßen aufwärts in Mumifizierungsbinden gewickelt. Es wurde ihm gestattet, seine Hände über die Wunde zu legen, die ihm so große Schmerzen bereitete, denn das würde jedem Betrachter demonstrieren, wo diese böse Kreatur verletzt worden war. Die Binden erreichten schließlich Jubelos Kopf, und die Einbalsamierer wickelten sie fest um sein Gesicht, bis der Kopf ganz bedeckt war. Gleich nachdem man ihn in den Sarg gelegt hatte, warf Jubelo den Kopf zurück und riss den Mund in dem sinnlosen Versuch auf, durch die erstickenden Bandagen zu atmen. Er starb, Minuten nachdem der Sargdeckel versiegelt worden war.

Der arme Jubelo zahlte wirklich einen hohen Preis für seinen Verrat.

Der kluge neue Hohepriester hatte Kamose erklärt, dass man neue Geheimnisse schaffen müsse, um die alten zu ersetzen, die durch den Tod seines Vaters verloren gegangen waren. Eine neue Zeremonie zur Auferstehung des neuen Königs vom Scheintod wurde geschaffen, um die alte Methode zu ersetzen, und neue Zaubersprüche wurden ersonnen, um ihm den Status des Horus zu verschaffen. Die neue Zeremonie erzählte die Geschichte des Todes des letzten Königs der ersten Ägypter, und mit dem neuen König kam eine wieder geborene Nation. Der Körper Jubelos reiste mit Seqenenre zum Reich der Toten, damit der Kampf weitergehen konnte. Set (in Jubelos Gestalt) war kastriert, und dem neuen Osiris fehlte wie dem ersten Horus ein Auge. Die Priester hatten alles so clever arrangiert, dass die Schlacht dort, wo sie am Anfang der Zeiten begonnen hatte, weitergehen konnte. Der Krieg war noch lange nicht vorbei.

Kamose gab Apophis einen klaren Fingerzeig, als er den Thronnamen »Wadj-kheper-re« wählte, was übersetzt heißt: »Der Fleisch gewordene Re gedeiht.« Anders ausgedrückt hieß das: »Du hast verloren. Ich habe die königlichen Geheimnisse!«

Als Kamose aus dem Scheintod auferstand, tat das auch sein Volk. Bald begann die Periode, die wir heute Neues Reich nennen, und Ägypten wurde wieder ein stolzes Land.

Der greifbare Beweis

Die Geschichte, die wir gerade erzählt haben, ist zugegebenermaßen teilweise erfunden, aber wir glauben, dass sie im Großen und Ganzen vor mehreren tausend Jahren so passiert ist. Die einzigen Teile, die wir hinzugefügt haben, um diese Geschichte erzählen zu können, sind winzige Details, die die wichtigen Tatsachen, die wir herausgefunden haben, miteinander verbinden.

Wir benutzten die Bibel, um zu beweisen, dass Joseph und seine Brüder an der Sache beteiligt waren, aber der junge Priester, den wir Jubelo genannt haben, erregte unsere Aufmerksamkeit, als wir lange über ägyptischen Aufzeichnungen brüteten. Wir konnten unser Glück kaum fassen, als wir auf die sterblichen Überreste eines jungen Mannes stießen, der Ägyptologen seit über hundert Jahren rätseln lässt.

Von allen Mumien, die man in Ägypten gefunden hat, sind zwei ziemlich ungewöhnlich. Seqenenre ist deshalb einzigartig, weil er der einzige König ist, der ein gewaltsames Ende gefunden hat, und eine andere Leiche war aus anderen schwer wiegenden Gründen etwas Besonderes. Als wir alle Aufzeichnungen über die Mumien nach Informationen durchkämmten, erregte der Bericht über die seltsamen sterblichen Überreste eines jungen Mannes von etwa 173 Zentimeter Körpergröße sofort unsere Aufmerksamkeit. Die Fotografien der entblößten Mumie waren aus zwei Gründen bemerkenswert: zum einen wegen des extrem schmerzverzerrten Gesichts und zum anderen, weil die Art des Begräbnisses höchst ungewöhnlich war. Die Leiche war nicht einbalsamiert worden, denn es gab keinen Einschnitt, und alle inneren Organe befanden sich an ihrem Platz. Obwohl die Person vorher nicht mumifiziert worden war, war sie doch in der üblichen Weise bandagiert worden. Seltsamerweise schien niemand den Versuch gemacht zu haben, das Gesicht zu richten und den Kopf in den richtigen Winkel zu bringen, und man hat auf den ersten Blick den Eindruck, dass der Mann einen langen, schrecklichen Schrei ausstößt. Die Arme liegen auch nicht wie üblich an der Seite oder sind über der Brust gekreuzt, sondern nach unten gestreckt, wobei die gewölbten Hände die Geschlechtsteile bedecken, aber nicht berühren. Unter den Händen ist ein Loch, wo eigentlich die Geschlechtsteile sein sollten. Dieser Mann ist kastriert worden.

Das geflochtene Haar ist unerklärlicherweise mit einer käseartigen Masse bedeckt. Uns erschien es das Resultat von wiederholtem Eintunken in saure Milch zu sein, was mit dem Ziel passiert sein muss, ihn nach dem Bösen riechen zu lassen, denn die Dämonen der Dunkelheit besaßen einen hoch entwickelten Geruchssinn und würden einen Artgenossen sofort erkennen. Die Zähne sind in gutem Zustand, und die Ohrläppchen sind durchstochen, was beides auf adlige Geburt schließen lässt. Die Mumie wurde in einem weißgestrichenen Sarg aus Zedernholz ohne Beschriftung gefunden, was eine Identifikation unmöglich macht, aber Experten glauben, dass er entweder ein Adliger oder ein Priester gewesen sein muss. Eine Datierung der Mumie ist schwierig, aber die meisten Forscher legen sich auf die achtzehnte Dynastie fest, die kurz nach dem Tod Seqenenre Taos begann. Ein wichtiger Hinweis, der bis jetzt jedem entgangen zu sein scheint, sind die Wülste im Gesicht, die sehr ungewöhnlich sind, aber die auch bei einer anderen Mumie zu finden sind – bei der Mumie Ahmose-Inhapis, der Witwe Seqenenres! Man glaubt, dass diese Wülste auf zu festes Bandagieren zurückzuführen sind, und diese Gemeinsamkeit bei beiden Mumien lässt den Schluss zu, dass die gleiche ungeschickte Person die Bandagen anlegte. Unsere Diagramme illustrieren, dass man durch den Winkel dieser Wülste zu dem Schluss kommen kann, dass der junge Priester noch lebte, als er eingewickelt und in den Sarg gelegt wurde.

Diese Mumie eines Unbekannten ist auf kein großes Interesse bei den Ägyptologen gestoßen, die sich meist nur auf die Mumien der Berühmtheiten konzentrieren, aber man ist seit langem der Meinung, dass dieser nicht einbalsamierte Körper alle Anzeichen dafür trägt, dass er lebendig begraben wurde.

Die geschätzte offizielle Datierung für den Beginn des Neuen Reiches war unglaublich nah an unserem Zielgebiet, und wir begannen uns zu fragen, ob die Mumie des jungen Mannes im Gebiet von Theben gefunden worden war und wir so die Chance hatten, ihn irgendwie mit unserem ermordeten Pharao in Verbindung zu bringen. Wir stellten schnell fest, dass er 1881 von Emil Brugsch gefunden worden war, und zwar nicht nur in Theben, sondern in der königlichen Grabkammer von Deir el Bahri ... direkt neben Seqenenre Tao! Wir wussten, dass dies nicht das ursprüngliche Grab der beiden gewesen ist, aber es ist sehr wahrscheinlich, dass beide zusammen von einem Grab ins andere verlegt wurden.

Als der Verdacht, dass es sich nur um einen Zufall handeln könnte, verflog, wussten wir sicher, dass wir nicht nur Hiram Abif gefunden, sondern auch nach dreieinhalbtausend Jahren den Hergang des Mordes rekonstruiert und einen seiner Mörder gefunden hatten! Wir fühlten uns, wie sich alle Detektive fühlen, wenn sie einen schwierigen Fall lösen – wir tranken an diesem Abend ziemlich viel Champagner.

Doch der unglückliche Jubelo ist immer noch bei seinem Opfer. Der junge Priester befindet sich ebenso wie Seqenenre Tao im Museum von Kairo. Er trägt die Katalognummer 61023 und der Pharao die Nummer 61051.

Der Beweis in der Freimaurerei

Als wir wieder nüchtern waren, setzten wir uns zusammen hin und besprachen unser weiteres Vorgehen. Und wieder wandten wir uns dem Ritual der Freimaurer zu, um noch einen weiteren Hinweis für unsere Rekonstruktion der Entwicklung der Königsgeheimnisse zu finden. Die ganze Geschichte um Seqenenre und seine Mörder ist eigentlich die Geschichte der Wiedergeburt Ägyptens – und die Geschichte Hiram Abifs. Die beiden sind ein und dieselbe Person. Die Bibel füllt ein paar Lücken, und Mumien liefern verblüffend klare gerichtsmedizinische Beweise, trotz einer Lücke von dreieinhalbtausend Jahren. Aber wir meinten immer noch, dass der Beweis bei den Freimaurern tiefer geht.

Chris wandte seine Aufmerksamkeit den geheimen Worten zu, die in der Zeremonie des dritten Grades benutzt werden, wo man zum Meistermaurer erhoben wird. Die Worte werden dem neu erhobenen Bruder nur zugeflüstert und nie laut ausgesprochen. Es ist völliges Kauderwelsch. Beide Worte sind sich in der Struktur sehr ähnlich, und sie klingen so, als wären sie aus einer Reihe sehr kurzer Silben aufgebaut – und zwar im Stil der alten Ägypter. Chris trennte sie in Silben, und nach sehr kurzer Zeit lehnte er sich zurück und blickte mit staunend aufgerissenen Augen auf etwas, das völlig verständlich war. Die Worte, die in der offenen Loge gesprochen werden, sind:

Ma'at-neb-men-aa, Ma'at-ba-aa.

Diejenigen unter den Lesern, die Freimaurer sind, werden diese Worte erkennen, aber es wird sie erstaunen zu erfahren, dass es sich um reinstes Altägyptisch handelt. Die Übersetzung raubt einem schier den Atem:

> Groß ist der Meister der Freimaurerei, groß ist der Geist der Freimaurerei.

Wir haben Ma'at mit Freimaurerei übersetzt, weil es keinen anderen modernen Begriff gibt, der dem komplexen Konzept um »Wahrheit, Gerechtigkeit, Fairness, Harmonie und aufrechte Moral, symbolisiert durch die klare, aufrechte Linie und das feste Fundament eines Tempels« so nahe kommt. Ma'at war eine Lebenseinstellung und vereinte die drei wichtigsten Werte der Menschheit miteinander – die Kenntnis der Natur, die Schönheit der Kunst und den Geist der Theologie. Und das ist Freimaurerei.
Die Übersetzung der anderen Silben erfolgte Wort für Wort. Wir haben diese Worte in Hieroglyphen gesetzt, um ihren ägyptischen Ursprung zu demonstrieren, obwohl wir bezweifeln, dass sie jemals in irgendeiner Sprache aufgeschrieben wurden.

Die Frage, die wir uns jetzt stellen mussten, war, wie es gekommen ist, dass diese Worte über eine so große Zeitspanne hinweg rein erhalben blieben. Wir glauben, dass sie die

Übersetzung ins Kanaanitische, Aramäische, Französische und Englische deshalb überstanden haben, weil man sie als »Zauberworte« betrachtete, deren Anstimmung die Auferstehung des neuen Kandidaten ein wenig mehr als symbolisch erfolgen ließ. Die ursprüngliche Bedeutung war wahrscheinlich schon vor der Zeit Salomos nicht mehr bekannt!

Als wir uns den Beginn des Neuen Reiches noch einmal anschauten, konnten wir die Macht dieser Worte spüren, als wir uns vorstellten, wie Kamose als erster Kandidat nach dem Mord an seinem Vater, der Gestalt, die wir als Hiram Abif kennen, erhoben wurde. Der Sinn ist ähnlich wie bei »Der König ist tot, es lebe der König«. Der auferstandene Kandidat ist der Geist des Ma'at, der ungeachtet des Todes derer, die davor waren, weiterlebt – ein System der Güte, das größer ist als seine ständig wechselnden Verkörperungen.

Diese versteinerte Formel unterstützte unsere These gewaltig. Denn wenn jemand jetzt noch anzweifelt, dass Seqenenre Hiram Abif war, dann muss er uns auch bitte erklären, wie es kommt, dass die Zeremonie der modernen Freimaurerei als Herzstück zwei Zeilen reinstes Altägyptisch enthält. Anthropologen haben seit langem schon festgestellt, dass Informationen durch ein Stammesritual über Generationen weitergegeben werden können, ohne dass irgendjemandem die Bedeutung dessen, was da weitergegeben wird, bekannt ist. Es ist eine allgemein anerkannte Tatsache, dass Gedankengut am besten unverfälscht durch Menschen weitergegeben wird, die nicht begreifen, was sie da sagen. Ein gutes Beispiel dafür sind Abzählverse von Kindern, die reiner erhalten sind als alte Geschichten, die aufgeschrieben und durch eine Reihe von Redakteuren »verbessert« und damit verfälscht wurden. Zum Beispiel benutzen viele englische Kinder immer noch den Abzählreim: »Eenie, meenie, minie, mo« – dieser Reim basiert auf einem Zählsystem, das mit Sicherheit schon vor der Zeit der Römer und wahrscheinlich auch der der Kelten auf der Insel existierte! Es hat unbeschadet zwei- oder dreitausend Jahre überstanden, und es könnte locker noch einmal so lange erhalten bleiben.

Der versteinerte Singsang des Ma'at ist über zwei lange Traditionen mündlicher Überlieferung und eine Zeit des »Winterschlafs« unter Herodes' Tempel zu den Freimaurern gekommen. Doch der Hinweis, dass er Zauberkraft besitzt, hat sich erhalten – lange nachdem die Bedeutung der Worte schon vergessen war.

Wir fanden heraus, dass es noch andere Verbindungen zur Freimaurerei gab, als wir uns den Aufbau der Priesterschaft und der Beamten des Neuen Reiches anschauten. Die Beschreibung der Rollen klang vertraut freimaurerisch. Der erste Prophet der Königin Hatschepsut war auch gleichzeitig »Aufseher der Arbeit«, und der erste Prophet Ptahs war der »Handwerksmeister« oder »Künstlermeister«. Wir wussten, dass die Freimaurer diese Bezeichnungen nicht einfach übernommen haben konnten, denn sie waren im Dunkel der Geschichte versunken, lange ehe die erste Loge gegründet wurde.

Je mehr wir suchten, desto mehr Verbindungen entdeckten wir. Im alten Ägypten hätte ein Mann in einem Tempel geopfert, der dem Gott seines Berufsstandes gehörte, und der Mondgott Thoth war der Gott der Baumeister und Schreiber. Und es war Thoth, an dem frühe Freimaurer großes Interesse zeigten. Wir fanden auch Verbindungen zu den Essenern, den Gründern der Jerusalemer Urgemeinde, denn auch ägyptische Priester trugen nur weiße Roben und verbrachten ungeheuer viel Zeit damit, sich zu waschen und zu reinigen. Sie waren auch sexuell abstinent, waren beschnitten und aßen bestimmte Speisen, wie zum Beispiel Schellfisch, nicht. Wasser benutzten sie ähnlich wie bei der Taufe, und sie reinigten mit Weihrauch ihre Kleider. Die Regeln der Essener waren in der Tat uralt.

Wir glaubten, dass wir mehr, als wir erhoffen konnten, aus diesem Bereich unserer Forschungen gezogen hätten, aber dann fiel Robert noch etwas ein. Im Freimaurer-Ritual wird Hiram Abif auch »Sohn der Witwe« genannt, was nie erklärt wurde, aber plötzlich taten sich gleich zwei solche Witwen-Söhne auf. Nach der ägyptischen Legende wurde der erste Horus einzigartigerweise nach dem Tod seines Vaters gezeugt, und so war seine Mutter noch vor der Empfängnis Witwe. Es erscheint daher absolut logisch, dass alle die, die danach zum Horus, also König von Ägypten wurden, sich als »Söhne der Witwe« bezeichneten – ein besonders passender Titel für Kamose, den Sohn von Ahmose-Inhapi, der Witwe von Seqenenre Tao II.

Seqenenre Tao, der Furchtlose

Wir konnten jetzt sicher sein, dass die Geschichte Hiram Abifs historisch war und nicht symbolisch, wie die meisten Freimaurer (zu denen auch wir anfangs gehörten) glaubten. Zuerst war es uns so erschienen, als hätte man eine ritualisierte Geschichte erfunden, um wichtige symbolische Punkte zu beleuchten, aber es war genau andersherum – der Symbolismus war direkt der Realität entnommen worden. Dieses Ereignis bezeichnet einen ungeheuer wichtigen Wendepunkt in der ägyptischen Theologie – die Geheimnisse des Sternenkults und der Zauber der Krönungszeremonie waren für alle Zeiten verloren. Es ist bekannt, dass die alten Ägypter König Seqenenre, der im Alter von dreißig Jahren starb, für etwas Besonderes hielten, denn in den Berichten über ihn trägt er den Beinamen »der Furchtlose«. Wegen seiner schrecklichen Verletzungen glaubten manche, dass er in einer Schlacht mit den Hyksos starb, obwohl die meisten Forscher der Meinung sind, dass er ebenso gut einem Attentat zum Opfer gefallen sein könnte. Doch diese Leute ignorieren Beweise in den vorhandenen Aufzeichnungen – bis zur Regierungszeit des Kamose herrschte Frieden mit den Hyksos, und wenn Seqenenre als Held in der Schlacht gestorben wäre, würden ägyptische Berichte die Umstände seines Todes bestimmt nicht verschweigen. Seqenenre muss aus irgendeinem ungewöhnlichen Grund als Held angesehen worden sein – und nicht, weil er seine Truppen in die Schlacht führte.

Wir waren jetzt sicher, dass ihm sein Titel von seinem dankbaren Volk dafür verliehen worden war, dass er selbst angesichts des Todes die größten Geheimnisse der beiden Länder bewahrt hatte. Bestimmt war der Tod Seqenenres des Furchtlosen der Beginn des Befreiungskampfes Ägyptens von seinen Besatzern, denn Theben rüstete sich wegen dieses feigen Mordes zum Krieg. Seqenenres Sohn, König Kamose, brachte den »elenden Asiaten« ein paar vernichtende Niederlagen bei, und die Hyksos wurden schnell aus Memphis vertrieben. Die Frauen des letzten Hyksos-Königs Apepi II., der Apophis nachfolgte, mussten erleben, wie die thebanische Flotte unter dem Kommando des Aahmas durch den Kanal von Pat'etku bis vor die Mauern von Avaris segelte. Die Hyksos wurden schließlich durch Kamoses jüngeren Bruder und Nachfolger Ahmose ganz aus Ägypten vertrieben und bis nach Jerusalem gejagt. Da sie nicht über das Meer flüchten konnten, wird berichtet, dass nicht weniger als zweihundertvierzigtausend Familien durch den Sinai und die Negev zogen. Seltsamerweise trug diese Route den Namen »Wat Hor« – der Weg des Horus.

Das große Drama, das sich in Theben am Ende der ersten Hälfte des zweiten Jahrtausends vor Christus abspielte, war ein wichtiger Zeitpunkt in der ägyptischen Geschichte, zu dem offenbar die Wiederholung der Schlacht zwischen Gut und Böse stattfand, die zweitausend Jahre vorher zur Gründung des Landes geführt hatte. Das Alte Reich Ägyptens war geboren, gewachsen, gereift, gealtert und schließlich gestorben – alles vermittels des bösen Gottes Set, der diesmal seine Anhänger über das Volk hatte schwärmen lassen wie eine Plage. Ägypten war wie Osiris eine Zeit lang tot gewesen. Nach dieser Zeit des Todes hatte Amun Re mit dem alten Schlangengott Apophis, der Macht der Finsternis, der die Gestalt eines Hyksos-Königs angenommen hatte, gekämpft. Als er spürte, dass Ägypten kurz vor seiner Wiedererweckung stand, hatte Apophis vergeblich versucht, sich die Geheimnisse des Osiris zu sichern. Dies misslang ihm wegen der Furchtlosigkeit Seqenenre Taos, der lieber starb, als die großen Geheimnisse zu verraten. Er war »der verlorene König«, weil seine Leiche zu spät gefunden wurde, um ihn wieder auferstehen zu lassen, und weil das Geheimnis des Osiris mit ihm starb. Von dieser Zeit an wurden die ursprünglichen Geheimnisse, wie Isis Osiris wieder erweckte, durch andere Geheimnisse ersetzt, und kein König von Ägypten reiste jemals wieder zu den Sternen.

Und von dieser Zeit an waren die Herrscher Ägyptens auch keine Könige mehr. Sie wurden bloße Pharaonen, ein Begriff, der sich von dem ägyptischen Wort Per-aa ableitet, einem Euphemismus für »König«, der eigentlich »großes Haus« bedeutet – genauso wie die Amerikaner ihre Machtzentrale »Weißes Haus« nennen und nicht den Präsidenten namentlich bezeichnen. Das absolute, göttliche Recht der Einzelperson war für alle Zeiten vergangen. Es war nicht nur ein König verloren, sondern alle Könige, und das bis in alle Ewigkeit.

Trotz des Verlustes der Geheimnisse war die Wiedererweckung Ägyptens sehr erfolgreich, und das Neue Reich wurde die letzte große Periode der Blüte für die Ägypter. Tod und Auferstehung hatten zu einer Wiedergeburt geführt, die den Geist der ganzen Nation stärkte.

Es blieb nur noch eine Frage, die wir beantworten mussten, um endgültig zu bestätigen, dass Hiram Abif und Seqenenre Tao identisch waren: Warum lebt Seqenenre in der Erinnerung als Baumeister, und wieso wurde er mit Salomos Tempel in Verbindung gebracht? Die Lösung der ersten Frage lag auf der Hand, denn Seqenenre war der oberste Schirmherr des Ma'at, des Prinzips der Wahrheit und Gerechtigkeit, das durch die geraden und festen Fundamente eines Tempels repräsentiert wird. Die zweite Frage beantwortete sich von selbst. Wir fanden nämlich heraus, dass die Israeliten diese dramatische Geschichte aus erster Hand kannten, und sie wurde im Königsgeschlecht Davids benutzt, um ihnen ein Gerüst königlicher Geheimnisse zu verschaffen, das ihre junge und kulturlose Monarchie nicht besaß. Als man schließlich diese Legende in die Schriftform brachte, vergaßen die Juden einfach den ägyptischen Ursprung und verpflanzten sie in den größten Augenblick der Geschichte ihrer Nation – den Bau von Salomos Tempel. Der Held der jüdischen Geschichte konnte nicht der König sein, denn die Lebensgeschichte Salomos war wohl bekannt, und deshalb erfanden sie jemanden, der auch nicht schlecht war – den Baumeister des großen Tempels. Die Geheimnisse des Bauens und die Weisheit des Baumeisters wurden von jedem begriffen, es konnte also keine bessere »Auferstehung« für Seqenenre den Furchtlosen geben.

Nachdem uns erst einmal klar war, dass Hiram Abif nicht Jahwe anbetete, sondern den Sonnengott Re – buchstäblich der »Allerhöchste« –, verstanden wir auch, warum die Mittagszeit als beste Zeit zum Beten gilt. Die Freimaurer von heute behaupten, sie würden sich symbolisch immer um die Mittagszeit treffen. Das beruht auf dem Prinzip, dass die Freimaurerei eine weltweite Organisation ist und deshalb

»die Sonne immer aus Achtung vor der Freimaurerei auf ihrem höchsten Stand ist«.

Die maurerische Bezeichnung von Gott als dem »Allerhöchsten« ist eine Beschreibung von Re, dem Sonnengott, in seiner höchsten Position – in seinem Zenit am Mittag. Man sollte noch bemerken, was in der Bibel darüber steht, wie die Israeliten ihren Gott nannten, bevor sie den Namen Jahwe, »Gott unserer Väter«, anwandten – sie nannten ihn »El Elion«, was auf Kanaanitisch nichts anderes heißt als »der Allerhöchste«.

Wir fanden noch einen eher kleinen, aber höchst bedeutenden Beweis. Er betrifft König Thutmosis III., der, wie Sie sich vielleicht aus dem vorigen Kapitel erinnern werden, zum König gemacht wurde, weil der Gott ihn im Tempel erwählte, indem er seine Lade zu schwer für die Träger werden ließ. Thutmosis III. war der vierte König nach der Vertreibung der Hyksos, und sein Leben erzählt uns, dass alle Geheimnisse der Sternenreligion und die Osiris/Horus-Rituale bereits verloren waren. Die Tatsache, dass er sein Recht auf den Thron mit Mitteln wie dieser »Lade«-Geschichte unterstützen musste, demonstriert, dass er nicht das Gefühl hatte, aufgrund einer klaren, göttlichen Bestimmung zu herrschen, wie es den Königen in alter Zeit vergönnt war. Aber allein die Tatsache, dass er von jemand anderem abgesetzt wurde, enthüllte vieles.

Thutmosis II. war gestorben, ohne einen legitimen Erben mit seiner Frau und Halbschwester Hatschepsut zu zeugen, und der Sohn einer Konkubine hatte den Thron bestiegen, aber er konnte nicht mehr durch die geheimen Rituale zum Horus gemacht worden sein. Zuerst hatte der junge Thutmosis keine Probleme, seine Herrschaft zu festigen, aber die Dinge entwickelten sich sehr seltsam. Alte Hieroglyphen beschreiben, wie Hatschepsut in den Ring trat und zuerst nur neben ihm regieren wollte, ihn dann aber völlig überrollte und zur ersten Herrscherin wurde, die in direkter Linie von Amun Re abstammte. Thutmosis wurde dann zu den Soldaten geschickt, damit niemand im Zweifel darüber war, wer hier wirklich herrschte. Wie die meisten Frauen, die ganz nach oben kommen, war sie eine sehr starke Frau, die vieles erreichte. Ihr beeindruckender Totentempel am Westufer des Nils ist bis heute eines der wunderbarsten und schönsten Bauwerke aller Zeiten.

Zweifellos markierte der Opfertod Seqenenre Taos den Zeitpunkt der Wiedererweckung der größten Zivilisation der Welt – und auch den Punkt, an dem die wahren Geheimnisse der Könige von Ägypten für immer verloren gingen. Die Ersatzgeheimnisse wurden geschaffen, um die zukünftigen Pharaonen und ihre engsten Ratgeber anzuleiten, aber das unbestreitbare Recht zu herrschen, das die ursprünglichen Geheimnisse verliehen hatten, konnten die neuen Mysterien nicht verleihen.

Bei unseren Nachforschungen war der Erfolg sehr rasch gekommen, und Robert stellte die Frage: Die Antworten kommen wie aus der Pistole geschossen – könnte es sein, dass wir anfangen, das zu sehen, was wir sehen wollen? Wir beschlossen, uns genau anzusehen, wo wir standen und welche Beweise wir hatten. Danach waren wir noch sicherer als zuvor, dass wir uns auf unbekannten Pfaden der Historie bewegten und dass unsere Entdeckungen deshalb so gut zueinander passten, weil sie einfach wahr waren.

Als Nächstes wollten wir herausfinden, wieso ein ägyptischer König, der von Proto-Israeliten ermordet worden war, von der neuen Nation der Juden betrauert wurde. Es war uns klar, dass wir jetzt die Wahrheit über die größte Legende der Juden herausfinden mussten. Es ging um den Propheten Moses.

Die Konzentration auf die Zeit der Hyksos in Ägypten hatte Ergebnisse herbeigeführt, die alle unsere Erwartungen übertrafen. Wir wussten jetzt, wer Hiram Abif war, hatten zu unserer Freude seinen Leichnam aufgespürt und den eines seiner Mörder. Wir hatten uns die Rolle angeschaut, die Ägypten in der Geschichte der Juden gespielt hatte. Aus der Bibel konnte man herauslesen, dass die Ägypter ihre Haltung gegenüber den Juden im Laufe der Zeit vollkommen änderten. Aber noch interessanter war das, was nicht in der Bibel stand. Es gibt zwar keinen Hinweis darauf, zu welchem Zeitpunkt die Hyksos in Ägypten eindrangen, aber wir konnten ihn aus Informationen des Alten Testaments trotzdem ziemlich genau festlegen.

Ein gründliches Studium des Buches Genesis ermöglichte es uns, zu beweisen, dass Abraham ein Zeitgenosse der Hyksos-Invasion war, und wir vermuteten, dass er sogar selbst ein Hyksos gewesen ist – das Wort bedeutet nämlich nichts anderes als »Wüstenprinzen«. Der letzte einflussreiche Proto-Jude in Ägypten war Joseph, und durch gründliches Vergleichen von historischen und biblischen Hinweisen fanden wir heraus, dass Joseph der Wesir von Apophis war, dem Hyksos-König, der einen großen Kampf um die Macht mit dem thebanischen König Seqenenre Tao II. führte. Seqenenre war der Erbe des alten ägyptischen Krönungsrituals und der rechtmäßige wahre Horus. Apophis hatte zwar einen ägyptischen Königsnamen angenommen, war aber nie an die Geheimnisse der Krönungszeremonie herangekommen.

Wir fanden in Genesis 49,6 den Hinweis, dass Brüder von Joseph einen Menschen umgebracht hatten, während sie versuchten, ein Geheimnis von ihm zu erpressen, und wir entdeckten an der Mumie von Seqenenre, dass er durch drei Schläge auf den Kopf gestorben und danach nicht gleich einbalsamiert worden war. Das passte genau zu den Tatsachen, die wir aus der Geschichte von Hiram Abif kannten. Als wir weiter nachforschten, fanden wir heraus, dass neben Seqenenre ein junger Priester lebendig begraben worden war. Aus der Art, wie die Bandagen der Mumie gewickelt waren, ließ sich beweisen, dass der Leichnam aus der Zeit Seqenenres stammte. Diese Beweise und die Freimaurergeschichte, die wir so gut kannten, machten eine Rekonstruktion der Ermordung Seqenenres, die schließlich zum Fall der Hyksos führte, möglich.

Nachdem wir all das über den Mord an Hiram Abif wussten, konnten wir endlich die Bedeutung der beiden geflüsterten Worte verstehen, die in der freimaurerischen Beförderungszeremonie benutzt werden. Die phonetische Übersetzung aus dem Altägyptischen ergibt auch auf Deutsch Sinn: »Groß ist der neue Meister der Freimaurer, groß ist der Geist der Freimaurerei.« Hier war endlich eine sichere Verbindung zur modernen Freimaurerei. Zwei scheinbar sinnlose Worte, die nur überlebt hatten, weil das Freimaurerritual durch ständige Wiederholung und mündliche Überlieferung gelernt wird. Mit unserem Bindeglied zu Seqenenre und der sicheren Erklärung von Hiram Abifs Geschichte sahen wir uns nun einer Kluft von 1500 Jahren bis zu den Menschen gegenüber, die die einzigen waren, welche die Informationen vergraben haben konnten, die die Templer fanden. Wir mussten der Entwicklung des Judentums bis zur Blüte der Essener nachspüren, und unsere ägyptische Verbindung führte als erstes zu Moses.

9.
Die Geburt des Judentums

Moses, der Gesetzgeber

Wir waren vollkommen davon überzeugt, dass wir Hiram Abif gefunden hatten, und jetzt mussten wir uns Schritt für Schritt voranarbeiten, damit wir eine durchgängige Zeremonie im freimaurerischen Stil vom Neuen Reich in Ägypten bis zur Zeit Jesu nachweisen konnten. Das würde sehr schwierig werden, weil unsere einzige Informationsquelle das Alte Testament sein würde, aber zumindest hatten wir unser Freimaurerritual, das uns bei der Interpretation helfen konnte.

Glücklicherweise ist die Bibel eindeutig darin, dass die jüdische Nation durch einen Mann begann, und es gibt nur wenig Zweifel darüber, dass eine Person namens Moses wirklich gelebt hat und dass er in Verbindung mit einer Art Exodus von Asiaten aus Ägypten stand. Nach der Vertreibung der Hyksos müssen die Semiten – einschließlich der Habiru – ein bisschen mehr als bloß unpopulär gewesen sein, und das würde auch erklären, warum die sonst so freundlichen Ägypter plötzlich viele oder alle Juden, die in den zehn Jahren zwischen 1560 und 1550 vor Christus im Land blieben, zu Sklaven machten. Wie Werner Keller in *Und die Bibel hat doch recht* berichtet, wurden Inschriften aus dem sechzehnten und fünfzehnten Jahrhundert gefunden, die diese Habiru-Sklaven und ihre Zwangsarbeit in allen Einzelheiten beschreiben. Eine berichtet, wie viele Angehörige dieses Volkes gezwungen wurden, in Türkisminen zu arbeiten, was extrem gefährlich und ungesund war, denn es gab keinerlei Belüftung, und die offenen Flammen verbrannten allen Sauerstoff. Interessant wurde die Sache für uns, als wir herausfanden, dass diese Minen sich in der Nähe von Jahwes Berg, dem Berg Sinai, befanden, im südlichen Gebirgszug der Halbinsel Sinai. Wir fragten uns, ob das ein Zufall war oder ob der Ausbruch der Habiru-Sklaven nicht eher hier als in Ägypten stattgefunden haben konnte? In Peake's Commentary on the Bible fanden wir Aufzeichnungen, die zeigen, dass diese Proto-Juden, obwohl sie kanaanitisch sprachen, ägyptische Gottheiten anbeteten und Bildnisse von Osiris, Ptah und Hathor aufstellten, was nicht in das populäre Bild der edlen, versklavten Anhänger Jahwes passt, die sich danach sehnten, vom »Gott ihrer Väter« nach Jerusalem geführt zu werden.

Die Geschichte Mose wird jedem jüdischen und jedem christlichen Kind erzählt, und deshalb neigt man als Erwachsener dazu, sie als historische Tatsache anzusehen, selbst wenn die meisten Menschen die exotischeren Teile verwerfen – wie zum Beispiel das Teilen des Roten Meeres. Wann dieses Ereignis genau stattfand, kann man schwer sagen, aber lange Zeit war man allgemein der Meinung, dass Moses »sein Volk« während der Regierungszeit von Ramses II. aus Ägypten führte, was dieses Ereignis in die Zeit zwischen 1290 und 1224 vor Christus legt. Doch es gibt seit kurzem ein paar sehr gute Beweise dafür, dass alles zu einem weit früheren Zeitpunkt stattfand, nämlich kurz nach der Vertreibung der Hyksos. Doch ehe wir uns der genauen Datierung widmen, ist es wichtig, sich einmal anzusehen, was wir über diesen Mann namens Moses wissen und was die Bibel uns über die Israeliten und ihren neuen Gott erzählt.

238

Wir fanden heraus, dass der Name Moses an sich schon sehr viel aussagt. Seltsamerweise informiert die römisch-katholische Bibel ihre Leser dahingehend, dass es das ägyptische Wort für »aus dem Wasser gerettet« sei, wohingegen es in Wirklichkeit einfach nur »geboren von« bedeutet. Normalerweise müsste dieser Name ein Präfix haben, wie zum Beispiel bei Thutmosis (geboren von Thoth) oder Ramses (geboren von Ra) oder Amenmosis (geboren von Amen). Obwohl der Namensteil »Mosis« etwas anders buchstabiert wird, wenn man ihn auf Deutsch schreibt, meint er doch das Gleiche, und es scheint sehr wahrscheinlich, dass entweder Moses selbst oder irgendein späterer Redakteur den Namen eines ägyptischen Gottes wegließ. Das ist so ähnlich, als würde man aus dem Namen eines Schotten das »Donald« streichen, sodass nur noch das »Mac« bleibt anstelle von »MacDonald«.

Die römisch-katholische Definition ist wahrscheinlich einfach nur falsch und wurde geschaffen, um den Ansprüchen zu genügen, aber falls auch nur etwas historische Wahrheit in dem Gedanken ist, dann könnte es durchaus sein, dass Moses' voller Name »geboren vom Nil« war. In diesem Fall hätte er Hapymoses geheißen, was geschrieben so ausgesehen hätte:

Der Name Moses ist deshalb ungewöhnlich, weil es eines der wenigen altägyptischen Worte ist, das heute in seiner hebräischen Form »Moshe« und seiner arabischen Form »Musa« immer noch populär ist.

Man kann heute unmöglich wissen, wie viel von der Geschichte Mose im Alten Testament historisch ist und wie viel romantische Erfindung. Im Buch Exodus steht, dass auf Befehl des Pharaos alle männlichen Kinder der Israeliten in den Nil geworfen werden sollten. Das kann man unmöglich als historische Tatsache ansehen, denn ein so barbarischer Erlass wäre völlig gegen das Konzept des Ma'at gewesen, das die Ägypter so hoch hielten. Jedem Pharao, der einen derartigen Befehl gegeben hätte, wäre beim Wiegen seines Herzens ein Leben nach dem Tode verweigert worden. Und praktisch gesehen wäre es sehr ungesund gewesen, Tausende von verwesenden Leichen in der einzigen Wasserquelle der Bevölkerung treiben zu lassen.

Laut dem Alten Testament war Moses' Mutter entschlossen, ihr Baby nicht sterben zu lassen, und deshalb setzte sie es in einem mit Pech abgedichteten Korb in das Schilfdickicht des Nils, wo der Junge von der Tochter des Pharaos gefunden wurde. Es ist seit langem bekannt, dass diese Kindheitsepisode nahezu identisch mit der Sargons I. ist – des berühmten akkadischen Königs, der viele hundert Jahre vor Moses Babylon und Sumer regierte. Ein schneller Vergleich demonstriert die Ähnlichkeiten:

Sargon	*Moses*
Meine wankelmütige Mutter empfing mich; im geheimen gebar sie mich.	Eine levitische Frau empfing und gebar einen Sohn … sie versteckte ihn drei Monate lang, aber sie konnte ihn nicht länger verbergen.
Sie legte mich in einen Weidenkorb und versiegelte den Deckel mit Teer. Sie warf mich in den Fluss, in dem ich nicht unterging.	Deshalb nahm sie einen Weidenkorb, machte ihn mit Ton und Teer wasserdicht und legte ihn ins Schilf am Ufer des Nils.

Wir mussten den Schluss ziehen, dass diese Geburtsge-schichte mit ziemlich großer Sicherheit im sechsten Jahrhundert vor Christus entstanden ist. Sie greift – zur Geburt des Staates – das alte Thema der Schöpfung aus dem Wasser auf. Es war gleichzeitig auch ein großartiger Kunstgriff, um zu erklären, wie ein General der ägyptischen Armee und Mitglied der königlichen Familie Ägyptens zum Stammvater der Juden wurde.

Wir waren sicher, dass ein paar Aspekte später erfunden worden sein mussten – zum Beispiel, dass Moses' Mutter eine Levitin war, was ein Versuch war, Geschichte geradezu-rücken, eben so, wie die späteren Autoren glaubten, dass es gewesen sein musste. Die Leviten waren später der Stamm, aus dem die Priester stammten, und die Schreiber benutzten die Logik ihrer Zeit, als sie den Schluss zogen, dass Moses Priester gewesen sein musste und deshalb ein Levit. Das Buch Exodus ist aus drei unterschiedlichen mündlichen Überlieferungen über den Auszug aus Ägypten zusammen-gestellt, und es herrscht Uneinigkeit darüber, ob nun Moses oder Aaron die Hauptfigur war, und sogar der Name des Berges, auf dem Moses Jahwe begegnet, ist unterschiedlich – mal ist es der Berg Sinai, mal der Horeb.

Wir mussten uns dauernd daran erinnern, dass die Autoren der ersten Bücher des Alten Testaments Stammeslegenden aufschrieben, die auch für sie schon uralt waren – die ältes-ten Geschichten sind Tausende von Jahren alt! Selbst die jüngeren Geschichten wie die von David und Salomo spielen ein paar hundert Jahre vor ihrer Zeit. Die allgemeine Form der Ereignisse war vollkommen klar, aber historische Details fehlten einfach. Unterschiedliche Autoren füllten die Lücken auf unterschiedliche Weise und brachten ihre eigene politi-sche Weltsicht und ihre Meinung zu den Ereignissen ein. Experten ist es gelungen, diese verschiedenen Schichten auseinander zu pflücken, und die Autoren bekamen so unattraktive Bezeichnungen wie »J« (= Jahwist), »E« (= Elohist), »D« (= Deuteronomist) und »P« (= Priesterschrift). Dadurch, dass wir heute weit mehr historische Informationen besitzen als die damaligen Gruppen, erkennen wir rasch pure Erfindungen – wenn wir zum Beispiel lesen, dass diese Autoren Münzen erwähnen oder Kamele als Lasttiere zur Zeit Isaaks und Josephs bezeichnen, was beides erst viel später in Gebrauch kam. Ein anderer bezeichnender Fehler ist, dass Abraham angeblich Süd-Israel deshalb mied, weil es das Land der Philister war – aber wir wissen heute, dass die Philister sich erst lange nach dem Auszug der Israeliten aus Ägypten dort ansiedelten.

Wenn das Buch Exodus uns erzählt hätte, wer der Vater der Pharaonentochter, die das Baby Moses fand, war, dann wäre vieles einfacher, aber das wussten die Autoren offenbar selbst nicht.

Wir überlegten, dass es im Grunde nur drei Erklärungen dafür gab, dass Moses inmitten der Königsfamilie Ägyptens aufwuchs:

1. Er war von Geburt Asiate oder Habiru und wurde als Baby oder Kleinkind in die Königsfamilie aufgenommen, wie es im Alten Testament steht. Es ist bekannt, dass die Ägypter Kinder aus Nachbarländern aufnahmen, damit diese Kinder dann als Erwachsene ihr Volk auf die Seite der Ägypter zogen. Das erschien uns aber so kurz nach der Zeit der Hyksos, als die Habiru versklavt waren, als ziemlich unwahrscheinlich.

2. Er war ein hochgeborener Ägypter, der als Mann wegen eines Mordes auf der Flucht war und die Habiru, die ja auch vogelfrei waren, anführte.

3. Er war ein junger semitischer General in der Armee des letzten Hyksos-Königs, wurde aus Ägypten vertrieben und lebte zusammen mit den anderen Asiaten in der

Wildnis, als die thebanische Monarchie wieder ihre Herrschaft ausübte. Er kehrte später zurück, um die Habiru-Sklaven in die Freiheit zu führen. Auf diese Weise würde zwar die Geschichte von Moses zu einem viel früheren Zeitpunkt stattfinden, als man immer dachte, aber es gibt keinen Grund, der dagegen spricht, denn man weiß, dass Moses General in der Armee irgendeines Pharaos war.

Die dritte Möglichkeit ist natürlich attraktiv, aber wir konnten zuerst keine zufrieden stellenden Beweise für eine so frühe Datierung finden, und um die Geheimnisse der Ägypter kennen zu lernen, musste Moses bei einem »richtigen« Pharao gedient haben, nicht bei einem Usurpator. Wir nahmen daher an, dass entweder die erste oder die zweite Möglichkeit richtig sein musste. In beiden Versionen wird die biblische Beschreibung der Ereignisse im Großen und Ganzen als richtig akzeptiert. Wir waren der Ansicht, dass es für unsere Zielsetzung reichte, wenn wir uns nicht lange mit der Frage aufhielten, wie Moses dazu kam, diese Proto-Israeliten anzuführen, sondern dass es für uns genug war, wenn wir einfach annahmen, dass ein hochrangiges Mitglied des ägyptischen Hofes zum Anführer einiger der Stämme wurde, aus denen später die jüdische Nation entstand.
In der Apostelgeschichte 7,22 steht:

Und Moses wurde in aller Weisheit der Ägypter unterrichtet.

Die Israeliten, die so viel später über Moses schrieben, hatten keinen Grund, diese Nähe zu den Widersachern ihrer Vorfahren zu erfinden, und es war ganz klar, dass sie glaubten, er hätte große Geheimnisse erfahren. Zu der Zeit, als Moses Kontakt zur ägyptischen Königsfamilie hatte, wird es das Neue Reich bereits gegeben haben, und die »Ersatzgeheimnisse« hatten vermutlich die ursprünglichen Geheimnisse des Osiris ersetzt. Als hoher Hofcharge des Pharaos muss Moses in den Prinzipien der Auferstehung unterrichtet worden sein, die sich um die Legende Seqenenre Taos und seines furchtlosen Opfers gerankt haben – was ja letztendlich die ursprünglichen Geheimnisse ersetzte. Den jungen Moses machte dieses Ritual mit den Geheimnissen des Königtums bekannt, dem höchsten Ausdruck der Macht und dem Besitz dessen, was Königtum ausmachte. Das musste tiefen Eindruck auf ihn gemacht haben, denn er nahm bestimmt diese Geschichte mit, sodass sie später zum neuen geheimen Krönungsritual im neuen Land Israel wurde.

Weil es ein Geheimnis war und nur an eine kleine Gruppe von Juden weitergegeben wurde, gelangte die Geschichte vom »König, der verloren ging« ohne große Veränderungen bis zum Königsgeschlecht Davids. Die Einzelheiten des Exodus waren dagegen jedem zugänglich, und so verschmolzen Wahrheit und Fiktion, bis nur noch wenig wirklich Wahres übrig blieb.

Ganz gleich, woher sie auch stammt – die biblische Geschichte des Exodus zeigt ganz klar, dass die Gruppe, die von Moses angeführt wurde, sehr ägyptisiert und die Anbetung ägyptischer Gottheiten normale Praxis war. Dass Moses die Zehn Gebote auf Steintafeln bekam, war eine absolute Notwendigkeit, um die Gründung eines neuen Staates darzustellen. Jeder König musste seine »königliche Charta« von den Göttern als Beweis dafür empfangen, dass er fähig war zu herrschen, und damit es eine Grundlage für Recht und Ordnung in der neuen Gesellschaft gab.

Diese Steintafeln konnten nur mit ägyptischen Hieroglyphen beschrieben sein, denn Moses hätte keine andere Schrift lesen können. Weil heute etwas Geschriebenes für uns alltäglich ist, können wir nur schwer verstehen, dass Schrift im zweiten Jahrtausend vor Christus etwas ganz Besonderes war. Der Gedanke, dass man durch Zeichen auf Steintafeln Botschaften festhalten konnte, erschien gewöhnlichen Menschen als etwas Unvorstellbares, und die Schreiber, die »Steine zum Reden bringen« konnten, wurden als große Magier angesehen. Das kann man auch leicht dadurch erkennen, dass die Ägypter Hieroglyphen »die Worte Gottes« nannten – eine Bezeichnung, die sich in der gesamten Bibel ständig wiederholt.

Der Kriegsgott der Berge des Sinai

Nachdem wir die Geschichte des Exodus sorgfältig durchgearbeitet hatten, waren wir entsetzt. Die Sicht, die sich während unserer christlichen Erziehung in unseren Köpfen festgesetzt hatte, war völlig auf den Kopf gestellt worden. Anstatt über edle und großartige Menschen zu lesen, die ihre Freiheit erlangten und ihr Gelobtes Land fanden, begegneten wir einem ganzen Sammelsurium primitiver Dämonologie, Verrat, Massenmord, Vergewaltigung, Vandalismus und schwerem Diebstahl. Das ist die abscheulichste Darstellung von der Geburt einer Nation, die man sich nur vorstellen kann.

Die Geschichte des Moses beginnt mit einem Mord. Er sieht, wie ein Ägypter einen Habiru schlägt, und er tötet den Ägypter, nachdem er sich vergewissert hat, dass niemand zuschaut. Das ist der erste von Zehntausenden von Morden, die dieser ehemalige Soldat verüben wird. Unglücklicherweise wurde das Verbrechen von anderen Habiru beobachtet, die es den Ägyptern berichteten, was zur Folge hatte, dass Moses ein gesuchter Verbrecher wurde. Er flüchtete nach Osten in den Sinai, wo er von den Midianitern gefangen genommen wurde. Dort heiratete er Zipporah, die Tochter des Königs.

Hier machte Moses auch Bekanntschaft mit dem Gott der Midianiter – einem Gott der Stürme und des Krieges, dessen Symbol ein Kreuz war, das die Gläubigen auf ihrer Stirn trugen. Später nannte man das »das Zeichen Jahwes«. Dieser Gott, der in den Bergen wohnte, lieferte die Inspiration und das zentrale Thema des Gottes der Juden in den Gesprächen, die Moses mit Ihm auf dem Berg Horeb führte.

Götter erwachen nicht einfach mit einem Knall zum Leben, sie entwickeln sich und verändern sich, indem sie Eigenschaften anderer Götter annehmen. Das erste aufgezeichnete Treffen mit dem Gott der Juden und Christen erscheint seltsam kühl und bedrohlich. Als Moses nach Seiner Glaubwürdigkeit fragt und sich nach Seinem Namen erkundigt, war er zwar sehr gerissen, hatte aber keinen Erfolg damit. Aus seiner ägyptischen Erziehung wusste Moses, dass Götter Menschen nicht immer überlegen waren und dass ein Mensch Macht über einen Gott haben konnte, wenn er seinen Namen erfuhr. In Ägypten hatten die Götter gewöhnlich viele Namen – von einem allgemein bekannten, gewöhnlichen bis zu immer geheimeren Namen, aber ihr tiefinnerster Name wurde weder einem Menschen noch einem Gott bekannt gemacht. Wenn Moses auf seine Frage eine Antwort bekommen und den Hauptnamen des Gottes erfahren hätte, dann hätte er den Gott völlig in seine Gewalt gebracht.

Es ist eine Tatsache, dass Theologie und Magie bis vor ein paar Jahrhunderten synonyme Konzepte waren, bis wir eine unsichtbare Grenze zwischen den beiden Hälften primitiver menschlicher Mystik zogen. Das Konzept, dass der Gott der Israeliten in seiner Lade wohnt, ist dem eines Flaschengeistes nicht unähnlich, der seinen Freunden Wünsche erfüllt, durch die Luft fliegt, ganze Meere teilt, Feuerbälle wirft und im Allgemeinen alle Naturgesetze ignoriert. Heute trennen wir geistig die Geschichten aus Tausendundeiner Nacht und die der Bibel, aber es besteht kein Zweifel daran, dass sie gleichen Ursprungs sind. Vielen wird es schwer fallen, das zu akzeptieren, aber wenn wir das, was die Bibel uns sagt, für bare Münze nehmen, dann hat die Schöpfergestalt, die in der westlichen Welt »Gott« genannt wird, als bescheidener Geist begonnen, der sich schlecht und recht in den Bergen im Nordosten Afrikas und im südwestlichen Asien durchschlug.

Da er um seine Freiheit fürchtete, weigerte sich der midianitische Gott, Moses' Frage nach seinem Namen zu beantworten, und versuchte seine eigene Bedeutung herauszukehren, indem er Moses befahl, seine Schuhe auszuziehen und Zurückhaltung zu üben, weil er sich auf heiligem Boden befinde. Das Buch Exodus berichtet uns, welche Antwort Gott auf die Frage nach seinem Namen gegeben hat:

Ehjeh asher ehjeh.

Das wird gewöhnlich mit »Ich bin, der ich bin« übersetzt, aber im Sprachgebrauch der Autoren dieses Werkes hat es einen stärkeren Sinn und sollte besser mit: »Kümmere dich um deinen eigenen Kram, verdammt noch mal!« übersetzt werden.

Die Namen Jahwe oder Jehova sind beides moderne Umsetzungen des hebräischen Tetragramms JHWH (das Hebräische besitzt keine Vokale). Das war nicht der Name Gottes, sondern wahrscheinlich ein Titel, der aus der Antwort »Ich bin« genommen wurde.

Die Geschichte geht so weiter, dass Moses schließlich nach Ägypten zurückkehrte, um die Horden verschiedener asiatischer Stämme, die die Ägypter Habiru nannten, aus der Sklaverei zu befreien. Man kann annehmen, dass er dabei die Kräfte seines neuen Sturmgottes benutzte, um den unglücklichen Ägyptern Elend und Tod zu bringen. Es wird uns auch gesagt, dass sich 600 000 Israeliten zu einer vierzigjährigen Reise durch die Wüste aufmachten, aber jedem intelligenten Menschen ist klar, dass bei einem Exodus nur ein Bruchteil dieser Zahl teilgenommen haben konnte. Es gibt in der ägyptischen Geschichte keine Spur eines solchen Ereignisses, und wäre es in einer solchen Größenordnung gewesen, wie die Bibel es uns weismachen will, dann gäbe es eine Spur. Hätte die Gruppe diese Größe gehabt, dann wäre das ein Viertel der Gesamtbevölkerung gewesen, und wenn man bedenkt, welche Wirkung eine solche Emigration auf die Ernte und den Arbeitsmarkt gehabt hätte, wäre es unmöglich, einen solch tiefen gesellschaftlichen Einschnitt nicht aufzuzeichnen. Doch ganz gleich, wie groß die Zahl auch war – Moses führte seine Leute in den Sinai, zurück in das Lager der Midianiter, und begrüßte seinen Schwiegervater Jethro, der den Israeliten gratulierte und Moses weise Ratschläge gab. Der Prophet ging dann auf den heiligen Berg, um den Gott zu treffen, der dort noch immer lebte. Der Sturmgott – verhüllt durch eine schwarze Wolke – tat Moses kund, wenn einer der Israeliten oder eines ihrer Tiere auch nur einen Fuß auf den Berg setze, würde Er sie durch einen Blitz oder Steinschlag töten. Der neue Gott informierte Seine neuen Anhänger auch dahingehend, dass sie Ihn unbedingt anbeten müssten, sonst würde Er sich nicht nur an ihnen, sondern auch an den nachfolgenden Generationen rächen. Er forderte weiter von den Israeliten Opfergaben in Form von Gold, Silber, Bronze, feinen Tuchen, Lammfellen und Akazienholz. Außerdem sollten sie Ihm eine mit Gold überzogene Lade bauen, in der Er leben wollte.

Diese Lade war von klassischem ägyptischen Design mit zwei so genannten »Cherubim« auf dem Dach. Heute gilt allgemein die Meinung, dass es zwei Sphinxe waren, also geflügelte Löwen mit Menschenköpfen.

Dieser neue Gott kann auf die Mehrheit der Israeliten keinen großen Eindruck gemacht haben, denn sie machten ein goldenes Kalb, gleich nachdem Moses den Berg hinaufgestiegen war, um mit Jahwe zu sprechen. Diese Statue war höchstwahrscheinlich eine Verkörperung des ägyptischen Gottes Apis, und das regte den neuen Gott sehr auf. Er befahl Moses, seine Priester sollten so viele von diesen »Sündern« wie möglich umbringen, und man schrieb uns auf, dass dreitausend Israeliten erschlagen wurden.

Und die Mauern fielen ein

Während die Israeliten in ihr Gelobtes Land zogen, gab es zwischen ihnen und dem Erreichen ihres Ziels nur ein kleines Hindernis – die einheimische Bevölkerung. Aber Jahwe führte sie zum Sieg über die Bauern aus Kanaan.

Das Deuteronomium erzählt in Teilen der Kapitel 2 und 3 von den Ereignissen, die stattfanden, als Gottes erwähltes Volk begann, die Stadtstaaten von Kanaan zu bedrohen:

> Und Sihon zog aus gen Jahaz uns entgegen zum Streite, er und sein ganzes Volk. Aber der Herr, unser Gott, gab ihn in unsre Hand, dass wir ihn samt seinen Söhnen und seinem ganzen Volke schlugen. (Dt 2,32–33)
> Und wir nahmen damals alle seine Städte ein und vollstreckten an jeder Stadt den Bann, an Männern, Frauen und Kindern; niemanden ließen wir entrinnen. (Dt 2,34)
> Nur das Vieh behielten wir für uns als Beute und den Raub aus den Städten, die wir eingenommen hatten. (Dt 2,35)
> Von Aroer, das am Ufer des Baches Arnon liegt, und von der Stadt im Tale bis nach Gilead war keine Stadt, die uns zu fest gewesen wäre; alles gab der Herr, unser Gott, in unsre Hand. (Dt 2,36)

Nun wandten wir uns und zogen den Weg nach Basan hinauf. Da rückte der König Og von Basan gen Edrei uns entgegen zum Streite, er und sein ganzes Volk. (Dt 3,1)
Aber der Herr sprach zu mir: »Fürchte dich nicht vor ihm; denn ich gebe ihn und sein ganzes Volk samt seinem Lande in deine Hand, und du magst mit ihm tun, wie du mit Sihon, dem König der Amoriter, getan hast, der zu Hesbon saß.« (Dt 3,2)
So gab der Herr, unser Gott, auch den König Og von Basan in unsre Hand samt seinem ganzen Volke, und wir schlugen ihn, dass keiner entrann und übrig blieb. (Dt 3,3)
Und wir nahmen damals alle seine Städte ein; es war keine Stadt, die wir ihnen nicht genommen hätten: sechzig Städte, die ganze Landschaft Argob, das Reich des Königs Og in Basan – all das waren feste Städte mit hohen Mauern, Toren und Riegeln –, außer den vielen Ortschaften auf dem Land. Und wir vollstreckten den Bann an ihnen, wie wir mit Sihon, dem König von Hesbon, getan, an jeder Stadt, an Männern, Frauen und Kindern. Alles Vieh aber und den Raub aus den Städten behielten wir für uns als Beute. (Dt 3,4–7)

Eine Stadt nach der anderen wurde also zerstört. Das bekannte Spiritual fasst es so in Worte, dass die Mauern beim Klang der Trompeten einstürzten. Das ist eigentlich eine ganz aufregende Geschichte, bis man Josua 6,20 liest und erfährt, dass es keine Schlacht war, sondern ein Massaker, bei dem alle Männer, Frauen und Kinder sowie Schafe, Vieh und Esel abgeschlachtet wurden.
Das Alte Testament enthält noch mehr solcher gewalttätigen Stellen, und Jahwe erinnert sein Volk ständig daran, dass er allmächtig ist und sofort jene bestraft, die ihn nicht anbeten. Im achten Kapitel des Deuteronomiums ist in den Versen 19 und 20 folgende Warnung zu lesen:

Doch wenn du des Herrn, deines Gottes, vergissest und anderen Göttern nachgehst, ihnen dienst und sie anbetest, so beteure ich euch heute, dass ihr zugrunde gehen werdet.

Wie die Völker, die der Herr vor euch zugrunde richtete, so werdet ihr zugrunde gehen, dafür, dass ihr nicht auf die Stimme des Herrn, eures Gottes, hört.

Wer immer Moses auch gewesen sein mag – er wurde in Ägypten zum Mörder und brachte den Rest seines Lebens damit zu, unzählige Menschen zu töten – Fremde wie auch Menschen, die ihm vertrauten. Wir fanden es sehr schwierig, diesen Mann und seine Sicht Gottes mit dem Gott der Juden und Christen von heute in Verbindung zu bringen. Für uns beweist diese Kluft den Gedanken, dass Gott keine feststehende Einheit ist, sondern eine Art gesellschaftlicher Schmelztiegel, der wächst und sich entwickelt, während er mit anderen Göttern verschmilzt und sich langsam zu einer Idealgestalt entwickelt, die die Moral und die Bedürfnisse der jeweiligen Zeit widerspiegelt. Es ist nicht so, dass Gott den Menschen nach seinem Bilde machte, sondern vielmehr, dass der Mensch andauernd Gott nach seinem Spiegelbild neu schafft.

Die Datierung des Exodus

Manche Forscher glauben heute, dass die grässlichen Siege, wie sie im Alten Testament beschrieben sind, übertrieben sind und dass die Israeliten eher langsam nach Kanaan einwanderten, ohne alles auszurotten. Doch in jüngster Zeit haben archäologische Ausgrabungen Beweise für eine große Zahl zerstörter Städte erbracht, was auch eine Datierung des Exodus auf die Mitte der Bronzezeit zuließe. Falls dort eine

Verbindung besteht, dann hätte der Exodus irgendwann in den hundert Jahren zwischen der Vertreibung der Hyksos und der Mitte des fünfzehnten Jahrhunderts vor Christus stattgefunden. Dadurch wird es wahrscheinlicher, dass Moses, kurz nachdem die Thebaner wieder herrschten, in die ägyptische Königsfamilie aufgenommen wurde.

Wir glauben, dass Moses durch seine Ausbildung in Ägypten dazu befähigt wurde, einen neuen Gott zu schaffen und angesichts großer Schwierigkeiten eine neue Nation zu begründen. Seine rücksichtslosen Methoden dabei waren wahrscheinlich der einzige Weg für ihn, Erfolg zu haben. Es gibt viele Beweise für einen starken ägyptischen Einfluss auf die Ereignisse des Exodus, vom Aussehen der Bundeslade bis zu den Steintafeln mit Hieroglyphen, die Jahwe Moses gab, und wir hielten es für logisch anzunehmen, dass die Geheimnisse der Auferstehung Seqenenres ebenfalls dabei waren.

Moses behandelte sein Volk ganz klar wie inferiore Wesen, und sie müssen in der Tat sehr ungebildet gewesen sein – jedenfalls im Vergleich zu ihrem Anführer, der ja, wie wir wissen, alle Geheimnisse der Ägypter kannte.

David und Salomo

Die Stämme Israels lebten ein paar hundert Jahre lang völlig unabhängig voneinander. Wir nennen diese Zeitspanne die Zeit der Richter. Diese Richter waren in erster Linie keine Rechtsprecher oder belehrende Gestalten, sondern Helden der Region oder präziser ausgedrückt: »Retter«.

Der weit verbreitete Gedanke, dass alle zwölf Stämme Israels am Exodus aus Ägypten teilnahmen, ist sicher falsch, denn heute glaubt man, dass nur zwei, höchstens drei Stämme auf diese Art und Weise im Land ankamen. Zur Zeit der

Richter waren die Stämme Simeon und Levi nahezu ausgestorben, und der große Stamm Juda wurde langsam zum beherrschenden der Israeliten.

Langsam wurde aus den nomadischen Habiru die hebräische Nation der Israeliten, und sie wurden als Bauern und Handwerker sesshaft. Die kanaanitischen Einheimischen, die bei der Invasion nicht umgebracht worden waren, vermischten sich mit den Neuankömmlingen und lehrten sie die Fertigkeiten, die sie in Tausenden von Jahren Agrikultur im »fruchtbaren Halbmond« entwickelt hatten.

Einer der ältesten Teile des Alten Testaments ist das Deborahlied, und es berichtet uns, dass es zwischen den Stämmen zu einer Kooperation kam, wenn man sich einem gemeinsamen Feind wie zum Beispiel den Philistern gegenübersah. Die Stämme, die keine Soldaten für die Schlacht stellten, wurden getadelt. Die Richter unterschieden sich dadurch von Königen, dass sie nur regionale Macht über einen oder mehrere Stämme besaßen und nur wenig politische oder wirtschaftliche Macht besaßen, weil man ihnen nur freiwillig Gefolgschaft leisten musste. Kurz gesagt: Könige bekamen ihre Macht von Gott, Richter nicht.

Doch nicht alle Richter waren gleich. Einer der frühesten Helden in den Anfängen der Invasion war der Krieger Jerubaal, der später seinen Namen in Gideon änderte. (Sein ursprünglicher Name war bestimmt kanaanitisch und ehrte den Gott Baal, was wahrscheinlich deutlich macht, dass Jahwe zu dieser Zeit noch nicht so angenommen wurde, wie es uns die Autoren des Alten Testaments später weismachen wollten.) Gideon wurde die Königskrone von Israel angetragen, aber er lehnte mit der Begründung ab, dass Jahwe König von ihnen allen sei. Doch es ist klar, dass er eine besondere Stellung einnahm und als Erbe des Moses betrachtet werden muss.

Obwohl Gideon das Angebot, König zu werden, nicht annahm, führte er seine Autorität direkt auf Moses zurück und stand damit sicherlich über anderen Richtern. Er begründete ein religiöses Zentrum in Ophrah, wo er ein Kultobjekt schuf, das man »Ephod« nennt und das eine Art Lade ist. Das lässt den Schluss zu, dass er einen anderen Gott hatte. Als einflussreicher und mächtiger Mann hielt sich Gideon einen großen Harem (zu dem wahrscheinlich auch erbeutete midianitische Jungfrauen gehörten) und brüstete sich mit siebzig Söhnen. Der Älteste war Abimelech, ein Name, der für viele Gelehrte bedeutet, dass alles zum Königtum hinsteuerte (Anmerkung d. Übers.: Melech = König). Man nimmt an, dass Gideon doch König wurde, aber selbst wenn man darüber streiten kann, so gibt es keinen Zweifel darüber, dass sein Sohn Abimelech über den Status eines Richters hinausging und König wurde. Man hat seinen Tempel des Baal-berith ausgegraben und entdeckt, dass es sich um einen »Migdal« oder befestigten Tempel handelte, dessen Mauern über fünf Meter dick waren, und auf jeder Seite des Einganges hat man Fundamente für heilige Säulen gefunden (Quelle: *Peake's Commentary on the Bible*).

Das fand eine Generation nach Moses statt und Hunderte von Jahren vor dem Bau von Salomos Tempel – und trotzdem haben wir zwei heilige Säulen am Eingang des Tempels, der dem ersten König der Juden gehörte. Die Belehrungen über die Bedeutung der Säulen und welche Zeremonie dazugehörte, konnte nur von Moses zu Gideon und dann direkt zu Abimelech gelangt sein. Wir halten es nur für vernünftig anzunehmen, dass die Auferstehungszeremonie im Rahmen der Geschichte Seqenenres bei dieser Gruppe der »Königsfamilie« wahrscheinlich benutzt wurde, denn sie konnten keine andere Krönungszeremonie gekannt haben als die, die Moses in Ägypten lernte. Die Säulen selbst verkörperten die Verbindung zu Gott und die Stabilität des neuen Staates.

Unglücklicherweise war Abimelech seiner Zeit voraus, und seine keimende Monarchie brach bald in sich zusammen, nachdem er in einer Schlacht mit den gnadenlosen Leuten aus Theben fiel. Doch die Richter gab es weiterhin, und deshalb wurde das Wissen um die Geheimnisse des Königshauses und der Krönung innerhalb der Richter aus dem Geschlecht des Gideon weitergegeben.

Während dieser Periode blieb Jerusalem die Stadt ihrer Gründer, der Jebusiten, und das religiöse und politische Zentrum der Israeliten war die Stadt Silo, die ungefähr dreißig Kilometer weiter nördlich lag. Ausgrabungen haben nachgewiesen, dass Silo um 1050 vor Christus während des Krieges zwischen den Israeliten und den Philistern zerstört wurde. Augenzeuge dieses Ereignisses war Samuel, der ein bedeutender Richter, Prophet, Priester und Königsmacher war.

Der Krieg zwischen den Israeliten und den Philistern ist in der wohl bekannten Geschichte von Samson beschrieben, der ein Nazarit von ungeheurer Kraft war. Er brachte dreitausend Philister dadurch um, dass er mit reiner Körperkraft die Säulen zur Rechten und zur Linken niederriss, was unserer Meinung nach eine Metapher dafür ist, dass er ihre nationale Stabilität zerstörte.

Es war Samuel, der den Benjaminiten Saul in einer kleinen Zeremonie zum König machte. In der Bibel steht keine Erklärung dafür, woher Samuel wusste, wie das geht, und es gibt natürlich keine Beschreibung der Zeremonie. Es scheint so, als ob die Beziehung zwischen Samuel und Saul die zwischen Priester und König war, den beiden Säulen einer erfolgreichen Gesellschaft, die sich zusammentun, um für Stabilität zu sorgen. Diese Beziehung wurde bald gespannt, als Saul in Gilgal opferte, ohne Samuels priesterliche Dienste dabei in Anspruch zu nehmen. Und als er dann noch Samuels Anweisung, den Harem der unterlegenen Amalekiter aufzulösen, nicht nachkam, fing Samuel an, seine Wahl zu bereuen.

Bald tauchte ein neuer Kandidat auf, diesmal kam er aus dem großen Stamm Juda, nicht aus dem kleinsten, Benjamin. Er hieß David und stammte aus einer kleinen Stadt, die Bethlehem hieß.

David war dem Vernehmen nach ein sehr gescheiter Mann mit großen Fähigkeiten – zuerst als Höfling, dann als Soldat und später als Staatsmann. Die bekannte Geschichte vom Kampf mit Goliath wird als wahr angesehen, aber es war nicht David, der den riesigen Gathiter tötete, sondern ein anderer Mann aus Bethlehem, der Elhanan hieß (2. Sam. 21, 19) und laut *Peake's Commentary on the Bible* der Sohn des Jaareoregim war.

David diese Tat zuzuschreiben war dann später der Versuch, ihn als einfachen Hirten zu zeichnen, der den Krieg nicht kannte, aber es ist eine Tatsache, dass David sein Leben lang ein großer Soldat und Politiker war.

Saul erkannte, welche Bedrohung von David ausging, und versuchte ihn abzusetzen, aber am Ende verlor Saul sein Leben, und Samuel krönte seinen zweiten König. Darüber wird in Bibelstunden zwar nicht gern gesprochen, aber während David auf der Flucht vor Saul war, diente er im Heer der Philister und kämpfte gegen die Israeliten – eine seltsame Qualifikation für den Begründer des größten Geschlechts in Israels Geschichte.

David wurde etwa 1000 vor Christus König von Israel, und zum ersten Mal waren die Stämme zu einem Volk vereinigt. Es gab eine verblüffende Parallele zu der Rolle der Könige von Ägypten, denn auch Israel bestand aus zwei Teilen – einem nördlichen und einem südlichen, die unter einem Herrscher vereinigt waren. Die ersten sieben Jahre regierte David aus Hebron im südlichen Land Juda, aber seine wichtigste Tat bestand darin, Jerusalem einzunehmen und damit eine neue Hauptstadt zu schaffen, die genau zwischen den beiden Hälften des vereinten Königreiches lag. Hier baute er sich einen Palast und schaffte die Bundeslade und einen Altar auf die Stelle, an der er versprach, einen Tempel für Jahwe zu bauen.

David stellte eine gut ausgebildete Armee auf, die zum Großteil aus ausländischen Söldnern bestand. Mit ihr besiegte er die Philister, die immer noch Städte in der Region hielten, und herrschte schließlich über ein Gebiet, das vom Euphrat bis zum Golf von Akkaba reichte. Der Friede schien endlich gesichert, als David einen Friedensvertrag mit Hiram, dem König von Tyrus, schloss, aber bald kam durch das unbeherrschte Benehmen von David und seiner Familie Unruhe auf.

Diese Ereignisse lesen sich so, als würden sie aus einem großen Hollywood-Epos stammen. David verliebt sich in Bathseba und bringt ihren Mann Uria um. Davids Sohn, der Kronprinz Amnon, wird von seinem Bruder Absalom getötet, nachdem er seine Halbschwester Tamar vergewaltigt hat, und schließlich versucht Absalom sogar seinem Vater mit Gewalt die Krone zu rauben. Nachdem es fast zu so etwas wie einem Bürgerkrieg gekommen war, erobert David sein Königreich zurück, und sein Sohn Absalom kommt um, als er mit den Haaren in den Ästen eines Baumes hängen bleibt.

All das hinderte David daran, den Tempel für seinen Gott Jahwe zu bauen. Bald lag David auf dem Totenbett, und der Thronerbe, Adonia, wurde zum König gekrönt, aber noch bevor das Krönungsfest vorbei war, wurde ein anderer Sohn der Bathseba namens Salomo von Zadok mit Davids Hilfe zum König ernannt. Salomos Zeremonie wurde als die echte anerkannt, und es dauerte nicht lange, bis der neue König seinen Bruder und seine Anhänger »verschwinden« ließ, damit sie ihm nie lästig wurden.

Salomo war auf Größe aus, und unter seiner Herrschaft erreichte Israel Höhen, die es vorher und nachher nie wieder erlangte. Er heiratete die Tochter des Pharaos und bekam die strategisch wichtige Stadt Gezer als Mitgift. Er ließ im ganzen Land Bauwerke erstellen, und was das Wichtigste ist: Er baute das Haus Jahwes, den heiligen Tempel, weswegen er noch in bester Erinnerung ist. Wie wir bereits beschrieben haben, war der Tempel eine eher kleine Angelegenheit, obwohl er verschwenderisch ausgestattet und zentral gelegen war. Er stand auf dem Berggipfel, und sein Tor wies nach Osten zur aufgehenden Sonne, und weil er mehr oder weniger auf der Grenze der beiden Länder stand – eins im Norden, eins im Süden –, standen die Säulen des Tores dort, um die Harmonie und das Gleichgewicht des vereinten Königreiches zu verkörpern. Das war eine Rekonstruktion des ägyptischen Konzeptes der politischen Stabilität durch Einheit.

Boas, die linke Säule, repräsentierte das Land Juda und bedeutete »Stärke«. Jachin stand im Norden und bedeutete »Fundament«, und vereint durch den Türsturz Jahwe bewiesen beide zusammen »Stabilität«. Wie im alten Ägypten würde die politische Stabilität so lange anhalten, wie die beiden Länder durch die Säulen verbunden waren. Das ganze Konzept war von den Ägyptern entlehnt, und das weist darauf hin, dass die Struktur der israelitischen Monarchie und Theologie ihre Ursprünge noch kannte.

All das musste bezahlt werden, und da nahezu alle Baumeister aus dem Ausland kamen, war es für das kleine Königreich eine beträchtliche Ausgabe. Hiram, der König von Tyrus, stellte ausgebildete Arbeitskräfte und das meiste Rohmaterial, und Salomo ging langsam das Geld aus, denn er verkaufte viele Städte, um den wachsenden Schuldenberg zu decken. Die Bevölkerung musste Zwangsarbeit leisten – Gruppen von zehntausend Menschen wurden Monat für

Monat in den Libanon geschickt –, und das Königreich wurde in zwölf Bezirke aufgeteilt, sodass jedes Gebiet für einen Monat des Jahres dem Palast Steuern zahlen musste. Die Steuern stiegen ständig, und Salomos Untertanen verloren allmählich jede Begeisterung für das Bedürfnis ihres Königs nach Größe.

Obwohl die späteren Autoren der Bibel es anders darstellten, gibt es einige Beweise dafür, dass das Interesse an Jahwe immer ziemlich gering war und dass andere Götter den gleichen, wenn nicht einen höheren Status in der Geschichte des Volkes einnahmen. Für viele war Jahwe nicht mehr als ein israelitischer Kriegsgott, der bei der Schlacht sehr nützlich, aber eigentlich verglichen mit den anderen Göttern ziemlich unbedeutend war. Die Namen, die bekannte Israeliten zu allen Zeiten trugen, zeigen große Achtung vor Baal, und selbst die strengsten Jahwisten würden nie vorgeben, dass die Juden in jenen Zeiten an nur einen Gott glaubten.

So war das also mit Salomo. Gegen Ende seiner Regierungszeit begann er selbst, auch andere Götter anzubeten, was Unzufriedenheit bei bestimmten Gruppen auslöste, besonders bei den Priestern des Tempels in Jerusalem. Später erklärte man es so, dass Salomos Sünde von Jahwe nur deshalb nicht bestraft wurde, weil Er Salomos Vater David so sehr achtete. Von Moses bis zu Salomo scheint Jahwe sein »erwähltes Volk« sowieso nicht sehr beeindruckt zu haben.

Als Salomo, der für seine Weisheit berühmte König, starb, war das Land nicht nur so gut wie pleite, sondern auch ohne Gott.

Salomos Sohn, Rehobeam, wurde in dem Glauben an die Macht des Königtums erzogen, und obwohl man ihm geraten hatte, versöhnlich mit den schwer geschlagenen Bewohnern des Nordens umzugehen, verlangte er weiterhin Ergebenheit. Dadurch zerbrach die Einheit der beiden Länder, und das nördliche Königreich Israel wollte nichts mehr mit

Juda zu tun haben, das es als Quelle seiner Probleme ansah. Der Ehrgeiz der neuen Nation, eine große Kultur zu begründen, basierte auf einer halbherzig strukturierten Theologie, Zwangsarbeit und geliehenem Geld. Wie bei allen schlecht vorbereiteten Vorhaben war ein Scheitern vorprogrammiert, aber es hinterließ einen Eindruck in den Herzen und Köpfen zukünftiger Generationen, die rückwirkend diese Theologie vervollständigten und sich abmühten, den vergänglichen Ruhm, der ihre Geburt als Volk mit einem Gott und einem Ziel bezeichnet hatte, wieder aufzurichten. Das war die Vision, die nie erreicht wurde, doch trotzdem über alle Maßen Größe erlangte.

Die Geheimnisse der Initiationszeremonie durch Auferstehung und der moralischen Rechtschaffenheit, die auf den Prinzipien des Tempelbaus gründeten, wurden innerhalb der königlichen Gruppe weitergegeben. Es war nicht mehr ein abstraktes Konzept aus einer ägyptischen Geschichte, die ihnen von Moses her überliefert worden war, sondern es war real – so real wie der Tempel in Jerusalem, der ihre Lade und ihren Gott barg.

Während dieses Stadiums unserer Forschungsarbeiten hatten wir keinen Hinweis auf einen ermordeten Baumeister von König Salomos Tempel gefunden. Inzwischen hatten wir aber immer mehr Beweise zur Stützung unserer Hypothese gefunden, dass die Sache mit den beiden Säulen und die dazugehörige Auferstehungszeremonie des Seqenenre Tao durch Moses nach Israel gekommen und zum Geheimnis des Königshauses von Israel geworden war. Unsere nächste Aufgabe bestand nun darin herauszufinden, wann der Name der Hauptperson von Seqenenre Tao in Hiram Abif geändert worden war. Um zu begreifen, wie diese streng gehüteten Geheimnisse überleben konnten und schließlich durch die Taten eines Mannes, den wir Jesus, den Christus nennen, ans Licht kamen, und wie man das Neue

Testament im Licht dessen, was wir herausgefunden hatten, interpretieren konnte, mussten wir uns noch viel genauer dem nächsten Stadium in der Geschichte der jüdischen Nation widmen.

Die Geschichte der Geburt des Moses erwies sich als sumerische Legende, und wir hatten inzwischen das Gefühl, dass man diese Legende adaptiert hatte, um zu begründen, wie ein hoher ägyptischer General und ein Mitglied der ägyptischen Königsfamilie dazu kam, der Begründer der jüdischen Nation zu werden. Wir waren ziemlich sicher, dass Moses die Ersatzgeheimnisse des Seqenenre Tao kannte und auch mit der Geschichte der beiden Säulen vertraut war, und dass er diese Geheimnisse benutzt hatte, um ein neues Krönungsritual für seine Anhänger zu begründen. Das gab den staaten- und kulturlosen Juden eine Identität und ein geheimes Ritual, das über das Geschlecht Davids weitergegeben wurde.

Es war Moses, der den wüsten kanaanitischen Sturmgott Jahwe annahm. Er wurde mittels des »Tau«-Symbols erkannt, das ursprünglich »Zeichen des Jahwe« hieß. Nachdem er Kontakt zu seinem neuen Gott aufgenommen hatte, ging Moses zurück nach Ägypten, wo er als Mörder gesucht wurde, um eine Gruppe Habiru herauszuführen. Die Reise der Juden ins Land Kanaan ist in der Bibel als fortlaufender Prozess der Abschlachtung der einheimischen Bevölkerung beschrieben.

Nachdem Jahwe etabliert war, wurde das Volk Jahwes, die Israeliten, von so genannten Richtern geführt. Die Reihe begann mit Josua, dem Feldherrn, der wegen der Schlacht von Jericho so berühmt ist. Ihm folgte eine Reihe von anderen Richtern, aber sowohl die Bibel als auch archäologische Funde weisen darauf hin, dass die Symbolik der beiden Säulen nicht nur von Abimelech, dem Sohn Gideons, sondern auch von Samson, dem Nazariten, benutzt wurde. Unserer Meinung nach zeigt das, dass die ägyptischen Geheimnisse des Moses weiter von den Anführern der Israeliten benutzt wurden.

Der Prophet Samuel ernannte Saul zum ersten König der Juden, aber David, der um 1000 vor Christus regierte, übertraf sie alle an Erfolg. David vereinigte die Königreiche Juda und Israel und setzte Jerusalem, das zwischen den beiden Ländern lag, als Hauptstadt ein. Sein Sohn Salomo baute dann den ersten Tempel in Jerusalem mit den beiden Säulen als Symbol für die Einheit der beiden Königreiche. Das Tor war nach Osten gerichtet, und die Säule im Süden bezeichnete Juda und die im Norden Israel. Die Zwillingssäulen standen im Toreingang und zeigten, dass die israelitische Monarchie ihre ägyptischen Rituale immer noch pflegte. Als Salomo starb, war sein Land zwar fast bankrott, aber er gab die Geheimnisse weiter.

Wir zweifelten nicht länger daran, dass wir das geheime Rollenmodell für den Aufbau des jüdischen Staates gefunden hatten. Wir hatten keinen Hinweis auf einen ermordeten Baumeister von Salomos Tempel gefunden, und wir mussten unbedingt herausfinden, wann und wie aus Seqenenre Hiram Abif geworden war.

10.
Eintausend Jahre Kampf

Die Anfänge des jüdischen Staates

König Salomo starb fast genau tausend Jahre bevor der letzte und berühmteste Anwärter auf den Titel »König der Juden« gekreuzigt wurde.

Für die Juden war es ein Jahrtausend voller Schmerz, Kampf und Niederlagen, aber sie gaben niemals auf. Es war die verzweifelte Suche nach einer nationalen Identität und eine Zeit der Sehnsucht nach einer Theologie und einem gesellschaftlichen Rahmen, der ihnen allein gehörte. Sie besaßen die alte Überlieferung, dass Abraham ihr Stammvater und Moses ihr Gesetzgeber war, aber sonst besaßen sie nur wenig von dem, was zu einer Kultur gehörte. Die ersten jüdischen Könige hinterließen nur wenig oder gar kein Erbe. David, irrtümlicherweise als Sieger über Riesen gezeichnet, verschaffte ihnen ein Vorbild für ihren Sieg über ihre mächtigen Nachbarn, und Salomo, so übel seine Unternehmungen auch gewesen sein mochten, wurde zum Mittelpunkt ihres Nationalstolzes. Doch es war kein Mensch, der die Suche nach Sinn und Selbstbewusstsein verkörperte, sondern ein kleines, unwichtiges Gebäude, das Salomo für den Kriegsgott Jahwe errichtet hatte.

Nach dem Tod Salomos zerfiel das Land der Juden wieder in zwei Hälften – Israel im Norden und Juda im Süden. Beide entwickelten sich unterschiedlich, was bald zu einem Krieg führte. Im nördlichen Königreich wurde die Ermordung des Königs fast zu einem Nationalsport, und im Lauf der Jahrhunderte wurden Krieg, Mord und Verrat zur Norm. Vielleicht die infamste Gestalt dieser Periode war der General Jehu, der an die Macht gelangte, indem er persönlich Jehoram, den König von Israel, umbrachte. Danach brachte er Ahasja von Juda um, der das Unglück hatte, gerade den Norden zu besuchen – und er ließ die unglückliche Jezebel von Pferden tottrampeln, sodass man für das Begräbnis nur noch ihren Schädel, die Füße und die Handflächen fand. Weitere einhundertzwölf mögliche Widersacher wurden umgebracht, und alle Baal-Anbeter im Land wurden zusammengetrieben und abgeschlachtet. Wir können lesen, dass Gott sich über diese »edlen« Taten sehr freute, denn in 2. Könige 10, 30 steht:

Und der Herr sprach zu Jehu: Weil du gut ausgeführt hast, was mir wohl gefällt, und ganz nach meinem Wunsch gehandelt hast am Hause Ahabs, so sollen Nachkommen von dir bis in das vierte Glied auf dem Throne Israels sitzen.

Das südliche Königreich Juda wurde weiterhin von Jerusalem aus regiert, wodurch die Kluft zu Israel im Norden immer größer wurde. Nach der Trennung vom Norden bewahrte Juda für fast dreihundertfünfzig Jahre politische Stabilität. Das Geschlecht der Daviden regierte insgesamt über vierhundert Jahre in Folge, was sehr in Kontrast zu Israels acht dynastischen Wechseln allein in den ersten beiden Jahrhunderten stand.
Wir stellten uns jetzt die Frage, warum die beiden so kurz vereinten Hälften dieses Staates sich so unterschiedlich entwickelten.

Die Geographie mag etwas damit zu tun haben, denn das südliche Königreich lag abseits der Ost-West-Route, und das Terrain war für ausländische Eroberer schwieriger, was Juda ein Gefühl nationaler Sicherheit gab, die das nördliche Königreich nie genoss. Trotzdem vermuteten wir, dass der Hauptgrund für den Fortbestand der davidischen Linie über eine relativ lange Zeit auf »das göttliche Recht zu herrschen« zurückzuführen war, das durch eine mystische und geheime Zeremonie herbeigeführt wurde. Genau wie man bei den ersten ägyptischen Königen geglaubt hatte, sie wären durch die Götter an die Macht gekommen, wurden die Nachkommen Davids als von Gott erwählt angesehen, und die Kontinuität der Königslinie bildete den überaus wichtigen Bund zwischen Gott und seinem Volk. Wenn unsere Annahmen zutreffen, dann wären die Herrscherfamilie und ihr Hofstaat alle vereint durch ihre Mitgliedschaft in der Gruppe der Geheimnisträger (der Loge), und wenn sie ihren Kandidaten in den Status des Königs »beförderten«, war ein Aufstand sehr unwahrscheinlich wegen der Macht dieser herrschenden Gruppe.

Die zentrale Bedeutung des Königs von Juda wurde in ihren Neujahrsritualen demonstriert, die sich an ägyptische und babylonische Vorbilder anlehnten. Manche der wichtigsten rituellen Handlungen sollten sicherstellen, dass der König weiter herrschte. Ein Beispiel dafür ist, wie der König die Schlacht nachspielte, die den Triumph des Lichtes über die Kräfte der Dunkelheit und des Chaos brachte (Quelle: *Peake's Commentary on the Bible):* Der König und seine Priester sangen das »Enuma Elish«, die Geschichte, die erzählt, wie der Drache des Chaos, Tiamat, besiegt wurde, damit die Schöpfung stattfinden konnte. Dieses Ritual kann mit dem ägyptischen Nilpferd-Ritual (das wir ja im achten Kapitel schon erwähnt haben) verglichen werden, das das alte und heilige Recht des Königs zu herrschen bestätigte.

Die Rolle des Königs als »Hüter des Bundes« gab ihm die Verantwortung für das Wohlergehen seines Volkes, und jede Katastrophe von nationalem Ausmaß wurde der Tatsache zugeschrieben, dass entweder der König etwas verbrochen hatte oder seinen Untertanen gestattet hatte, Jahwe in irgendeiner Weise zu beleidigen.

Das Exil in Babylon

Das nördliche Königreich hatte von Anfang an große Schwierigkeiten gehabt, und 721 vor Christus war es schließlich am Ende und wurde von den Assyrern überrannt. Juda im Süden bestand noch anderthalb Jahrhunderte länger. Am 15./16. März des Jahres 597 vor Christus eroberte der große babylonische König Nebukadnezar Jerusalem, nahm den König gefangen und setzte einen Marionettenkönig namens Zedekia auf den Thron. Der wahre König, Jojachim, wurde mitsamt seinem Hofstaat und den Intellektuellen des Landes ins Exil geschleppt, damit diejenigen Untertanen, die zurückblieben, nicht den Mut hätten, gegen ihre neuen Herren zu rebellieren.

Die Bibel liefert uns unterschiedliche Zahlen, aber es ist wahrscheinlich, dass über dreitausend Menschen nach Babylon verschleppt wurden. Man hat in Babylon Steintafeln mit Rechnungen über Öl und Getreide für die Gefangenen gefunden, worauf besonders die Namen von König Jojachim und seinen fünf Söhnen als Empfänger verzeichnet sind.

Die Tatsache, dass Jojachim nicht getötet worden war, ließ viele Juden glauben, dass man ihm erlauben würde zurückzukehren, und es gibt Beweise dafür, dass Nebukadnezar das ursprünglich auch vorhatte. Der neue Marionettenkönig war nicht so nachgiebig, wie die Babylonier sich das vorgestellt hatten, und er war nahe daran, sich mit den Feinden der Babylonier, den Ägyptern, zu verbünden, um Juda zu befreien. Nur anfangs hörte er auf den Rat derjenigen, die ihn eingesetzt hatten, und machte seinen Herren keine Schwierigkeiten. Unglücklicherweise kam es im Jahr 589 vor Christus durch pro-ägyptische Strömungen an seinem Hof zu einer Rebellion, was Nebukadnezar sofort dazu veranlasste, Judas Städte anzugreifen. Im darauf folgenden Januar begann die Belagerung von Jerusalem. Zedekia wusste, dass es diesmal keine Gnade geben würde, und er hielt zweieinhalb Jahre durch, aber trotz der Bemühungen der ägyptischen Truppen, die Babylonier in die Flucht zu schlagen, fiel die Stadt im Juli 586 vor Christus. Jerusalem und der Tempel wurden völlig zerstört.

Zedekia wurde nach Ribla zu Nebukadnezar gebracht. Dort wurde er zuerst gezwungen zuzusehen, wie seine Söhne umgebracht wurden. Während er entsetzt zusah, wurden ihm die Augen ausgestochen. Mit diesem schrecklichen Anblick im Gedächtnis wurde der Marionettenkönig in Ketten nach Babylon geschafft. Nach den Angaben in Jeremia 52,29 wurden mit ihm zusammen 832 Menschen ins Exil geführt.

Für die Exilierten aus Juda muss Babylon ein wundervoller Ort gewesen sein. Es war eine reiche Weltstadt, die ein Terrain von vierzig Quadratkilometern an beiden Ufern des Euphrat bedeckte. Der griechische Historiker Herodot besuchte die Stadt im fünften Jahrhundert vor Christus und beschrieb die großzügige Anlage mit dem Netzwerk vollkommen gerader Straßen und Gebäuden, die gewöhnlich drei oder sogar vier Stockwerke hatten. Zuerst glaubten wir, dieser Grieche habe hemmungslos übertrieben, aber dann entdeckten wir, dass er auch geschrieben hatte, auf den Stadtmauern könne bequem ein Streitwagen mit vier Pferden entlangfahren, und Ausgrabungen in jüngster Zeit haben bewiesen, dass das stimmt.

Diese archäologischen Beweise dafür, dass Herodot ein

glaubwürdiger Augenzeuge war, versetzten uns in schiere Bewunderung darüber, wie beeindruckend Babylon gewesen sein muss. Wir lasen, dass innerhalb dieser gigantischen Stadtmauern ausgedehnte Parks lagen, und zu den großartigen Gebäuden gehörte auch der Palast des Königs mit seinen berühmten »Hängenden Gärten« – riesige, künstliche Bergterrassen, bepflanzt mit Bäumen und Blumen aus aller Herren Ländern. Es gab auch die Zikkurat des Bel, eine siebenstufige Pyramide, deren Stufen turmhoch waren, bemalt in den Farben der Sonne, des Mondes und der fünf Planeten – und oben auf der Spitze befand sich ein Tempel. Dieses wundervolle Gebäude war zweifellos die Inspirationsquelle für die Geschichte über den Turm von Babel, wo die Menschheit angeblich die Fähigkeit verlor, in einer Sprache miteinander zu kommunizieren. Babel war ein sumerischer Begriff, der »Tor Gottes« bedeutete und den babylonischen Priestern die Verbindung zwischen den Göttern und der Erde zumaß. Erstaunlicherweise gibt es den Turm von Babel noch, obwohl er inzwischen eine formlose Ruine geworden ist.

Der Prozessionsweg, der zum großen Tor der Ischtar führte, muss die Exilierten bei ihrer Ankunft völlig hingerissen haben. Er war sehr breit und durchgehend mit leuchtend blauen Kacheln gepflastert, auf denen Reliefs von Löwen, Stieren und Drachen abgebildet waren. Diese Tiere verkörperten die Götter der Stadt – Marduk, die Drachen-Gottheit, war der Ranghöchste, dazu kamen noch Adad, der Gott des Himmels in der Form des Stiers, und Ischtar, die Göttin der Liebe und des Krieges, symbolisiert durch den Löwen.

Den deportierten Priestern und Adligen von Jerusalem muss ihr neues Dasein sehr seltsam erschienen sein. Sie werden wohl dankbar gewesen sein, dass man sie nicht umgebracht hatte, aber sie waren auch völlig verwirrt und trauerten um ihr Land und ihren Tempel. Trotzdem muss sie das, was sie in der größten Stadt Mesopotamiens sahen und hörten, beeindruckt haben – Jerusalem und sein Tempel waren im Vergleich zu dieser Metropole ja eher bescheiden. Es muss dem Kulturschock geähnelt haben, den Juden aus kleinen europäischen Städten bekamen, als sie zu Beginn des zwanzigsten Jahrhunderts in den Hafen von New York einliefen.

Die ganze Lebensart in Babylon war ihnen fremd, aber sie merkten bald, dass ihnen die Religion überraschend vertraut war. Ihre eigenen ägyptisch-kanaanitischen Legenden und die der Babylonier stammten aus der gleichen alten sumerischen Quelle, und die Juden merkten bald, dass die Lücken in ihren Überlieferungen der Schöpfungsgeschichte und der Sintflut sich hier schließen ließen.

Die Würdenträger, die jetzt entwurzelt worden waren, waren daran gewöhnt gewesen, ein Königreich zu führen, und fanden sich jetzt in einem fremden Land wieder, wo ihnen nur sehr unwichtige Aufgaben abverlangt wurden. Männer, die es gewohnt waren, einen Staat zu leiten, hatten jetzt wenig anderes zu tun, als sich Gedanken über die Ungerechtigkeit des Lebens zu machen. Trotzdem hatte die Mehrheit wohl einfach akzeptiert, dass das Leben grausam war, und man machte das Beste aus der üblen Situation. Und wirklich – eine große Anzahl, vielleicht sogar die Mehrheit der jüdischen Familien ließ sich völlig von der »Großstadt« aufsaugen und blieb auch dort, als die Gefangenschaft vorbei war. Im Gegensatz zu der allgemein herrschenden Meinung waren die Juden dieser Zeit keine Monotheisten – und selbst wenn sie Jahwe auch als den besonderen Gott ihres Volkes betrachtet haben sollten, so haben sie doch bestimmt nach ihrer Ankunft in ihrer neuen Zwangsheimat auch babylonische Götter angebetet. Es war zu jener Zeit ziemlich normal, dass man den Göttern der Gegend, die man besuchte, Respekt erwies – das tat man schon aus weiser Vorsicht, denn man glaubte damals, dass die Macht aller Götter territorial begrenzt wäre. Jahwes Einflussbereich war Jerusalem, und es gibt keinerlei Beweise dafür, dass selbst seine größten Anhänger während der Gefangenschaft auch nur den kleinsten Schrein für ihn erbauten.

Während die meisten Juden das Leben hinnahmen, wie es war, waren ein paar der Deportierten philosophisch gebildete Priester aus Salomos Tempel, die man eigentlich nur als »beseelte Menschen mit einem ausgeprägten Gespür fürs Schicksal« beschreiben kann. Sie versuchten die Lage gedanklich so gut zu verarbeiten, wie es ihnen nur möglich war. Heute herrscht unter den Experten allgemein die Auffassung, dass hier, in der Babylonischen Gefangenschaft, der größte Teil der ersten fünf Bücher der Bibel niedergeschrieben wurde – aus dem leidenschaftlichen Bedürfnis, das Erbe zu erhalten und eine Zukunftsperspektive zu haben. Durch die Informationen über den Beginn der Welt, die sie von ihren Eroberern bekamen, konnten sie rekonstruieren, wie Gott die Welt und den Menschen erschaffen hatte. Ebenso bekamen sie Einzelheiten zu späteren Ereignissen wie zum Beispiel der Sintflut zu hören.

Die Schriften dieser Juden der Frühzeit waren eine Mischung aus Schnipseln akkurater historischer Fakten, großen Brocken stark veränderter mündlicher Überlieferungen und Stammesmythen zusammen mit dem eigenen fantasievollen Füllmaterial der Autoren, das immer dann, wenn große Lücken in ihrer Geschichte auftauchten, zum Tragen kam. Es ist offensichtlich sehr schwierig festzulegen, welche Stellen von wem stammen, aber die Forscher von heute sind bemerkenswert geschickt in der Identifikation von Wahrheit und Erfindung, und sie können auch die Stile der Autoren und Einflüsse von außen erkennen. Die Geschichten sind in ihrer Gesamtheit von Expertenteams analysiert worden, aber für uns sind es die verstreuten, scheinbar unwichtigen Informationen, die oft die stärksten Hinweise für ihren Ursprung liefern.

Wir fanden an völlig unerwarteten Stellen Beweise für den Einfluss durch Sumer und Ägypten. Zum Beispiel sollte die Gestalt Jakobs, des Vaters von Joseph, den ägyptischen Einfluss vordatieren, doch es gibt klare Anzeichen dafür, dass diejenigen, die über ihn schrieben, eine Weltsicht besaßen, die den Exodus aus Ägypten in die ferne Vergangenheit rückte. In Genesis 28, 18 wird uns erzählt, dass Jakob in Bethel, etwa fünfzehn Kilometer nördlich von Jerusalem, eine Säule errichtet, um den Himmel mit der Erde zu verbinden. Später, in Genesis 31, 45, baut er eine zweite, wahrscheinlich in Mizpah, das in den Bergen von Galeed, östlich des Jordan lag. Die Sache mit den beiden Säulen erinnert doch stark an die Theologie, die Moses aus dem Zwillingskönigreich von Ober- und Unterägypten mitgebracht hatte. Es ist unwahrscheinlich, dass auch nur eine der beiden Städte, die in der Genesis genannt sind, zu Jakobs Lebzeiten existierte, und wenn man sich die Bedeutung der Städtenamen anschaut, wird klar, dass sie nur so benannt wurden, um in die Geschichte zu passen. Bethel heißt nämlich »Haus Gottes«, was auf eine Verbindung zwischen Himmel und Erde hindeutet, und Mizpah bedeutet »Wachturm«, was wohl auf den Schutz vor einer Invasion hinweist.

Im Westen halten heutzutage die meisten Menschen Namen für eine abstrakte Größe, und wenn ein Baby erwartet wird, kann man Bücher mit Namen kaufen, sodass die Eltern sich einen aussuchen können, der ihnen gefällt. Aber in der Vergangenheit hatten Namen eine wichtige Funktion und Bedeutung und waren durchaus keine Modewörter. Der verstorbene Philologe John Allegro hat zum Beispiel die bedeutende Entdeckung gemacht, dass der Name Jakob direkt von dem sumerischen IA-A-GUB abstammt, was nichts anderes als »Säule« – oder noch wörtlicher übersetzt: »aufrechter Stein« – bedeutet.

Als sie die Geschichte ihres Volkes aufschrieben, wählten die

Autoren die Namen, um eine bestimmte Bedeutung zu vermitteln, während man sie heute einfach als Vornamen begreift! Wir meinen, dass die Verfasser der Genesis sich sehr
viel dabei dachten, als sie diese Gestalt »Jakob« nannten,
und als sein Name zu »Israel« wechselte, signalisierte dies
dem Leser, dass die Säulen des neuen Königreiches erbaut
waren und die Nation so weit war, einen eigenen Namen zu
bekommen. Das war eine notwendige Vorbedingung zur
Einrichtung wahren Königtums.

Der Prophet des neuen Jerusalem

Eine der seltsamsten und zugleich wichtigsten Gestalten bei
unserer Rekonstruktion der Babylonischen Gefangenschaft
war der Prophet Ezechiel. Sein düsterer, vor Wiederholun-
gen strotzender und oft schwer zu lesender Schreibstil hat
viele Experten zu dem Schluss kommen lassen, dass dieser
Mensch ziemlich verrückt gewesen sein muss. Ob dieser
Mann nun wirklich gelebt hat oder nicht, oder ob er nun
geistig gesund oder völlig schizophren war, ist wirklich egal,
denn die Schriften, die ihm zugeschrieben werden, enthalten die Theologie von Qumran, der Leute, die die Jerusalemer Urgemeinde bildeten (Quelle: Eisenman/Wise, *Jesus
und die Urchristen*). Ezechiel war der Baumeister des imaginären Tempels des Jahwe, und wir behaupten einfach, dass
dieser Tempel der Wichtigste von allen war!
Viele Fachleute haben im zwanzigsten Jahrhundert die Behauptung aufgestellt, dass dieses Buch das Werk mehrerer
Autoren von etwa 230 vor Christus an war – also viel späteren Datums. Das würde es in die Nähe der ältesten Schriftrollen von Qumran rücken, die insgesamt die Zeitspanne
von 187 vor Christus bis 70 nach Christus abdecken. Wenn
das wirklich stimmt, würde das nicht viel ändern, sondern

nur die bereits vorhandene Nähe zu den Schriften der Gemeinde von Qumran bestätigen, deshalb haben wir einfach aus Bequemlichkeit angenommen, dass das Buch Ezechiel wirklich während der Babylonischen Gefangenschaft von einem Mann geschrieben wurde.

Der Fall Jerusalems und die Zerstörung des Tempels waren von großer Bedeutung für Ezechiel, der Priester im Tempel war und zur geistigen Elite gehörte, die 597 vor Christus deportiert wurde. Die seltsamen Visionen, die er während der Gefangenschaft hatte, kreisten um diese Ereignisse. Seine Frau starb am Abend der Zerstörung des Tempels, was für den Propheten ein Omen von großem Gewicht war. Trotzdem überraschte die Katastrophe Ezechiel überhaupt nicht, denn er sah es als Jahwes Strafe für Israels sündiges und unwürdiges Verhalten in seiner Geschichte an – bis zurück zu seinen heidnischen Ursprüngen und dem Anbeten ägyptischer Götzen. Die Untreue Jahwe gegenüber hatte bis zu dem Zeitpunkt gedauert, an dem Gott es Israels Feinden gestattete, das Land zu zerstören. Trotz allem, was Jahwe für sein erwähltes Volk getan hatte, war Israel (die beiden Königreiche) weiter rebellisch, dreist und unverschämt gewesen und hatte nicht an den heiligen Ruf und den Bund gedacht. Die Juden hatten den göttlichen Geboten nicht gehorcht und Heiliges, sogar den Tempel, in dem Seine Herrlichkeit im Allerheiligsten wohnte, profanisiert. Die Zerstörung Jerusalems und des Tempels verkörperte einen Tod, während das Warten auf die neue Stadt und den wieder erbauten Tempel eine Auferstehung, eine Wiedergeburt ohne alte Schuld sein würde.

Ezechiel sah sich als Baumeister des neuen Tempels, als einen, der das Versprechen halten und einen Mittelpunkt für die Nation schaffen würde, der so rein und gut wäre, dass es das »Himmelreich auf Erden« sein würde. In seinen Visionen überwiegen obskure Allegorien und Symbolismen wie

Menschen mit vielen Gesichtern, Löwen, Adler und komische Stücke wie höchst bedeutungsvolle eiserne Backbleche. Er fliegt zurück zum Tempel und unterwirft sich seltsamen Ritualen wie zum Beispiel, dass er sich Haupthaar und Bart schert und die Haare durch Wiegen drittelt. Ein Drittel wird verbrannt, ein weiteres durch ein Schwert zerhackt und das letzte Drittel in alle Winde zerstreut. Da damals die Haare die Würde, Kraft und Macht einer Person verkörperten, muss dieses Bild repräsentativ für das Schicksal des Volkes von Juda und Israel gestanden haben.

Eine besonders interessante und wichtige Vision ereignete sich im November 591 vor Christus, als Ezechiel in seinem Haus nahe dem großen Kanal in der Stadt Nippur saß und von den Ältesten von Juda besucht wurde. Die Ältesten (zu denen vielleicht auch der Ex-König gehörte) waren gekommen, um etwaige Botschaften von Jahwe zu hören, als der Prophet in Trance fällt und einen Mann erblickt, der in Feuer und Licht gehüllt ist, seine Hand ausstreckt, ihn an der Stirnlocke ergreift und zum inneren Tor des Tempels bringt. Ezechiel sieht Bilder heidnischen Götzendienstes an Baal, Tammuz und Adonis, bevor man ihn zu einer Tür im Hof bringt und ihm befiehlt, ein Loch in die Mauer zu graben, durch das er Folgendes sieht:

> Fresken, auf denen Abbildungen von »kriechenden Dingen« und andere mythologische Szenen zu sehen sind, die auf synkretistische Praktiken **ägyptischen** Ursprungs hinzuweisen scheinen. Siebzig Älteste sind gerade dabei, **geheime Mysterien** zu ergründen (Quelle: *Peake's Commentary on the Bible*).

Die fett gedruckten Worte haben wir hervorgehoben, weil wir hier die Ältesten von Jerusalem haben (genau die Leute, die gerade vor dem in Trance gefallenen Ezechiel sitzen, und sie werden beschuldigt, im Besitz von »geheimen Mysterien« ägyptischen Ursprungs zu sein und im Tempel Salomos geheime Zeremonien durchzuführen. Ezechiel 8,12 berichtet, dass die Zeremonie im Dunkeln stattfand – genau wie heute bei der Zeremonie des dritten Grades der Freimaurer.

Worauf konnte sich der Prophet beziehen?

Dieser Teil der Vision war den Exegeten nie recht klar. Sie erkannten nur die offensichtliche Botschaft, dass die Zerstörung des Tempels und Jerusalems auf eine mangelnde Bindung an Jahwe zurückzuführen waren. Der Hinweis auf Ägypten wurde nie erklärt – besonders weil aus der Vision direkt klar wird, dass die Ältesten selbst an diesen geheimen Riten teilnahmen. Der Vers (Ezechiel 8,8), mit dem diese besondere Vision beginnt, berichtet, wie es dem Propheten gelang, das Ritual auszuspionieren, und weist ein paar bemerkenswerte Ähnlichkeiten mit Genesis 49,6 auf, in dem wir ja das gescheiterte Komplott Josephs, an die Geheimnisse Seqenenres zu kommen, erkannt haben.

Sie werden sich erinnern:

> Ihrem geheimen Rat bleibe fern meine Seele, mit ihrer Versammlung eine sich nicht mein Herz; denn im Zorne töten sie Männer, und im Mutwillen reißen sie Mauern ein.

Der Vers in Ezechiel scheint direkt auf dem gescheiterten Versuch, die Geheimnisse der Krönungszeremonie zu bekommen, aufzubauen, denn in Ezechiel 8,12 heißt es:

> Da sprach er zu mir: Menschensohn, dränge dich durch die Wand! Als ich mich nun durch die Wand drängte, sah ich vor mir eine Tür.

In der Genesis war noch vom gescheiterten Versuch, an die Originalgeheimnisse zu kommen, die Rede, aber in Ezechiels Vision fand dieser eine Tür und sah, was vor sich ging, aber diesmal fand es im Tempel statt – nicht in Theben mit den Originalgeheimnissen, sondern in Jerusalem mit den Ersatzgeheimnissen.

Ezechiel ist außer sich wegen der ägyptisch anmutenden Fresken auf der Wand und nennt dafür als Hauptschuldigen König Josias, der in der Mitte des vorhergehenden Jahrhunderts den Tempel renoviert hatte und die Wände neu bemalen ließ. Die Beschreibung erinnert stark an die Symbolik, die man in einem Freimaurertempel von heute findet, die sich ja auf König Salomos Tempel beruft und wo selbst heute noch viele Darstellungen unleugbar ägyptischen Ursprungs sind.

Die ehemaligen Führer von Juda waren in das Haus Ezechiels in Nippur gekommen, um sich von dem heiligen Mann Rat zu holen, und er gab ihn ihnen. Als wir das Buch Ezechiel immer wieder lasen, konnten wir kaum fassen, wie bedeutend dieses seltsame prophetische Buch ist. Wir wurden noch aufgeregter, als klar wurde, dass wir ein wichtiges Glied in unserer Beweiskette gefunden hatten, das Seqenenre mit der Gemeinde von Qumran verband. Die Botschaft, die der Prophet den exilierten Ältesten bezüglich ihrer geheimen Zeremonie, die durch das Geschlecht Davids an sie übermittelt worden war, mitteilte, lautete ungefähr so:

Ich sage euch, dass wir unser Königreich wegen der Menschen verloren haben, die nicht mehr an Jahwe glaubten und andere Götter anbeteten, und ihr wart die größten Sünder, weil ihr eure »geheimen Zeremonien« durchgeführt habt, die aus dem heidnischen Ägypten stammen und auf dem Sonnenkult basieren, in dem der Gott unserer Väter keine Rolle spielt. Ihr seid die größten Sünder von allen, und Jahwe hat euch zu Recht bestraft.

Wir konnten uns lebhaft vorstellen, was diese an Leib und Seele gebrochenen Männer geantwortet haben:

>Aber es sind doch die Geheimnisse, die dem Haus Davids von Moses selbst gegeben wurden!<
>Und deswegen habt ihr kein Königshaus mehr, denkt daran, dass Jahwe der himmlische König ist<, erwiderte Ezechiel darauf.
>Was sollen wir tun, Prophet? Sag uns, wie wir das wiederbekommen, was wir verloren haben.<
>Zuerst müsst ihr den Tempel in euren Herzen wieder aufbauen, der Tempel aus Stein wird dann folgen. Befolgt die Gebote und betet nur zu Jahwe. Ihr dürft eure Geheimnisse behalten, aber verwerft diese ägyptische Geschichte und wendet die großen Wahrheiten, die darin enthalten sind, dazu an, den Tempel wieder aufzubauen. Wisst um eure Geheimnisse – aber denkt zuerst an euren Gott.<

Wir können uns keine einfachere oder klarere Erklärung dieser wichtigen Vision Ezechiels denken. Wir glauben, dass zu diesem Zeitpunkt in der Geschichte des jüdischen Volkes aus Seqenenre Hiram wurde – alles nur, weil Ezechiel so viele ägyptische Spuren wie möglich aus dem Ritual tilgte.
Im Buch Ezechiel wird weiter berichtet, wie ihm befohlen wurde, zwei Stäbe zu nehmen, auf sie >Juda< und >Joseph< zu schreiben, sie zusammenzufügen und so symbolisch die beiden Königreiche zu vereinigen. Ein König wird sie regieren, und Jahwe wird sie vom Götzendienst abhalten, von allen Unreinheiten reinigen und einen neuen Bund mit ihnen schließen. Unter der Herrschaft seines Dieners David werden sie in Gehorsam und Treue leben und das Land ihrer Väter bewohnen. Der Bund des Friedens wird wie alle Segnungen des neuen Zeitalters immer während sein, aber über

allem wird Jahwe inmitten seines Volkes wirken. Die Gegenwart seines Heiligtums in ihrer Mitte ist das Pfand dafür, dass der Bund erneuert wurde, und so werden alle Völker erkennen, dass Jahwe sein Volk geheiligt und herausgehoben hat.

Die berühmteste von Ezechiels Visionen fand Anfang des Jahres 573 vor Christus statt, nachdem der Prophet fast ein Vierteljahrhundert in Gefangenschaft gelebt und seine Weltsicht besonders verfeinert, sprich: geschärft hatte. In dieser Vision wird er auf einen hohen Berg geführt, auf dem eine Stadt steht. Zuerst befindet er sich am Osttor, wo er einen Mann trifft, »der war anzusehen wie Erz und hatte in seiner Hand eine leinene Schnur und eine Messrute« (Ez 40,3) – das ist sein Führer durch das Bauwerk. Ezechiel wird ermahnt, genau aufzupassen, denn er habe die Pflicht, den Exilierten alles genau zu berichten, was er sehe.

Das Osttor ist auch bekannt als das Tor der Redlichkeit, das direkt zum Haupteingang des Tempels führt. Der eigentliche Tempel ist höher, als ob man das Heilige von dem Profanen trennen wollte, und indem sie sieben Stufen emporsteigen, erreichen Ezechiel und sein Begleiter die Schwelle und dann den Durchgang des Tores, in dem sich drei Wachhäuser gegenüberstehen, alle sind vollkommen quadratisch und haben die gleiche Größe.

Diese Vision findet ganz klar ihren Widerhall in der Freimaurerei – die Bedeutung des Osttores, die Achtung vor allem Quadratischen, aber besonders die sieben Stufen bis zur Schwelle. In der Zeremonie des dritten Grades muss der Kandidat nämlich im östlichen Teil des Freimaurertempels sieben Schritte zum Piedestal des Meisters zurücklegen.

Hinter dem Durchgang befindet sich eine zweite Schwelle und der Vorraum des Tores, das in den Hof führt. An der Mauer des äußeren Hofes befindet sich ein langer Gang, der dreißig Kammern enthält. Der Grad der Heiligkeit wird durch die Anhebung der einzelnen Teile des Tempels verkörpert. Als Nächstes werden die Tore im Osten, Westen und Süden beschrieben – was genau der freimaurerischen Überlieferung entspricht.

Schließlich wird Ezechiel in den inneren Hof geführt, wo er zwei Räume an den Seiten des Nord- und des Südtores sieht. Der erstere ist für die Priester, die den Tempelbezirk bewachen, und der letztere für die, die für den Altar verantwortlich sind.

Der Hof ist ein Quadrat. Das Vestibül des Tempels ist zehn Stufen höher als der innere Hof, und seine Säulen sind identisch mit Boas und Jachin, den Säulen des salomonischen Tempels. Die Vision erreicht ihren Höhepunkt mit Jahwes Rückkehr, und wie der Horus des alten Ägypten geht er gleich einem Stern im Osten auf und betritt sein neues Heim durch das »Tor der Redlichkeit«.

Schließlich legt die Vision des Ezechiel die Regeln für die Priesterschaft fest, die später die Grundlage für die Essener von Qumran bilden sollten (Quelle: Eisenman/Wise, *Jesus und die Urchristen*). Die legitimen Priester des Heiligtums sollen die Söhne Zadoks sein, des höchsten Priesters aus alter Zeit. Diese so genannten Zadokiten trugen weiße Kleidung, wenn sie den inneren Hof betraten. Sie durften sich nicht rasieren, aber auch die Haare nicht zu lang tragen. Sie durften keinen Wein trinken, bevor sie den inneren Hof betraten, mussten eine Jungfrau aus israelitischem Geschlecht heiraten und das Volk über den Unterschied zwischen rein und unrein belehren. Es gab noch viele weitere Regeln zu beachten, wozu auch gehörte, dass sie persönlich nichts besitzen und Tote nicht berühren durften (Quelle: *Peake's Commentary on the Bible*).

Die Regel für den neuen Orden war also festgeschrieben, und die Vorstellung des »Tempels, der kommen wird«, wurde wichtiger als der Tempel, der verloren war.

Am 12. Oktober 539 vor Christus nahm ein General des persischen Großkönigs Cyrus mit Namen Ugbaru ohne Blutvergießen die Stadt Babylon ein. Siebzehn Tage später fuhr Cyrus in seinem Streitwagen durch das Tor der Ischtar, gefolgt von einer Armee aus Persern und Medern. Der König gestattete den Juden nicht nur die Rückkehr nach Jerusalem, sondern er gab ihnen auch die Schätze zurück, die Nebukadnezar aus dem Tempel geraubt hatte. Die Juden bekamen also ihre Stadt zurück, aber Juda war jetzt eine Provinz des Persischen, nicht mehr des Babylonischen Reiches.

Menschen, die Jerusalem als Kinder verlassen hatten, kehrten jetzt als alte Männer und Frauen dorthin zurück. Die Erinnerungen an ihren Geburtsort müssen bestenfalls verschwommen gewesen sein, und der Anblick der dürftig wieder aufgebauten Stadt muss nach einem Lebensalter in Babylon ein Schock gewesen sein. Und auch die Menschen, die in Jerusalem geblieben waren, müssen schockiert gewesen sein. Tausende von Fremden kamen aus dem Osten und verlangten nicht nur Essen und Obdach, sondern wollten auch alte Besitztümer ihrer Familien wiederhaben. Das muss, gelinde gesagt, recht problematisch gewesen sein. Sie brachten die Ideen mit, die in der Gefangenschaft genährt worden waren, und bald begannen diese neuen, gebildeten Verwandten damit, einen neuen, starken Bund mit Jahwe zu schmieden.

Der Tempel wurde noch vor Ende des sechsten Jahrhunderts von Serubbabel, dem Enkel des letzten Königs und dem Erben des Thrones Davids, wieder aufgebaut. Die Auswirkungen der Gefangenschaft auf die Juden sind sehr gut an dem Namen ihres neuen Anführers zu erkennen, denn Serubbabel heißt nichts anderes als »Samen von Babylon«. Während ein Stein auf den anderen gelegt wurde, wurden auch strengere Regeln für die »Heiligkeit« aufgestellt, und zwar nicht nur für die Priester, sondern auch für die männlichen Laien. Wir benutzen hier das Adjektiv »männlich« ganz bewusst, denn obwohl Frauen an vielen Aspekten der neuen Religion beteiligt waren, durften sie doch nicht Priester werden. Die Gebote wurden von den zurückkehrenden Exilanten wesentlich strenger ausgelegt, und man setzte sehr genau fest, was vom Volk Jahwes erwartet wurde. Besonders eng waren die Speisevorschriften mit endlosen Listen von Nahrungsmitteln, die nicht gegessen werden durften. Die Liste der unreinen Tiere war lang. Dazu gehörten unter anderem: Kamele, Dachse, Krebse, Hummer, Muscheln, Haifische, Schlangen, Fledermäuse, schwärmende Insekten, Ratten, Eidechsen, Hasen, Strauße und natürlich Schweine. Tiere, die gegessen werden durften, reichten von so vertrauten Speisen wie Schafen, Ziegen, Tauben und Möwen bis zu Dingen, die uns nicht gerade schmecken würden, wie Grillen, Heuschrecken und Grashüpfer.

Es ist äußerst wichtig, immer wieder hervorzuheben, dass vor der Rückkehr der Exilanten die Menschen in Israel und Juda im Allgemeinen weder Monotheisten noch begeisterte Anhänger Jahwes, des Gottes Mose, waren. In Wirklichkeit wurde der Begriff »Jude« in der Babylonischen Gefangenschaft geprägt, und zusammen damit entwickelte sich ein völlig neues und starkes Nationalbewusstsein, das durch den Bau von Serubbabels Tempel zum Ausdruck kam. Die Baumeister des neuen Jerusalem sahen sich als Menschen, die durch ihre Beziehung zu Jahwe besonders waren, und um das zu bewahren, verboten sie die Heirat mit Mitgliedern anderer Völker. So wurde aus den versprengten Stämmen der Levante ein Volk.

Die Juden mit ihrem neuen Nationalbewusstsein waren ihren babylonischen Herren dank des Eingreifens der Perser entkommen, deren Reich sie jetzt einverleibt wurden. Der Einfluss dieser beiden Großmächte ist in den Schriften des Alten Testaments deutlich zu erkennen, aber gegen Mitte des vierten Jahrhunderts vor Christus entwickelte sich eine radikal neue Kultur, die auf die zukünftige Entwicklung des Judentums weit mehr Einfluss haben und, mehr noch, mit den introvertierten, durchgeistigten Ansichten der Juden förmlich kollidieren sollte. Diese radikalen Denker waren die Griechen.

Die Griechen hatten ihre eigenen Götter, aber anders als die Juden, die ihren Gott eifersüchtig hüteten, waren sie kosmopolitisch eingestellt und sehr interessiert an den Göttern anderer Völker. Die Juden hatten eine Theologie aus Glaubenssätzen aus Sumer, Ägypten, Babylon und wer weiß was noch alles entwickelt, aber jetzt wollten sie nur ein sicheres Fundament und die Konzentration auf ihren Gott – Jahwe. Die Griechen waren zwar genauso abergläubisch, was die Rolle anderweltlicher Einflüsse anging, aber sie waren neuen Ideen gegenüber völlig offen. Sie hatten eine klarere Trennung zwischen der Rolle der Götter und dem Recht des Menschen, kreativ zu denken, geschaffen – sie glaubten daran, dass ihr Schicksal von Wissenschaft, Politik sowie finanzieller und militärischer Macht abhängig war.

Während in Jerusalem die gesellschaftliche Ordnung um die Priesterschaft und die ständige Beschwichtigung eines schwierigen Gottes kreiste, brachten die griechischen Denker eine neue Klasse von Philosophen, Naturwissenschaftlern und Dichtern hervor. Die Welt erfuhr von dieser neuen Großmacht durch die Feldzüge eines der größten Feldherren, den die Welt gesehen hat – Alexander der Große, König von Makedonien.

Alexander befehligte eine Armee, die Ägypten und das gesamte Persische Reich eroberte und über Afghanistan bis nach Indien marschierte. Als er 323 vor Christus in Babylon an einem Fieber starb, war er erst dreiunddreißig Jahre alt. Das Imperium, das dieser bemerkenswerte junge König geschaffen hatte, brach einem neuen internationalen Leben Bahn, in dem Wissen ebenso wie Güter auf der ganzen bekannten Welt ausgetauscht wurden – von der Stadt Alexandria in Ägypten bis zum Tal des Indus. Griechisch wurde zur Standardsprache für Handel, Diplomatie und Studium. Die hellenistische Lebensart und die griechische Denkweise wurden zum Nonplusultra der Intellektuellen – wenn man nicht Griechisch lesen und schreiben konnte, wurde man als ungebildet angesehen und stand außerhalb der neuen internationalen Elite.

Die marode ägyptische Gesellschaft reagierte auf die Ankunft der Griechen, indem sie den vierundzwanzig Jahre alten Alexander zum Sohn Gottes und wieder geborenen Pharao erklärte. Der junge Krieger, der Ägypten von den Persern befreite, aber selbst aus dem Mittelmeerraum kam, nahm den Thronnamen Haa-ib-re Setep-en-amen an, was bedeutet: »Es singt das Herz des Re, gewählt von Amen.« Alexander hielt sich zwar nur kurz in Ägypten auf, aber der Eindruck, den er hinterließ, war groß, denn er ließ alte Tempel wieder aufbauen und erbaute die Stadt, die heute noch seinen Namen trägt. Der hellenistische Einfluss in Ägypten blieb durch das Pharaonengeschlecht der Ptolemäer bestehen, die trotz ihres traditionell königlichen Auftretens immer Griechen blieben. Der berühmteste Spross dieses Geschlechts war wohl Kleopatra, von der gesagt wird, dass sie nicht nur klug, sondern auch schön gewesen sei, und sie war gewiss eine der wenigen Angehörigen dieser Dynastie, die sogar ägyptisch sprachen.

In Alexandria verschmolzen alte ägyptische Götter mit griechischen Göttern, und so entstanden schwammige Gottheiten, die für jeden Geschmack passend waren. Die Zwillingssäulen der beiden Länder wurden zu den Säulen des Hermes, und auch die Eigenschaften des alten ägyptischen Mondgottes Thoth wurden Hermes zugeschrieben. Thoth verkörperte die Weisheit und war, wie bereits erwähnt, der Bruder der Ma'at. Es wurde behauptet, dass dieser Gott alles geheime Wissen besaß, das auf 36 535 Schriftrollen unter der himmlischen Wölbung versteckt sei und nur von Würdigen gefunden werden könne, die ihr Wissen zum Wohle der Menschheit benutzten. (Uns fiel auf, dass die Anzahl der Schriftrollen fast genau den Tagen in einem Jahrhundert entspricht.) Hermes übernahm jetzt Thoths Rolle als Erfinder der Schrift, der Architektur, der Arithmetik, der Landvermessung, der Geometrie, der Astronomie, der Medizin und der Chirurgie.

Sowohl Thoth als auch Hermes spielen eine bedeutende Rolle in den Überlieferungen der Freimaurerei, und die beiden Namen werden in Freimaurermythen für ein und dieselbe Person verwendet, wie Fellows in seinem Buch *The Mysteries of Freemasonry* schreibt:

> In das Grabmal des Ozymandias wurden zwanzigtausend Bände gelegt ... alle wurden Thoth oder Hermes zugeschrieben, der, wie es wohl bekannt ist, in seiner Person die Intelligenz einer Gottheit mit dem Patriotismus eines treuen Ministers vereinte.

Die alten Regeln der Freimaurerei berichten uns, wie Hermes/Thoth an der Entwicklung der Naturwissenschaften beteiligt war, wie es folgendes Zitat aus dem Inigo-Jones-Dokument von 1607 zeigt:

IHR fragt mich, wie diese Wissenschaft erfunden wurde. Dies ist meine Antwort: Vor der großen Flut, die man auch NOAHS Sintflut nennt, lebte ein Mann namens LAMECH, so kann man im IV. Kapitel der Genesis lesen. Der hatte zwei Frauen. Eine hieß ADA, die andere ZILLA. ADA schenkte ihm zwei Söhne: JABAL und JUBAL. Von ZILLA hatte er einen Sohn namens TUBAL und eine Tochter mit Namen NAAMAB. Diese vier Kinder begründeten alle Handwerke in der Welt: JABAL begründete die GEOMETRIE und teilte Schafherden, und er baute als Erster ein Haus aus Stein. Sein Bruder JUBAL begründete die KUNST der MUSIK. Er war der Vater von allen, die Harfe und Orgel spielen. TUBAL-CAIN war der Lehrmeister jedes Schmiedes. Und die Tochter erfand die KUNST des Webens.

DIESE Kinder wussten gut, dass GOTT entweder durch Feuer oder Wasser jede SÜNDE rächen würde. Deshalb schrieben sie die WISSENSCHAFTEN, die sie begründet hatten, in zwei Säulen, sodass man alles auch nach NOAHS Flut in den beiden Säulen finden könnte.

EINE dieser Säulen war aus Marmor, denn der verbrennt nicht im Feuer. Und die andere war aus einem Stein, der auf Wasser schwimmt.

UNSERE Absicht ist nun, EUCH aufrichtig zu berichten, wie diese Steine gefunden wurden, auf denen diese Kenntnisse niedergeschrieben waren.

DER große HERMES (mit Beinamen TRISMAGISTUS, was dreifach Großer heißt) war König, Priester und Philosoph (in Ägypten). Er fand eine davon und lebte im Jahr zweitausendundsechsundsiebzig seit Anbeginn der Welt, während NINUS herrschte, und manche halten ihn für den Enkel des KUSCH, der wiederum Enkel NOAHS war, er war der Erste, der etwas von der Astronomie wusste und die anderen Wunder der Natur bewunderte. Er bewies, dass es nur einen GOTT, den Schöpfer aller Dinge, gab. Er teilte den Tag in zwölf Stunden. Man glaubt auch, dass er der Erste war, der den ZODIAKUS in zwölf Tierkreiszeichen aufteilte. Er war Priester des OSIRIS, König von ÄGYPTEN. Und er soll auch die Schrift und die Hieroglyphen, die ersten Gesetze der Ägypter erfunden haben. Auch andere Wissenschaften, und er lehrte sie anderen Menschen. (Anno Mundi MDCCCX)

Hier berichten die freimaurerischen Dokumente, wie die Griechen ihre Glaubenssätze aus ägyptischen Legenden aufbauten. Die Datumsangabe »Anno Mundi« wird vom Beginn der Welt an gerechnet, der von der Freimaurerei auf 4000 vor Christus angesetzt wird – genau der Zeitpunkt, als die sumerische Zivilisation scheinbar aus dem Nichts auftauchte! (Interessant ist auch die Datierung in diesem Abschnitt, denn sie sagt uns, dass Thoth/Hermes um 3390 vor Christus die Schrift erfand und der Menschheit die Wissenschaften nahe brachte – das war mehr als zweihundert Jahre ehe sich das erste Königreich in Ägypten konsolidierte und die ältesten bekannten Hieroglyphen geschaffen wurden.)
Im vierten Jahrhundert war die jüdische Theologie ausgereift und besaß ausführliche eigene Überlieferungen, und die Priesterschaft wollte keine Einmischung der Griechen oder sonstiger Kulturen. Doch viele ihres Volkes vergaßen schnell die eher restriktiven Aspekte des Bundes mit Jahwe und schlossen sich dieser neuen kosmopolitischen Weltordnung mit großer Bereitwilligkeit an. Bald gründete das neue Volk, das sich selbst Volk der Juden nannte, eigene Viertel in fast jeder hellenistischen Stadt. Die Juden konnten nur wenig anbieten, denn ihre junge Kultur war nicht firm in der Baukunst oder einem bestimmten Handwerk, aber durch grausame Umstände hatten sie gelernt, einfallsreich zu sein und das Beste aus jeder Situation zu machen. Diese natürliche Erfindungsgabe und der Wille, Schwierigkeiten zu be-

gegnen, prädestinierte sie geradezu für den Handel – Käufer und Verkäufer, Makler und Händler, die sich ehrlich ihren Lebensunterhalt dadurch verdienen konnten, dass sie eine Gelegenheit ergriffen, die anderen vielleicht entging. Juden wurden geachtete Mitglieder des Handels, der das griechische Imperium antrieb. Ein Kommentator beschrieb sie als »Griechen, nicht nur durch die Sprache, sondern auch im Geiste«.

Die Juden nahmen ihren Glauben an Jahwe mit, und ihre heiligen Bücher wurden in Koine übersetzt, die Umgangssprache der Städte, die sich aus dem klassischen Griechisch entwickelt hatte. Diese Schriften wurden unter dem Namen Septuaginta bekannt – das »Buch der siebzig Bücher«. Die frühen Schriften gab es nun in Hebräisch, dem Aramäisch des Persischen Reiches und in Koine – und von diesem Zeitpunkt an konnten neue religiöse Werke in diesen drei Sprachen gelesen oder sogar neu geschrieben werden.

Doch Sprache ist eine seltsame Sache. Sie ist ein lebendiges und besonderes Kommunikationsmittel, das zu einer bestimmten Zeit innerhalb einer Gemeinschaft auch funktioniert. Etwas zu übersetzen ist eine sehr abstrakte Kunst und keineswegs ein mechanischer Prozess, wie man sich das vielleicht vorstellt. Die griechische Sprache wurde von rationalen, freidenkenden, kosmopolitischen Menschen entwickelt, die Rhetorik und Philosophie sehr wirkungsvoll benutzten. Hebräisch aber wurde von beseelten, irrationalen Menschen geformt, die eine ganz andere Weltsicht hatten. Die Juden von Alexandria, Ephesus oder anderen Städten, die ja kein Koine sprachen, übersetzten ihre Schriften in der besten Absicht, aber sie mussten einfach Ton und Bedeutung verändern.

Die jüdische Welt außerhalb von Juda nannte man die Diaspora, und die gläubige Minderheit in Jerusalem bemerkte erschrocken, was da in den neuen Städten jenseits ihrer Grenzen vorging. Sie pflegten diese Juden in der Diaspora »Weichlinge« zu nennen, womit gemeint war, dass sie leichtlebig seien. Sie wollten zwar das Erbe ihrer jüdischen Geburt nicht missen, aber sie genossen auch das gute Leben, welches die griechische Art bot. Sie interpretierten die Gebote, wie es ihnen passte, und am schlimmsten war, dass sie die Gebote sogar übertraten, indem sie die Synagoge erfanden.

Das Wort »Synagoge« ist ganz und gar nicht hebräischen Ursprungs. Es ist griechisch und bedeutet »zusammenkommen« und war ursprünglich ein Ort, an dem die Juden sich trafen und ihr Gemeindeleben organisierten, was dem Zweck diente, die Gesetze zu beachten, besonders die Speiseregeln. Aber irgendwann wandelte sich die Synagoge vom Treffpunkt zum Tempel, also zu einem Ort, an dem man zu Jahwe beten konnte. Das war für diejenigen, die glaubten, ihr Gott könne nur in Seinem Haus in Jerusalem angebetet werden, ein frevelhafter Gedanke. Die ergebenen Anhänger Jahwes an den heiligen Stätten waren entsetzt über die wachsende Lässigkeit der Juden, und sie begannen, das Schlimmste zu erwarten – Jahwe würde sie schrecklich strafen, wenn sie nicht frommer wären.

Die Religion Jahwes hatte inzwischen die Aufmerksamkeit der Okkultisten erregt, die von ihrem vermeintlichen magischen Potenzial fasziniert waren und die Bedeutung ganz anders auslegten. Die Numerologie (die Zahlenkunde) interessierte sie, und sogar der hebräische Name Gottes, der zwar Jahwe ausgesprochen, aber JHWH geschrieben wurde, bekam eine besondere Bedeutung. Die Griechen nannten diesen Namen Gottes das »Tetragramm« und behandelten die jüdischen Texte als Quelle uralter, esoterischer Weisheit. Neue Kulte entstanden im Imperium, die zur Grundlage die Schriften Jahwes hatten, zu denen aber keine Juden gehörten. Diese Nichtjuden nahmen sich das vom Judentum, was

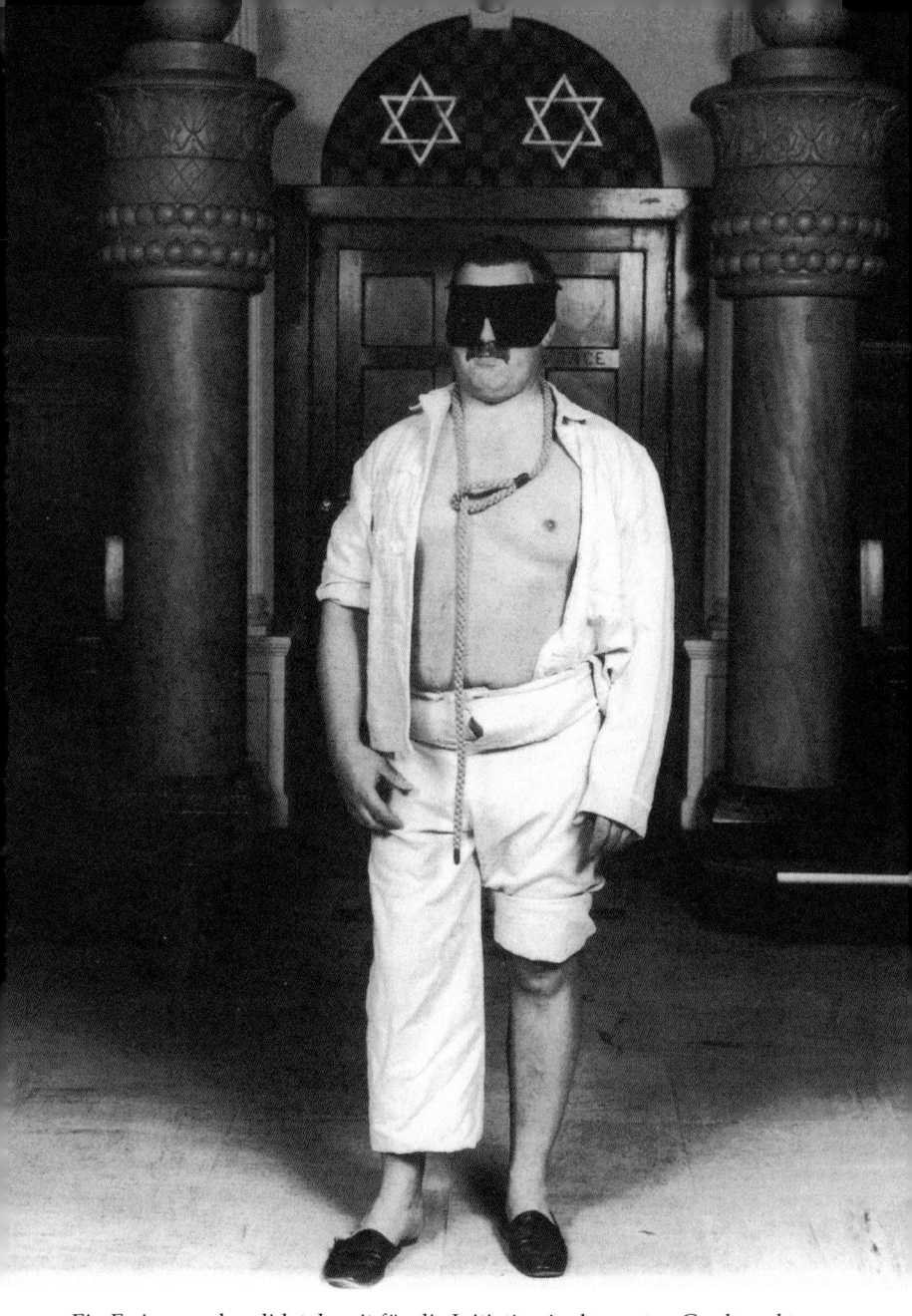

Ein Freimaurerkandidat, bereit für die Initiation in den ersten Grad, exakt so gekleidet wie ein mittelalterlicher Häretiker auf dem Weg zum Galgen.

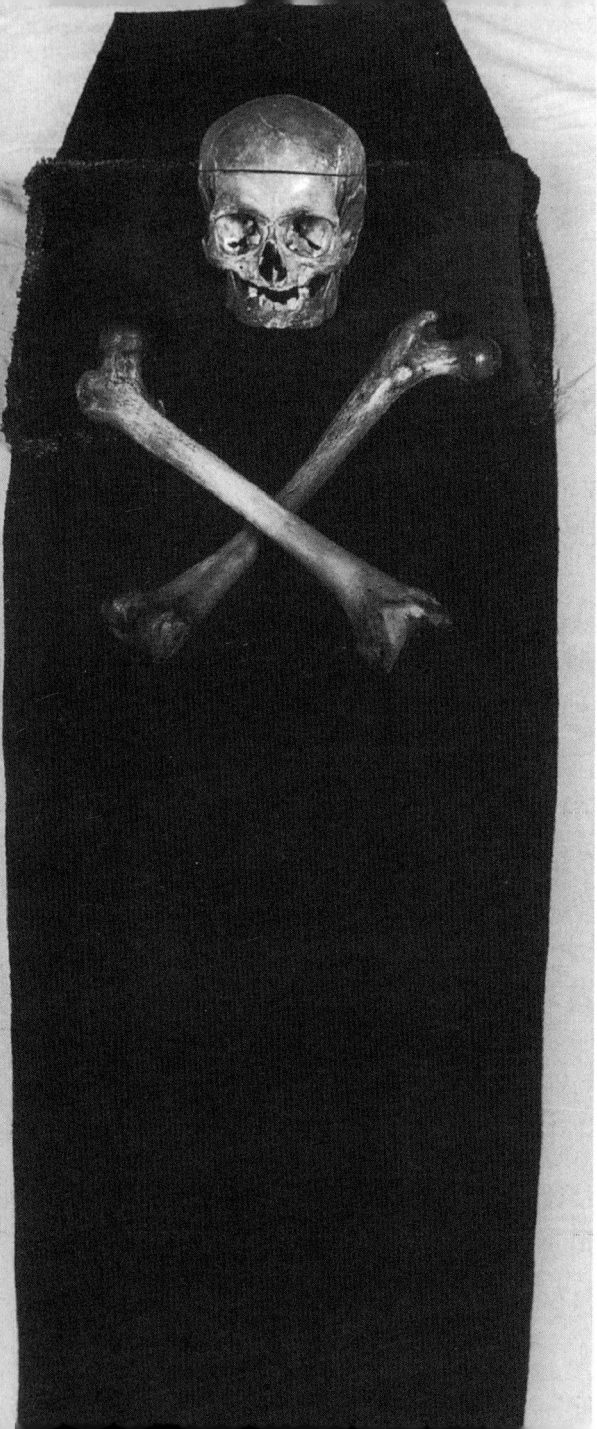

Wenn der neue Meister aufgehoben wird, schaut er in sein Grab zurück, um einen Totenschädel und gekreuzte Knochen auf seinem Leichentuch zu sehen. Dieses Symbol irdischer Überreste wurde von den Tempelrittern als Flagge für ihre Kriegsflotte verwendet.

Rechts: Ein Kandidat für den dritten Grad wird vom Verehrungswürdigen Meister vom symbolischen Tod erweckt – von diesem Augenblick an wird er ein Freimaurermeister sein.

Oben links: Ein Tempelritter.

Oben rechts: Eine mandäische Taufe im zwanzigsten Jahrhundert – so sah wahrscheinlich Johannes der Täufer vor zweitausend Jahren aus, als er Jesus taufte.

Ein Cherub, der in Jerusalem gefunden wurde, vergleichbar mit dem, der in der Bundeslade abgebildet war – dies zeigt den ägyptischen Einfluss auf die frühe jüdische Theologie.

Die amerikanische Maispflanze (links) und der Aloe-Kaktus (rechts), die Jahrhunderte, bevor Kolumbus auf der Suche nach der Neuen Welt in See stach, in die Kapitelle von Rosslyn gemeißelt wurden.

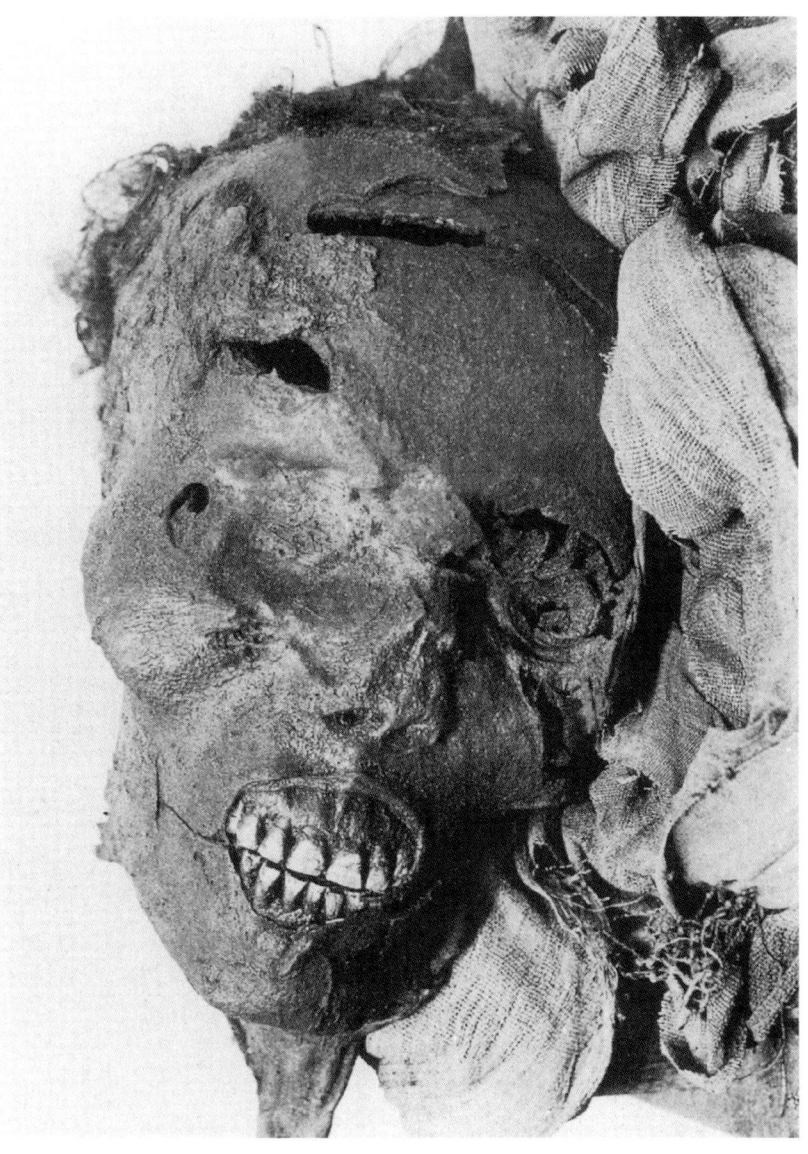

Der Kopf von König Seqenenre Tao II., der die tödlichen Verwundungen aufweist, die absolut identisch mit jenen sind, die Hiram Abif nach dem mauererischen Ritual von seinen Angreifern erfuhr.

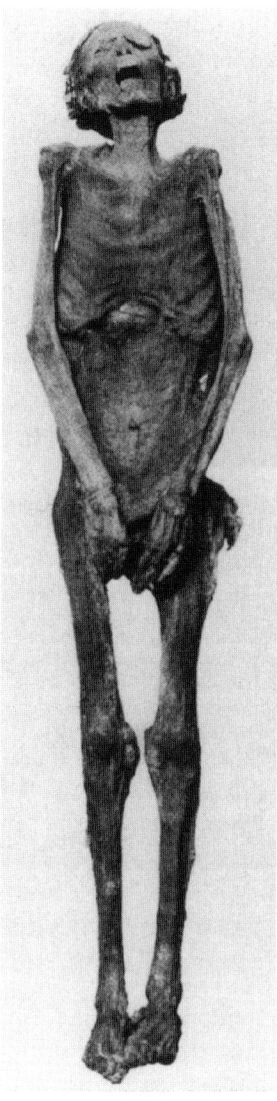

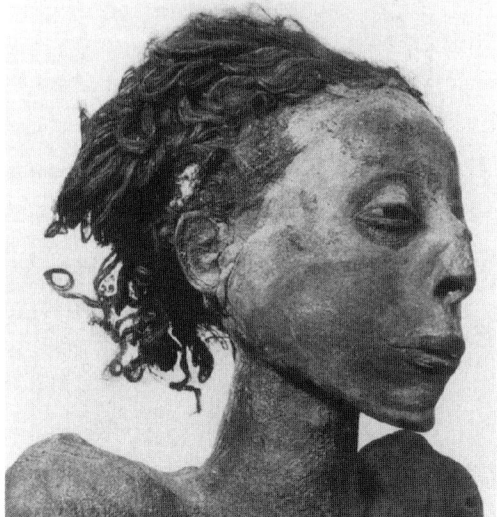

Links: Der ausgewickelte mumifizierte Körper eines unbekannten Menschen, der kastriert und lebendig begraben worden war – war dies der »Jubelo« der maurerischen Legende?

Oben rechts: Detail des Kopfes von »Jubelo« – die verzerrten Gesichtszüge zeigen, dass dieser Mensch unter großen Schmerzen starb.

Unten rechts: Eine typische Mumie, die zeigt, wie sorgfältig die Gesichtszüge zurechtgelegt wurden – anders als bei dem unglücklichen »Jubelo«.

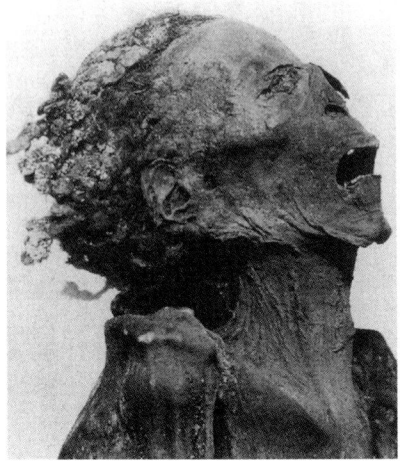

Oben links: »Jubelo.«

Oben rechts: Der Kopf von Ahmose-Inhapi, der Witwe von Seqenenre Tao, deren Haut dieselbe unebene Bindetechik zeigt wie die von »Jubelo«, was darauf schließen lässt, dass derselbe ungeschickte Mensch die beiden Mumien verband.

Links: Die Linien auf »Jubelos« Gesicht zeigen, wie dieser seinen Kopf zurückwarf, den Mund weit geöffnet, in dem verzweifelten Versuch zu atmen.

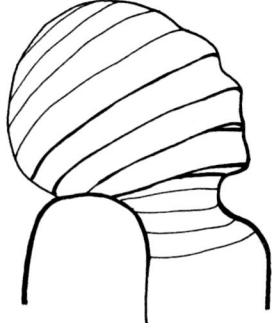

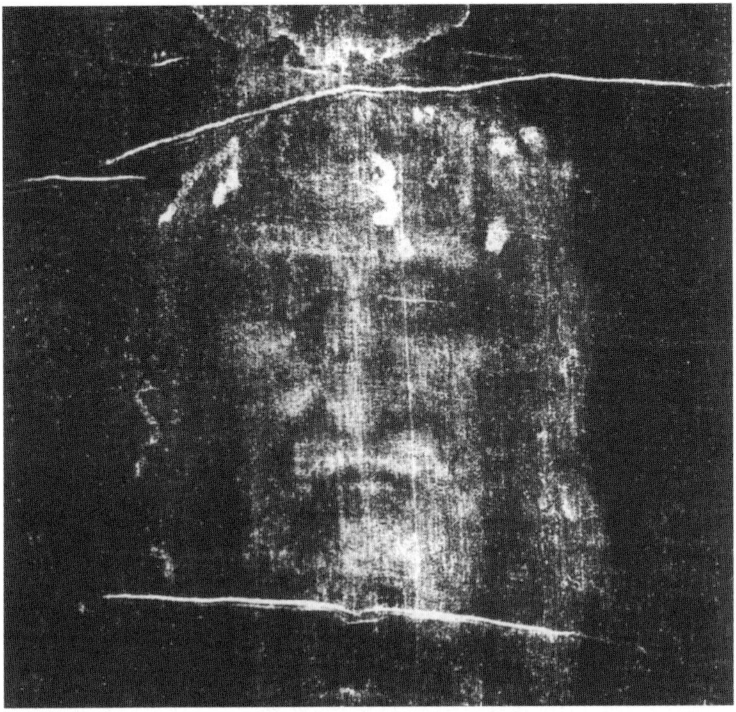

Das Gesicht auf dem Turiner Grabtuch (oben) weist eine unzweifelhafte
Ähnlichkeit mit Jacques de Molay (unten) auf.

Die Zeichnung des »himmlischen Jerusalem« von Lambert von St. Omer, der ca. 1121 n. Chr. starb. War dies eine hastig angefertigte Kopie der nasoräischen Schriftrollen, die von den Tempelrittern unter dem Tempel des Herodes entdeckt und von Geoffrey de Omer zu Lambert gebracht worden waren?

Man sieht, dass das maurerische Quadrat und die Kompasse in die Darstellung von Lamberts »himmlischem Jerusalem«
eingebaut wurden.

Der Innenraum der Kapelle von
Rosslyn beherbergt viele Skulp-
turen, die von derselben Bild-
haftigkeit wie Lamberts »himmlisches Jerusalem« inspiriert
sind.

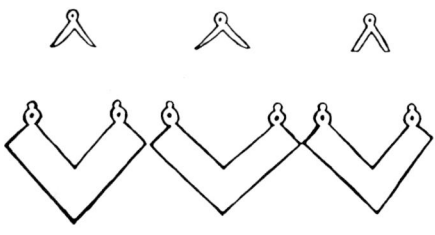

Die so genannte Kapelle von Rosslyn ist tatsächlich eine Rekonstruktion des Tempels des Herodes und der Bildsprache der nasoräischen Beschreibung des Neuen Jerusalem. Sie wurde im 15. Jahrhundert erbaut, um die nasoräischen Schriftrollen zu beherbergen. Sie ist mit templerischen, freimaurerischen und keltischen Bildern bedeckt, trägt aber keine christlichen Darstellungen.

Der verwundete Kopf in Rosslyn. Ist dies eine Darstellung von Seqenenre Tao?

Der Triangel mit einem Marmorblock, Lewis genannt, der in jeder Freimaurerloge auf dem Boden steht. Ist dies die Rekonstruktion des Marmorblocks mit einem Ring in seiner Mitte, der den Eingang zu einer unteriridischen Höhle unter dem Allerheiligsten in Herodes' Tempel bildete, wo eine der wichtigen Kupferrollen verborgen wurde?

Die östliche Ansicht von Rosslyn zeigt die vielen Türme, die das Bild vom
»himmlischen Jerusalem« nachempfinden.

Linke Seite

Links: Die so genannte »Apprentice-Säule« in Rosslyn, die tatsächlich die
königliche Säule Boas darstellt.

Rechts: Die Jachin-Säule in Rosslyn.

Die Autoren vor der Ruine des Schlosses von Rosslyn, welches während des englischen Bürgerkrieges von General Monk zerstört wurde. Wie Cromwell war auch Monk Freimaurer, und er verschonte die Kapelle von Rosslyn, während jede andere Kirche in der Umgebung geschleift wurde.

ihnen zusagte, und wie wir später sehen werden, waren es diese Gruppen, die später den Nährboden für einen griechischen Mysterienkult namens Christentum bildeten.

Der Tempel, den Salomo für Jahwe gebaut hatte, enthielt eines der wichtigsten Symbole für die Kraft der neubelebten ägyptischen Monarchie – das Symbol der beiden Säulen, und wir wissen inzwischen, dass dieses Symbol ein direktes Bindeglied zum Exodus des Moses bildete, und zwar über Josua, Gideon, Abimelech und Samson. Es schien daher vernünftig anzunehmen, dass auch die wichtigeren Krönungszeremonien vielleicht überlebt haben könnten, wenn schon die bekannteren Aspekte des Seqenenre-Rituals über Moses an die Israeliten gelangt waren. Und wieder erregte eine historische Kuriosität nach Salomos Tod unsere Aufmerksamkeit. Während das Nordreich Israel mit einem dauernden Wechsel des Herrscherhauses geschlagen war, bestand im Südreich Juda die Linie Davids ununterbrochen über vierhundert Jahre hinweg. Wir gelangten zu dem Schluss, dass diese Stabilität ein Beweis für das Oberleben des Auferstehungsrituals von Seqenenre war, das dem Geschlecht Davids das »göttliche Recht zu herrschen« übertrug. Wir hatten Beweise zur Stützung dieser Theorie in dem Nachspielen des Königs der Schlacht, in der das Licht über die Kräfte der Dunkelheit und des Chaos siegt, gefunden, das in der »Enuma Elish« beschrieben ist, welche uns stark an das ägyptische Nilpferd-Ritual erinnerte.
Doch es war unser genaues Studium der Zeit der Babylonischen Gefangenschaft, das uns schließlich eine Erklärung dafür gab, warum Seqenenres Name nicht mehr auftauchte. Ezechiel, der Baumeister des visionären zweiten Tempels von Jahwe, hatte den exilierten Ältesten von Jerusalem mitgeteilt, dass sie die ägyptischen Praktiken aus ihren geheimen Zeremonien, die sie in der Dunkelheit unter dem Tem-

pel Salomos durchführten, herausnehmen sollten. Wir wussten, dass bis heute das Ritual der Auferstehung Seqenenres im Dunkeln durchgeführt wird, denn wir hatten es beide am eigenen Leib erlebt. Die Ähnlichkeiten des Verses in Genesis 49,6 hatten uns verblüfft, denn es ist der einzige Hinweis in der Bibel auf die Ermordung des thebanischen Königs. Das Buch Ezechiel erzählt weiter, wie der Prophet den Kindern Israels ihre ägyptischen Praktiken austrieb und sie wieder zu Jahwe zurückführte. Also wussten wir jetzt, wie aus Seqenenre Tao Hiram Abif, der König, der verloren ging, geworden war. Das war das Werk der düsteren Gestalt des Ezechiel bei einem Versuch zu erklären, warum es Gott nicht gelungen war, seinen Tempel vor den Feinden zu schützen.

11.
Boas und Jachin

Die Schriftrollen vom Toten Meer

Unsere Rekonstruktion der Entwicklung des jüdischen Volkes hatte uns bis zu der Periode gebracht, die dem Aufstieg der christlichen Kirche direkt voranging. Wir hatten das Gefühl, dass dies ein besonders interessantes Kapitel in unseren Nachforschungen sein würde. Bis jetzt besaßen wir nur die Hypothese, dass Königreiche auf der Macht von zwei Säulen aufbauten, die durch einen himmlischen Bogen miteinander verbunden wurden, und wir konnten nur hoffen, bald einen endgültigen Beweis für dieses Paradigma zu finden.

Von allen Gruppen, die es zu jener Zeit in Israel gab, hielten wir die Gemeinde von Qumran für die Wichtigste. Sie war in den Bergen Judäas beheimatet und zählte nie mehr als zirka zweihundert Mitglieder. Trotz dieser geringen Zahl an Mitgliedern war ihr Einfluss auf die Welt massiv.

Wir hatten bereits gute Gründe anzunehmen, dass die Autoren der Schriftrollen vom Toten Meer, die Mitglieder der Gemeinde von Qumran, Essener waren und außerdem auch noch Nasoräer und dass sie die Urgemeinde von Jerusalem bildeten. Wir besaßen bereits viele Beweise für diese Behauptung, und auch viele Fachleute sind derselben Ansicht, aber je tiefer wir gruben, desto mehr Fragen stellten sich.

Unsere ursprüngliche Hypothese, dass die Freimaurerei ihren Ursprung in dieser Gruppe hatte, war als Möglichkeit zustande gekommen, weil wir eine Verbindung zwischen den Essenern und den alten Ägyptern gefunden hatten, aber wir mussten jetzt nach direkten Beweisen für freimaurerische Einstellungen und Riten suchen. Wenn wir Recht hatten und es eine direkte Verbindung zwischen der Freimaurerei und den Leuten von Qumran gab, und wenn die Qumraner wirklich die ersten Christen waren, dann folgt daraus, dass Christus in bestimmtem Sinn ebenfalls Freimaurer gewesen sein muss. Uns war völlig bewusst, dass diese Annahme viele Christen von heute entsetzen musste, besonders die römisch-katholischen, aber wir fanden wirklich den Beweis, dass es genau so war.

Schon seit langem ist spekuliert worden, dass die Jerusalemer Essener eine Art Vorläufer der Christen waren und dass Jesus, der Christus, vielleicht zu ihnen zählte, aber die Beweise dafür standen immer auf schwankendem Boden. Doch das änderte sich schnell, als man in der alten Ansiedlung Qumran Schriftrollen entdeckte. Bald darauf fanden in fünf Etappen von 1951 bis 1956 dort ausgedehnte Ausgrabungen des jordanischen Ministeriums für Altertümer statt, der École Archéologique Française und des Archäologischen Museums von Palästina unter der Leitung von G. L. Harding und Pater Roger de Vaux. Was sie fanden, war das akademisch-theologische Äquivalent zu flüssigem Nitroglyzerin – das ganze Christentum konnte in die Luft gehen, wenn man die Sache nicht mit äußerster Vorsicht behandelte. Doch man konnte diese explosive Sache nicht unter Verschluss halten, so sehr es die christliche Kirche auch versuchte. Diejenigen, die für die Erforschung verantwortlich waren, waren keine unabhängigen Gelehrten, sie mussten einen Glauben schützen und eine Hierarchie erhalten. Andere Gelehrte, die mit den Schriftrollen zu tun hatten, erkannten Beweise, die offenbar die Sicht von Christus und dem Neuen Testament völlig verändern konnten, aber sie wurden wirkungsvoll zum Schweigen gebracht oder diskreditiert.

Beschuldigungen von Skandal, Geheimnistuerei und absichtlicher Verdrehung der Wahrheit wurden mit Leugnen und Gegenanklagen über »wilde Fantasien« und »Sensationsgier« beantwortet. Es ist eine Tatsache, dass mehr als vierzig Jahre nach ihrer Entdeckung über die Hälfte der 800 gefundenen Schriftrollen noch nicht veröffentlicht worden waren. Die Wissenschaftler waren sehr aufgebracht über diese unbotmäßige Geheimnistuerei mit etwas, das der Öffentlichkeit zugänglich sein sollte, und nach massiven Protesten, bei denen die Huntington Library von San Marino, Kalifornien, eine führende Rolle spielte, erlaubten die israelischen Behörden im Oktober 1991 öffentlichen Zugang zu den Rollen.

Es wurden unterschiedliche Versionen biblischer Texte gefunden, und alle waren über tausend Jahre älter als die bis dahin bekannten hebräischen Texte, die von Aaron ben Moses ben Asher im Jahr 1008 nach Christus verfasst worden waren.

Vor der Entdeckung der Schriftrollen wusste die jüdische und die christliche Welt nicht ganz sicher, wie akkurat unser gegenwärtiges Altes Testament war, man wusste nur, dass zu Zeiten des Christentums die kleinste Veränderung misstrauisch beobachtet wurde. Aus der Verschiedenheit der rivalisierenden Texte, die sorgfältig in den Höhlen Qumrans verstaut waren, wissen wir inzwischen, dass der Text, der in die griechische Septuaginta aufgenommen wurde, nur einer von vielen war – deshalb kann es überhaupt gar keine »korrekte« Version der Bibel geben.

Forschungsarbeit im Umkreis von Qumran ist für normale Christen zur Wanderung auf einem Minenfeld geworden, und deshalb ziehen viele es vor, das Thema überhaupt nicht zu berühren. Während das Judentum und andere Religionen auf breit gefächerten gesellschaftlichen und theologischen Grundsätzen beruhen, besteht das Christentum allein aus dem Gedanken, dass an einem bestimmten Tag in der Geschichte ein Gott/Mensch die Mitglieder der menschlichen Rasse, die ihn anbeten, von ihren Sünden erlöste, indem er unter Qualen starb. Bis vor kurzem bestand der einzige Beweis für dieses entscheidende Ereignis in den drei synoptischen Evangelien, die lange nach den Ereignissen, die sie beschreiben, von Menschen geschrieben wurden, die gar nicht selbst beteiligt waren und deren Identität unklar ist. Heute weiß man, dass Jesu Lebensgeschichte, die in diesen Evangelien erzählt wird, weitgehend dramatisiert wurde, um seine Lehren »leserfreundlicher« zu gestalten. Analysen der Evangelien des Matthäus und des Lukas haben gezeigt, dass diese eine Mischung aus zwei unterschiedlichen kirchlichen Traditionen und eine Kombination aus dem Markus-Evangelium und einem verlorenen Evangelium, das man »Q« (Q = Quelle) nennt, darstellen. Die Geburtsgeschichte, die in Markus und Lukas erzählt wird, ist, wie man heute weiß, eine reine Erfindung von Leuten, die überhaupt keine Ahnung von den historischen und politischen Zeitumständen hatten. Denn so wie dort beschrieben kann es sich einfach nicht zugetragen haben – unmöglich. Zum Beispiel soll Herodes Verbindung mit dem römischen Steuereintreiber Quirinus gehabt haben – aber Herodes starb im Jahre 4 vor Christus, mindestens zehn Jahre bevor Quirinus die Szene betrat (Quelle: G. W. Buchanan, *Jesus – The King and His Kingdom*).

Andere Gelehrte, wie zum Beispiel Morton Smith, haben nachgewiesen, dass es ein geheimes Evangelium gab, dessen Bestandteile in allen vier Evangelien vorhanden sind und von dem man annimmt, dass es älter war als das Markus-Evangelium. Daraufhin mussten wir uns einfach fragen, ob dies geheime Evangelium vielleicht der große Fund der Tempelritter gewesen ist!

Diese Möglichkeit wird durch die Schriftrollen von Qumran plausibel gemacht, in denen davon die Rede ist, dass es eine geheime Überlieferung gab und dass die Wissenden schwören mussten, nichts zu verraten. Diese Geheimnisse wurden aufgeschrieben und für den Tag bereitgehalten, an dem Gott sein Volk in der Endzeit aufsuchen würde (Quelle: D. S. Russell, *The Method and Message of Jewish Apocalyptic*).

Es gibt keine oder nur wenige Hinweise auf Jesus in Quellen von Dritten, was umso ungewöhnlicher ist, da es sich um Historiker wie Josephus, Philon oder Plinius den Älteren handelt, die sonst wirklich alles Bemerkenswerte aufzeichneten. Wie wir bereits erwähnt haben, ist es normalerweise möglich, historische Personen besser zu verstehen, indem man unabhängige Quellen und sogar das, was ihre Gegner schrieben, liest, aber in diesem Fall haben die ersten Biographen des Christentums wirklich gute Arbeit geleistet – sie haben alle Hinweise auf einen Sterblichen entfernt, den sie als Gott darstellen wollten. Allerdings haben sie einiges übersehen, und mit Glück und moderner Deduktionsanalyse gibt es heute viel mehr Informationen, und die seltsamen Interpretationen der frühen römisch-katholischen Kirche können hinterfragt werden.

Das Christentum bietet eine einzigartige Angriffsfläche. Es gibt keine plötzlich auftauchenden Informationen, die das Judentum, den Islam oder den Buddhismus in ihren Grundfesten erschüttern könnten – ja sogar der Glaube der australischen Aborigines oder der Amazonasindianer ist nicht angreifbar, weil es sich um Religionen handelt, die aus einem tiefen spirituellen Verständnis heraus in der eigenen Kultur entstanden sind. Der Buddhismus lebt auch ohne Gautama.

Der Islam lebt ohne Mohammed. Aber ohne die Auferstehung Jesu ist das Christentum (zumindest in seiner heutigen Ausprägung) nichts. Daher ist es verständlich, dass die Kirche größte Sorgfalt walten lässt, wenn Informationen auftauchen, die diesen kurzen Augenblick aus der – relativ – jungen Vergangenheit betreffen, von dem sie glauben, dass genau da der Schöpfer des Universums beschloss, ein sterblicher Jude zu werden. Das setzt das Christentum ungeschützt dem Licht der Wahrheit aus.

Wenn nun die ganze Grundlage des Christentums sich als dummer Fehler erweisen sollte, wird sich dann der Vatikan für alle Ungelegenheiten entschuldigen, Buße tun und seinen Reichtum und seine Macht dem obersten Rabbiner übergeben? Nein. Kein Beweis würde das bewirken, und vielleicht ist es richtig so, weil die Kirche zu groß und zu wichtig ist, um plötzlich zu verschwinden, aber es kann auch nicht richtig sein, die Wahrheit zu verbergen, weil die Wahrheit einfach von Gott kommt. Die Kirche muss einen Weg finden, auch dann zu überleben, wenn sie falsch verstandene Ideen neu überdenkt. Es gibt eine alte jüdische Geschichte, die es ganz klar darlegt:

Einige Rabbis waren zusammengekommen, und die weisen Männer debattierten über einen Abschnitt des heiligen Gesetzes. Bei einem Punkt der Interpretation war einer von ihnen anderer Meinung als der Rest. Er geriet unter großen Druck und sollte sich der Mehrheit anschließen, aber er wusste, dass er Recht hatte und deshalb Gott auf seiner Seite war. Deshalb rief er den Allmächtigen an, ihn doch zu unterstützen. »Bitte, Gott, wenn ich Recht habe, dann lass die Flüsse Israels bergauf fließen«, flehte der Rabbi. Sofort wechselten die Flüsse des Landes die Richtung. Unglücklicherweise rührte das seine Gegner nicht. »Bitte, Gott«, flehte der aufgebrachte Rabbi erneut, »wenn ich Recht habe, sollen sich die Bäume zur Erde neigen.« Und sie taten es. Aber immer noch waren seine Brüder unbeweglich. »Lieber Gott!«, rief er immer frustrierter. »Erhebe deine Stimme und tritt mir zur Seite.« Sofort teilten sich die Wolken, und aus dem Himmel dröhnte eine laute Stimme: »Meine Freunde, ich muss euch sagen – ihr habt Unrecht, und er hat Recht. Genauso sah ich es.« Der einsame Kämpfer lächelte triumphierend, aber die Übrigen waren unbeeindruckt. »Ach, wir achten nicht auf Stimmen aus dem Himmel«, meinten sie, »denn die korrekte Bedeutung dieses Abschnittes wurde schon vor langer Zeit schriftlich festgehalten.«

Diese lustige Geschichte sagt alles. Alte Schriften – wie ungenau sie auch sein mögen – entwickeln ein Eigenleben, und letzten Endes geht es bei einer Religion ja auch gar nicht um historische Wahrheit, sondern um Glauben. Aber in der heutigen Zeit reicht blinder Glaube allein nicht mehr, und wenn eine Religion überleben will, darf sie sich neuen Informationen nicht verschließen.

Ein Dogma über die Wahrheit zu stellen ist nicht der rechte Weg, Gott zu ehren.

Das fehlende Buch der Makkabäer

Die konventionelle Geschichtsschreibung bezeichnet den Aufstand der Makkabäer als eine jüdische Angelegenheit, die völlig rechtens war, und die Erhebung des Jonathan Makkabäus zum Hohen Priester wird als populäres Ereignis gesehen. Während das Erstere sicherlich stimmt, wissen wir inzwischen aus den Schriftrollen von Qumran, dass Jonathan von den Chassidim als schlechte Wahl betrachtet wurde, weil man hier die Politik über Jahwe stellte.

Nach Jonathans Ermordung wurde sein Bruder Simon Hoher Priester und verschlimmerte die Sache noch, indem er erklärte, seine Familie besitze ein ererbtes »Recht« auf das

Amt des Hohen Priesters – eine Behauptung, die er auf eine Bronzetafel gravieren ließ, welche er im Tempel aufstellte. Die römisch-katholische Bibel erzählt, wie Simon begann, sich als Mitspieler im Weltgeschehen zu sehen, als er einen Botschafter und Geschenke nach Rom schickte, und Simons illegitimer Anspruch ist in Psalm 110 festgehalten.

Was die Gemeinde von Qumran von der Priesterschaft in Jerusalem hielt, kommt in den folgenden Versen aus den Schriftrollen zum Ausdruck:

> Die Priester von Jerusalem, die sich Reichtum und unrechtes Gut von den Armen aneignen. (1QpHab 9,4–5)
> Diese Stadt ist Jerusalem, in dem der sündige Priester gotteslästerliche Werke tat und den Tempel Gottes entweihte. (1QpHab 12,7–9)

Die Namen, die der Familie, die das Amt des Hohen Priesters übernahm, beigelegt wurden, sind verwirrend, denn der Ahnherr wurde Mattathias gerufen, aber sein Sohn Judas, und weitere Nachkommen trugen den Beinamen »Makkabäus«, während sie in der rabbinischen Literatur kollektiv »die Hasmonäer« heißen. Laut Aussage des Historikers Josephus war das auf den Namen des Urgroßvaters von Mattathias zurückzuführen, der Hasmon hieß. Nach Simons Ermordung folgte ihm sein Sohn Johannes Hyrcanus, der dreißig Jahre herrschte, ehe sein Sohn Aristobulus kurz in Amt und Würden kam. Er wurde auch der erste Hasmonäer, der sich nicht nur als Hoher Priester, sondern auch als König der Juden bezeichnete. Das ging so weiter, bis das Amt des Königs nach dem Tod von Königin Alexandra im Jahr 67 nach Christus wieder von dem des Hohen Priesters getrennt wurde, als ihr jüngerer Sohn Aristobulus II. König und ihr ältester Sohn Hyrcanus Hoher Priester wurde.

Die römisch-katholische Bibel berichtet ausführlich über diese Zeit voller Intrigen, Mord und unverhohlener Korruption, und sie zeichnet die Hasmonäer als jüdische Helden – aber in der King-James-Bibel erfahren wir nichts darüber. Die letzten beiden Bücher der Douay-Bibel sind das erste und zweite Buch der Makkabäer – Schriften, die in jeder protestantischen Bibelausgabe fehlen.

Warum ist das so? Die Tatsache, dass diese beiden Bücher in der King-James-Bibel fehlen, sagte uns eigentlich sehr viel. Es muss einen sehr wichtigen Grund dafür geben, dass die katholische Bibel die Geschichte des Makkabäeraufstandes und des Hohepriestertums der Hasmonäer als legitim präsentiert, während die King-James-Bibel keines dieser Bücher anerkennt. Was stimmte nicht an diesen Werken, und was konnten diejenigen, die wesentlich später die protestantische Bibel zusammenstellten, gewusst haben, dass sie diese seit langem anerkannten Schriften fallen ließen, obwohl sie doch angeblich von Gott inspiriert waren?

Die einzigen Menschen, die wussten, dass der Aufstieg der hasmonäischen Hohen Priester und Könige illegitim war, gehörten der Gemeinde von Qumran an. Dort wurden diese falschen Hohen Priester und ihr Anbiedern bei den Römern verachtet. Aber Qumran wurde im Krieg mit den Römern, der von 66–70 nach Christus dauerte, fast ganz aufgerieben, und die Juden der Diaspora (die »Weichlinge«) blieben als Einzige übrig, um die Geschichte aus ihrer Sicht zu erzählen. Doch die Qumraner mochten wohl die Schlacht verloren haben, aber sie gewannen den Krieg. Weil sie die wahre jüdische Geschichte in Schriftrollen vergruben, gelangte sie schließlich in die Hände der Schöpfer der protestantischen Bibel – dank der Ausgrabungen der Tempelritter zu Beginn des zwölften Jahrhunderts.

Die Juden, die aus der Babylonischen Gefangenschaft zurückkehrten, wurden von Serubbabel angeführt, einem Mann, der unter anderen Umständen ihr König gewesen wäre.

Er und sein engster Kreis von Vertrauten, die in der Bibel namentlich genannt sind – sie hießen Jeshua, Nehemiah, Seraja, Reelaja, Mordecai, Bilshan, Mizpar, Bigvai, Rehum und Baanah –, kehrten mit dem Wissen um die geheime Zeremonie des Geschlechts König Davids in die Stadt zurück. Das Ritual war etwas verändert, denn man war Ezechiels Rat gefolgt und hatte die unverhohlen ägyptischen Bestandteile gegen jüdische ausgetauscht, aber der Hauptteil blieb bestehen. Während sie den Tempel nach dem Entwurf Ezechiels wieder aufbauten, erfüllte sie neues Selbstvertrauen – sie bauten nicht nur einen Tempel, sondern schmiedeten auch einen neuen, unerschütterlichen Bund mit Jahwe. Nie wieder würde sein Volk vom Weg abirren, und nie wieder würde ihr Gott sie so hart strafen müssen.

Das Selbstvertrauen, das mit einem neuen Anfang einhergeht, ist immer etwas Besonderes – es ist das Gefühl: »Diesmal werde ich dafür sorgen, dass es klappt.« Es liegt in der menschlichen Natur, Kraft aus der Hoffnung auf eine Zukunft zu schöpfen, die viel freundlicher zu sein scheint als die Vergangenheit – es aber, wie erfahrene Menschen wissen, nur selten auch ist.

Es ist höchst wahrscheinlich, dass die Nachfahren von Serubbabel und seinem engsten Kreis Jerusalem irgendwann zwischen 187 und 152 vor Christus verließen. Eine Schriftrolle mit Namen »Das Damaskus-Dokument« gibt uns den besten Hinweis auf die Gründung der Gemeinschaft von Qumran:

Als Sie IHN verließen, wandte ER sich von Israel und SEI-
NEM Tempel ab und lieferte sie ans Schwert. Doch dann
erinnerte ER sich an den Bund mit den Vätern und ließ
einen Rest von Israel bestehen, damit es nicht ganz ver-
tilgt wurde. Und in der Endzeit des Zorns – 390 Jahre
nachdem ER sie in die Hände von Nebukadnezar, dem
König von Babylon gegeben hatte – suchte ER sie auf und
nahm einen Spross von Israel und einen Samen von Aaron, damit sie SEIN Land in Besitz nahmen und auf dem
guten Boden SEINER Erde fett wurden.
Da erkannten sie ihren Frevel, und sie wussten, dass sie
sündige Menschen waren. Aber sie waren zwanzig Jahre
lang wie Blinde und Lahme. Und Gott sah ihre Taten und
dass sie IHN mit ganzem Herzen suchten, und er setzte
einen Lehrmeister ein, der sie auf den Weg SEINES Herzens leiten sollte, und ER ließ diese Generation wissen,
was ER mit der letzten getan hatte, dieser Ansammlung
von Verrätern, die vom Weg abgeirrt waren. (CD 1,3–13)

Wenn wir den Hinweis, dass die Juden »in den Händen von
Nebukadnezar« waren, mit seiner ersten Eroberung Jerusalems im Jahr 597 vor Christus gleichsetzen und nicht die Zerstörung der Stadt im Jahr 586 vor Christus annehmen, dann
die 390 Jahre plus der 20 Jahre, als sie wie Lahme ihren Weg
suchten, rechnen, dann haben wir als frühestes Datum für
die Gründung Qumrans das Jahr 187 vor Christus. Diese
Datierung sollte nicht allzu ernst genommen werden, aber
wir können mit Bestimmtheit sagen, dass die Gemeinde im
Jahr 152 vor Christus existierte, da die Qumraner damals
gegen die Übernahme der Hohepriesterschaft durch Jonathan, den Anführer der Makkabäer, protestierten. Schriftrollen, die man in den Höhlen von Qumran fand, berichten,
wie sehr sie diese Ernennung ablehnten. Hier sind besonders das Regelwerk und der Kommentar zu den ersten bei-

den Kapiteln des Buches Habakuk zu nennen. Die Qumraner hatten ihr Exil selbst gewählt und sahen sich in ihrer Wüsten-Einsiedelei als das Volk des Neuen Bundes mit Jahwe, als »die Erwählten von Juda« an. Ihre raue, mönchische Lebensweise wurde zum Modell für christliche Orden. Sie beschrieben sich als »die Menschen, die einen neuen Bund im Damaszenerland eingingen« – wobei sie sich hier wohl nicht auf die syrische Stadt bezogen, sondern ihren Namen für Qumran benutzten.

Ausgrabungen haben gezeigt, dass die Leute von Qumran wahrscheinlich in Zelten lebten und die Höhlen in der Umgebung als Vorratslager und Unterkünfte für die Zeit der seltenen Regengüsse im Winter nutzten. Es gab Gebäude, zu denen ein Wachturm, Versammlungsräume, ein Refektorium mit Küchen und Vorratskammern, ein Skriptorium, eine Bäckerei, eine Töpferei, unterschiedliche Werkstätten und große Zisternen für zeremonielle Reinigungen gehörten. Rituelle Waschungen waren unbedingt nötig, und da es in dieser Region nur wenig regnet, waren hierfür große Mengen an Wasser erforderlich.

Die Mitglieder der Gemeinschaft waren in drei Gruppen aufgeteilt – »Israel«, »Levi« und »Aaron«. Zu »Israel« gehörten die einfachen Mitglieder, die »Leviten« waren die einfachen Priester und die »Aaroniten« die höchsten und heiligsten Priester. Wie bei den Freimaurern konnte jeder Mann, der seinen festen Glauben an Gott kundtat, der Gemeinschaft beitreten – »den vielen«, wie sie sich selbst nannten. Es gibt eine Reihe von Parallelen in der Behandlung von neuen Mitgliedern. Zuerst wurde der Kandidat vor dem Rat geprüft und musste seine Rechtschaffenheit beweisen, danach fand eine Wahl statt. Nachdem er angenommen war, durfte der Kandidat ein Jahr lang in einen niedrigen Rang eintreten. Während dieser Zeit musste er sein Vermögen noch nicht der Gemeinschaft übereignen. Im ersten

Grad der Freimaurerei muss der »Lehrling« auch ein Jahr lang dienen und er darf bei der Einführungszeremonie keine Münzen oder metallische Gegenstände bei sich tragen. Während der Zeremonie wird er darum gebeten, Geld zu geben, und wenn er erwidert, dass er keines hat, sagt man ihm, dass dies ein Test war, um sicherzustellen, dass er weder Münzen noch andere wertvolle Dinge in die Loge gebracht hat.

Wenn das neue Mitglied nun ein Jahr lang der Gemeinschaft von Qumran angehört hatte, wurde sein Wissen der Thora geprüft – auch bei den Freimaurern wird ein Kandidat geprüft, ob er das Ritual beherrscht, ehe er in den Rang eines Gesellen aufsteigen darf. Wie früher bei den Freimaurern gelangte die Mehrheit nur bis in den zweiten Rang, aber für einige Auserwählte gab es einen dritten Rang, in den man nach einem weiteren Jahr aufsteigen konnte. Dieser gestattete es, »in die Nähe des geheimen Rates der Gemeinschaft« zu gelangen – was uns an die Geheimnisse des Hiram Abif erinnert, die einem Freimaurer bei der Zeremonie des dritten Grades, in der er zum Meistermaurer aufsteigt, enthüllt werden.

Wie bei den Tempelrittern musste ein Eingeweihter nach einem Jahr sein gesamtes Vermögen der Gemeinschaft übergeben – diese Prozedur kann die Freimaurerei natürlich nicht übernehmen, da unter dieser Voraussetzung niemand mehr Freimaurer werden würde!

Die positiven Tugenden, die in der Gemeinschaft von Qumran weitergegeben wurden, sind in den Schriftrollen klar dargelegt. Es waren Wahrheit, Rechtschaffenheit, Güte, Gerechtigkeit, Ehrlichkeit und Demut im Zusammenspiel mit brüderlicher Liebe. Die drei Grade von Qumran sind denen der Freimaurerei so ähnlich, dass dies kein Zufall sein kann. Als wir unsere Technik benutzten und bei dem Freimaurer-Ritual nur die entscheidenden Worte austauschten, schien es, dass wir aus den Schriftrollen zitierten – und zwar zu jemandem, der gerade in den dritten Rang von Qumran erhoben worden war, der in seiner Übersetzung »Reinheit der vielen« hieß.

Deine Hingabe für die Gemeinschaft der vielen, die Fortschritte, die du in den Künsten gemacht hast, und deine Einhaltung der Regeln haben dich als Person erwiesen, die unsere Achtung und unsere Gunst verdient. In der Rolle eines Mitgliedes des geheimen Rates bist du ab jetzt befugt, die Irrtümer und Regelverstöße der Brüder und Gesellen zu ahnden und sie vor einem Vertrauensbruch zu schützen.

Du sollst ständig dafür sorgen, die Moral zu verbessern und das Verhalten der Männer in der Gesellschaft zu korrigieren. Das im Blick, solltest du Untergebenen Gehorsam und Dienstbarkeit empfehlen, Gleichgestellten Höflichkeit und Zugänglichkeit, Höhergestellten Güte und Bescheidenheit. Du solltest stets das Wohl der Welt im Auge haben und durch dein ausgeglichenes Verhalten das beste Beispiel zum Wohle der anderen bieten.

Die alten Grenzen Israels, die deiner Fürsorge anvertraut sind, sollst du heilig und unversehrt halten und niemals ein Abgleiten unserer Rituale oder eine Abweichung von den üblichen Bräuchen und Sitten dulden. Pflicht, Ehre und Dankbarkeit binden dich, dich allen Vertrauens würdig zu erweisen; mit immer mehr Würde sollst du deine neue Rolle ausfüllen und durch Beispiel Gottes System erhalten.

Nichts darf dich von deiner Pflicht abhalten, dich veranlassen, deine Schwüre zu brechen oder das in dich gesetzte Vertrauen zu verraten, aber sei treu und gläubig und folge dem Beispiel des gefeierten Künstlers Taxo, den du früher einmal verkörpert hast.

Ehe wir vergleichen, welche Geheimnisse die beiden Orden gemeinsam haben, schauen wir uns die Dinge an, die eine Mitgliedschaft ausschließen. Hier gibt es große Ähnlichkeiten. Ein Mann durfte der Gemeinschaft von Qumran nicht beitreten, wenn er von einfacher Herkunft war, Narben hatte, an Händen oder Füßen behindert war, lahm oder blind, stumm oder taub war. Auch durfte er kein alter Mann sein, der sich kaum noch auf den Füßen halten konnte und somit in der Gemeinde nicht stehen bleiben konnte. Obwohl es nicht mehr so streng gehandhabt wird, fordert die Freimaurerei trotzdem, dass Kandidaten geistig gesund sein müssen und keinen körperlichen Makel haben dürfen. Jede körperliche Behinderung bedeutet die Verweigerung der Aufnahme. Die Gemeinschaft, die für zirka zweihundertfünfzig Jahre in Qumran lebte, wird heutzutage gern als Mönchskloster der Essener bezeichnet. Dass die Mitglieder Essener waren, ist heute fast überall anerkannt, aber die Bezeichnung »Mönchskloster« ist irreführend, denn es war keine Gemeinschaft zölibatär lebender Männer, die beteten, wenn sie nicht arbeiteten. Aus den Schriftrollen können wir zwar sehen, dass der Zölibat hoch angesehen war, aber es war für die Mitgliedschaft nicht unbedingt erforderlich, obwohl sexuelle Beziehungen als verunreinigend angesehen wurden, und wenn ein Mann auch nur geringfügig Kontakt mit einer menstruierenden Frau gehabt hatte, musste er sich diversen Reinigungsprozeduren unterziehen, ehe er wieder in der Gemeinschaft zugelassen war. In der westlichen Welt von heute liebt man die Etikettierung, alles muss in eine Schublade gesteckt werden – entweder unter »A« oder unter »B«. Wir haben so viele Definitionen und Kategorien aufgestellt, dass es uns stört, wenn man etwas nicht einordnen kann, aber das Besondere an der Gemeinschaft von Qumran ist nun einmal, dass sie sich im Laufe des Vierteljahrtausends, in dem sie existierte, dramatisch veränderte – besonders gegen Ende unter dem Einfluss von Jesus und Jakobus.

Midrasch, Pescher und Parabel

Jedem, der heute das alte Judentum studiert, ist bewusst, dass das jüdische Denken vor mehr als zweitausend Jahren völlig anders war als unseres heute, und man muss die Techniken von »Midrasch«, »Pescher« und »Parabel« begreifen lernen. Der Begriff »Midrasch« ist in seiner Bedeutung dem Wort »Exegese« ähnlich und kann so definiert werden: »Die Untersuchung und Interpretation der hebräischen Schriften mit dem Ziel, theologische Wahrheiten zu entdecken und Regeln herauszuarbeiten, die man befolgen muss.« Dieses Konzept ist eng verwandt mit einer Technik namens »Pescher«, die dem Verständnis gegenwärtiger Ereignisse diente. Es kann erklärt werden als Interpretation oder Erklärung eines Verses der Schrift, in dem eine Feststellung entweder für ein Ereignis oder eine Person der Gegenwart oder für die Zukunft eine Bedeutung hat. So war Midrasch für die Priester und Propheten Israels ein fortlaufender Prozess, mit dem sie Anweisungen erarbeiteten, die das seelische Wohlbefinden des Volkes verbessern sollten – und Pescher war eine Methode, die allem, was in ihrer Umwelt passierte, Sinn verlieh. Sie glaubten, dass Ereignisse nicht zufällig geschahen, sondern festen Mustern unterlagen, die begriffen werden konnten, wenn man die Schriften nur sorgfältig genug studierte. Wenn also etwas Ungewöhnliches geschah, konnte ein weiser Mann sagen: »Und der Pescher von dem und dem ist …« Das bedeutete – wenn sie eine Geschichte aufschrieben, die sich kürzlich ereignet hatte, so folgte sie höchstwahrscheinlich einem alten Muster. Das erklärt auch, warum wir in den Schriftrollen von Qumran und im Neuen

Testament so viele Stellen finden, die aus dem Alten Testament stammen.

Der Begriff »Parabel«, also Gleichnis, ist den Christen wohl bekannt, denn im Neuen Testament steht, dass Jesus diese Erzählform benutzte, um den ungebildeten Menschen in Judäa seine ethischen Grundsätze nahe zu bringen. Diese Methode kann definiert werden als »bildliche Erklärung, die entweder eine Allegorie oder eine Metapher enthalten kann – oder beides –, die eine tiefere Bedeutung enthalten«. Diese Geschichten wurden nicht nur als einfache Analogien benutzt, um weniger gebildeten Juden dabei zu helfen, die Gebote zu verstehen, sie waren auch eine Technik, um komplexe Ereignisse der Gegenwart auf allegorische, das heißt geheime Art zu erklären. Es ist eine unumstrittene Tatsache, dass das Christentum ein jüdischer Kult war und dass die »Erstbesetzung« (Jesus, Johannes, Simon Petrus, Andreas, Judas, Thomas etc.) Menschen waren, die mit den Begriffen Midrasch, Pescher und Parabel umgehen konnten. Diejenigen, die wir vielleicht als »Zweitbesetzung« bezeichnen könnten (Paulus, Matthäus, Lukas etc.), waren ganz anders und mehr im hellenistischen Denkprozess verwurzelt, der unserem Denken heute sehr viel ähnlicher ist. Die Evangelien des Neuen Testaments wurden mit großer Sicherheit erst nach der Zerstörung Jerusalems und Qumrans und nach dem Tod der »Erstbesetzung« geschrieben. Diese Schriften wurden zum Wohl einer Leserschaft verfasst, die in griechischem Sinne dachte und die Lehren als die ihres Christus annahm und eine Lebensgeschichte für Christus darum herumwob – ohne den Bericht eines Augenzeugen hinzunehmen. Um im Neuen Testament die Tatsachen von der Fiktion zu trennen, müssen wir die Schicht des griechischen Denkens entfernen und tiefer gehen, damit wir uns darunter die radikal jüdischen und proto-christlichen Gedanken näher anschauen können.

Es gibt grundlegende Ähnlichkeiten zwischen dem, was die Gemeinschaft von Qumran über sich sagte, und dem, was die frühe christliche Kirche verlauten ließ. Die Urkirche war als Sekte der Anhänger »auf dem Weg« oder »des Weges Gottes« bekannt (Apg 24, 14). Die Gemeinschaft von Qumran benutzte den gleichen Begriff, um sich zu beschreiben. Und noch mehr – beide Gruppen bezeichnen sich als die Armen, die Kinder des Lichts, Erwählte Gottes, die Gemeinschaft des Neuen Testaments oder des Neuen Bundes. Dieser Gedanke, dass die Kirche ein neuer Tempel Gottes ist, in dem durch ein Opfer ein für alle Mal die ganze Welt Buße tut, stammt aus dem achten Kapitel des Hebräerbriefes, in dem eine ganze Passage aus Jeremia zitiert wird.

Die Beschreibung der Kirche des heiligen Petrus ist übrigens ganz ähnlich:

> ... und lasset euch auch selbst wie lebendige Steine aufbauen als ein geistliches Haus zu einer heiligen Priesterschaft, um geistliche Opfer darzubringen, die Gott angenehm sind durch Jesus Christus! Denn es steht in der Schrift: Siehe, ich lege in Zion einen auserwählten, kostbaren Eckstein ... Ihr aber seid das auserwählte Geschlecht, die königliche Priesterschaft, das heilige Volk, das Volk des Eigentums ... (1. Petrus 5–6a; 9a)

Die Parallele zwischen diesen Texten wurde zum ersten Mal 1956 bemerkt, als langsam klar wurde, dass eine ganz besondere Beziehung zwischen den Qumranern und der Urgemeinde in Jerusalem bestand. Was nie kommentiert wurde, war die Beziehung dieser Worte zu einer anderen Organisation – der Freimaurerei. Die ganze Freimaurerei ist ja darauf ausgerichtet, einen visionären Tempel nach Ezechiels Sicht des salomonischen Tempels zu errichten, und uns kam sofort die »Anweisung für die Nordostecke« in den Sinn:

Bei der Errichtung aller großen, repräsentativen Gebäude ist es üblich, den Grundstein im Nordosten des Gebäudes zu legen.

Ihr, die ihr neu aufgenommen seid, steht in der nordöstlichen Ecke der Loge, um diesen Stein zu versinnbildlichen, und aus dem Fundament, das heute Abend gelegt wurde, mögt ihr in Zukunft ein vollkommenes Gebäude errichten, das seinem Baumeister Ehre macht.

Die Geheimnisse von Qumran

Nachdem die Essener gezwungen worden waren, Jerusalem zu verlassen, »suchten« sie zwanzig Jahre lang – wie uns berichtet wurde –, bis ein Mann, den man den Lehrer der Rechtschaffenheit nannte, ihnen »den Weg« zeigte und die Gemeinschaft von Qumran gegründet wurde. Die Schwierigkeit mit den Schriftrollen von Qumran besteht darin, dass sie selten Namen enthalten, und deshalb ist es unmöglich, Personen durch den Vergleich mit anderen Quellen zu identifizieren. Neben dem Lehrer der Rechtschaffenheit tauchen bedeutende Personen auf, die in den Schriftrollen nur als »der sündige Priester« und »der Lügner« bezeichnet werden, die aber offenbar heftige Grundsatzdiskussionen entfacht haben.

Doch wer immer auch der Lehrer der Rechtschaffenheit gewesen sein mag – auf jeden Fall war er ein frommer, heiliger Mann und offenbar ein Nachkomme Zadoks, der seiner Gemeinde offenbarte, dass sie in der »Endzeit« lebte, die die alten Propheten vorhergesagt hatten. Er teilte seinen Anhängern mit, dass Gott seine Feinde in einer letzten großen, himmlischen Schlacht zerschmettern und man danach in das Zeitalter der Rechtschaffenheit eintreten würde. Da die Gemeinschaft das letzte Überbleibsel des wahren Israel –

des Volkes aus dem Bund mit Jahwe – darstellte, würde sie es sein, die die Schlacht schlagen würde, um danach nach Jerusalem zurückzukehren, den Tempel zu reinigen und die richtigen Rituale wieder einzusetzen.

Die Qumraner benutzten mehrere Bezeichnungen für sich. Unter anderem gehörten dazu: »die Gemeinschaft«, »die vielen«, »die Kongregation Israels« und »die Söhne des Lichts«. Und der Mann, der sie am »Ende aller Zeiten« anführen würde, der davidische Messias, hatte Titel wie: »mächtiger Mann«, »Mann des Ruhmes« und »Prinz des Lichts«, der den »Prinz der Dunkelheit« und »die Kongregation Belials (Satans)« besiegen würde. Eine Schriftrolle mit dem Titel »Midrasch über die letzten Tage« berichtet davon, wie die »Kinder Belials« finstere Ränke gegen die »Söhne des Lichts« schmieden werden, damit sie stolpern, und wie die Könige der Völker in der Endzeit gegen die Erwählten von Israel wüten werden. Doch Gott wird sein Volk durch zwei messianische Figuren retten, die sich in der Endzeit erheben werden. Eine stammt aus »dem Geschlecht Davids« und die andere ist der »Deuter des Gesetzes« (Quelle: D. S. Russell, *The Method and Message of Jewish Apocalyptic*).

Aus den Schriftrollen erfuhren wir, dass es ein paar geheime Bücher gab, die Informationen über zukünftige Ereignisse und Hinweise auf bestimmte Rituale enthielten, die Gott enthüllt hatte und die normalerweise nur einigen Auserwählten mündlich weitergegeben wurden, aber jetzt verschlüsselt niedergeschrieben worden waren. Diese Geheimnisse standen unter strengem Verschluss, und es wird behauptet, dass sie lange Zeit geheim von Generation zu Generation weitergegeben wurden, um bis zur »Endzeit« treu bewahrt zu werden. Pater J. T. Milik, der anfangs die Arbeiten an dem Material aus Qumran leitete, fand heraus, dass bestimmte geheime Schriftrollen kryptische Hinweise benutzten, wie zum Beispiel zwei unterschiedliche Alphabete mit willkürlich gewählten Zeichen, die die normalen hebräischen Buchstaben ersetzten, oder eine andere, in der die Schrift von links nach rechts und nicht wie üblich von rechts nach links verlief.

Alles, was wir über die Gemeinschaft von Qumran herausfanden, festigte unsere Überzeugung, dass die Qumraner die geistigen Erben der ägyptischen Könige und die Vorläufer der Tempelritter und Freimaurer waren. Ein wichtiger Beweis kam dank eines anderen Forschers bei der allerersten Auswertung der Schriftrollen vom Toten Meer ans Tageslicht. Dr. Hugh Schonfield entdeckte in vielen der Schriftrollen einen hebräischen Code, den er den »Atbasch-Code« nannte und der dazu benutzt wurde, die Namen von Personen zu verschlüsseln. Das beschrieb er in seinem Buch *The Essene Odyssey*. Kurz vor seinem Tod im Jahr 1988 machte Schonfield noch eine weitere verblüffende Entdeckung – er fand heraus, dass Schlüsselworte, die sowohl bei den Templern als auch bei den Freimaurern benutzt werden, Atbasch-Code sind, die eine geheime Bedeutung haben, wenn man sie entziffert. Zum Beispiel standen die Tempelritter in dem Ruf, etwas mit dem komischen Namen »Baphomet« anzubeten. Man verstand die Bedeutung nicht, bis man es auf Hebräisch schrieb und den Atbasch-Code anwandte. Heraus kam das Wort »Sophia« – das griechische Wort für »Weisheit«.

Hier gab es also eine Verbindung zu den Tempelrittern und daraus folgend auch zur Freimaurerei. Wenn man nämlich den Atbasch-Code auf das Freimaurerwort »Tajo« (»Tacho« ausgesprochen), was vermutlich das Pseudonym des Großmeisters in Spanien war, anwendet, kommt der Name Asaph heraus, des Mannes, der laut einer Reihe von Psalmen am Bau des ersten Tempels in Jerusalem beteiligt war.

Das Hauptthema einiger dieser geheimnisvollen Werke aus der Bibliothek von Qumran kreist um Noah und Enoch, von denen behauptet wurde, dass sie göttliche Geheimnisse von Himmel und Erde empfangen hatten, die über eine Reihe ausgesuchter Eingeweihter weitergegeben wurden. Es gibt den alten Glauben, dass die mythischen Ahnen der menschlichen Rasse große Weisheit besaßen, und es gibt viele Erzählungen, die Enoch und Noah als Bewahrer göttlicher Geheimnisse darstellen. Diese Geschichten tauchen zum Großteil in der apokalyptischen Literatur auf, und obwohl sie so alt sind wie die Genesis, stammen sie ganz klar aus einer anderen, unbekannten Quelle. Wir glauben, dass es sich hier um die mündliche Überlieferung des Auferstehungsrituals handeln könnte, denn es gibt eine lange, unerklärliche geheime Überlieferung zu Enoch. In der Freimaurerliteratur finden sich alte Rituale, die von dem Versuch Sems, Japhets und Hams erzählen, Noah vom Tod zu erwecken. Wir kannten auch die Seitenlinie der Freimaurer, die man »die Schiffszimmerleute« nennt, die diese Tradition der Geheimnisse Noahs pflegt.

Aber es gibt einen noch wichtigeren Aspekt bezüglich der Geheimlehren in der apokalyptischen Tradition, der mit Moses und Esra (den man auch den zweiten Moses nannte) zu tun hat. Heute glaubt man, dass es weit mehr Schriften über Moses gab als die, die bis heute überlebt haben (Quelle: E. Schürer, *Die Geschichte des jüdischen Volkes im Zeitalter Jesu Christi*). Eine, die uns überliefert ist, ist die »Machtübernahme des Moses«, die Hugh Schonfield in seinem Buch *The Essene Odyssey* den Essenern zuschreibt. Sie enthält die folgende Anweisung Mose an Josua:

Empfange diese Schrift, damit du weißt, wie du die Bücher, die ich dir übergeben werde, bewahren kannst. Bringe sie in die richtige Reihenfolge, versiegele sie mit Zedernöl und lege sie in Tonkrügen an die Stelle, die Er zu Beginn der Schöpfung schuf.

Diese Textstelle spricht von geheimen Büchern, die Moses Josua gibt, damit er sie versteckt –

... bis zum Tag der Buße, an dem der Herr am Ende aller Tage verzehrend herniederfahren wird.

Geheime Bücher in Verbindung mit Moses – das ließ uns hellwach werden, denn er war der einzige Mensch, der aus erster Hand die Geheimnisse der ägyptischen Könige kannte, und hier gab er Anweisungen, dass noch vor dem »Ende aller Tage« diese Geheimnisse »an der Stelle, die Er zu Beginn der Schöpfung schuf« gelagert werden sollten. Diese Beschreibung traf für die Juden nur auf einen Ort zu – auf den Felsen unter dem Allerheiligsten des Tempels von Jerusalem, denn hier begann die Schöpfung. Wir wissen, dass die Qumraner den Großteil der Schriftrollen, die sie selbst verfasst hatten, und andere Texte aus ganz Judäa in den Höhlen hinter ihrer Ansiedlung versteckten. Wir wissen auch, dass sie haarklein die Gesetze befolgten, also müssen sie auch diese Anweisung von Moses befolgt haben, weil sie ja sicher waren, dass die »Endzeit« in ihrer Generation hereinbrechen würde. Daraus folgt, dass die Tempelritter, wenn sie ihre Ausgrabungen unter dem Allerheiligsten gemacht hatten – wovon wir immer stärker überzeugt waren –, diese geheimen Schriftrollen gefunden haben mussten.

Zu diesem Zeitpunkt waren wir sehr aufgeregt – hatten wir wirklich eine genaue Anweisung von Moses gefunden, die Geheimnisse unter dem Tempel des Herodes zu vergraben? Eine solche Entdeckung würde einer verführerischen Theorie sofort große Wahrscheinlichkeit verleihen! Wir beschlossen, sofort den Hintergrund der »Machtübernahme des Moses« näher zu untersuchen. Dabei fanden wir heraus, dass die Gelehrten allgemein der Meinung sind, dass diese Schrift wahrscheinlich zu Jesu Lebzeiten geschrieben wurde. Sie gibt einen Überblick über die jüdische Geschichte bis zurück zu den Seleukiden und den Hasmonäern, bis zu jemandem, der als »ein anmaßender König« beschrieben wurde. Man ist der Meinung, dass dieser König Herodes der Große ist. Das Buch beschreibt weiter eine Zeit der Verfolgung, was auf die Regierungszeit des Antiochus Epiphanius passt, und viele Gelehrte glauben, dass dieses Kapitel falsch platziert wurde und eigentlich früher stehen sollte. Danach taucht eine geheimnisvolle Gestalt namens Taxo auf. Dieser beschwört seine Söhne, sich mit ihm in eine Höhle zurückzuziehen und lieber zu sterben, als ihren Glauben zu verraten. Ihr Tod ist der Auslöser für das erwartete Eingreifen Gottes in die Geschichte und für die Errichtung Seines Königreiches. Dieses Königreich wird eher als ein himmlisches, nicht als irdisches verstanden. Man hat viele Versuche unternommen, Taxo als historische Person zu identifizieren, aber bis heute hatte niemand Erfolg damit. Ein paar Autoren haben allerdings versucht zu beweisen, dass er der Lehrer der Rechtschaffenheit war.

Wir hatten jetzt die Bestätigung einer Anweisung von Moses, die Geheimnisse zu vergraben, aber wir hatten auch eine Datierung, die die Entstehung der Schriftrolle nicht früher als zu Jesu Lebzeiten ansetzte, einer Zeit also, in der sich die gesamte Gemeinschaft auf die große Schlacht der »Endzeit« vorbereitete. Aber es war die Erwähnung der nicht identifizierten Person namens »Taxo«, die uns wirklich in Aufregung versetzte. Wir wussten bereits, dass Taxo und Tacho Formen des gleichen Namens waren und dass der Atbasch-Code Tacho mit Asaph übersetzt – also dem Namen des Mannes, der Salomo beim Bau des ersten Tempels in Jerusalem half. Außerdem war es ein Name, der bei Freimaurern für den Großmeister benutzt wurde.

Der Name »Taxo« war kein Geheimnis mehr, weil die Entdeckung des Atbasch-Codes in den Schriftrollen der Qumraner frühere Vermutungen bestätigt, dass es sich um den Leiter der Gemeinschaft – also den Lehrer der Rechtschaffenheit – in den letzten Jahren ihres Bestehens handelte, wie es auch in *Peake's Commentary on the Bible* zu lesen steht. Die Floskel im Text »lieber zu sterben, als ihren Glauben zu verraten« erinnert außerdem stark an den dritten Grad in der Freimaurerei, der sich ganz an »Treue bis zum Tod« orientiert. Auch in den Worten des Hiram Abif, der vom ersten seiner Angreifer attackiert wird, drückt sich das aus:

> Lieber sterbe ich, als das in mich gesetzte heilige Vertrauen zu verraten.

Der einzige logische Schluss, den wir aus diesen Beweisen ziehen konnten, ist der, dass der Leiter der Gemeinschaft von Qumran als geistiger Erbe des Baumeisters des salomonischen Tempels angesehen wurde – des Mannes, den die Freimaurer von heute unter dem Namen Hiram Abif kennen.
Die Verbindungen zum Ritual des dritten Grades der Freimaurerei schienen sich jetzt in unser historisches Puzzle einzufügen, aber das andere Hauptmotiv des freimaurerischen Symbolismus verlangte noch nach näherer Erklärung. Wir mussten genauer untersuchen, ob und wie die Geschichte der beiden Säulen, die in den ersten Graden der Freimaurerei eine so wichtige Rolle spielen, in die Hände der Tempelritter gelangte.

Die Zwillingssäulen

Weil sich die römisch-katholische Kirche fälschlicherweise als die Erbin der Lehren Jesu ausgibt und weil die Christen von heute irrtümlich glauben, dass sie das Recht haben, andere Gruppen von oben herab anzusehen, hält man die Essener von Qumran für eine weitere Splittergruppe, die zu Jesu Lebzeiten im Heiligen Land existierte. Das ist eine hoffnungslos unzulängliche Denkweise bezüglich der Gemeinschaft von Qumran. Sie bildete das Destillat all dessen, was den Juden als Nation wichtig war. Sie behütete den Bund mit ihrem Gott und war die Verkörperung aller Wünsche eines Volkes. Sie war die Essenz des Judentums.

Im Laufe der Jahre war das Herzstück der Diskussion um Qumran die Identität derjenigen Person, die »Lehrer der Rechtschaffenheit« genannt wurde, aber durch die Informationen, die heute verfügbar sind, glauben inzwischen viele Fachleute, dass es nicht nur eine, sondern zwei Personen gegeben haben muss, die diesen Titel trugen – der erste bei der Gründung der Gemeinschaft und der andere in der »Endzeit«. Das stellte auch W. S. LaSor in seinem Buch *The Dead Sea Scrolls and the New Testament* fest. Die Schwierigkeit besteht darin, dass die Gemeinschaft von Qumran nicht ewig gleich blieb, sondern eine blühende, sich entwickelnde Gruppe war, die sich ständig ändern musste, um den Druck auszuhalten, der auf sie ausgeübt wurde. Deshalb beziehen sich die älteren Schriftrollen auf den ersten Lehrer der Rechtschaffenheit, und die jüngeren sprechen über einen späteren geistigen Führer, der sich als »Jakobus der Gerechte« identifizieren lässt. Die Professoren Robert Eisenman und Michael Wise haben den Schluss gezogen, dass dieser Anführer der Qumraner Jakobus war, der Bruder Jesu und der Leiter der Jerusalemer Urgemeinde. Daraus folgt, dass die Jerusalemer Urgemeinde die Gemeinschaft von Qumran war.

Ein berühmter und extrem früher Hinweis darauf wurde von Hegesippus, einem Historiker des zweiten Jahrhunderts, gemacht. Er nannte Jakobus, den Bruder Jesu, »Jakobus den Gerechten«, beschrieb ihn als »einen Naziriten« und behauptete, dass er sich im Tempel zum Fürsprecher des Volkes gemacht hätte. Der gleiche Mann beschrieb Jakobus als »den Rechtschaffenen«, der keinen Wein trank und kein Fleisch aß, er trug die weiße Robe eines Priesters und hatte vom ständigen Beten auf den Knien Hornhaut.

Laut der Schriftrolle, die die Regeln enthält, bestand der Rat der Gemeinschaft aus zwölf vollkommenen und heiligen Männern, die die »Säulen« der Gemeinschaft darstellten, und wir glauben, dass die beiden Hauptsäulen hoch symbolisch waren und die königlichen und priesterlichen Aspekte der Schöpfung und des Bewahrens des »Himmelsreiches« verkörperten – wobei man nie vergessen sollte, dass dieser Begriff niemals etwas Außerirdisches bedeutete: Das Reich, in dem Jahwe in Frieden und Wohlstand über die Juden herrschen konnte, sollte auf Erden errichtet werden. Diese geistigen Säulen waren natürlich die »Nachfahren« der Säulen des vereinigten Ober- und Unterägypten, die über die legendären Säulen Boas und Jachin, die das Osttor von Salomos Tempel geschmückt hatten, in die Gemeinschaft gekommen waren. Für diese frommen, ins Abseits gedrängten Juden verkörperten diese Säulen die Königsmacht des »Mischpat« und die priesterliche Gewalt des »Zedeq«, und wenn man sie verband, trugen sie den großen Bogen des Himmels, den Schlüssel zu der dritten großen Sehnsucht der Hebräer – dem »Schalom«, dem Frieden.

Die Weltsicht der Qumraner stand uns ganz klar vor Augen, während wir eine riesige Menge an Informationen aus den Schriftrollen, der Bibel und anderer zeitgenössischer Literatur zogen, denn wir hatten den Vorteil unserer Kenntnisse der Freimaurerei und der Herkunft des Hiram Abif. Andere haben die ganzen Bestandteile nur fragmentarisch und durcheinander gesehen, aber wenn man erst einmal die großen Umrisse der Gemeinschaft von Qumran respektive der Urkirche erkennt, lösen sich das ganze Durcheinander und alle Widersprüche in Luft auf. Das Diagramm hier illustriert das wichtige Paradigma der Zwillingssäulen.

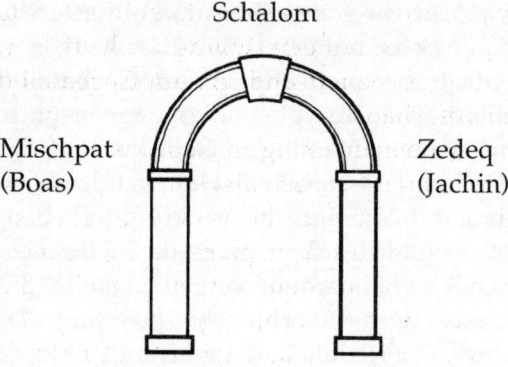

Schalom

Mischpat
(Boas)

Zedeq
(Jachin)

Die Säule zur Rechten ist Freimaurern unter dem Namen »Jachin« bekannt. Jachin war der erste Hohepriester des Tempels, und daher ist es keine Überraschung, wenn man erfährt, dass dies die priesterliche Säule ist, die für die Qumraner die Verkörperung des Heiligen im grundlegenden Konzept des »Zedeq« war. Dieses Wort stand für das Prinzip, welches der göttlichen Ordnung zugrunde lag, und wird gewöhnlich mit »Rechtschaffenheit« übersetzt, obwohl die Meinung geäußert wurde, dass eine bessere Übersetzung wohl »Richtigkeit« oder »allzeit Gutes tun« sei. Wiewohl anders ausgedrückt, ist dieses Konzept genau das gleiche wie das altägyptische Ma'at! Aus unserer Quellenforschung wussten wir, dass »Zedeq« für die Kanaaniter ein Begriff war, der mit dem Sonnengott assoziiert war. Der kanaanitische Sonnengott wurde als großer Richter angesehen, der über die Welt wachte, Fehler richtete und Licht auf das Dunkel verborgener Verbrechen warf. Als die Juden kanaanitische Glaubenssätze in ihr Konzept von Jahwe einschmolzen, wurde »Zedeq« ein Charakterzug von ihm. Alle

Tugenden Jahwes – von der Ernährung seines Volkes dadurch, dass er das Getreide wachsen ließ, bis hin zur Vernichtung von Israels Feinden – waren ein Teil des »Zedeq«. Wie Norman Cohen es in seinem Buch *Cosmos, Chaos and the World to Come* formulierte, wurde dieses Wort weiterhin mit Sonnenlicht assoziiert und so zum Gegenteil der Dunkelheit und des Chaos.

Obwohl die Sonnenanbetung in Religionen, die ihren Ursprung in der sumerischen Zivilisation haben, zu häufig vorkommt, als dass man noch besonderes Aufhebens darum machen sollte, gibt es doch ein paar interessante Ähnlichkeiten zwischen der ägyptischen Gottheit Amun Re und Jahwe, denn beide nutzen ihre wohltätige Macht des Tageslichts dazu, die Kräfte der Dunkelheit und des Chaos zu bekämpfen.

Die linke Säule in König Salomos Tempel wurde »Boas« genannt. Boas war, wie jeder Freimaurer weiß, der Urgroßvater Davids, des Königs von Israel. Daher war dies für die Qumraner die königliche Säule, die für das Haus Davids und das Konzept des »Mischpat« stand. Das wird oft mit »Gericht« übersetzt, aber es bedeutete mehr als das, denn es kennzeichnete die reguläre Herrschaft Jahwes als König und repräsentierte so die göttliche Ordnung.

Die Herrschaft und die Ausübung eines gerechten Gerichts waren stets mit dieser Säule verbunden – in Mizpah (nur eine andere Schreibweise von Mischpat) errichtete Jakob seine erste Säule, und hier wurde auch Saul zum ersten König von Israel ausgerufen.

Wenn diese beiden geistigen Säulen an ihrem Platz sind, der Lehrer der Rechtschaffenheit (Zedeq) zur Linken Gottes ist und der irdische davidische König (Mischpat) zu seiner Rechten, dann wird der Bogen von Jahwes Herrschaft sich darüber wölben, und der Schlüsselstein des »Schalom« wird beides miteinander verbinden. Dieser jüdische Begriff ist vielleicht das berühmteste hebräische Wort überhaupt und wird auf der ganzen Welt als Friedensgruß verstanden. Aber man braucht nicht erst zu betonen, dass er für die Juden der Bibel eine viel komplexere Bedeutung hatte. Schalom, das heute allgemein in der Bedeutung »Frieden« benutzt wird, bedeutete für die Qumraner viel mehr. Es schloss Glück, Wohlstand, Gewinn von Kriegen und allgemeines Wohlbefinden ein. Aber Schalom gab es nicht umsonst. Er musste durch die Etablierung von Jahwes Herrschaft gewonnen werden, was bedeutete, dass man eine moralbetonte Herrschaft einsetzte, die sowohl durch die priesterliche wie auch durch die königliche Säule gestützt wurde.

Der Kern und die Mission der Gemeinschaft von Qumran wurde für ihre Vorsteher durch diesen Symbolismus verständlich, den sie als midraschitische Anweisungen Mose niederschrieben und unter dem Tempel des Herodes vergruben, wo sie später von den Tempelrittern wieder entdeckt wurden. Die Freimaurer haben diese Symbole zwar geerbt, aber im Laufe der Zeit ging ihre Bedeutung verloren. Als die Qumraner wussten, dass die »Endzeit« näher rückte, wurde das Bedürfnis, die Menschen zu finden, die diese Säulen verkörpern konnten, dringender, denn Gott konnte die alte Ordnung erst dann zerstören, wenn der neue Rahmen geschaffen war. Weil diese Positionen wegen der römischen Besatzung und der falschen Priesterschaft in Jerusalem »designiert« und nicht sofort verfügbar waren, wurden die Kandidaten »Messias« genannt, gewissermaßen Anführer im Wartestand.

Je mehr wir über das qumranische Säulen-Paradigma erfuhren, desto sicherer waren wir uns, dass ihre Zeremonien die Freimaurer-Rituale von heute waren. Freudig erregt waren wir, als wir uns die Überreste von Qumran anschauten und herausfanden, dass die Menschen dort einen Pseudo-Tempel errichtet hatten, dessen Eingang ihre Kopien von Boas und Jachin säumten. Die beiden Säulenfundamente existieren noch, und sie stehen vor dem Osttor eines Vestibüls, das zu dem führt, was man oft als das »Allerheiligste« von Qumran bezeichnet. Wir konnten nicht an einen Zufall glauben – die einzigen Säulen der ganzen Siedlung stehen zu beiden Seiten des Osteingangs ihres Tempels. Diese beiden Säulen müssen der Platz gewesen sein, an dem alle wichtigen Initiationszeremonien für die höheren Ränge stattfanden, und sie müssen eine Inspiration für die beiden Messiasse gewesen sein, die kurz vor Beginn der »Endzeit« hierher kamen. Das Werk der Qumraner, das wir die Schriftrollen vom Toten Meer nennen, ist voller wichtiger Informationen für unsere Untersuchungen, und wir waren besonders entzückt, als wir im Fragment einer Schriftrolle namens »Brontologion« Hinweise auf »das Geheimnis der Säulen« fanden.

Der Name »Qumran« galt als modernes arabisches Wort für den Ort, an dem das Kloster der Essener war, und es wurde ihm keine weitere Bedeutung zugeschrieben. Doch wir fanden später heraus, dass das nicht stimmte. Wir hatten nämlich das Glück, über ein Buch des verstorbenen John Allegro zu stolpern, in dem eine vollständige Übersetzung der Kupferrolle zu finden ist (J. Allegro, *The Treasure of the Copper Scroll*). Allegro war Semitist und konnte die Bedeutung des Wortes »Qumran« klar zurückverfolgen. Er beschreibt dessen Wurzeln und stellt fest, dass man es zu der Zeit Jesu und Jakobus' »Qimrôn« genannt hat. Was Allegro entdeckte, bedeutete ihm selbst nichts, und er erwähnt es in seinem Buch nur als interessanten Hinweis, aber für uns war dies von explosivem Interesse!

Die Wurzel des Wortes »Qumran« wird mit »Nische, Bogen, Eingang oder dergleichen« übersetzt. Die Qumraner bezeichneten sich also als »Torbogen«, oder, präziser ausgedrückt, sie waren das Volk der Säulen, die durch einen Bogen miteinander verbunden sind! Der Eingang wurde durch die Säulen des »Zedeq« und des »Mischpat« geschaffen, verbunden durch den heiligen Bogen des »Schalom».

Hier war ein ungewöhnlich schlagender Beweis für unsere These, die die Gemeinschaft von Jesus und Jakobus mit der modernen Freimaurerei verbindet. Die Gemeinsamkeiten gingen weiter, als wir je erwartet hatten.

Die Freimaurer behaupten, »Jachin« würde »etwas begründen« bedeuten. Es war die Aufgabe des priesterlichen oder »zedeq« Messias, die Rechtschaffenheit im Land Israel zu begründen, damit der Tempel wieder aufgebaut werden konnte. Die linke Säule, »Boas«, bedeutet nach Meinung der Freimaurer »Stärke». Das ist die Säule des königlichen oder »mischpat« Messias, der für die Stärke des Königreiches bei der Verteidigung gegen Eindringlinge, in der Rechtsprechung und in Regierungsfragen verantwortlich sein würde. Und die Freimaurer sagen, dass »Stabilität« das Ergebnis ist, wenn beide Säulen miteinander verbunden werden. Für das Konzept des »Schalom« könnte es keine bessere Übersetzung in einem Wort geben. Die Summe von allem ist, dass die modernen Freimaurer die beiden Säulen von König Salomos Tempel in der gleichen Bedeutung nutzen, wie es die Gemeinschaft von Qumran und Jesus, der Christus, taten.

In den Höhlen von Qumran wurden Fragmente eines Testamentes an Levi gefunden, die wahrscheinlich älter sind als die Version in der Bibel. In diesem Dokument gibt es Hinweise auf den Messias, was darauf hinzudeuten scheint, dass die Schrift aus Kreisen stammt, die eher einen levitischen (das heißt priesterlichen) Messias als einen davidischen (königlichen) Messias erwarteten. Wie in *Peake's Commentary on the Bible* zu lesen, lässt die Übersetzung eher den Schluss zu, dass die Autoren einen priesterlichen Anführer neben einem weltlichen erwarteten, wobei der weltliche dem priesterlichen untergeordnet sein würde.

Es gibt viele andere qumranische Texte, wie zum Beispiel

das Damaskus-Dokument mit seinen Hinweisen auf »die Messiasse Aarons (priesterlich) und Israels (königlich)«, die diese Ideen bestätigen, doch dieser wenig bekannte, aber umso beeindruckendere Text macht den Standpunkt klar. In Matthäus 3,3 wird Johannes der Täufer als »Rufer in der Wüste« beschrieben – präzise in den Worten, die auch von der Gemeinschaft von Qumran benutzt wurden, und dies lässt den Schluss zu, dass die Autoren des Evangeliums Schwierigkeiten damit hatten, die Geschichte so zu drehen, dass Jesus als Messias in Erscheinung trat. Es weist auch auf die Tatsache hin, dass selbst noch viel später, als das Evangelium des Lukas geschrieben wurde, viele Leute Johannes den Täufer für den Messias hielten. In Lukas 3,15 steht:

Da aber das Volk in Erwartung stand und alle sich in ihren Herzen über Johannes Gedanken machten, ob er vielleicht der Christus sei …

Dieser Vers wird wahrscheinlich von den meisten Christen überlesen, denn man sucht in der Heiligen Schrift eher Inspiration und nicht historisches Verständnis, aber es handelt sich hier um eine Schlüsselstelle: Allein die Wahl des Wortes »alle« anstelle von »einige« stellt ganz klar, dass jedermann Johannes zumindest als Kandidat Nummer eins für die Stellung des Messias ansah. Dass Johannes und Jesus gemeinsam Messiasse waren, ist in den letzten vierzig Jahren unter den Theologen weithin anerkannt. Wie wir schon vorher entdeckt hatten, sind die Mandäer im südlichen Irak die Nachfahren der Nasoräer, und sie behaupten, dass Johannes der Täufer ihre Sekte gegründet habe, was genau zu dem Zeitpunkt stattgefunden habe, als die Qumraner ihre zurückgezogene essenische Gemeinschaft, wie man sie auch in Ephesus in der Türkei oder auf der Insel Elephantine in

Ägypten fand, aufgaben und einen eigenen Kult entwickelten.

Dieser Beweis wird vielen Christen Angst einjagen, weil alles so fremd ist und ihren Glauben, dass ihr Jesus Christus der einzig wahre Messias war, bedroht, aber das ist nur ein Problem für die, die auf der hellenisierten, übernatürlich korrumpierten Übersetzung des hebräischen Begriffs bestehen. Wenn man das Wort so auffasst, wie es zu jener Zeit von allen verstanden wurde, dann ist es ganz natürlich, Johannes als priesterlichen und Jesus als die »Mischpat«-Säule, den königlichen Messias anzusehen.

Johannes führte ein entbehrungsreiches Leben in der Wüste und läuterte die Seelen der Menschen, indem er sie in den Fluss Jordan tauchte, was eine beliebte Technik der Qumraner war, die ja die meiste Zeit mit dem stehenden Wasser in ihren Zisternen vorlieb nehmen mussten. Er war die Verkörperung der vollkommenen qumranischen Rechtschaffenheit, denn er aß nur erlaubte Nahrungsmittel wie Heuschrecken und wilden Honig, trug ein Gewand aus Kamelhaar und einen Ledergürtel. Aus Johannes' Sicht war das gesamte Jerusalemer Establishment total korrupt, und er hielt vernichtende Predigten dagegen und drängte seine Anhänger, zu büßen und den essenisch-qumranischen Reinigungsritus durch die Taufe anzuwenden. Manche Fachleute glauben, dass Johannes der Lehrer der Rechtschaffenheit war, der in den Schriftrollen beschrieben ist. Obwohl das stimmen mag, ist es uns nicht gelungen, Beweise aufzutreiben, die diese Ansicht stützen könnten. Die Geschichte der Taufe Jesu, wie sie im Neuen Testament beschrieben ist, ist absichtlich von den späteren Autoren der Evangelien erfunden worden, um der nichtjüdischen Leserschaft ein magisches Ereignis zu bieten, aber wie Burton L. Mack in *The Lost Gospel* feststellte, könnte das verlorene Evangelium »Q« ein neues Licht auf das Verhältnis der beiden Männer zueinander werfen.

Folglich war der Gedanke, Johannes habe Jesus getauft, eine Erfindung des Markus, und Johannes erfuhr erst von Jesu Existenz, als seine Schüler ihm von einem neuen weisen Lehrer erzählten, der aus dem Norden gekommen sei und behaupte, jeder römische Zenturio glaube mehr an die Macht Gottes als der durchschnittliche Jude. Jesus muss eine zentrale Gewalt innerhalb der Gemeinschaft von Qumran gewesen sein, und da er aus dem Geschlecht Davids stammte und wohl auch ein begabter Schüler war, ist es nur wahrscheinlich, dass die so genannte Taufe durch Johannes Jesu erste Initiation in die Gemeinschaft von Qumran darstellte. Die Beschreibung der Taube, die auf Jesus niederschwebte, war die klassische hebräische Art auszudrücken, dass jemand Weisheit erlangte. Es ist sogar noch interessanter, wenn man sich anschaut, was mit Jesus nach seiner Taufe passierte. Nach dem Neuen Testament ging er in die Wüste, wo er vierzig Tage und Nächte fastete. Nirgendwo steht, dass er nach diesem Fasten die Wüste verließ, doch die King-James-Bibel sagt uns, dass er dort drei Jahre blieb, und zwar von 27 bis 31 nach Christus – hier muss man anfügen, dass der Begriff »die Wüste« sich durch die gesamten Schriftrollen vom Toten Meer zieht – als Synonym für die Gemeinschaft von Qumran. Daher liegt es nur an unserem modernen Unverständnis für die Umstände in jener Zeit, dass sich Christen vorstellen können, Jesus hätte die ganze Zeit dort allein im Sand gesessen. Inzwischen ist uns die Bedeutung klar – er war in Qumran und machte alle Initiationsriten durch, bis er die höchste Ebene der Bruderschaft erreichte – denn jedes Stadium dauerte ein Jahr, wie Sie sich bestimmt erinnern! Hier lernte er, wie man den Versuchungen des Satans und den Ränken der Führer anderer Nationen widerstand. Im letzten Stadium, nach drei Jahren, lernte er die geheime Technik und die Worte des Auferstehungsrituals, das von Moses her überliefert worden war – das Ritual also, das einen Kandidaten aus einem figurativen Sarg erhob, damit er ein gläubiges und rechtschaffenes Leben in Erwartung des Reiches Gottes führen konnte.

Es ist ziemlich sicher, dass Jesus noch ein weiteres Jahr nach den strengen Regeln der Gemeinschaft lebte, aber nach Johannes' Tod Anfang 32 nach Christus beschloss er, dass der schnellste und wirksamste Weg, das Volk von Israel für das kommende »Himmelreich« in Form zu bringen, der war, die Regeln ein wenig zu lockern – ein typischer Fall vom Zweck, der die Mittel heiligt.

Alle Informationen, die uns zur Verfügung stehen, lassen nur einen Schlug zu: Jesus und sein jüngerer Bruder Jakobus müssen Meisterschüler und hoch qualifizierte Qumraner gewesen sein. Als begabten Lehrer aus dem Geschlecht Davids fragte Johannes der Täufer Jesus, ob er der sei, »der da kommen wird«, nämlich der königliche Messias, der sein Gegenstück bilden würde. Jesus beantwortete die Frage in klassischer »Pescher«-Manier: »Blinde werden sehend und Lahme gehen, Aussätzige werden rein und Taube hören, Tote werden auferweckt, und Armen wird die Frohe Botschaft gebracht« (Mt 11,5). Er meinte damit keinesfalls, dass er all das getan hätte, sondern er bezog sich auf die Wunder, die Jesaja für die Zeit von Israels Wiedererstehen prophezeit hatte. Es war die Bestätigung, dass Jesus mit Johannes darin einig war, dass die »Endzeit« bevorstand und er der Mann war, der dabei helfen konnte, »den Weg zu bereiten«. Jede körperliche und geistige Krankheit wurde als Resultat eines sündigen Lebens angesehen, und jede Krankheit konnte durch ein sündenfreies Leben geheilt werden.

Die Botschaft ist im rekonstruierten Evangelium »Q« ganz klar, wenn es um Jesu Meinung von Johannes geht:

> Als ihr ihn gesehen habt, wusstet ihr, dass Johannes ein Prophet war und keinen königlichen Purpur erwartete.

Aber ihr wusstet nicht, was ich euch jetzt sagen werde, nämlich dass Johannes mehr als ein Prophet war. Er war der, über den geschrieben steht: »Siehe, ich sende meinen Boten vor deinem Angesicht her, der deinen Weg bereiten wird« (Quelle: Burton L. Mack, *The Lost Gospel*).

Dieser frühchristliche Text behauptet fälschlich, dass es Jesus sei, der Johannes als priesterlichen Messias erkannte, anstatt dass Johannes ihn als königlichen Messias ansah. Die Botschaft kommt ganz klar heraus, da man keinen »königlichen Purpur« erwarten darf, weil Johannes bereits der Prophezeite ist – aber nie König wird. Viele Menschen sind durch die Abschnitte in »Q«, in denen Jesus Johannes als »den, der kommen wird« beschreibt und Johannes genau die gleichen Worte auf Jesus anwendet, verwirrt worden. Doch wenn man sich klarmacht, dass sie die beiden Säulen im himmlischen Tor waren, wird ganz deutlich, dass es da gar keinen Widerspruch gab – beide brauchten einander.
Die messianische Priesterschaft Johannes des Täufers dauerte nur sechs Jahre, denn er wurde im Jahr 32 nach Christus enthauptet. Josephus berichtet in seinen »Altertümern«, dass er von Herodes Antipas umgebracht wurde, weil dieser befürchtete, Johannes' Aktivitäten könnten wegen ihrer »messianischen« Natur zu einem Aufstand führen. Es muss ein schwerer Schlag für Jesus gewesen sein, als er hörte, dass sein Gegenstück ermordet worden war. Die Gemeinschaft von Qumran und ihre Anhänger müssen völlig durcheinander gewesen sein, als sie erfuhren, dass eine ihrer Säulen tot war – und das kurz vor der »Endzeit« und dem Kommen des »Reiches Gottes». Obwohl nur wenige Menschen heilig genug waren, um in Betracht gezogen zu werden, Johannes zu ersetzen, scheinen schnell zwei Kandidaten hervorgetreten zu sein, die seine immens wichtige Rolle ausfüllen konnten. Einer sollte der Führer der Gemeinschaft von Qumran

werden – Jakobus der Gerechte. Und der andere war sein älterer Bruder – der Mann, den wir Jesus nennen!

Nachdem wir mit unserem neuen felsenfesten Wissen über die Bedeutung der Zwillingssäulen angefangen hatten, das Neue Testament und die Schriftrollen vom Toten Meer zu lesen, tauchten völlig neue Aspekte auf. Wir fragten uns, warum keinem anderen das Offensichtliche aufgefallen war, aber schließlich war noch niemandem eingefallen, die Rituale der Freimaurerei und die der alten Ägypter mit dieser Zeit in Verbindung zu bringen. Die Ader, die wir entdeckt hatten, erwies sich als äußerst ergiebig, und wir konnten nur hoffen, dass unser Glück anhalten würde, als wir anfingen, uns das Leben der Königssäule, also Jesus, den Christus selbst, genauer anzuschauen.

Unser Blick auf das Heilige Land zur Zeit Jesu hatte uns zu dem Schluss geführt, dass die Gemeinschaft von Qumran trotz ihrer geringen Größe die bis jetzt bei weitem wichtigste Gruppe unserer Forschungsarbeit war. Wir wussten, dass sie die Verfasser der Schriftrollen vom Toten Meer waren, und wir waren inzwischen zu der unumstößlichen Ansicht gelangt, dass die Namen »Gemeinschaft von Qumran«, »Essener«, »Nasoräer« und »Jerusalemer Urkirche« alle ein und dieselbe Gruppe meinten.

Als wir uns die Zeit der Hasmonäer anschauten, fiel uns auf, dass die römisch-katholische Bibel und die King-James-Bibel nicht übereinstimmten, denn in der Letzteren fehlen beide Bücher über die Makkabäer. Die Katholiken zeichnen die Hasmonäer als jüdische Helden – doch die Protestanten erwähnen sie nicht einmal. Dies wies auf eine Verbindung zwischen den anti-hasmonäisch eingestellten Qumranern und der besseren Gesellschaft im England des siebzehnten Jahrhunderts hin – eine Verbindung, die nur mittels der Templer und der Freimaurer hergestellt werden konnte.

Wir hatten viele Verbindungen zwischen den Qumranern und den Freimaurern festgestellt – von ihrer Rangordnung und den entsprechenden Ritualen bis hin zu der Tatsache, dass beide während der Initiation Münzen oder andere metallische Objekte verbieten. Aus den Schriftrollen vom Toten Meer wussten wir, dass Wahrheit, Rechtschaffenheit, Güte, Gerechtigkeit, Ehrlichkeit, Demut und brüderliche Liebe ihre Kernbegriffe waren. Dass sie damit die spirituellen Erben der ägyptischen Könige und die Vorläufer der Tempelritter und der Freimaurer waren, schien uns jetzt sicher zu sein.

Aus den Schriftrollen hatten wir auch erfahren, dass es geheime Bücher gab, die Hinweise auf bestimmte Rituale enthielten, die Gott selbst offenbart hatte. Sie wurden normalerweise nur mündlich an Auserwählte weitergegeben, waren aber jetzt verschlüsselt niedergeschrieben worden. Diese Geheimnisse waren wirklich sehr geheim, und es wird behauptet, dass sie von Generation zu Generation mittels einer verborgenen Tradition weitergegeben wurden. Zusätzlich hatten wir einen Hinweis auf »das Geheimnis der Säulen« gefunden.

Unsere frühere Vermutung, dass die Tempelritter das »Allerheiligste« ausgegraben und geheime Schriften gefunden hatten, war durch die qumranische »Machtübernahme des Moses« gestützt worden, in der die Gemeinschaft angewiesen wurde, ihre kostbarsten Rollen genau an dieser Stelle zu verstecken.

Es steht außer Zweifel, dass der Leiter der Gemeinschaft von Qumran als geistiger Abkömmling des Baumeisters des salomonischen Tempels angesehen wurde, des Mannes also, den die Freimaurer von heute unter dem Namen Hiram Abif kennen. Und wir sind davon überzeugt, dass Jakobus, der Bruder Jesu, der »Jakobus der Gerechte« aus den Schriftrollen vom Toten Meer und der Leiter der Urkirche von Jerusalem war.

Die Aussage des qumranischen Säulen-Paradigmas wurde klar, denn zur Linken des Tores steht »Zedeq« und »Mischpat« zur Rechten, und Jahwe verbindet beides mit »Schalom«. Johannes der Täufer und Jesus waren eine gewisse Zeit lang zusammen Messiasse, aber nach der Hinrichtung von Johannes spitzte sich die Lage zu. Wir mussten jetzt dringend herausfinden, was genau in dieser Schlüsselperiode ablief – besonders zwischen Jesus und Jakobus.

12.
Der Mann,
der Wasser in Wein verwandelte

Ein Wettlauf mit der Zeit

Bei unseren Nachforschungen in der Vergangenheit waren wir dabei, in das sensibelste Gebiet von allen vorzudringen, und wir beschlossen, uns hinzusetzen und gründlich zu überlegen, was wir eigentlich vorhatten. Es schien sicher zu sein, dass unsere Schlüsse, gelinde ausgedrückt, kontrovers sein würden, und wir hatten das Gefühl, dass es diesmal wichtiger als je zuvor sein würde, alles, was wir behaupteten, auch zu belegen. Die meisten Christen kennen einen Jesus, den sie sich selbst – aus Kindermärchen und aus dem Bedürfnis heraus, wenigstens etwas absolut Gutes in ihrem Leben zu haben – geschaffen haben. Doch wir waren in erster Linie der Wahrheit verantwortlich, und nach einer Diskussion beschlossen wir, alles, was wir finden würden, so klar wie möglich aufzuschreiben. Was wir fanden, zeichnete eine Gestalt, die ungeheure Macht besaß und sehr beeindruckend war.

Das erste, was uns bei Jesus überraschte, war, dass seine »Herrschaft« nur ein Jahr dauerte – vom Tod Johannes des Täufers bis zu seiner Kreuzigung. Aus allen Beweisen ging bald hervor, dass selbst diese kurze Zeitspanne von Verbitterung und politischen Grabenkämpfen erfüllt war – was besonders für das Verhältnis zwischen Jesus und Jakobus galt.

Alles deutete darauf hin, dass Jesus – oder Jehoshua ben Joseph, wie ihn seine Zeitgenossen nannten – in Jerusalem und Qumran nicht gern gesehen wurde. Sein Vorgehen war so radikal, dass weder seine Familie noch die meisten Qumraner Verständnis dafür hatten.

Zu Lebzeiten Johannes des Täufers hat Jesus wahrscheinlich nach den gleichen strengen Regeln gelebt wie Johannes, aber nach dem Verlust des priesterlichen Messias wurde Jesu Strategie radikaler (so drückt es auch G. W. Buchanan in *Jesus – The King and His Kingdom* aus). Er beschloss, dass es besser für das Wohl des Volkes sei, das Gesetz zu brechen.

Die Qumraner waren zufrieden damit, dass Jesus die linke Säule des Mischpat bildete, was ihn zum königlichen Messias oder zum König der Juden im Wartestand machte, aber sie konnten ihn nicht gleichzeitig als rechte Säule akzeptieren. In der Bibel steht, dass Jesus zur Rechten Gottes, des Vaters, sitzen wird, was bedeutet, dass er die linke Säule verkörpert, denn wenn Gott Richtung Osten durch das Tempeltor schaut, wird die Mischpat-Säule zu seiner Rechten sein.

Das ließ in uns die Vermutung reifen, dass Jakobus der Gerechte seinem Bruder gesagt haben musste, dass man ihn nicht als heilig genug erachtete, beide Säulen zu verkörpern. Aber Jesus ignorierte das und verkündete, er sei die Inkarnation der beiden irdischen Säulen, die durch Gott miteinander verbunden seien. Während die Idee dieser drei Punkte der Macht sich in uns etwas setzte, kamen wir nicht umhin uns zu fragen, ob das wohl die Quelle der Heiligen Dreifaltigkeit war – Gott, der Vater, Gott, der Sohn und Gott, der Heilige Geist.

Für uns war die seltsame Sache mit dem Heiligen Geist sowieso immer schwer verständlich gewesen, denn es scheint überhaupt keinen Sinn zu machen. Keiner unserer christlichen Freunde konnte bis jetzt erklären, was mit dieser seltsamen Bezeichnung eigentlich gemeint ist. Wenn die frühe römisch-katholische Kirche die Bedeutung der göttlichen Dreifaltigkeit von der Jerusalemer Urgemeinde aufgeschnappt hat, dann scheint es möglich zu sein, dass hier ein Übersetzungsfehler vorliegt. Wenn Jesus, der Christus, behauptete, beide irdischen Säulen des Dreiecks zu bilden, können wir wohl erkennen, wo das Bild durcheinander gebracht worden ist.

Wie wir im weiteren Verlauf zeigen werden, weisen alle Beweise darauf hin, dass die meisten – Maria und Joseph eingeschlossen – Jakobus die Stange hielten. Jesus glaubte, dass die letzte Schlacht mit den Römern und ihren Anhängern kurz bevorstehe, und er glaubte die besten Chancen zu haben, den Krieg für Jahwe zu gewinnen.

G. W. Buchanan hat in *Jesus – The King and His Kingdom* bemerkt, dass Jesus ein Soldat war und dass es einem objektiven Historiker unmöglich sei, alle militärischen Anspielungen der Lehre von und über Jesus *nicht* zu bemerken. Jesu Rolle war es, den Krieg zu führen und der neue König zu werden.

Professor Eisenman hat in einer Sendung der BBC am 22. März 1993 über die Schriftrollen vom Toten Meer gesagt:

> Die Sache, über die wir aus unserer neuen Sicht der Schriftrollen vom Toten Meer sprechen, ist eine messianische Bewegung, die viel aggressiver, viel apokalyptischer, viel militanter und viel weltlicher orientiert ist – eine Art von Gottesheer in Feldlagern am Toten Meer – oder in der Wüste – eine Gruppe, die sich auf einen letzten apokalyptischen Krieg gegen alles Böse auf Erden vorbereitet.

Als hochintelligenter Mensch wusste Jesus von Anfang an, dass die Zeit nicht auf seiner Seite war. Er musste das Herankommen der »Endzeit« beschleunigen und sich vor den mächtigen Feinden schützen, die bereits eine Säule gestürzt hatten. So ernannte er als Erstes ein paar persönliche Leibwächter, die ihn schützen sollten, und danach verfolgte er die Taktik, dauernd umherzuziehen und nur kurz an einem Ort zu bleiben. Seine fünf »Hauptwächter« waren Jakobus und Johannes, die er »Söhne des Donners« nannte, zwei namens Simon, der eine trug den Beinamen »der Zelot« und der andere »der Terrorist« (Barjona), dazu kam noch Judas »der Messerwerfer« (Sicarius). Alle waren Unruhestifter, und in Lukas 22,35–38 erfahren wir, dass sie Jesus gestanden, sie hätten bereits zwei Schwerter, nachdem er sie ausgeschickt hat, ihre Kleider zu verkaufen, um Waffen zu erwerben.

Und er sprach zu ihnen: Als ich euch ohne Beutel und Tasche und Schuhe aussandte, habt ihr da an etwas Mangel gehabt? Sie aber sagten: An nichts!
Da sprach er zu ihnen: Aber jetzt, wer einen Beutel hat, nehme ihn, gleichfalls auch [wer] eine Tasche [hat], und wer kein Schwert hat, verkaufe seinen Mantel und kaufe eins!
Denn ich sage euch: Dieses Schriftwort muss sich an mir erfüllen: »Und er ist unter die Übeltäter gezählt worden.« Denn was mir bestimmt ist, kommt [jetzt] zu Ende. Sie aber sagten: Herr, siehe, hier sind zwei Schwerter. Er aber sprach zu ihnen: Es ist genug.

Für den Erfolg von Jesu Plan mussten zwei wichtige Voraussetzungen erfüllt sein – mehr Anhänger und mehr Geld. Beides musste schnell beschafft werden, wenn er jemals auf dem Thron von Jerusalem sitzen wollte. Die Priesterschaft in Jerusalem war bereits reich, weil sie Teilhaberschaften an der jüdischen Religion im ganzen Römischen Reich an

Nichtjuden verscherbelte. Gegen große Geldsummen erhielten sie einen Stein aus dem Jordan. Jesus musste diese Leute dringend entmachten. Sein erster Gedanke war ein Geniestreich, aber auch einer, der in der Gemeinschaft von Qumran Panik und Empörung auslöste. Er begann nämlich damit, einfache Menschen in den ersten qumranischen Grad einzuführen, und – was noch schlimmer war – er ließ einige seiner größten Anhänger »auferstehen« und versetzte sie damit in den höchsten Rang, denn er gab ihnen die Geheimnisse Mose.

Das Neue Testament weist darauf hin, dass Jesus eine Elitetruppe besaß, die bestimmte Geheimnisse kannte. Schon ziemlich zu Beginn von Jesu »Herrschaft« scheint es einen inneren Kreis gegeben zu haben, der aus seiner engsten Gefolgschaft bestand und mit dem er besondere Geheimnisse teilte. Einige Fachleute (darunter auch Morton Smith in *The Secret Gospel*) haben hier drei Gruppen gefunden – die erste Mannschaft, eine Gruppe von weniger engen Anhängern, zu der auch Familienangehörige und betuchte Bekannte gehörten, denen das Geheimnis nicht mitgeteilt worden war, und die Außenseiter, das heißt die uninteressierten oder feindselig eingestellten Menschen der Umgebung.

Es ist gewiss, dass den Auserwählten ein Geheimnis enthüllt wurde, aber bis jetzt konnte niemand erklären, um welches Geheimnis es sich handelte. Wir waren sicher, dass wir die Antwort kannten, aber wir mussten objektiv bleiben und durften nicht unsere Schlussfolgerungen den Fakten aufpfropfen. Glücklicherweise mussten wir das auch nicht, denn die Evangelienschreiber hatten diese Arbeit bereits für uns erledigt.

Jesu erstes Wunder bestand darin, dass er auf der Hochzeit zu Kana Wasser in Wein verwandelte. Als wir uns diese Geschichte im Kontext all dessen, was wir herausgefunden hatten, ansahen, waren wir sicher, dass das keine Zaubershow im Stile eines David Copperfield war, sondern sein erster Versuch, Anhänger außerhalb der Gemeinschaft bei einem wichtigen Ereignis zu rekrutieren. Die Phrase »Wasser in Wein verwandeln« ist der deutschen Redewendung »aus Dreck Gold machen« gleichzusetzen. Es bezog sich darauf, dass Jesus die Taufe benutzte, um gewöhnliche Menschen in solche zu verwandeln, die imstande waren, das »Himmelreich« in Vorbereitung auf die »Endzeit« zu betreten. In der Sprache von Qumran waren die Unerleuchteten das »Wasser« und die Ausgebildeten und Erleuchteten der »Wein«. Wenn man diese Redewendung wörtlich nimmt, wie es ein paar weniger informierte Christen tun, dann kann man auch gleich glauben, dass jemand die Fähigkeit besitzt, aus Dreck wirklich Geld zu drucken.

Der Gedanke, dass Jesus herumreiste und ein paar auserwählte Menschen vom Tod auferstehen ließ – und das in einem Land, in dem täglich Hunderte starben! –, ist eine allzu wörtliche Umsetzung von etwas, was weit irdischer war. Denn wie wir inzwischen wissen, wurde man in Qumran durch die Zeremonie in den inneren Kreis aufgenommen, die anderthalbtausend Jahre zuvor nach dem Mord an Seqenenre in Theben entwickelt worden war und die bis ins vierte Jahrtausend vor Christus zu der Krönungszeremonie der alten ägyptischen Könige zurückreichte. Wir waren vertraut mit dem Konzept, bei dem die Initiierten die »Lebendigen« waren und jeder andere als »Toter« bezeichnet wurde. Die Gemeinschaft von Qumran hatte den festen Glauben, dass man nur in der Gemeinschaft »leben« konnte, und ein paar Juden glaubten, dass man nur in einem Palästina, das von der römischen Herrschaft befreit war, »lebendig« sein konnte. Wir lasen bei G. W. Buchanan, dass es zu dieser Zeit bei jüdischen Sekten allgemein üblich war zu glauben, dass alle anderen Juden religiös gesehen »tot« waren.

Diese Thematisierung der Auferstehung während des Lebens war uns bereits untergekommen, als wir uns mit den gnostischen Evangelien beschäftigten, und deshalb war uns der Gedanke, dass die nicht Auferstandenen als »Tote« bezeichnet wurden, nicht fremd.

Was wir bis jetzt herausgefunden hatten, ließ erkennen, dass die Qumraner eine simulierte Auferstehung beim Zugangsritual des »dritten Grades« der Sekte benutzten, und aus den Schriftrollen vom Toten Meer geht völlig unstrittig hervor, dass sie alle außerhalb ihrer Gemeinschaft als »tot« ansahen, und aus dem Neuen Testament wird deutlich, dass Jesus genau die gleichen Techniken benutzte. Wenn er jemand in diese Absplitterung der Gemeinschaft von Qumran aufnahm, verwandelte er »Wasser in Wein«, und wenn er einen neuen Kandidaten in seinen inneren Kreis einführte, wurde dieser »von den Toten auferweckt«. Diese zweigleisige Struktur wurde von frühen Christen aufgezeichnet, die sagten, dass Jesus den »vielen« einfache Lehren anbot, aber nur »wenigen« geheime Lehren mitteilte. Klemens von Alexandria erwähnt diese geheime Überlieferung in einem Brief (wir haben das bereits in einem früheren Kapitel besprochen), aber auch Valentinus, ein christlicher Lehrer um die Mitte des zweiten Jahrhunderts, schrieb, dass Jesus mit seinen Jüngern »gewisse Geheimnisse« teilte, die er »vor Außenstehenden verborgen hielt«. Das wird vom Neuen Testament in Markus 4,11 bestätigt:

Da sprach er zu ihnen: Euch ist das Geheimnis des Reiches Gottes gegeben, jenen aber, die draußen sind, wird alles in Gleichnissen zuteil.

Diese Auferstehung, die dazu dienen sollte, Menschen, die »tot« waren, hereinzubringen, wurde »Erweckung« genannt, und sie wurde wieder zurückgenommen, wenn man die Regeln der Sekte missachtete, was wiederum – ziemlich logisch – »begraben« oder »abfallen« genannt wurde. Ein klassisches Beispiel für diesen Vorgang fanden wir im Neuen Testament in der Geschichte von Ananias und Sapphira, die zur Zeit der Krise nach der Kreuzigung Mitglieder der Sekte waren. Jakobus befahl, so viel Geld wie möglich zur Verteidigung der Sekte zusammenzutragen, und jedes Mitglied des inneren Kreises war verpflichtet, allen Besitz zu veräußern und den Ertrag der Gemeinschaft zufließen zu lassen. Es wurde entdeckt, dass Ananias und Sapphira zwar den Verkauf getätigt hatten, aber etwas Geld für sich behalten hatten, und sie wurden beide nacheinander vor Petrus geführt, der beschloss, an dem Paar ein Exempel zu statuieren, um anderen ähnliche Ideen auszutreiben. Die Geschichte wird in der Apostelgeschichte 5,1–11 erzählt:

Ein Mann mit Namen Ananias samt seiner Frau Sapphira veräußerte ein Gut und schaffte unter Mitwissen der Frau von dem Erlös [etwas] auf die Seite, brachte einen Teil und legte ihn den Aposteln zu Füßen. Petrus sprach: Ananias, warum hat der Satan dein Herz erfüllt, den Heiligen Geist zu belügen und vom Erlös des Grundstücks [etwas] auf die Seite zu schaffen? Gehörte es nicht auch ferner dir, wenn es [unverkauft] blieb, und war es nach dem Verkauf nicht zu deiner Verfügung? Warum hast du in deinem Herzen diese Tat beschlossen? Du hast nicht vor Menschen, sondern vor Gott gelogen.
Als aber Ananias diese Worte hörte, fiel er hin und verschied. Und große Furcht kam über alle, die es hörten. Die jüngeren Männer nun standen auf, legten ihn zurecht, trugen ihn hinaus und begruben ihn. Es begab sich aber nach Verlauf von etwa drei Stunden, da trat seine Frau ein, ohne zu wissen, was geschehen war. Petrus nun redete sie an: Habt ihr das Grundstück für so viel verkauft? Sie sagte: Ja, für so viel. Petrus aber [sprach] zu

ihr: Warum seid ihr übereingekommen, den Geist des Herrn zu versuchen? Siehe, die Füße derer, die deinen Mann begraben haben, sind an der Türe, und sie werden dich hinaustragen.

Da fiel sie sofort zu seinen Füßen hin und verschied. Als nun die Jünglinge eintraten, fanden sie sie tot; und sie trugen sie hinaus und begruben sie bei ihrem Manne. Und es kam große Furcht über die ganze Gemeinde und über alle, die davon hörten.

Für diejenigen, die in der Bibel lesen, ohne die Terminologie jener Zeit zu kennen, muss es so aussehen, als hätte ein kleinlicher Gott durch übernatürliche Kräfte ein Ehepaar umgebracht, weil es Seine »Mannschaft« nicht genug unterstützte. Das zeichnet Gott als parteilich und grausam – wie Jahwe im Anfang auch war – und ist meilenweit entfernt von dem Gott der Liebe und Vergebung, wie ihn Jesus predigte. Doch nachdem wir wissen, wie es in der Gemeinschaft von Qumran ablief, erkennen wir, um was es sich wirklich handelte – um ein Disziplinarverfahren, dessen Ergebnis der Ausschluss von zwei Mitgliedern war, die zu den »Toten« zurückgeschickt wurden. Der Ausdruck »Jünglinge«, der in diesem Abschnitt benutzt wird, ist durchaus kein unnötiger Hinweis auf das Alter dieser Helfer, sondern ist einfach der in Qumran übliche Ausdruck für Novizen – das Gegenteil der »Ältesten«. Wieder unter die »Toten« geworfen zu werden war in dieser kritischen Zeit eine schreckliche Strafe für die, die glaubten, dass »das Königreich Gottes« in ein paar Tagen kommen würde – sie hatten damit ihre Eintrittskarte für die neue Ordnung, die in Israel entstehen würde, verspielt.

Manchmal erlitten Menschen einen »kurzfristigen Tod«, weil sie den inneren Kreis verließen und dann wieder aufgenommen wurden. Ein Beispiel dafür war Lazarus, der die

Nerven verlor, als der Tod von Jesus unausweichlich schien und er seinen Schwestern Maria und Martha erklärte, dass er Angst habe und den inneren Kreis verlassen wolle. Vier Tage später traf Jesus ein, und Maria sagte zu Jesus, dass Lazarus wohl nicht »tot« wäre, wenn Jesus da gewesen wäre, um mit ihm zu sprechen. Jesus suchte daraufhin Lazarus und überredete ihn, wieder zu den »Lebenden« zurückzukehren. Die Erweckung des Lazarus ist immer als eines der größten Wunder Jesu, das in den Evangelien aufgezeichnet wurde, angesehen worden, aber da uns jetzt die Terminologie der Juden im ersten Jahrhundert klar ist, können wir diese unnötige, nekromantische Interpretation getrost vergessen.

Diese Art, die Ausdrücke »Lebende« und »Tote« zu verwenden, hat über jeden Zweifel erhaben gezeigt, dass es die gebräuchliche Terminologie zur Zeit Jesu war, und wer darauf besteht, das wörtlich zu verstehen, leugnet nicht nur alle Beweise, sondern tut unserer Meinung nach auch einem einzigartigen und brillanten Lehrer bitter Unrecht. Allein die Idee, eine verwesende Leiche wieder zum Leben zu erwecken, wäre damals für jeden Juden ein verabscheuungswürdiger Gedanke gewesen, und für moderne Christen ist es absurd, zu glauben, dass es jemals eine Zeit gegeben haben könnte, in der über solche Dinge nebenbei gesprochen wurde.

Das ist genauso absurd, als würde man glauben, dass es in Bagdad eine Zeit gab, in der fliegende Teppiche das gebräuchliche Verkehrsmittel waren. Menschen, die im Allgemeinen pragmatisch sind, scheinen allen Ernstes glauben zu wollen, dass diese Lächerlichkeit in der Vergangenheit in irgendeinem untergegangenen »goldenen Zeitalter« geschehen ist.

In Wirklichkeit war Jesus kein Weichling, der, wo immer er war, Liebe und Freundlichkeit verbreitete. Nach heutigen

Maßstäben war er sogar extrem hart, denn er verlangte von seinen Jüngern, dass sie jede Verbindung zu ihren Familien abbrachen, wie er selbst es auch getan hatte. Ein Beispiel dafür ist in Matthäus 8,21–22 zu finden. Diese Verse sind von der Kirche immer sehr merkwürdig erklärt worden:

> Ein anderer aber von den Jüngern sagte zu ihm: Herr, erlaube mir, zuvor hinzugehen und meinen Vater zu begraben. Da sagte Jesus zu ihm: Folge mir nach, und lass die Toten ihre Toten begraben.

Zu versuchen, diese Stelle wörtlich zu nehmen, ist sogar noch schwerer als die Sache mit »dem Wasser, das in Wein verwandelt« wird, aber es ist klar, was Jesus meinte, nämlich: »Lass doch die da draußen (die Toten) für sich selbst sorgen, denn wir haben in der Gemeinschaft dringendere Sachen zu erledigen.« Falls jetzt der geneigte Leser glauben sollte, dass wir diesen Aspekt von Jesu Lehren überstrapazieren, dann sollte er oder sie sich doch einmal Lukas 14,26 anschauen, wo er seine Jünger auffordert, ihre Familien zu »hassen«.

In der Bibel finden sich einige Hinweise auf das gespannte Verhältnis zwischen Jesus und seiner Mutter und seinen Brüdern – am klarsten wohl in Matthäus 12,46–50:

> Als er noch zur Volksmenge redete, siehe, da standen seine Mutter und seine Brüder draußen und verlangten, mit ihm zu reden. Er aber antwortete und sprach zu dem, der es ihm sagte: Wer ist meine Mutter, und wer sind meine Brüder?
> Und er streckte seine Hand über seine Jünger aus und sprach: Siehe, das sind meine Mutter und meine Brüder! Denn wer den Willen meines Vaters in den Himmeln tut, der ist mir Bruder und Schwester und Mutter.

341

Das zeigt, dass Jesus keine Zeit für seine Familie hatte, aber auch, dass sie versuchten, mit ihm Frieden zu schließen, nachdem man mit ihm gebrochen hatte, als er sowohl die »priesterliche« als auch die »königliche« Rolle des Messias übernahm. Es ist sicher, dass irgendwann vor der Kreuzigung Jesu Bruder und Rivale um die Rolle des »Priestermessias« erkannte, wie klug sein Bruder mit seinem ungewöhnlichen Vorgehen gehandelt hatte, und die neuen Lehren akzeptierte.

Jesus war unter dem Namen Jehoshua ben Joseph bekannt, was übersetzt heißt: »der Retter, Sohn des Joseph«, aber im Neuen Testament findet sich nirgendwo eine Stelle, in der Jesus seinen Vater erwähnt – wobei das kaum überrascht, denn er hatte seinen Jüngern ja befohlen, niemanden auf Erden Vater zu nennen (Mt. 23,9). Die Jünger mussten ihre Familien verlassen und so leben, als hätten diese nie existiert, damit ihre ganze Loyalität sich auf die »Gruppe« konzentrierte. Im Vaterunser lehrte Jesus die Apostel, dass sie angewiesen waren, Gott als »Vater« zu bezeichnen – ein vollkommener Ersatz für ihren leiblichen Erzeuger. Von diesem Standpunkt aus kann man leicht erkennen, warum die nichtjüdischen, hellenisierten Christen das alles komplett missverstanden und es wörtlich nahmen. Sie glaubten daran, dass Jesus irgendwie der »Sohn Gottes« war – trotz der Tatsache, dass er sich auch »Menschensohn« nannte, zu jener Zeit ein gebräuchlicher Titel für jemanden, der Anspruch darauf erhob, ein Messias zu sein. Diese Beschreibung von Gott als Vater und sich selbst als ältestem oder erstgeborenem Sohn lässt sich gut verstehen, denn als der Mensch, der der neue davidische König der Juden werden sollte, würde er nur der irdische Regent für Jahwe sein – und in diesem theokratischen Staat wäre Jahwe immer der erste Herrscher.

In der Bibel steht das Vaterunser wie folgt:

Unser Vater,
der Du bist in den Himmeln,
Dein Name werde geheiligt.
Dein Reich komme.
Dein Wille geschehe
wie im Himmel, [so] auch auf Erden.
Gib uns heute unser tägliches Brot.
Und vergib uns unsre Schulden,
wie auch wir vergeben haben
unsern Schuldnern.
Und führe uns nicht in Versuchung,
sondern erlöse uns von dem Bösen.
Denn Dein ist das Reich und die Kraft
und die Herrlichkeit. In Ewigkeit. Amen. (Mt 6,9–13)

So wie wir die Terminologie und die Absichten von Jesus und seiner Splittergruppe verstehen, kann das Ganze auch wie folgt übersetzt werden:

Groß ist Dein Name, Jahwe.
Israel wird Dein Reich werden.
Das heilige Leben, das Du bringst, wird in Israel geführt werden.
Unterstütze uns, bevor Dein Reich kommt.
Vergib uns, wenn wir Deine Forderungen nicht erfüllen, so wie wir denen vergeben, die uns enttäuschen.
Und mach uns das Leben nicht zu schwer, um unseren Entschluss zu testen, sondern hilf uns, Irrtümer bei unseren heiligen Unterfangen zu vermeiden.
Israel gehört Dir und die Macht, über uns zu herrschen, und die Herrlichkeit, in Ewigkeit. Lass es so sein.

Man muss sich dabei unbedingt bewusst machen, dass das Wort »Versuchung« in einem anderen Sinn gebraucht wird, als wir es heute im Deutschen tun. Eigentlich bedeutete es »Test«, in dem Sinne, dass einer Person viel Böses widerfuhr, um zu sehen, wie viele Strafen ein Mensch ertragen konnte, und nicht, dass eine Person etwas anderes begehrte.

Schon hieraus kann man erkennen, wie komisch es für Nichtjuden ist, dieses völlig israelitische Gebet für ihre Zwecke zu benutzen. Denn es diente einzig und allein dem Zweck, einen jüdischen Gott zu bitten, Israel die Selbstbestimmung zurückzugeben, denn Jesus hatte kein Interesse an allem, was außerhalb seines kleinen Reiches lag. Andere Begriffe, die er benutzte, wie »Brüder« und »Nächste«, bezogen sich auch auf die Mitglieder in der Gemeinschaft, nicht auf die ganze Welt. Wir haben die Überarbeitung des Vaterunsers als Umsetzung der wahren Bedeutung verstanden und nicht die Übersetzung der Worte genommen, wie die Bibel es tut. Die Tatsache, dass die Worte, die Jesus benutzte, eine vollständig jüdische Bedeutung hatten, wurde nicht von uns entdeckt, sondern ist heute allgemein akzeptiert, selbst in so verwaschenen christlichen Werken wie *Peake's Commentary on the Bible.* Es ist heute klar, dass Jesus nur über seinen politischen Kampf sprach, der zum Ziel hatte, die Juden für alle Zeiten von fremder Besatzung zu befreien.

Der neue Weg zum Reich Gottes

Das Ende des gegenwärtigen Zeitalters und der Beginn des »Reiches Gottes« machte es erforderlich, den Hohen Priester des »Zedeq« im Tempel und den davidischen König des »Mischpat« auf dem Thron zu haben, sodass Jahwe dafür sorgen konnte, dass »Schalom« an seinem Platz war. Jahwe würde erst dann seine Hilfe zuteil werden lassen, wenn man in Israel religiöser wurde, und Jesus sah seine Hauptaufgabe darin, das religiöse Leben des einfachen Volkes zu verbessern.

Wie wir wissen, ging Jesus als Erstes zu einer großen Hochzeit (was eine großartige Angelegenheit sein konnte, die mehrere Tage dauerte), um Anhänger für seine Sache zu gewinnen. Das Verblüffendste, was Jesus tat, und was die strengen Qumraner am meisten entsetzte, war die Tatsache, dass er »Unreine« – wie verheiratete Männer, Krüppel und sogar Frauen – aufnahm. Für Jesus waren sie alle gleichermaßen in der Lage, vor Gott zu sündigen, und brauchten deshalb genauso Vergebung wie die anderen. Dieser Gedanke der Gleichheit war zu jener Zeit revolutionär und wurde zum Kern seiner Lehre.

Jesus brauchte vor allem Geld, und natürlich musste er zu den Reichen gehen, um es zu bekommen. Unglücklicherweise waren es gerade diese Leute, die als besonders sündig angesehen wurden. Seit der Zerstörung des Tempels im Jahr 586 vor Christus war das Haus des Herrn geschändet, und fromme Juden versuchten, ihr Haus und sich selbst so rein wie möglich zu halten. Das bedeutete, die levitischen Gesetze und die Speisevorschriften sorgsam einzuhalten. Ein Mitglied der Gemeinschaft von Qumran würde niemals das Haus eines Nichtmitglieds (einer »toten« Person also) betreten, weil man dort allen möglichen Unreinheiten ausgesetzt war. Jesus stieß so genannte »würdige« Juden vor den Kopf, indem er die Häuser von Steuereintreibern betrat, was dazu führte, dass man ihn beschuldigte, sich mit »Sündern«, »Unzucht Treibenden«, »Säufern« und »Dirnen« einzulassen. Obwohl diese Menschen respektabel und sehr reich waren, gingen sie doch nicht den »rechten Weg«, und deshalb wurden sie mit allen möglichen Schimpfwörtern belegt. Der Ausdruck »Unzucht Treibende« bedeutete zum Beispiel einfach nur, dass diese Leute bei der Arbeit oder im gesellschaftlichen Leben mit Nichtjuden zu tun hatten, und nahm keineswegs auf ihr ausschweifendes Sexualleben Bezug.

Ein Steuereintreiber wurde ein Jünger von Jesus, und ein anderer, Zachäus, war doch tatsächlich oberster Steuereintreiber, ehe er von den »Toten auferstand«. Er gab die Hälfte seines Vermögens her, um für vergangene Ungerechtigkeiten zu büßen, und die andere Hälfte gab er den »Armen« – was eine Bezeichnung für die Gemeinschaft von Qumran war.

Die Lehren von Jesus erscheinen in ein paar der gnostischen Evangelien in einer Art Liste, und es ist sicher, dass das Evangelium »Q« nicht als Geschichte konstruiert war. Während die meisten Lehren Jesu von den Autoren der Evangelien des Neuen Testaments in eine Biographie eingearbeitet wurden, erscheinen einige doch in einer Liste – man nennt sie die »Bergpredigt«. Es war wahrscheinlich so, dass Matthäus nicht mehr in der Lage war, alle Lehren Jesu in einer Geschichte zu verarbeiten, und deshalb stopfte er alle möglichen Passagen zusammen, als ob sie nacheinander zu einer Menschenmenge gesprochen worden wären. Denn wäre das wirklich alles in einer Predigt gesagt worden, hätten die armen Zuhörer wohl mit offenem Mund dagestanden und versucht, diese Unmenge von Informationen aufzunehmen. Wir neigen daher zu der Auffassung, dass die meisten Sprichwörter und Anweisungen zusammengepackt wurden, um den Erzählfluss der Geschichte zu gewährleisten.

Die Worte Jesu bei dieser »Gelegenheit« haben in allen Zeitaltern die Christen beschäftigt und sind allen möglichen Interpretationen unterworfen worden. In dem Licht dessen, was wir inzwischen wissen, ist die Bedeutung ganz klar. Die Seligsprechungen sind besonders eindeutig zu interpretieren:

> Gesegnet sind die Armen im Geiste, denn ihrer ist das Himmelreich.

Bei Lukas findet sich nur der Begriff »die Armen«, und in beiden Fällen ist einfach die Gemeinschaft von Qumran gemeint, denn damit wurden dort die Mitglieder des »dritten Grades« beschrieben.

Selig sind die, die trauern, denn sie werden getröstet werden.

Bei Lukas ist »die, die trauern« durch »ihr, die ihr weint« ersetzt. In beiden Fällen bezieht sich das auf die Gemeinschaft von Qumran und andere fromme Juden, die darum trauerten, dass sich der Tempel von Jahwe in den Händen von Unwürdigen befand. Diese Aussage findet sich auch in einem qumranischen Psalm.

Selig sind die Sanftmütigen, denn sie werden das Land besitzen.

Auch der Ausdruck »die Sanftmütigen« wurde von der Gemeinschaft von Qumran benutzt, um sich selbst zu beschreiben. Die Mitglieder wurden angehalten, sich sanft und demütig zu verhalten, damit das »Reich Gottes« (ihr »Land«) kommen konnte. Im Licht der Beweise aus den Schriftrollen vom Toten Meer verdreht man wissentlich die Wahrheit, wenn man behauptet, damit könnte jeder Mensch gemeint sein.

Selig sind, die hungern und dürsten nach Gerechtigkeit, denn sie werden gesättigt werden.

Die Gemeinschaft von Qumran bestand aus Menschen, die es nach »Zedeq« (Rechtschaffenheit, Gerechtigkeit) verlangte, aber dieses Verlangen würde erst erfüllt werden, wenn das »Reich Gottes« gekommen war.

Selig sind die Barmherzigen, denn sie werden Barmher-
zigkeit erlangen.

Wie im Vaterunser wird Gott den Gerechten der Gemeinschaft von Qumran kleinere Irrtümer vergeben, weil sie
auch die kleineren Fehler ihrer Brüder vergeben.

Selig sind die, die reinen Herzens sind, denn sie werden
Gott schauen.

Den Mitgliedern der Gemeinschaft von Qumran wurde auf-
getragen, reine Hände und ein reines Herz zu haben, denn
das brauchte man, um den Tempel von Zion zu betreten,
und sie würden es sein, die Augenzeugen beim Eintreffen
des »Reiches Gottes« sein würden.

Selig sind die Friedfertigen, denn sie werden Söhne Gottes heißen.

Nichts ist so oft an falscher Stelle zitiert worden wie dieses
Statement des Glaubens. Die »Friedfertigen« hier sind keine Pazifisten irgendwelcher Couleur, sondern es sind die
gemeint, die für den »Schalom« arbeiten, den Zustand des
Friedens, Wohlstands und allgemeinen Wohlbefindens, der
eintreten würde, wenn die Säulen des »Zedeq« und des
»Mischpat« endlich an ihrem Platz sein würden. Wieder einmal bezieht sich das nur auf die Gemeinschaft von Qumran. Wie wir bereits wissen, befahl Jesus seinen Anhängern,
jede Verbindung zu ihren Familien abzubrechen und Jahwe
als ihren Vater anzusehen – deshalb waren sie die Söhne
Gottes.

Selig sind, die um der Gerechtigkeit willen verfolgt werden, denn ihrer ist das Himmelreich.

Die Gemeinschaft von Qumran hatte immer unter Verfolgung gelitten, erst im Jahr zuvor war ihr Johannes der Täufer genommen worden.

Selig seid ihr, wenn sie euch schmähen und verfolgen und alles Arge wider euch reden um meinetwillen und damit lügen.

Das ist etwas anderes, denn es scheint sich auf Jesus und seine Splittergruppe zu beziehen. Lukas benutzt anstelle von »schmähen« »hassen«, und es ist wahrscheinlich, dass hier auf die Anhänger von Jakobus in der Gemeinschaft von Qumran angespielt wird. Wenn das so ist, muss es ein paar Monate vor der Kreuzigung geschrieben worden sein, als die Kluft zwischen den Brüdern am größten war.

Diese »Seligsprechungen« lesen sich ziemlich unspektakulär, wenn man sie als das erkennt, was sie sind – eine Reihe von Rekrutierungs-Slogans, die sich alle auf eines reduzieren lassen: »Werde einer von uns und habe teil am ›Reich Gottes‹ – oder sei ein Nichts.« Das muss ziemlich gut funktioniert haben. Die Christen begreifen erst seit kurzem, welche komplexen, speziell jüdischen Zeitumstände hinter dieser beseelten Rekrutierungskampagne standen – früher hat man wilde, übermäßig entfremdete Theorien angewandt, um den eigenen Glauben auf jede nur mögliche Art unterzubringen. Das mag ja oft ganz gut gewesen sein, aber es war sicher nicht das, was Jesus meinte.

Für kurze Zeit, vielleicht nur zwei oder drei Monate, sah es so aus, als wäre Jesus durch seine seltsamen Aktivitäten aus dem engeren Kreis von Qumran ausgeschlossen, aber bald wurde Jakobus klar, dass Jesus eine zu große Anhängerschaft hatte, als dass man ihn ignorieren konnte. Manche der Kernaussagen von Jesu Lehren kann man in zeitgenössischen Werken erkennen, die aus dem Neuen Testament ausgeschlossen sind. In Logos 114 des Evangeliums des Thomas (Jesu Zwillingsbruder) erklärt Jesus, dass Frauen Männern gleichgestellt sind:

> Simon Petrus sagte zu ihnen: Befehlt Maria zu gehen, denn Frauen sind es nicht wert, zu leben. Jesus aber sagte: Ich werde sie selbst anleiten, ein Mann zu werden, damit auch sie eine lebendige Seele bekommt, die euch Männern ähnelt. Denn jede Frau, die zum Manne wird, geht in das Himmelreich.

Es braucht wohl nicht extra erwähnt zu werden, dass Simon Petrus keineswegs der Meinung war, alle Frauen sollten umgebracht werden, als er sagte, dass sie es »nicht wert seien, zu leben«; dies war nur ein Hinweis darauf, dass sie den Raum verlassen sollte, während die Mitglieder des höchsten Ordens der Bewegung (die Lebenden also) geheime Fragen diskutierten. Jesus muss seine Anhänger sehr verblüfft haben, als er erwiderte, dass er Maria persönlich »von den Toten auferwecken« würde, damit sie das erste weibliche Mitglied der Elite werden konnte, und dass jede Frau das Recht hätte, es genauso zu werden. Diese Stelle stammt sicher direkt von dem radikalen Lehrer, den die Christen Jesus nennen, und es ist – gelinde gesagt – enttäuschend, wenn man sieht, wie viele Priester vehement dagegen sind, dass Frauen Priester werden. Im geheimen Buch des Jakobus, das angeblich von Jakobus, dem Bruder Jesu, nach der Kreuzigung geschrieben wurde, wird Jesus zitiert, als er erklärt, wie seine Anhänger seine Lehren verstehen müssen:

> Hört auf das Wort. Begreift das Wissen. Liebt das Leben. Und niemand wird euch verfolgen oder euch unterdrücken – nur noch ihr selbst.

Dieser Mann war verblüffend. Wir konnten nicht glauben, dass mitten in einem solchen Schlamassel so viel Weisheit weitergegeben wurde. Für uns verkörpern diese Worte immer noch eine wunderbare persönliche Lebensphilosophie.

Die Verhaftung der königlichen Säule

Jesus wusste, dass Zeit und Verschwiegenheit ungeheuer wichtig waren. Er musste einen Massenaufstand gegen die Römer und Sadduzäer in Szene setzen und so viele Menschen bewaffnen, wie er konnte. Das musste erreicht werden, ohne dass der Feind wusste, wie stark die Bewegung war. Deshalb traf man sich heimlich, und er predigte an abgelegenen Orten. Alles schien gut zu laufen, obwohl Jakobus immer noch nicht Jesu Recht auf die Verkörperung der priesterlichen wie der königlichen Säule akzeptieren wollte. Doch Jesu Netzwerk von Spionen berichtete, dass in Jerusalem nichts gegen ihn vorlag.

Jesus musste seine Stärke in der Hauptstadt zeigen, um zu demonstrieren, dass er keine Angst davor hatte, die Behörden direkt herauszufordern, und um sein Recht auf den Thron von Israel zu dokumentieren. Ein Plan wurde ausgearbeitet, um dem Volk von Jerusalem zu zeigen, dass er der König war, der kommen würde, um sie von den fremden Besatzern zu befreien – genau wie die Propheten es vorausgesagt hatten. Dass er auf einem jungen Esel in Jerusalem einritt, war Absicht, denn in Sacharja 9,9 steht, was das Volk der Stadt sehen würde:

… dein König kommt zu dir; gerecht und siegreich ist er. Demütig ist er und reitet auf einem Esel, auf dem Füllen einer Eselin.

Exegeten sind der Meinung, dass die Palmwedel keinerlei Bedeutung hatten und wahrscheinlich von Jesu Anhängern nur benutzt wurden, um auf das Ereignis aufmerksam zu machen, das sonst vielleicht unbemerkt geblieben wäre. Um das größtmögliche Aufsehen zu erregen, ritt Jesus bis zum Tempel und verursachte einen mittleren Aufstand, als er die Tische der Händler und Geldwechsler umwarf, die das heilige Gebäude entweihten. Ein paar von Jesu Männern müssen sich schon vorher dort postiert haben, um sich zu vergewissern, dass der Ort sicher war, ehe man das Signal gab und der königliche Messias mit seinen fünf Leibwächtern hereinkam. Er warf sofort die Tische um, während seine Anhänger die Kaufleute zu Boden stießen. Die Menschen versteckten sich entsetzt, während Jesus laut seine Ansichten über ihr unfrommes Benehmen herausbrüllte, ehe er sich schnell nach Bethanien, zirka drei Kilometer östlich der Stadt, zurückzog. Man war zweifellos allgemein der Meinung, dass diese Mission ein großer Erfolg war, aber in Wirklichkeit war es der Anfang vom Ende. Von diesem Augenblick an entschlossen sich die römischen und jüdischen Autoritäten, zu handeln und dem Ärger mit dieser Sekte in Qumran ein Ende zu bereiten, ehe sie zu stark für Gegenmaßnahmen wurde.

Jakobus wurde sofort verhaftet, und nach Jesus wurde mittels eines Steckbriefes gefahndet, der das Aussehen des Mannes beschrieb. Alle Kopien und Hinweise auf diesen Steckbrief wurden schon vor langer Zeit vernichtet, denn die Beschreibung eines alles andere als vollkommenen Gottes ist einer wachsenden Kirche nie zuträglich. Aber Josephus schrieb darüber, und er hatte seine Informationen direkt von der »Forma«, die die Offiziere des Pontius Pilatus herausgegeben hatten. So nannte man das Dokument, auf dem der Gesuchte beschrieben war und von dem man eine Kopie in Rom zu den Akten nahm. Im Neuen Testament steht, dass ein Haftbefehl auf einen Mann ausgestellt wurde, der von sich behauptete, König der Juden zu sein, und dass es Judas war, der seinen Herrn verriet.

Die Beschreibung von Jesus auf diesem Steckbrief wurde in einem Werk des Josephus mit dem Titel »Eroberung von Jerusalem« aufgezeichnet. Diese Stelle wurde von christlichen Zensoren vor langem ausgemerzt, aber eine slawonische Ausgabe entging ihrer Aufmerksamkeit und gelangte im letzten Jahrhundert an die Öffentlichkeit. Wir wissen nicht, ob sie echt ist, aber viele Gelehrte halten sie für authentisch, und es gibt keinen Grund anzunehmen, dass sie es nicht ist. Sie zeichnet das Bild eines Mannes, der so ganz anders war, als viele ihn sich vorstellen:

> … ein Mann von einfachem Auftreten, erwachsen, dunkle Haut, kleine Statur, drei Ellen groß, bucklig, mit langem Gesicht, langer Nase und zusammengewachsenen Augenbrauen, sodass man vor ihm Angst bekommen kann, mit kärglichem Haarwuchs und einem Mittelscheitel, wie ihn die Nazariten tragen, und mit ungepflegtem Bart.

Eine Größe von drei Ellen bedeutet, dass er unter einsfünfzig war, was in Kombination mit einem Buckel und ausgeprägten Gesichtszügen Jesus leicht erkennbar machte. Obwohl dies manche Christen treffen wird, möchten wir doch darauf hinweisen, dass für einen Gott Schönheit oder körperliche Größe genauso unbedeutend ist, wie in einem Palast geboren zu sein. Doch diese Ansicht gilt erst für die Moderne, und wenn Jesus ein kleiner und hässlicher Mann gewesen ist, dann hätte ihn die hellenisierte Welt nie als Gott akzeptiert, und deshalb mussten die frühen Christen diese Tatsache wohl verheimlichen. Es gibt Beweise, die den Gedanken, dass Jesus ein sehr kleiner Mann war, unterstützen könnten. Die Apostelgeschichte des Johannes (die nicht in den Bibelkanon aufgenommen wurde) sagt über Jesus:

> ... ich hatte Angst und schrie auf. Er – ein Mann von kleiner Gestalt – drehte sich um, packte meinen Bart, zog daran und sagte zu mir: »Johannes, sei nicht ungläubig, sondern gläubig, und sei nicht neugierig.«

In Lukas 19,3 lesen wir von einem Mann namens Zachäus, der versucht, in einer großen Menschenmenge einen Blick auf Jesus zu werfen.

> Und er suchte Jesus zu sehen, wer er sei, und er vermochte es nicht wegen der Volksmenge, weil er von Gestalt klein war.

Diesen Vers kann man auf zwei Arten lesen – entweder bezieht sich der Kommentar über die Größe auf Zachäus oder auf Jesus. Die Tatsache, dass er sich auch auf Zachäus beziehen könnte, erklärt, warum er den Messern der Zensur entgangen war. War Jesus wirklich klein? Niemand wird das jemals mit Sicherheit sagen können.
Aber ob er nun klein war oder nicht – Jesus wurde schnell im Garten Gethsemane verhaftet. Jeder, der eine christliche Erziehung genossen hat, wird den Namen dieses Ortes kennen, der den Schauplatz für eine der dramatischsten Szenen in Jesu Leben bildete. Aber wenn man sich die Lage dieses kleinen Gartens anschaut, dann wird einem bald klar, dass die Wahl des Ortes kein Zufall war. In Markus 14, 32 lässt es der Autor eher wie einen zufälligen Rastplatz auf einer Reise aussehen, wenn er sagt:

Und sie kamen in ein Gut namens Gethsemane. Und er sagte zu seinen Jüngern: Setzet euch hier, bis ich gebetet habe.

Das war kein willkürlich angesteuerter Ort zum Beten, sondern er war absichtlich und mit Bedacht ausgewählt, um dem Lauf der Geschichte eine andere Richtung zu geben. Der Garten von Gethsemane ist gerade einmal dreihundertzwanzig Meter vom Osttor des Tempels – dem »rechten« Tor – entfernt und liegt direkt davor. Während Jesus betete, war er vielleicht hoch genug, um auf der anderen Seite des Tales die beiden Säulen zu erkennen, die er beim Bau des neuen Jerusalem und dem bevorstehenden »Gottesreich« verkörperte. Er sah die Sonne über dem kürzlich neu aufgebauten Tempel untergehen und wusste sehr gut, dass er noch am gleichen Abend verhaftet werden würde. Aus den Bibelstellen geht klar hervor, dass Jesus sich in Erwartung seiner Verhaftung Sorgen machte und nervös war, aber er vertraute darauf, dass Jahwe dafür sorgen würde, dass alles gut für ihn ablief, denn er sagte: »Vater, alles ist dir möglich.«

Jesus hatte Zeitpunkt und Ort mit großer Sorgfalt gewählt. Das Osttor, das Tor des »Zedeq« oder der Gerechtigkeit, war das Haupttor für die äußerst wichtige Neujahrsfeier, das Pessach bei Neumond am Frühlingsanfang, der auf Ende März oder Anfang April fiel. Es war dieses Tor, das eine so wesentliche Rolle in Ezechiels Vision spielte, die für Jesus und alle Qumraner sehr wichtig war. In den Kapiteln 43, 44 und 46 des Buches Ezechiel können wir lesen, welch spezielle Bedeutung das Osttor in seiner Vision hatte, die laut seiner Aussage »am Anfang des Jahres« begann:

Und die Herrlichkeit des Herrn zog durch das Tor, das nach Osten gerichtet war, in das Heiligtum ein. (Ez 43,4) Hierauf führte er mich zurück gegen das äußere Tor des

Heiligtums, das nach Osten gerichtet war; es war aber verschlossen. Da sprach der Herr zu mir: Dieses Tor soll verschlossen bleiben; es darf nicht geöffnet werden, und niemand darf durch dasselbe hineingehen, weil der Herr, der Gott Israels, hier eingezogen ist; darum soll es verschlossen bleiben. Nur der Fürst darf, eben weil er Fürst ist, sich hier niederlassen zum Opfermahl vor dem Herrn; durch die Halle des Torbaus soll er hereinkommen ... (Ez 44,1–3a)

So spricht Gott, der Herr: Das Tor des inneren Vorhofs, das gegen Osten gerichtet ist, soll während der sechs Werktage geschlossen bleiben; am Sabbattage aber soll es geöffnet werden. Und der Fürst soll von außen her durch die Halle des Torbaus hineingehen und an der Schwelle des Tores stehen bleiben. Dann sollen die Priester sein Brandopfer und sein Heilsopfer darbringen, er aber soll an der Schwelle des Tores anbeten und dann wieder hinausgehen ... (Ez 46,1–2a)

Und genau das tat Jesus. Er betete so nahe wie möglich an der Schwelle des Osttores am Abend des Neumondes zu Beginn des neuen Jahres. Er sah sich als Fürsten von Israel, der darauf wartete, gekrönt zu werden, um seine Pflicht zu tun, die laut Ezechiel darin bestand, »Recht und Gerechtigkeit zu üben« (»Mischpat« und »Zedeq«). Während dieser Nacht wartete Jesus darauf, dass der Morgenstern aufging, der Stern, der im Osten aufgeht und einst die Ankunft des neuen Königs im alten Ägypten ankündigte und nach qumranischem Glauben das Merkmal ihres neuen Königs sein würde. Diese »Stern-Prophezeiung« findet sich in allen Schriftrollen, und im 4. Buch Mose (Numeri) 24,17 steht: »... es geht auf ein Stern aus Jakob, ein Szepter erhebt sich aus Israel.« Das hatte für Jesus eine besondere Bedeutung, wurde aber später von den nichtjüdischen Christen durcheinander gebracht und zum Bestandteil der Geschichte um seine Geburt gemacht, anstatt eine Rolle im kurzen Augenblick seines Königtums zu spielen. Der Autor des letzten Buches des Neuen Testaments, der Offenbarung, nannte Jesus:

Der Spross Davids und der helle Morgenstern.

Die Kriegsrolle aus der Höhle 1 in Qumran berichtet uns, dass man die Stern-Prophezeiung im Zusammenhang mit einem Aufstand der »Sanftmütigen« in einem letzten apokalyptischen Krieg sah. Es scheint sehr gut möglich zu sein, dass Jesus glaubte, er würde einen Volksaufstand in Szene setzen, wenn er die prophezeiten Schriften zum Krieg hin durchlebte – und dieser Volksaufstand wäre dann der Beginn des Krieges der »Endzeit«.

Die Jünger Jesu wussten, dass er nicht damit rechnete, lebend aus der Konfrontation mit dem Tempel und den römischen Behörden, die er inszeniert hatte, davonzukommen. Das Evangelium des Thomas behauptet, die geheimen Worte Jesu zu enthalten, niedergeschrieben wurde es von Judas Didymos, der angeblich der Zwillingsbruder von Jesus gewesen sein soll und deshalb Thomas gerufen wurde, was »Zwilling« bedeutete. Dieses Evangelium war keine konstruierte Geschichte, sondern eine Auflistung von Worten des Anführers. In Spruch Nummer 16 berichtet Thomas:

Die Jünger fragten Jesus: »Wir wissen, dass du uns verlassen wirst. Wer soll unser Anführer sein?«
Jesus sagte zu ihnen: »Wo immer ihr auch seid, wendet euch an Jakobus den Gerechten, denn für ihn sind Himmel und Erde wohl gemacht.«

Das weist deutlich darauf hin, dass der Streit zwischen den Brüdern beigelegt war und dass Jesus seine Zukunft in einem düsteren Licht sah. Man kann gut verstehen, warum Konstantin dreihundert Jahre später das Evangelium des Thomas nicht in den Kanon seiner »offiziellen« Bibel aufnehmen ließ, denn die römisch-katholische Kirche hatte Petrus und nicht Jakobus zum nächsten Führer auserkoren – ein Anspruch, den wir heute als falsch ansehen.

In dieser Nacht wollte Jesus auf den Aufgang des Morgensterns warten, denn er erwartete die Entdeckung durch die Tempelwachen erst bei Tagesanbruch, und trotz seiner bevorstehenden Verhaftung führte Jesus eine Zeremonie zur Einführung in den »dritten Grad« durch – genau dort, auf dem Berg, in Sichtweite der zwei großen Säulen des Tempels. Wer der junge Eingeführte war, wissen wir nicht, aber seine Initiierung war wohl noch nicht ganz beendet, als die Verhaftung erfolgte. In Markus 14,51–52 steht:

> Und ein Jüngling ging ihm nach, der war mit einem linnenen Gewand auf dem bloßen Leib bekleidet; und sie wollten ihn festnehmen. Er aber ließ das Gewand fahren und entfloh nackt.

Dieser Vorfall konnte bis jetzt nicht erklärt werden, aber jetzt ist völlig klar, was da vor sich ging.

Die Verhandlung und die Kreuzigung

Die Machthaber in Jerusalem hatten jetzt genau das, was sie wollten – beide Säulen dieser gefährlichen messianischen Bewegung, die die Absicht hatte, den Sanhedrin und den römischen Prokurator Pontius Pilatus zu entmachten. Die jüdischen Priester fürchteten, dass Jakobus ihnen ihr Recht im Tempel streitig machen würde, und der Römer fand die Lage kaum mehr als etwas unangenehm. Er wusste, dass diese Juden den Ruf hatten, eine Menge Ärger zu machen, wenn sie wild wurden, aber hinter ihm standen einige gut ausgebildete Truppen. Unglücklicherweise befanden sich die meisten aber gerade zwei Tagesmärsche entfernt in Cäsarea, was bedeutete, dass jeder Aufstand innerhalb von drei Tagen niedergeschlagen werden konnte – aber das war doch lang genug, um ihn an der Stadtmauer hängen zu sehen. Pilatus war kein Narr. Er dachte sich einen Plan aus, der jeden zufrieden stellte.

Der römische Prokurator hatte Jakobus und Jesus, die beiden, die behaupteten, die Säulen der subversiven Sekte zu sein, verhaftet, und beiden drohte das Todesurteil, aber Pilatus wusste, dass er nur einen töten musste, um den Plan zum Scheitern zu bringen, und deshalb machte er das Angebot, einen freizulassen, und überließ der Menge die Wahl. Bitte denken Sie daran, dass Jesus nicht der Name unseres Mannes war, obwohl wir den »königlichen Messias« so nennen. Es war die Beschreibung seiner Rolle als »Erlöser«, was auf hebräisch Jehoshua heißt. Jakobus' hebräischer Name war bestimmt Ja'acov, aber ihn konnte man als Erlöser bezeichnen, was man auf Griechisch mit Jesus übersetzen würde. Wie wir es vermutet hatten, seit uns die wahre Bedeutung des Namens Barabbas klar geworden war, waren die beiden bei der Verhandlung Jesus, »der König der Juden«, und Jesus, »der Sohn Gottes«. Jakobus wurde Barabbas genannt, wörtlich übersetzt: »der Sohn Gottes«, denn man hielt ihn für den priesterlichen Messias und deshalb für den einzigen, der direkt vom »Vater« abstammte.

Es ist eine komplette Erfindung der späteren Kirche, dass es die Sitte gab, an Pessach einen Gefangenen freizulassen; das stimmt einfach nicht, und es wäre auch sehr unrömisch und närrisch gewesen. In Wirklichkeit war dies die Idee von Pilatus, der mit einer delikaten Situation fertig werden musste. Der größte Teil der Menge stammte aus Qumran und war auf der Seite von Jakobus oder, wie er an jenem Tag hieß: Jesus Barabbas.

»Jesus, der König der Juden« bekam nicht genug Stimmen und wurde schuldig gesprochen, gegeißelt, mit Dornen gekrönt und auf einem T-förmigen Kreuz gekreuzigt, auf dem die Worte »König der Juden« über seinem Kopf angeschlagen waren. Er starb ungewöhnlich schnell, und das war wohl zu erwarten, wenn er wirklich einen Buckel hatte, wie im Steckbrief beschrieben.

Der Vorgang der Kreuzigung machte das Atmen sehr schwer, und die Verurteilten mussten die Brust stark nach oben bewegen, um überhaupt Luft zu bekommen. Mit einem Buckel oder einer Wirbelsäulenverkrümmung wird das sehr schwer gewesen sein, und ein schneller Erstickungstod war die Folge.

Um das erste Jahrhundert nach Christus zu erforschen, durchkämmten wir alle möglichen Informationsquellen, um uns ein Bild darüber zu machen, was wirklich in Israel vor sich gegangen war. Weil wir dabei waren, Jesu Leben aus einer völlig neuen Perspektive zu sehen, waren Dinge, die für andere nichts bedeuteten, für uns vielleicht große Stücke in unserem riesigen Puzzle. Einen der größten Funde machten wir in versteckten Passagen eines rabbinischen Textes namens »Tosefta Schebuoth«, der aus den ersten Jahrhunderten nach Christus stammt. Dieses Dokument enthält die Erinnerungen der überlebenden Juden in Jerusalem und erzählt auch den Verlauf der Ereignisse vor der Katastrophe von 70 nach Christus – und weil dieses Buch nicht aus einer christlichen Tradition stammt, glauben wir, dass man es als eine alte und »unverpfuschte« Quelle ansehen kann. In der »Tosefta Schebuoth« 1,4 stolperten wir über nichts Geringeres als eine deutliche Beschreibung, die ein neues Licht auf das warf, was zwischen Jesus und Jakobus bei der Kreuzigung geschah. Die Stelle beginnt so:

Zwei Priester, die Brüder waren, liefen nebeneinander die Rampe hinauf, und einer kam bis auf vier Ellen vor dem anderen an den Altar.

Dieser erste Satz ist ein leicht erkennbarer Hinweis auf das Rennen zwischen den beiden Brüdern, das darüber entscheiden sollte, wer von ihnen der priesterliche Messias sein würde. Jesus war fast am Ziel, als er am Kreuz starb.

Er nahm ein Messer (zum Töten der Opfertiere) und stieß es sich ins Herz.

Interessanterweise bestätigt dieser Folgesatz den christlichen Gedanken, dass Jesus sich absichtlich selbst Gott opferte, ein Gedanke, den wir erst akzeptierten, als wir diese letzten Stunden rekonstruierten, in denen sich Jesus in der Tat freiwillig auf eine Verhaftung einließ. Als Jesus am Kreuz starb, wurde er als Pessachlamm angesehen, wie es ja auch in 1. Petrus 1,19 steht.
Der letzte Teil dieser Textstelle aus der »Tosefta Schebuoth« ist wirklich ein großer Fund!

Rabbi Zedeq trat heraus aus dem Tor und stand oben auf dem Tempelberg und sagte: »Hört mich an, o unsere Brüder, Haus von Israel! So steht es geschrieben: Wenn eine Leiche gefunden wird, und eure Ältesten und Richter nehmen Maß. Jetzt liegt es an uns – wo und wann sollen wir Maß nehmen? Für das Heiligtum? Oder den Hof?«
Alles Volk stöhnte und weinte nach dem, was er gesagt hatte.

Hier haben wir einen Abschnitt mit enorm wichtigen Worten, die Jakobus, der Bruder von Jesus, gesagt hat – möglicherweise nur Minuten nachdem man Jesus vom Kreuz abgenommen hatte. Sie sollten eigentlich in der Bibel stehen, aber dort findet man sie nicht.

Der erste Teil dieses rabbinischen jüdischen Textes ist eine Beschreibung des Wettlaufes zwischen Jesus und Jakobus um die Darstellung als priesterlicher Messias, obwohl beide sich darin einig waren, dass Jesus der königliche Messias war. Diese stilisierte Erzählung berichtet, dass Jesus fast sein Ziel, beide Säulen zu sein, erreicht hatte, als er sich opferte. Sein Bruder, Rabbi Zedeq (wortwörtlich der Lehrer der Rechtschaffenheit), war offenbar durch diesen Verlust tief getroffen, und er spricht voller Leidenschaft und Zorn zu den Mitgliedern der Gemeinschaft von Qumran, während er in der Eingangshalle Salomos steht, die sich vor dem Hof der Nichtjuden befindet. Jakobus bezog sich auf eine bekannte alte Anweisung im Deuteronomium (21,1–9), in der es um die Schuld bei einem Mord geht – es wird festgelegt, welche Stadt der Leiche am nächsten ist. Als er die Juden der Gemeinschaft fragt, ob sie »für das Heiligtum oder den Hof« Maß nehmen, meinte er einfach, dass sie, die angeblich so wertvollen Juden, genauso schuldig wie der Sanhedrin waren, die den Tod allein durch die Tatsache verursacht hatten, dass sie Jesus gewählt hatten.

Wir hielten es für eine gute Idee herauszufinden, ob Herodes' Tempel eine Rampe hinauf zum Altar besaß. Er hatte eine. Der Altar selbst war fast fünf Meter hoch, und von Süden her führte eine Rampe von zirka achtzehn Meter Länge hinauf. Das lässt sich auf einen Wettlauf von sechsunddreißig Ellen übersetzen, was bedeutet, dass der führende Bruder, als er beschloss, sich selbst zu opfern, genau elf Zwölftel des Weges zurückgelegt hatte – sehr symbolisch!

Diese Information bedeutet, dass wir den »Wettlauf« der beiden Brüder auf die Zeit zwischen dem Jahr 20 und dem Jahr 70 nach Christus festlegen können, weil wir wissen, dass der Tempel des Herodes im Juni des Jahres 70 kurz nach seiner

Fertigstellung zerstört wurde. Das machte unsere Interpretation, dass es sich bei den beiden Brüdern um Jakobus und Jesus handelte, ziemlich sicher, denn beide waren zu jener Zeit Leiter der essenischen Gemeinschaft.

Unser Interesse wurde erst recht geweckt, als wir erfuhren, dass es oben an der Rampe, in der südwestlichen Ecke des Altars, zwei Abflüsse für das Opferblut und einen großen Marmorblock mit einem Ring daran gab. Dieser Block konnte mit Hilfe des Ringes herausgehoben werden, und dahinter lag eine Höhlung unter dem Altar. In der Zeremonie des ersten Grades der modernen Freimaurerei wird der Kandidat von einem Bruder angeredet, der in der südwestlichen Ecke des Tempels steht und zu einem moralischen, aufrechten Leben verpflichtet. Vor diesem Bruder befindet sich ein Marmorblock mit einem kleinen Ring darin, sodass man ihn herausheben kann. Wir fragten uns, ob es hier wohl eine Verbindung gab?

Wir hatten das Gefühl, dass der Fund von Jakobus' Ansprache vor seinen Anhängern immens wichtig sein musste, denn er bestätigt Jakobus' Rolle und sein Verhältnis zu seinem Bruder zur Zeit der Kreuzigung. Irgendwie wurden diese Worte aus dem Neuen Testament gestrichen, was wahrscheinlich eher Absicht als Zufall war, denn man verfolgte die Strategie, Jakobus' vorrangige Stellung nach dem Tod Jesu zu leugnen – zugunsten von Petrus, der durch Paulus an Macht gewann.

Ein sehr wichtiger Beweis dafür, dass dieser Text wirklich die Rede des Jakobus enthält, ist die Geschichte, dass Pontius Pilatus sich die Hände wusch, um zu dokumentieren, dass er nicht die Verantwortung für den Mord übernehmen wollte, während er den Befehl zur Kreuzigung gab. Sich die Hände zu waschen, um Unschuld zu demonstrieren, war keine römische Sitte, sondern stammte aus dem essenisch-qumranischen Umfeld. Deshalb ist dieser Aspekt wohl später hinzugefügt worden und kein wahrer Ereignisbericht. In Wirklichkeit stammt er aus exakt der gleichen Stelle des Deuteronomiums, auf die Jakobus sich bezog, und wurde als Zeichen der Unschuld nach einem Mord gedeutet – ganz bestimmt nicht vorher. Nachdem eine Leiche gefunden worden war und man die Stadt bestimmt hatte, die am nächsten lag, mussten die Ältesten dieser Stadt eine junge Kuh nehmen, die nie das Joch getragen hatte, ihr den Kopf abschlagen und dann die Hände über ihrem Kadaver waschen und dabei sagen: »Unsere Hände haben dieses Blut nicht vergossen, und unsere Augen haben nichts gesehen.« Im nächsten Vers wird Gott angerufen, »unschuldig vergossenes Blut nicht deinem Volke Israel« zuzurechnen, und dann ist man der Blutschuld ledig.

Diese Regelung im Alten Testament, sich von einem Mord rein zu waschen, war den Autoren der synoptischen Evangelien sicher bekannt, denn Matthäus zum Beispiel legt Pontius Pilatus in 27,24–25 folgende Worte in den Mund:

Als aber Pilatus sah, dass es nichts nützte, sondern dass vielmehr ein heftiger Tumult entstand, nahm er Wasser, wusch sich vor dem Volk die Hände und sagte: Ich bin unschuldig am Blute dieses Gerechten; sehet ihr zu!
Und alles Volk antwortete und sprach: Sein Blut komme über uns und unsere Kinder.

Wenn wir die Stelle aus dem Deuteronomium mit Matthäus vergleichen, ist die Parallele kristallklar:

Unsere Hände haben dieses Blut nicht vergossen, und unsere Augen haben nichts gesehen. (5. Mose 21,7b)
Rechne unschuldig vergossenes Blut nicht deinem Volke Israel zu! (5. Mose 21,8a)

In der alttestamentlichen Stelle heißt es, dass jemand, der einen Mord nicht getan oder gesehen hat, seine Unschuld beweist. Hier sagt Pilatus, dass er nicht an der Tat mitschuldig ist, und es sind die Juden, die es sehen. Wer immer auch diese Version geschrieben hat, kannte die Worte des Jakobs nach der Kreuzigung, und die Schreiber bauten darauf eine Mitschuld der versammelten Menge auf. Jakobus konnte nicht wissen, dass seine Worte bald von Nichtjuden verdreht werden und der jüdischen Nation bis in alle Ewigkeit das Schandmal des »Gottesmordes« aufdrücken würden. Der Ruf der Menge »Sein Blut komme über uns und unsere Kinder« ist eine bösartige Lüge, die verantwortlich ist für zweitausend Jahre Antisemitismus!

Als wir uns diesem rabbinischen Werk näher widmeten, entdeckten wir in »Mischnar Sotah« 6,3 eine Stelle, bei der uns die Augen übergingen:

> Vierzig Jahre vor der Zerstörung des Tempels ging das Licht im Westen aus, der scharlachrote Faden blieb scharlachrot, und die des Herrn kamen immer zur Linken.

Vierzig Jahre war damals eine besondere Zeitspanne für die Juden, aber es war auch die Zeit vor der Zerstörung, in der Jesus getötet wurde. Das Licht, das ausging, war der königliche Messias, gekennzeichnet durch die Königsfarbe Purpur, und »die des Herrn zur Linken« bezieht sich auf die Entscheidung der Menge, für Jakobus zu stimmen, die »rechte Säule« also der »linken Säule«, Jesus, vorzuziehen. Dass der rote Faden blieb, verrät uns, dass Jakobus der Erbe seines verstorbenen Bruders und damit nicht nur das neue Haupt des davidischen Königsgeschlechts, sondern auch der Lehrer der Rechtschaffenheit war.

Es ist immer schon darüber debattiert worden, ob Jesus wirklich am Kreuz gestorben ist oder durch jemand anderen ersetzt wurde. Die Moslems waren von jeher der Meinung, dass nicht er am Kreuz hing. In der 4. Sure, Vers 157 steht:

> Sie prahlen: »Wir haben Christus Jesus, den Sohn der Maria, den Apostel Allahs, getötet« – aber sie haben ihn weder getötet noch gekreuzigt, sondern es erschien ihnen nur so, und die, die eine andere Meinung haben, sind voller Zweifel, wissen aber nichts Bestimmtes. Sie folgen nur dem Gefühl, dass man ihn nicht tötete.

Warum ist es wohl so, dass manche Leute überzeugt davon sind, dass Jesus gekreuzigt wurde, und andere, dass das nicht geschah? Die Antwort ist bemerkenswert simpel – beide Seiten sind davon überzeugt, Recht zu haben, weil sie auch alle Recht haben. Zwei Söhne Marias standen zusammen vor Gericht, und beide hatten behauptet, der Erlöser oder Messias zu sein, und trugen deshalb den Namen »Jesus«. Einer starb am Kreuz, der andere nicht. Der eine, der nicht starb, war Jakobus, der Geringere der beiden, aber derjenige mit der größeren Faszination. Es ist kein Wunder, dass die Menschen glaubten, er wäre dem Kreuz entronnen.

Die Symbole von Jesus und Jakobus

Der Davidstern ist heute überall als Symbol des Judentums akzeptiert, aber dieses Hexagramm besteht in Wirklichkeit aus zwei Symbolen, die übereinander gelegt wurden, um eine neue Bedeutung zu schaffen, und sein Ursprung ist ganz und gar nicht jüdisch. Es handelt sich um zwei Pyramiden, die übereinander gelegt wurden. Die aufrechte Pyramide ist ein altes Symbol für die Macht des Königs, denn das Fundament ist auf der Erde, und die Spitze weist zum

Himmel. Die andere, umgekehrte Pyramide repräsentiert die Macht des Priesters, die im Himmel begründet ist und bis zur Erde reicht. In dieser Form ist es das Merkmal des zweifachen Messias – des priesterlichen oder »zedeq« Messias und des königlichen oder »mischpat« Messias. So ist es das einzige wahre Zeichen von Jesus, und es hat noch die Zusatzbedeutung, den leuchtenden Stern von Davids Geschlecht, der am Morgen aufgeht, zu verkörpern.

Er heißt nicht deshalb Stern Davids, weil David ihn erfunden hat, sondern weil Jesus sich als den »Stern Davids« bezeichnet hat, der prophezeit wurde. Daher ist es nicht überraschend, dass dieses Symbol in keinem alten hebräischen Buch auftaucht und der Stern in ferner Vergangenheit des Judentums nur als Schmucksymbol zusammen mit anderen Symbolen des Mittleren Ostens benutzt wurde – wozu ironischerweise auch das Hakenkreuz gehörte. Der Davidstern wurde erst im Mittelalter häufiger an christlichen Kirchen benutzt, und wir waren sehr verblüfft, als wir herausfanden, dass es Gebäude waren, die Tempelritter entworfen hatten! In Synagogen wurde er erst sehr viel später verwendet. Ein berühmter Synagogenbauer zu Beginn des zwanzigsten Jahrhunderts, ein Herr namens Alfred Grotte, schrieb folgendes über den Davidstern:

Als im neunzehnten Jahrhundert mit dem Bau architekturell bedeutender Synagogen begonnen wurde, strebten die meist nichtjüdischen Architekten danach, diese Gotteshäuser nach dem Modell von Kirchen zu bauen. Sie glaubten, dass sie nach einem Symbol suchen müssten, das mit dem der Kirchen korrespondierte, und da stolperten sie über das Hexagramm. Da selbst jüdische Theologen völlig hilflos waren, was jüdischen Symbolismus anging, wurde der Davidstern als sichtbares Zeichen des Judentums ausgelobt. Da seine geometrische Form sich leicht an bauliche Ziele anpasst, gilt es seit nunmehr drei Generationen als unumstößliche Tatsache, die sogar bereits durch Tradition geheiligt ist, dass der Davidstern für die Juden das gleiche heilige Symbol darstellt wie das Kreuz und der Halbmond für die anderen monotheistischen Religionen.

Wir wunderten uns wieder einmal darüber, wie oft Geschichte aus einer wundervollen Anhäufung von Missverständnissen und Eitelkeiten gemacht wird!

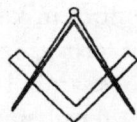

Wenn man die beiden lateralen Linien des Davidsterns entfernt, kann man erkennen, dass nur noch das Symbol der Freimaurer – Winkelmaß und Kompass – übrig bleibt. Die priesterliche oder himmlische Pyramide wird zum Winkelmaß der Freimaurer, ein Werkzeug, das benutzt wird, um die Geradlinigkeit von Bauwerken zu prüfen, und das die menschliche Güte verkörpert – die Eigenschaft, die die Ägypter Ma'at nannten. Die königliche oder irdische Pyramide ist als Kompass abgebildet, der nach der Lehre der Freimaurer den Mittelpunkt des Kreises bildet, aus dem kein Freimaurer mehr herauskann – das Ausmaß der Macht des Königs oder Herrschers.

Wenn der Davidstern also ein Symbol des einzigartigen

Messiastums Jesu ist, sollte er doch eigentlich das Kennzeichen des Christentums sein, und man muss sich die Frage stellen, was dann das Symbol des Judentums ist? Die Antwort lautet: das Kreuz!

Das ist das Zeichen »Tau«, und es ist die Form des Kreuzes, an dem Jesus gekreuzigt wurde – und nicht die Kreuzform, die allgemein angenommen wird. Das »Tau« war das Mal Jahwes, das die Keniter auf ihrer Stirn trugen, lange bevor Moses ihnen im Sinai über den Weg lief, und es ist auch das magische Symbol, das während des Pessach auf die Türschwellen gemalt wurde.

Wir waren verblüfft, als wir entdeckten, dass die Form des Kruzifixes, das von der christlichen Kirche benutzt wird, in Wahrheit eine alte ägyptische Hieroglyphe ist, und uns blieb der Mund offen stehen, als wir die genaue Bedeutung herausfanden ... »Erlöser«, was übersetzt ins Hebräische »Jehoshua« oder »Josua« heißt und im Griechischen »Jesus«.

Kurz gesagt: Die Form des Kruzifixes ist nicht ein Symbol Jesu, sondern sein Name!

Das führt uns zurück zu den Freimaurern. Das wichtigste Symbol des Grades vom Royal Arch ist das »Triple Tau«, das man auf dem Banner zwischen den Fahnen von Ruben und

Juda sehen kann. Diese drei miteinander verbundenen Taus verkörpern die Macht des Königs, des Priesters und des Propheten. Der Orden erklärt es wie folgt:

> Die verschiedenen Inhalte der Szepter verkörpern das weltliche, prophetische und priesterliche Amt, die alle auf eine besondere Art miteinander verbunden sind, wobei jeder Zweig besondere Geheimnisse besitzt.

Das letzte Symbol, das wir uns jetzt genauer anschauen wollen, ist das Zeichen des Fisches, das in den letzten Jahren eine Art Comeback als Symbol des Christentums gefeiert hat.

Obwohl es als christliches Symbol angesehen wird, ist es ein sehr altes Symbol der Priesterschaft und war zweifellos das Kennzeichen der Nasoräer, und als die Christen es gegen Ende des ersten Jahrhunderts benutzten, um ihre heiligen Orte in Jerusalem zu kennzeichnen, war es für sie das einzige ihnen bekannte Symbol. Es kann auch gut von Johannes dem Täufer angenommen worden sein, und wie wir bereits angeführt haben, ist der Name »Nasoräer« eine Form des Wortes »Nasrani«, das sowohl in modernem Arabisch wie auch im Aramäischen von vor zweitausend Jahren »Christen« und »kleine Fische« heißt.

Wir wussten, dass Jakobus der Gerechte der erste Bischof oder – wie es auf Hebräisch heißt – »Mebakker« wurde und dass er zum Zeichen seines Amtes eine Mitra trug. Die wird heute von allen Bischöfen getragen, und woher die Mitra stammt, steht außer Frage – sie kam mit Moses aus Ägypten.

Die Mitra mit ihrem geteilten Kopfteil ist mit der Kopfbedeckung eines modernen Bischofs identisch und kam ganz sicher über die Nasoräer von den alten Ägyptern. Denn es war die Hieroglyphe für »Amun«, den Schöpfergott Thebens, der später mit dem unterägyptischen Sonnengott Re zu Amun Re verschmolz. Wieder einmal glaubten wir nicht an einen Zufall. Die Verbindungen von Ägypten nach Jerusalem bis in unsere heutige Zeit wurden zu einer lückenlosen Beweiskette!

Schließlich mussten wir daran denken, wie häufig der Name Amun heutzutage ausgesprochen wird. Täglich benutzen Christen ihn am Ende jeden Gebets – konnte es ursprünglich so gewesen sein, dass man den Segen Amuns auf die Bitte erflehte, sodass sie erfüllt wurde? Da Theben die Stadt Seqenenre Taos war, konnten wir annehmen, dass ein solcher Gebetsabschluss über Moses in der Auferstehungszeremonie an die Israeliten weitergegeben wurde. Im Hebräischen wurde das Wort »Amen« am Ende eines Gebets in der Bedeutung »lass es so sein« benutzt, und die Christen haben es von den Juden übernommen.

Nach dem Tod Jesu zog sich Jakobus der Gerechte nach Qumran zurück, um seine Zukunft zu überdenken, denn er war jetzt der einzige Messias und trug die Verantwortung für die priesterliche und die königliche Säule. Jakobus scheint ein großer Anführer gewesen zu sein und war fanatisch darauf bedacht, ein rechtschaffenes Leben zu führen. Er war so frei von Sünde und »Unreinheit«, dass er im Gegensatz zu allen anderen in Qumran von den rituellen Waschungen befreit war. Uns wird berichtet, dass »er sich nie wusch«, aber wir glauben, dass es hier allein um den rituellen Gebrauch von Wasser geht und dass er sich ansonsten wie alle anderen aus Gründen der persönlichen Hygiene durchaus wusch. Dass Jakobus für die Urkirche wichtig war, wird bestätigt in der Apostelgeschichte 12,17, wo Petrus die Nachricht von seiner Freilassung aus dem Gefängnis an Jakobus und die Brüder schickt:

> Da winkte er ihnen mit der Hand zu schweigen, und erzählte ihnen, wie der Herr ihn aus dem Gefängnis herausgeführt habe, und sagte: Meldet dies dem Jakobus und den Brüdern! Dann ging er fort und begab sich an einen anderen Ort.

Die Hinrichtung des »Königs der Juden« durch einen römischen Prokurator erregte viel Aufmerksamkeit in ganz Israel, und viele Menschen interessierten sich plötzlich für die messianische Bewegung. Einer davon war ein römischer Bürger mit Namen Saulus, der aus einem Bezirk kam, der heute zur Türkei gehört. Seine Eltern waren Diaspora-Juden geworden, und er war ein junger Mann, der zwar als Jude erzogen war, dem aber die Kultur und die Einstellung der reinen Anhänger von Jahwe fehlten, die in der Gemeinschaft von Qumran manifestiert waren. Der Gedanke, dass seine Tätigkeit darin bestand, Christen zu verfolgen, ist völliger Unsinn, denn damals gab es diesen Kult noch gar nicht. Die Nasoräer unter der Führung des Jakobus waren die jüdischsten Juden, die man sich nur vorstellen kann, und Saulus' Aufgabe bestand lediglich darin, auf Anweisung der Römer den kleinsten Rest jeder Unabhängigkeitsbewegung auszumerzen. Die Mandäer im südlichen Irak sind ja Nasoräer, die aus Juda vertrieben wurden, und diese Vertreibung datiert aus dem Jahr 37 nach Christus, sodass fast sicher ist, dass ihr Verfolger Saulus (alias Paulus) war.

Saulus muss fast siebzehn Jahre lang die Geißel der jüdischen Freiheitsbewegung gewesen sein, denn erst im Jahr 60 erblindete er auf der Straße nach Damaskus. Heute glaubt man, dass Saulus niemals die Autorität gehabt hätte, Aktivisten in Damaskus zu verhaften – selbst wenn es dort welche gegeben haben sollte, was sehr zweifelhaft ist –, und viele Experten meinen heute, dass sein Ziel Qumran gewesen sei, das ja oft als »Damaskus« bezeichnet wurde. Seine Erblindung und die Wiedererlangung der Sehkraft waren symbolisch für seine Konversion zur nasoräischen Sache. Die Tatsache, dass Saulus' Ziel Qumran war, wird bestätigt in der Apostelgeschichte 22,14, wo ihm gesagt wird, dass er »den Gerechten« sehen wird – ein offensichtlicher Hinweis auf Jakobus.

> Er aber sprach: Der Gott unserer Väter hat dich dazu bestimmt, seinen Willen zu erkennen und den Gerechten zu sehen und ein Wort aus seinem Munde zu hören.

Paulus hörte die Geschichte der Nasoräer direkt von Jakobus, aber da er als Jude im Ausland aufgewachsen und römischer Bürger war, begriff er die Botschaft nicht und entwickelte sofort eine hellenistisch geprägte Faszination für die Geschichte von Jesu Tod und seiner Rolle als »Opferlamm«. Ganz bestimmt wurde Paulus nicht in die Geheimnisse von Qumran eingeführt, weil er nur kurze Zeit dort war und es ja eine dreijährige Ausbildung erforderte, ehe man Bruder wurde. Die Beziehung zwischen dem Neuling und Jakobus war bald sehr gespannt.

Paulus hatte siebzehn Jahre lang potenziell rebellische Juden gejagt, und er konvertierte nie zu der Sache Johannes des Täufers, Jesu und Jakobus'. Stattdessen erfand er einen Kult, dem er den griechischen Namen »Christen« gab, eine Übersetzung des hebräischen Wortes Messias. Er nannte Jesus – den er nie gekannt hatte – »Christus« und begann eine Gefolgschaft aufzubauen. Weil Paulus die Terminologie der Nasoräer nicht begriff, war er der Erste, der die Gleichnisse in Jesu Lehren wörtlich nahm, und aus einem jüdischen Patrioten wurde ein wundertätiger Halbgott. Er behauptete, die Unterstützung des Simon Petrus zu haben, aber das war nur eine unter vielen Lügen. Simon Petrus warnte vor anderen Lehren als denen der nasoräischen Anführer:

> Lasst größte Vorsicht walten, dass ihr keinem Lehrer glaubt, es sei denn, er kommt aus Jerusalem und bringt Zeugnis von Jakobus, dem Bruder des Herrn (Quelle: Hugh Schonfield, *Those Incredible Christians*).

Nachdem wir Robert Eisenmans Deutung der qumranischen Texte gelesen hatten, hegten wir keinen Zweifel mehr daran, dass Paulus der »Verspritzer von Lügen« war, der mit »Jakobus, dem Lehrer der Rechtschaffenheit« im Streit lag. Das Benutzen des Wortes »Verspritzer« ist ein typisch qumranisches Wortspiel, das sich auf die Taufprozeduren bezog, die dieser Gegner durchführte. Das Habakuk-Pescher stellt fest, dass dieser Mensch »über Israel die Wasser der Lüge ausgießt« und »sie in eine weglose Öde führt«. Das Wortspiel mit »Weg« bezieht sich darauf, »die Grenzsteine des Gesetzes zu entfernen« (Quelle: Robert Eisenman, *The Habakkuk Pesher*).

Wir glauben, dass der »Lügner« und Gegner des Jakobus Paulus war, der Mann, der über seine Erziehung als Pharisäer log, Lügen über die Mission Christi verbreitete, lehrte, dass das Gesetz der Juden unwichtig sei, und Unbeschnittene zuließ. Aus den Paulusbriefen geht klar hervor, dass man aus Jerusalem Apostel in seine Bezirke schickte, um seine Autorität zu untergraben und seinen Lehren zu widersprechen. Paulus spricht von Widersachern von ungeheurem Ansehen, die »den Ruf haben, jemand zu sein«, und den »Ruf haben, Säulen zu sein«, und er erklärt, dass er nicht abhängig von den höchsten Aposteln sei. Er beschreibt sie als »Diener Satans«, »falsche Apostel« und »irrende Brüder«. Er ist erstaunt, dass sich seine galatischen Konvertierten einem »anderen Evangelium« zuwenden, und teilt ihnen mit: »Wenn jemand euch ein anderes Evangelium als das predigt, was ihr empfangen habt, so verfucht ihn.« Er nennt die Boten von Jakobus »falsche Brüder, die geschickt wurden … die Freiheit auszuspionieren, die wir in Jesus Christus haben, und uns so fesseln wollen«.

Manche Kommentatoren wie Hyam Maccoby haben gewichtige Argumente dafür vorgebracht, dass Paulus kein pharisäischer Rabbi war, sondern ein einfacher Abenteurer obskurer Herkunft. Ebionitische Schriften bestätigen, dass Paulus weder pharisäischer Herkunft war noch eine derartige Ausbildung hatte. Er war ein konvertierter Jude aus Tarsus, der Sohn nichtjüdischer Eltern. Als Erwachsener kam er nach Jerusalem und wurde Diener des Hohen Priesters. Als seine Hoffnungen auf Beförderung sich nicht erfüllten, trennte er sich vom Hohen Priester und gründete seine eigene Religion.

Paulus gibt zu, dass es zwei sich widersprechende Versionen

über das Leben und die Mission Christi gibt – die »falschen«
Lehren von Jakobus, dem Bruder Christi, und seine eigene
hellenistische Mysterienromanze, die die Kernaussagen des
Judentums außer acht lässt. Im 9. Kapitel des 1. Korinther-
briefes verleiht er seiner Missachtung für die Jerusalemer
Urgemeinde Ausdruck und stellt offen klar, welch skrupel-
loser Lügner er ist:

> Und ich bin den Juden wie ein Jude geworden, damit ich
> Juden gewinne ... denen, die ohne Gesetz sind, als ob ich
> ohne Gesetz wäre ... allen bin ich alles geworden ... Ich
> nun laufe so wie einer, der nicht ins Ungewisse läuft; ich
> kämpfe so wie einer, der nicht in die Luft schlägt ...

Diese offene Missachtung des Gesetzes und der Wille, alles
zu tun und zu sagen, um die eigenen, seltsamen Ziele zu erreichen, zeigen, warum Jakobus und die Gemeinschaft von
Qumran Paulus den »Verspritzer von Lügen« nannten. Im
Römerbrief 10,12 verleiht Paulus seinem Verlangen Ausdruck, eine Gemeinschaft zu begründen, die keinen »Unterschied zwischen Juden und Griechen« macht. Dieser Ehr-
geiz charakterisierte die Familie des Herodes und ihre
Anhänger. Paulus machte sich also daran, die Besatzer zu
stärken, die das Geschlecht Davids aus Jerusalem vertrieben
und ihren Königsmessias ermordet hatten. Er verkündete:
»Ihr müsst der Regierung gehorchen. Da alle Herrscher von
Gott eingesetzt werden, wurden auch die Behörden von
Gott eingesetzt.«
Paulus' Status als römischer Bürger war ganz klar »ehrlich«
verdient.
Dieser Ausbeuter der Religion muss großen Hass und große
Furcht erregt haben. Sein direkter Zugang zu den herodiani-
schen Kreisen in Jerusalem kommt in der Apostelgeschichte
klar zum Vorschein, und das weist Paulus als möglichen Ver-

schwörer gegen Jakobus aus. Jakobus muss sich dieser Gefahr bewusst gewesen sein, denn er vermied mit großer Vorsicht, Paulus die gleichen Nackenschläge zu verpassen wie dieser ihm. Paulus fuhr fort, die »Geheimnisse« der Gemeinschaft von Qumran für seine eigene Lehre zu stehlen. Im 1. Korintherbrief 3,9 ff. benutzt Paulus das Bild von »Aufbau« und »Grundstein legen«, das das Habakuk-Pescher anwendet, wenn seine Gemeinschaft als »Gottes Gebäude« beschrieben wird und er sich selbst als »Baumeister« und Jesus Christus als »Eckstein« bezeichnet (Quelle: Robert Eisenman, *The Habakkuk Pesher*). Diese Begriffe, benutzt von Jesus und allen Nasoräern, wurden natürlich an die Freimaurer weitergereicht.

Wir haben uns bereits mit dem Ärger unter den Nasoräern in Qumran beschäftigt, der durch Paulus' Widerstand gegen Jakobus den Gerechten, den unbestrittenen Messias, hervorgerufen wurde und durch Paulus' Behauptung, dass Petrus der Leiter der Jerusalemer Urgemeinde sei. Zweifellos hatte Paulus mit seiner Behauptung, unter Gamaliel als Pharisäer ausgebildet worden zu sein, versucht, selbst die Leitung zu übernehmen, aber er besaß genug politischen Instinkt, um zu wissen, dass er es nicht schaffen würde. Wie unbeliebt Paulus bei den Bürgern von Jerusalem war, kann man dem 21. Kapitel der Apostelgeschichte entnehmen. Hier leistet sich Paulus ein Fehlurteil in Bezug auf seine Autorität und betritt den Tempel, wird aber von einer aufgebrachten Menge herausgezerrt, die ihn steinigen will, weil sie in ihm den Mann erkennt, der in Ephesus gegen die Gemeinschaft und das Gesetz gepredigt hat. Der Aufstand muss ziemlich heftig gewesen sein, denn in der Bibel steht zu lesen, dass »ganz Jerusalem in Aufruhr war«, und ein paar Hundertschaften römischer Truppen wurden aus der Festung Antonia zu Hilfe gerufen, die zum Glück für Paulus genau neben dem Tempelhof lag.

Chris besuchte das Amphitheater in Ephesus, wo Paulus eine Ansprache vor einer großen Menschenmenge hielt und wo er die Lage völlig falsch beurteilte. In jener Zeit war Ephesus eine kosmopolitische Stadt, in der auch eine der größten jüdischen Kolonien außerhalb Israels siedelte. Wie die Juden in Alexandria gehörten viele einer Sekte von Heilern an, die in enger Verbindung zu den Essenern in Qumran stand. In den ungeschickt rekonstruierten Ruinen fand Chris einen großen Stein, in dem das Kennzeichen dieser Sekte eingemeißelt war – ein Stab und eine Schlange, seit langem das Symbol der Mediziner auf der ganzen Welt. Diese Juden waren also gebildet und gut informiert, sie hatten keine Zeit für Paulus und seine Narreteien. Der selbst ernannte Prediger wurde in einem kleinen Haus auf einem öden Hügel in Sichtweite des Amphitheaters eingekerkert. Chris fragte sich, ob die Welt wohl ein besserer Ort geworden wäre, wenn man den Mann dort gelassen hätte.

Paulus entkam den Unruhen in Jerusalem lebendig, aber im Jahr 62 wurde Jakobus im Tempel angegriffen. In den Schriften des Epiphanius, Bischof von Konstantia (315–403), steht, Augenzeugen hätten behauptet, dass Jakobus den Brustpanzer und die Mitra des Hohen Priesters trug und als erster Bischof von Jerusalem das Recht verlangte, einmal im Jahr das Allerheiligste zu betreten. Es scheint wahrscheinlich, dass Jakobus in die Fußstapfen seines älteren Bruders trat und unangemeldet seinen Eintritt in den Tempel erzwang, wobei er natürlich sofort verhaftet wurde. Das Neue Testament hält sich vornehm mit allen Einzelheiten des Attentats zurück, aber ein Evangelium, das der heidnische Kaiser Konstantin aus dem Kanon verbannte, »Die zweite Apokalypse des Jakobus«, beschreibt den Verlauf der Ereignisse so:

> … die Priester … fanden ihn neben den Säulen des Tempels, neben dem großen Eckstein. Und sie beschlossen,

ihn herunterzuwerfen, und warfen ihn nieder. Und ... sie schlugen ihn, während sie ihn zu Boden warfen. Sie streckten ihn und legten einen Stein auf seinen Bauch. Alle stellten sich darauf und sagten: »Du hast geirrt.« Dann stellten sie ihn wieder hin, denn er war noch am Leben, und ließen ihn ein Loch graben. Er musste sich hineinstellen. Nachdem sie ihn bis zum Bauch entblößt hatten, steinigten sie ihn.

Teile des Tempels waren immer noch unvollendet, und der Stein, den man auf Jakobus' Bauch legte, war mit großer Sicherheit ein noch unbehauener Aschlar, ein Block, der gerade aus einem größeren Stein gehauen worden war. Interessant ist, dass ein unbehauener Aschlar in jeder Freimaurerloge in der nordöstlichen Ecke der Loge steht.

Es gibt noch einen Bericht über den Tod des Jakobus, der freimaurerische Züge trägt. Hegesippus, die christliche Autorität des zweiten Jahrhunderts, schrieb:

> Sie warfen Jakobus den Gerechten zu Boden und begannen, ihn zu steinigen, denn er wurde durch den Sturz nicht getötet. Aber er kniete nieder und sagte: »O Herr, Gott, mein Vater, vergib ihnen, denn sie wissen nicht, was sie tun.« Während sie ihn steinigten, rief einer der Priester von den Söhnen des Rechab, von denen Jeremia, der Prophet, Zeugnis ablegt: »Haltet ein, was tut ihr? Der Gerechte betet für euch.« Aber einer von ihnen, der ein Tuchwalker war, schlug den Gerechten mit einem Knüppel nieder.

Der tödliche Schlag durch den Knüppel des Walkers auf den Kopf von Jakobus wird nicht als historische Tatsache angesehen, aber uns kam der Gedanke, dass diese Überlieferung von den Qumranern hinzugefügt worden ist, um ein exaktes Pescher von Hiram Abif zu schaffen. Auf diese Weise würde das Martyrium von Jakobus, Lehrer der Rechtschaffenheit, als Wiederholung des Todes des Baumeisters des ersten Tempels Salomos (und des Seqenenre Tao) angesehen. Der Schlag auf die Stirn tötete Hiram Abif, als er in dem fast vollendeten ersten Tempel stand, und Jakobus, als er im fast vollendeten letzten Tempel stand. Die Parallelen sind zu auffällig, um zufällig zu sein.

Das Grab des Jakobus befindet sich im Kidron-Tal, das direkt neben dem Osttor des Tempels verläuft. Aus dem Felsen herausgehauen steht es immer noch da, dramatisch flankiert von zwei prächtigen Säulen.

Josephus verzeichnet, dass die Bewohner von Jerusalem wegen des Todes von Jakobus sehr aufgebracht waren und Kontakt zu König Agrippa aufnahmen und ihn drängten, den Hohen Priester Ananus für seine schlechte, ungesetzliche Tat zu bestrafen. Die Juden bekamen offenbar ihren Willen, denn Ananus wurde abgesetzt.

Ein bedeutender Teil unseres Arbeitsgebietes, der immer noch im Dunkel lag, war der Ursprung der Freimaurernamen für die Mörder Hiram Abifs – Jubelo, Jubela und Jubelum. Wir konnten überhaupt keine Bedeutung dafür finden – einmal abgesehen von der Tatsache, dass »Jubel« das arabische Wort für »Berg« ist. Doch als wir uns den Tod des Jakobus näher anschauten, fiel uns eine interessante Analyse von Professor Eisenman in die Hände. Bezogen auf das Habakuk-Pescher, das man in Qumran fand, sagte er:

Das Pescher, das in den zugrunde liegenden Texten Hinweise auf »Zorn« und »Festtage« gibt, spricht darüber, wie »der böse Priester den gerechten Lehrer verfolgte« oder »ihn mit seinem bösen Zorn in seinem Zufluchtsort zerstörte« (oder: »in dem Haus, wo er entdeckt wurde«); das benutzte **»leval'o«** erscheint nicht in dem Text darunter, aber es weist auf starke Aktionen hin und bedeutet wahrscheinlich »zerstören«, da es offenbar in einem Kontext steht, in dem es um Gewalt geht.

Eisenman beobachtet weiter:

> Da die Anspielung auf den »Becher des Zorns« des Herrn eine auf die göttliche Rache wegen der Hinrichtung des gerechten Lehrers ist (so wie sich das Pescher im nächsten Abschnitt auf diese Absicht bezieht, als es auf die Zerstörung »der Armen« hinweist: »Da er selbst eine kriminelle Verschwörung gegen die Armen einleitete, wird Gott ihn der Zerstörung anheim geben« / »Er wird den gleichen Lohn empfangen, den er den Armen zudachte«), ist der Sinn von »**teval'enu**« hier, und als Konsequenz der von »**leval'o**«/»**leval'am**« früher, bestimmt Zerstörung.

Könnte es sein, dass die drei Worte des Peschers in den Schriftrollen vom Toten Meer, die sich mit dem Mord an Jakobus befassen – »leval'o«, »leval'am« und »teval'enu« –, der Ursprung von Jubelo, Jubela und Jubelum sind?

Der Schatz der Juden

Es schien uns wahrscheinlich, dass der Jüdische Krieg von 66 bis 70 nach Christus durch die Spannungen ausgelöst wurde, die nach dem Mord an Jakobus dem Gerechten entstanden waren, und wir fanden heraus, dass auch Josephus dieser Meinung war. Obwohl das Originaldokument nicht mehr existiert (zweifellos von der römisch-katholischen Kirche vernichtet), wissen wir davon, weil der Kirchenvater Origenes im dritten Jahrhundert auf Josephus' Beobachtungen hinwies, die ihn sehr verwirrten. Origenes schrieb:

Obgleich er nicht an Jesus Christus glaubte, soll Josephus, als er nach dem wahren Grund für den Fall Jerusalems suchte, gesagt haben, dass die Verfolgung von Jesus der Grund für ihren Ruin gewesen ist, denn das Volk brachte den prophezeiten Messias um. Doch gegen seinen Willen, und nicht weit von der Wahrheit entfernt, sagt er, dass dies die Juden als Rache für Jakobus den Gerechten überkam, der der Bruder Jesu, des so genannten Christus, war. Weil man ihn umbrachte, obwohl er ein vollkommen rechtschaffener Mann war.

Die meisten Christen heute wissen nichts von dieser Sache, die ihnen doch so viel bedeutet, aber wenn man sich klarmacht, dass Jesus das Amt ein Jahr innehatte, Jakobus aber zwanzig Jahre, dann ist es nur logisch anzunehmen, dass er zu jener Zeit eine populärere Gestalt war. Die Position und der Einfluss des Jakobus als Jesu Bruder wird in vielen alten Aufzeichnungen gewürdigt, in der katholischen Lehre hingegen unterdrückt, sodass Laien und sogar große Teile des Klerus keine Informationen darüber haben, wie es Hugh Schonfield in seinem Buch *The Essene Odyssey* beklagt.

Der Krieg, der im Jahre 66 ausbrach, leitete eine vierjährige Gewaltherrschaft ein, in der scheußliche Taten von Juden an Römern, Römern an Juden und Juden an Juden begangen wurden. Die Gräueltaten, die verübt wurden, lassen sich durchaus mit den schlimmsten der Französischen und der Russischen Revolution vergleichen. Josephus, der Historiker der Juden, war der jüdische Kommandeur in Galiläa, bis er die Seiten wechselte und mit großer Leidenschaft seine vormaligen Offiziere jagte. Anfangs hatten die Juden Erfolg, als sie den syrischen Legaten besiegten, der auf Jerusalem marschierte, aber sie konnten die Macht der römischen Armee nie besiegen.

Die Nasoräer, die an die Macht des Schwertes bei der Wiederherstellung der Herrschaft Gottes glaubten, wurden Zeloten genannt, und es ist sicher, dass sie im November 67 Jerusalem und den Tempel eroberten. Unter der Führung des Johannes von Gischala entdeckten die Zeloten, dass viele Priester des Tempels und führende Bürger der Stadt Frieden mit den Römern schließen wollten. Ein solches Ansinnen wurde nicht toleriert, und jeder, der diese Ansicht äußerte, wurde sofort getötet. Die römischen Kräfte kamen ständig näher, und selbst dem eifrigsten Zeloten musste klar sein, dass das Ende nahe war. Im Frühling 68 wurde der Entschluss gefasst, die Tempelschätze zu verstecken, also die heiligen Schriftrollen, Gefäße und Geld, damit sie nicht in die Hände von Nichtjuden fielen. Es war auch höchste Zeit, denn im Juni zerstörten die Römer Jericho und die Siedlung in Qumran. Zwei Jahre später fiel Jerusalem in die Hände des Titus, und die Zeloten wurden entweder getötet oder gefangen genommen, und schließlich starben die letzten Juden, die um die Geheimnisse der Nasoräer wussten, in der Festung Masada, als alle Bewohner lieber Selbstmord begingen, als sich den Römern zu ergeben.

Die Geheimnisse, die den Nasoräern von Moses her überliefert worden waren, wurden dort gelagert, wo Moses es ihnen befohlen hatte – in einer Höhlung unter den Fundamenten des Tempels, dem Allerheiligsten so nah, wie es nur ging. Andere Werke wurden an mindestens fünf unterschiedlichen Orten im Land verborgen, wozu auch die Höhlen in den Bergen um Qumran gehörten. Eine der Rollen, die man in diesen Höhlen fand, war aus Kupfer gemacht (2,50 Meter lang und 30 Zentimeter breit). Sie war von den Seiten her zusammengerollt worden, sodass es aussah, als lägen zwei Rollen nebeneinander. Das Forscherteam konnte die Rolle zuerst nicht lesen, denn sie war komplett oxydiert, aber dann schnitt man sie in Streifen, öffnete sie, und ein Team vom Manchester College of Technology rekonstruierte sie 1955. John Allegro erzählt, wie aufgeregt er war, als der Inhalt der Kupferrolle zutage trat:

> Als Wort für Wort zum Vorschein kam und die Wichtigkeit des ganzen Dokuments damit unbestreitbar wurde, mochte ich meinen Augen kaum trauen. Ja, ich weigerte mich entschieden, dem offen vor mir Liegenden Glauben zu schenken, ehe mehr Streifen abgetrennt und gereinigt waren. Nachdem aber eine oder zwei weitere Spalten der Schrift entziffert waren, sandte ich schnell Luftpostbriefe mit der Neuigkeit an Harding (John Allegro, *Die Botschaft vom Toten Meer*).

John Allegros Deutung der Kupferrolle lässt erkennen, dass es mindestens noch eine Kopie gab, die im Tempel selbst versteckt worden war:

> In der Grube (Shîth) gen Norden, in einer Höhlung mit einem nördlichen Eingang, ist direkt am Eingang eine Kopie dieses Dokuments vergraben, mit einer Erklärung und den Größen, samt einer Inventur von allem.

Konnte das die Schriftrolle gewesen sein, die die Tempelritter zuerst gefunden hatten? Wenn es so war, dann waren sie in der Lage, eine vollständige Schatzkarte anzufertigen. In seinen detaillierten Notizen beweist Allegro, dass die »Shîth« (was »Grube« oder »Höhle« bedeutet) direkt unter dem Altar des Tempels lag. Es war also die Höhle, die von dem Marmorblock mit dem Ring in der Mitte abgedeckt wurde.

Die Kupferrolle listet riesige Mengen von Gold, Silber, kostbaren Objekten und mindestens vierundzwanzig Schriftrollen auf, die im Tempel versteckt wurden. Die Lage von einundsechzig unterschiedlichen Verstecken wird genau beschrieben. Die folgenden sind typisch:

> In der inneren Kammer der Zwillingssäulen, die den Bogen des Doppeltores tragen, gen Osten, im Eingang, in drei Ellen Tiefe versteckt, befindet sich ein Krug. Darin eine Schriftrolle, darunter zweiundvierzig Talente.
>
> In der Zisterne, die sich neunzehn Ellen vor dem östlichen Gang befindet, sind Gefäße und in deren Höhlung: zehn Talente.
>
> Im Hof von (?) …, neun Ellen unter der südlichen Ecke: Gefäße aus Gold und Silber für den Zehnten, Wasserschalen, Becher, sakrale Schalen, andere Gefäße, insgesamt sechshundertneun.
>
> In der Grube (?), die sich in dem MLHM befindet, im nördlichen Teil: Gefäße für den Zehnten und Stoffe. Der Eingang ist unter der westlichen Ecke.
>
> Im unterirdischen Gang bei den Löchern, in dem Gang, der nach Süden führt, in sechzehn Ellen vergraben: zweiundzwanzig Talente.
>
> An der Mündung der Tempelquelle: Gefäße aus Silber und Gold für den Zehnten und Geld, insgesamt sechshundert Talente (Quelle: John Allegro, *The Treasure of the Copper Scroll*).

Wir wussten, dass die ersten Tempelritter im Jahr 1119 ein paar Schriftrollen gefunden hatten, und jetzt begriffen wir, warum sie acht weitere Jahre unter dem Tempel gegraben hatten. Die Erklärung für den plötzlichen Aufstieg des Ordens zu Ruhm und Reichtum war nun kein Geheimnis mehr!

Nachdem die Juden den Krieg verloren hatten und der Tempel zum letzten Mal zerstört war, gerieten die vergrabenen Schriftrollen in Vergessenheit, und die Lehren Jesu und der

Nasoräer wurden durch das Christentum ersetzt, das man wohl besser mit dem Ausdruck »Paulentum« beschreiben könnte. Aber die Tatsache, dass die christliche Theologie die Inhalte der überlebenden Lehren Jesu nicht reflektiert, verleitet zu der Annahme, dass das Dogma eine spätere Erfindung ist. Wie Rupert Furneaux in seinem Werk *The Other Side of the Story* schreibt, waren die Lehrsätze, die Paulus erfand, etwas ganz anderes als die revolutionären Gedanken an Gleichheit, die Jesus verbreitete.

Jesus war ein Revolutionär und ein Pionier des demokratischen Denkens. Dank Paulus und des nichtjüdischen hierarchischen Kultus, den er entwickelte, wurden Jesu Lehren begraben und vergessen. Aber wir wussten, dass es an der Zeit war, sie auferstehen zu lassen.

Jetzt hatten wir die Geschichte zusammengesetzt, wie es kam, dass die Schriftrollen vergraben worden waren, und hatten eine Hypothese über ihren wahrscheinlichen Inhalt entwickelt. Unser Fischzug durch die Geschichte hatte eine fortlaufende Verbindung ergeben, die vom Mord an Seqenenre Tao über die Entstehung der jüdischen Nation bis zur Blüte des Konzeptes Ma'at in der Gemeinschaft von Qumran reichte. Wir hatten die Anweisung des Moses gefunden, die Schriftrollen unter dem Allerheiligsten im Tempel zu verstecken, und wir hatten über die Vernichtung der Essener und des Tempels, den sie als den ihren beanspruchten, gelesen. Jetzt blieb immer noch eine Lücke von fast tausend Jahren, die wir füllen mussten. An diesem Punkt beschlossen wir, uns noch einmal alle freimaurerischen Rituale anzusehen, die wir kannten – von dem des Royal Arch bis zu dem des dreiunddreißigsten Grades. Vielleicht konnten wir in diesem Haufen von Literatur weitere Hinweise entdecken, die uns bei unserer Suche helfen würden. Wir hatten uns auch bereits in einem ganz frühen Stadium unserer Forschungsarbeit die keltische Kirche ganz genau angesehen,

denn sie hatte starken Einfluss auf die schottische Gesellschaft zu einer Zeit, in der sie auch ganz gut eine Verbindung zur keltischen Renaissance des Robert the Bruce gehabt haben könnte, die mit dem Fall der Templer zufällig
zusammenfiel. Auch das mussten wir noch einmal genauer
betrachten, damit wir die tausendjährige Lücke unserer Rekonstruktion der Geschichte schließen konnten. Wir beschlossen, bei unserer Forschungsarbeit so fortzufahren,
dass wir einen genaueren Blick darauf warfen, was mit den
Überresten der Jerusalemer Urgemeinde nach der Zerstörung des Tempels durch die Römer geschehen war und ob
sich hier eine Verbindung zur keltischen Kirche herstellen
ließ.

Das Leben Jesu im Licht der Informationen aus der Bibel,
der Schriftrollen vom Toten Meer, der Freimaurerei, des rekonstruierten Geheimnisses der Säulen und kodierter jüdischer Texte zu sehen hatte sich als äußerst fruchtbar erwiesen. Wir fanden heraus, dass Jesus – oder Jehoshua ben
Joseph, wie man ihn nannte – nur ein Jahr im Amt war und
während dieser Zeit sowohl in Qumran als auch in Jerusalem äußerst unbeliebt war, weil er verkündet hatte, beide
Säulen zu verkörpern.
Wir konnten jetzt beweisen, dass Jesus Vertraute besaß, eine
Elite gewissermaßen, die bestimmte Geheimnisse kannte
und Ausdrücke wie »Wasser in Wein verwandeln« als Meta-
phern für gewöhnliche Ereignisse verwandte. Andere Beschreibungen, die wir jetzt verstanden, waren Begriffe wie
»Sünder«, »Straßenräuber«, »Säufer« und »Dirnen« – sie bezeichneten einfach Menschen, die mit Römern Umgang hatten. Selbst das Vaterunser konnte so übersetzt werden, dass
seine ursprüngliche Bedeutung deutlich wurde.
Sehr wichtig war, dass wir bewiesen hatten, wie die Qumraner eine symbolische Auferstehung bei der Einführungsze-

remonie in ihren höchsten Grad benutzten, dass man die Initiierten als »Lebendige« und alle anderen als »Tote« bezeichnete. Ein gutes Beispiel, wie die Anhänger Jesu diese symbolische Auferstehung zum Eintritt in den engsten Kreis benutzten, ist die Geschichte von Ananias und Sapphira. Sie hatte gezeigt, dass die Mitgliedschaft auch entzogen werden konnte, und die Erzählung von Lazarus hatte gezeigt, dass man den Kreis verlassen und wiederkommen konnte, was als »zeitweiliger Tod« beschrieben wurde.

Die Rolle der Säulen war absolut zentral bei allem, was Jesus tat, und als er im Garten Gethsemane verhaftet wurde, führte er gerade ein paar hundert Meter von den Zwillingssäulen des Tempels in Jerusalem eine Auferstehungszeremonie durch. Eine weitere direkte Verbindung zur Freimaurerei wurde im Bild des »Morgensterns« gefunden – »ein Stern wird aus Jakob aufgehen, die Szepter, die Welt zu beherrschen«.

Unsere frühere Hypothese, dass es zwei »Jesus Christus« gab, war jetzt bewiesen, und wir wissen inzwischen, dass derjenige, der starb, Jehoshua ben Joseph war – »der König der Juden«, und sein Bruder Jakobus, Ja'acov ben Joseph, war »Jesus Barabbas«, bis heute »Sohn Gottes« genannt. Wir entdeckten die lange verschollene Rede, die Jakobus nach der Kreuzigung im Hof der Nichtjuden hielt, die später von den Christen so verdreht wurde, dass sie die Grundlage für einen Antisemitismus bildete, der fast zwei Jahrtausende anhielt.

Wir glauben inzwischen, dass wir den Ursprung dieses seltsamen christlichen Konzepts von der Heiligen Dreifaltigkeit, das den Vater, den Sohn und den Heiligen Geist als drei Personen in einer Gottheit beschreibt, verstehen. Für uns war dieses Vorhandensein von gewissermaßen drei Göttern immer der Beweis dafür, dass das Christentum ursprünglich keine monotheistische Religion darstellte. Dazu kam noch, dass wir nicht begreifen konnten, wer der Heilige Geist war, denn es handelte sich entweder um Jesus oder einen anderen. Christen scheinen es zu vermeiden, allzu viel über das Konzept der Dreifaltigkeit nachzudenken, weil es überhaupt keinen Sinn macht. Der Ursprung der Dreifaltigkeit muss das Säulen-Paradigma gewesen sein. Gott, der Vater, ist der »Schalom«-Bogen, der Sohn von Gott ist die »Zedeq«-Säule, und der König der Juden ist die »Mischpat«-Säule. Die beiden Säulen sind völlig irdisch, und wenn der himmlische Bogen an seinem Platz ist, wird eine vollkommene Harmonie zwischen Gott und seinen Gläubigen erreicht.

Das Benutzen der Säulen und solche Beschreibungen wie Jesus Christus, »der Eckstein«, schaffen starke Verbindungen zur Freimaurerei, aber wir hatten auch den offensichtlichen Widerhall des ägyptischen Ursprungs der Geheimnisse der Juden gefunden. Das christliche Kreuz stellte sich nicht als das Kreuz heraus, an dem Jesus starb, sondern ist die Wiedergabe einer alten ägyptischen Hieroglyphe, deren Bedeutung »Erlöser« ist. Das Abzeichen des Bischofs, die Mitra, die Jakobus trug und die heute immer noch getragen wird, stellte sich als eine weitere Hieroglyphe heraus, die Amun, den Schöpfergott von Theben, bezeichnet.

Wir fanden auch heraus, dass der Name »Qumran« in seiner Bedeutung »Bogen über zwei Säulen« bestätigte, dass die Weltsicht der Gemeinschaft wesentlich durch dieses Bild geprägt worden war.

Die Anfänge der christlichen Kirche hatten hingegen nichts mit Jesus zu tun, sondern waren die Erfindung eines Ausländers namens Saulus, der später Paulus hieß. Wir waren uns sicher, dass er die Person war, die in den Schriftrollen vom Toten Meer »Verspritzer von Lügen« genannt wird, und er war es auch, der sich mit Jakobus stritt, um den nasoräischen Kult zu torpedieren. Und es waren auch Paulus und seine Anhänger, die das Säulen-Paradigma nicht begriffen und schließlich versuchten, das jüdische Denken zu rationalisieren, indem sie den komischen und in höchstem Maße unjüdischen Gedanken von der Heiligen Dreifaltigkeit entwickelten.

Es war sehr wichtig für unser Vorhaben, dass die Nasoräer glaubten, die »Endzeit« wäre herangekommen, und deshalb ihre geheimsten Schriftrollen in einer Höhlung unter dem Allerheiligsten im Tempel versteckten. In dem Krieg, der darauf folgte, wurden die meisten Juden in der Gegend um Jerusalem entweder getötet oder flohen, und die vergrabenen Rollen lagen vergessen dort, bis ein Brecheisen der Tempelritter zu ihnen durchbrach und sie rettete.

13.
Die Auferstehung

Die Überreste der Jerusalemer Urgemeinde

Die Entwicklung des falschen Christenglaubens vernichtete Jesu nasoräische Lehren, aber wir fanden klare Beweise dafür, dass es ein paar Überlebende des Jüdischen Krieges von 66 bis 70 nach Christus gab, und sie trugen die Kernaussagen von Jesu Botschaft in die Welt – über Alexandria in Ägypten auch nach Großbritannien. Eine Sekte namens Ebionim oder Ebioniten war direkte Erbin der Kirche des Jakobus, denn ihr Name war der gleiche, den auch die Qumraner für sich benutzten – Ebionim, was, wie wir inzwischen sehr gut wissen, »die Armen« heißt. Bei dieser Sekte standen die Lehren Jakobus des Gerechten in hohem Ansehen, und man glaubte, dass Jesus zwar ein großer Lehrer, aber ein Sterblicher und kein Gott war. Sie betrachteten sich immer noch als Juden und glaubten, dass Jesus nach seiner »Krönung« durch Johannes der Messias gewesen sei. Aufzeichnungen zeigen auch, dass sie Paulus hassten, den sie als Feind der Wahrheit ansahen.

Lange Zeit nach dem Tod von Jesus und Jakobus waren die Begriffe »Ebionit« und »Nasoräer« völlig austauschbar und wurden unter beiden Namen von der römisch-katholischen Kirche als Häretiker verdammt. Da alle Abkömmlinge der Jerusalemer Urgemeinde – bis auf den devianten paulinischen Zweig – glaubten, dass Jesus ein Mensch und kein Gott war, sind in Wirklichkeit der juwelenbehangene Vatikan und seine Ableger die wahren Heiden und »Häretiker«, Robert wuchs in einer Gegend auf, in der noch Walisisch gesprochen wurde, und war sein Leben lang an der keltischen Kirche und der Mythologie seiner Vorfahren interessiert. Er lernte früh, dass das Christentum aus Alexandria über Spanien nach Irland kam, wahrscheinlich schon um 200 nach Christus, und dass die Isolierung dieses Landes vom europäischen Festland und somit der römischen Kirche zur Entwicklung eines anderen Typs des Christentums führte. Im Jahr 432 ging der heilige Patrick nach Irland, und man erzählt sich, dass er später vor der Küste von Anglesey Schiffbruch erlitt und auf einer kleinen Insel nicht weit von Roberts derzeitigem Zuhause in einer Höhle Schutz vor dem Sturm suchte. Die Legende berichtet, dass er, als er schließlich sicher aufs Festland gelangte, zum Dank für seine Rettung die Kirche von Llanbadrig erbaute. In der Stadt selbst gibt es noch eine Kirche, die den Namen Patricks (Sant Padrig auf Walisisch) trägt. Katholische Versionen der Geschichte behaupten, dass er angeblich aus Rom gekommen sei, aber diese Version der Legende hat keltische Gelehrte nie beeindruckt, denn Patricks Schriften weisen ihn als Anhänger der »arianischen Häresie« aus. Er glaubte nicht an die jungfräuliche Geburt oder daran, dass Jesus etwas anderes als ein Sterblicher war!

Solche Gedanken wurden von der römisch-katholischen Kirche gnadenlos verfolgt, aber sie besaß bis zur Synode von Whitby im Jahr 664 in den vielen Königreichen Irlands, Schottlands und Nordenglands keine Macht. Ihre Legende des heiligen Patrick behauptet, dass er das römisch-katholische Christentum im fünften Jahrhundert ins Land brachte, aber das System der Bischöfe mit territorialen Diözesen, nach dem Vorbild der Verwaltung des Römischen Imperiums errichtet, gab es zu dieser Zeit noch gar nicht. Diese Version der Legende scheint ein typischer Versuch des Vatikans zu sein, einen existierenden lokalen Heiligen zu schädigen und seine Geschichte so zu verändern, dass sie die Rom genehme, aber falsche Historie widerspiegelt. Während des fünften und sechsten Jahrhunderts wurden die irischen Mönchskloster unter der Schirmherrschaft der keltischen Kirche zu Zentren der Gelehrsamkeit und sandten Missionare wie die Heiligen Columba, Iltut und Dubricius in die keltischen Siedlungen am Rande Europas.

Was für einen Großteil Europas ein »dunkles Zeitalter« war, war für Irland als Ort, wo das meiste Wissen der christlichen Welt versammelt war, ein wahrhaft goldenes Zeitalter. Religiöse Kunst – wie der Kelch von Ardagh und das Book of Kells und andere großartige Manuskripte – blühte und gedieh neben anderen, auch heidnischen Kunstwerken wie der Brosche von Tara und dem großen irischen Epos *Tain Bo Cuailgne*. Die keltische Kirche verbreitete sich von Irland nach Wales, Schottland und Nordengland, und es waren Einsiedler und Mönche, die die vielen kleinen Kirchen in den unzugänglicheren Teilen Westbritanniens bauten. Das waren keine Kirchen, die der lokalen Bevölkerung zur Andacht dienen sollten, denn Untersuchungen aus der Gegenwart zeigen, dass an den Orten, wo sich diese frühen Kirchen befanden, kaum jemand wohnte (Quelle: E. G. Bowen, *Settlements of the Celtic Saints in Wales*). Sie waren wie Qumran isolierte Außenposten in der Wildnis, damit die Heiligen ihre Rechtschaffenheit aufpolieren konnten, und konsequenterweise wurde jeder Begründer eines Mönchsklosters oder Konvents als Heiliger betrachtet.

Schon früher hatten wir die Bedeutung der Verbindung der Kelten mit der Theologie der Sumerer erkannt, und wir haben bereits erwähnt, dass die verknoteten, geschwungenen

Muster der Kelten eine starke Ähnlichkeit mit der Kunst des Mittleren Ostens aufweisen. Die Herkunft dieser Nordeuropäer steht heute zweifelsfrei fest, denn eine DNS-Analyse von Bewohnern abgelegener keltischer Siedlungen – wo Robert so gern wohnt – passt zu der einiger nordafrikanischer Stämme. Der Kern des keltischen Denkens steht dem Judentum nahe und deshalb dem »Christentum« des Jakobus, das ja letztendlich aus Sumer stammt. Deshalb findet man in der keltischen Überlieferung Parallelen zur sumerischen Religion.

Als man ihm die Geschichte Jesu erzählte, nahm ein keltischer König die Religion gleich an und rief aus: »Christen sind wir seit tausend Jahren!« Die neue Religion verschmolz mit dem alten Druidenglauben und breitete sich in Irland, Schottland, Wales, Nord- und Südwestengland aus. Die keltische Kirche unterschied sich sehr von der römisch-katholischen Variante des Christentums, die sich im übrigen Europa verbreitet hatte. Denn in der keltischen Kirche glaubte man nicht an:

Die jungfräuliche Geburt
Die Göttlichkeit Jesu
Die Überlegenheit des Neuen gegenüber dem Alten Testament
Die Unausweichlichkeit der Erbsünde, die nur durch Willenskraft und durch gute Werke ausgelöscht werden konnte.

Sie behielten bei:

Die Tonsur der Druiden (die vordere Hälfte des Kopfes war rasiert)
Ostern nach dem Vollmond und dem jüdischen Kalender zu richten.

Schließlich schluckte die römisch-katholische Kirche nach einer fünfzig Jahre während Debatte die keltische Kirche offiziell bei der Synode von Whitby, die 664 abgehalten wurde. Unter der katholischen Oberfläche aber brodelte weiter das nasoräische Denken, was unserer Meinung nach später zur Wiege für die wieder geborenen Lehren Jesu wurde.

Obwohl wir gute Gründe dafür hatten zu glauben, dass die keltische Christenheit mit der wahren Kirche (alias die nasoräische Bewegung) verbunden war, konnte das doch nicht die Reinheit und alle Details in den Ritualen der Freimaurer erklären. Zum ersten Mal hatten wir das Gefühl, in einer Sackgasse zu stecken, aus der wir nicht herausfanden. Diese Flaute hielt nicht länger als einen Tag oder zwei an, weil es Robert gelang ein sehr interessantes kleines Buch aufzutreiben, als er eine andere Loge besuchte. Grün und unscheinbar war es, nicht größer als zehn Zentimeter hoch und sechs Zentimeter breit, aber für uns war es sein Gewicht in Gold wert.

Es war schon nach Mitternacht, als Chris vom Schrillen der Türklingel und einem Pochen an der Tür geweckt wurde. Der anfängliche Ärger verflog schnell, nachdem wir das Buch über die Freimaurerei des Royal Arch aufgeschlagen hatten. Diese Ausgabe war 1915 privat in London gedruckt worden und enthielt deshalb nicht die Änderungen, die die Großloge auf Druck von außen bei dem Ritual eingeführt hatte. Hier war das Originalritual aufgezeichnet, ohne alle Änderungen und Innovationen, die von Männern eingeführt worden waren, die die Bedeutung der Überlieferung, die sie so bereitwillig umformten, nicht begriffen.

Auf den Seiten dieses Buches stand nichts Geringeres als die komplette und unveränderte Geschichte der Ausgrabung der Schriftrollen des Tempels!

Darin wurde berichtet, dass der Kandidat für diesen Grad

zuerst die Fragen der drei ersten Freimaurergrade beantworten muss, ehe er den Logenraum betreten darf. Der Raum, den er betritt, unterscheidet sich sehr von den Logen, die er in den unterschiedlichen Graden der Freimaurerei kennen gelernt hat, und die Vorsitzenden sind nicht der Verehrungswürdige Meister und seine beiden Wächter, sondern die »drei Prinzipale«. Zusammen bilden sie etwas, das Sanhedrin genannt wird, was der jüdische Name für den Ältestenrat des zweiten Tempels ist und die mächtige Dreiheit von Priester, König und Prophet verkörpert. Sie behaupten, nach den drei Prinzipalen benannt zu sein, die – nach Aussage des Ordens – nach der Rückkehr aus der Babylonischen Gefangenschaft die dritte oder Große und Königliche Loge im zweiten Tempel abhielten.

Als wir eifrig weiterlasen, entdeckten wir, dass diese drei Haggai, der Prophet, Jeschua, Sohn von Josedech, dem Hohen Priester und Erben der Tradition Aarons und der Leviten, und Serubbabel, König aus dem Geschlecht Davids, waren. Die zwei vorherigen Logen waren die erste oder Heilige Loge, die von Moses, Aholiab und Bezaleel am Fuße des Horeb in der Wüste Sinai einberufen worden war, und die zweite oder Geheiligte Loge, die von Salomo, König von Israel, Hiram, König von Tyrus, und Hiram Abif am Berg Moria abgehalten wurde.

Als wir lasen, wie der Royal Arch konstruiert war, fiel uns der Unterkiefer herunter. Wenn wir etwas von diesem Orden gewusst hätten, als wir mit unserer Arbeit begannen, hätten wir alles bestimmt als romantischen Unsinn abgetan, aber im Licht unserer Ergebnisse konnten wir es sehr ernst nehmen.

Der Meistermaurer, der in »den Orden der Auserwählten vom heiligen Royal Arch« erhoben werden möchte, muss sich erst beweisen, indem er die Prüfungsfragen aus dem dritten Grad der Freimaurer beantwortet, ehe man ihm einen Griff und ein Kennwort (das bedeutet: »mein Volk hat Gnade erlangt«) gibt, die es ihm ermöglichen, einzutreten. Der Kandidat trägt die Schürze eines Meistermaurers und hat die Augen mit einem langen Strick verbunden, der um seine Taille geknotet ist. Ehe der Kandidat den Logenraum betritt, der in diesem Grad das Kapitel genannt wird, wird ein Podest, das später in der Zeremonie eine Rolle spielt, verhüllt. Der Kandidat wird gefragt, welche Gründe er hat, das Kapitel zu betreten, und muss dann niederknien, während ein Gebet gesprochen wird, in dem der allmächtige und ewige Vater des Universums gebeten wird, die Zeremonie zu segnen und den Kandidaten während seiner Erhebung zu unterstützen. Der erste Prinzipal prüft dann, ob der Kandidat an den wahren, lebendigen und allerhöchsten Gott glaubt, ehe er ihn bittet, sich dem verhüllten Podest im Takt von jeweils sieben Schritten zu nähern, was das Vorgehen eines jüdischen Jahwepriesters imitiert, der sich dem Allerheiligsten im ersten Tempel näherte. Nachdem das vollbracht ist, wird dem Kandidaten gesagt, dass er nun oben an der geheimen Nische angekommen ist, in die er hinabsteigen muss. Um das zu tun, muss man einen Stein entfernen, und man muss dann niederknien, während Sprüche 2,1–9 und 3,13–20 laut vorgelesen wird.

Dem Kandidaten wird dann gesagt, dass er im Dunkeln suchen muss, um nachzusehen, ob dort etwas versteckt wurde. Eine Schriftrolle wird in seine Hand gelegt, und er wird gefragt, was in der Schriftrolle steht, muss aber antworten, dass er es ohne Licht nicht lesen könne.

Das war unglaublich. Es übertraf unsere kühnsten Hoffnungen. Eine klare Beschreibung – und zwar nicht nur von einer Ausgrabung in den verborgensten Kammern des Tempels, sondern auch die akkurate Beschreibung vom Fund einer Schriftrolle: keines Schatzes, keines Kunstwerkes, sondern – genau wie wir es geahnt hatten – einer Schriftrolle!

Als wir weiterlasen, fanden wir heraus, dass der Kandidat wieder in die Nische »herabgelassen« wird und Haggai 2,1–9 vorgelesen wird. In diesem Abschnitt geht es um den Wiederaufbau des Tempels, und er gehört daher zu den Kernaussagen der Gemeinschaft von Qumran. Der letzte Vers (Haggai 2,9) lautet:

Die künftige Pracht dieses Hauses wird größer sein als die frühere, spricht der Herr der Heerscharen, und an dieser Stätte will ich Heil (Schalom) geben, spricht der Herr der Heerscharen.

Jetzt ist der Kandidat gebunden, und er besiegelt seine Verpflichtung, indem er viermal mit den Lippen die Bibel berührt. Die Binde wird ihm von den Augen genommen, und der Kandidat wird gebeten, die Schriftrolle vorzulesen, die er in der geheimen Kammer gefunden hat. Der Kandidat liest daraufhin Genesis 1,1–3 vor. Der erste Prinzipal sagt danach:

Soeben erhobener Gefährte, so lauten die ersten Worte des heiligen Buches, das die Schätze von Gottes Willen enthält. Lasst uns seinen heiligen Namen lobpreisen für das Wissen von ihm, das er uns in seiner Gnade überlassen hat, und lasst uns auch weiterhin des Lichtes, das uns erleuchtet hat, würdig sein.

Die Zeremonie geht offenbar mit dem rituellen Erzählen der Geschichte, wie die Schriftrolle gefunden wurde, weiter. Der Kandidat verlässt das Kapitel und wird dann in der Kleidung des Maurers vom Royal Arch wieder zugelassen, er wird dabei von zwei weiteren Gefährten begleitet, und die drei werden als »die drei Gäste« bezeichnet, die man auch die drei Meistermaurer von Babylon, Schadrach, Meschech und Abednego, nennt. Wenn sie eintreten, nehmen sie an einer Zeremonie teil, die man auch unter dem Namen »die Schleier lüften« kennt und in der nachgespielt wird, wie sich ein Priester des Tempels dem Allerheiligsten im Tempel des Salomo nähert. Nachdem dieses Ritual abgeschlossen ist, präsentieren sie sich dem ersten Prinzipal und bezeichnen sich als drei Kinder aus der Gefangenschaft, die gehört haben, dass er den Tempel in Jerusalem wieder aufbauen will. Sie bitten darum, an dem Werk teilhaben zu dürfen. Der erste Prinzipal stellt ihnen dann Fragen nach ihrer Herkunft, und sie antworten, dass sie aus Babylon stammen und von edler Geburt seien, von Patriarchen und Königen, die durch Nebuzaradan, den Kapitän der Garde des Nebukadnezar, in die Gefangenschaft geführt worden seien, bis König Cyrus von Persien sie befreite. Cyrus besiegte die Babylonier und gab dann eine Proklamation heraus:

Der Herr des Himmels hat mir alle Königreiche der Erde gegeben; und er hat mich verpflichtet, Ihm ein Haus in Jerusalem zu bauen, das in Juda ist. Wer von euch gehört zu Seinem Volk? Sein Gott wird mit ihm sein, wenn er nach Jerusalem, das in Juda liegt, geht und dort ein Haus für den Herrn, den Gott Israels, baut. (Er ist der Gott) der in Jerusalem ist.

Die Gäste erklären, dass sie, gleich nachdem sie das gehört hätten, nach Jerusalem geeilt seien, um ihre Dienste anzubieten. Serubbabel beglückwünscht sie zu ihrer edlen Geburt und erkennt sie als Brüder seiner Stämme an, ehe er sie fragt, als was sie beschäftigt werden möchten. Die drei erwidern, dass sie jede Arbeit ausführen werden, die Serubbabel ihnen aufträgt. Obwohl er annimmt, dass dies ein sicheres Zeichen für hohe Qualifikation ist, sagt Serubbabel ihnen, dass es nur noch Posten mit niedriger Arbeit gäbe und dass sie die Aufgabe bekämen, das Fundament des Allerheiligsten vorzubereiten, und zu diesem Zweck mit den notwendigen Werkzeugen versorgt würden. Es wird ihnen auch gesagt, dass sie nur den drei Prinzipalen im Rat mitteilen dürfen, wenn sie eine bedeutende Entdeckung machen sollten. Wieder verlassen sie das Kapitel.

Im nächsten Teil der Zeremonie verlangen die drei Maurer aus Babylon wieder Einlass in das Kapitel, weil sie dem ehrwürdigen Sanhedrin eine bedeutende Entdeckung melden möchten. Nachdem sie eingelassen wurden, bittet der erste Prinzipal sie, ihre Geschichte zu erzählen, die so geht:

Als wir heute am frühen Morgen unsere Arbeit aufnahmen, entdeckten wir zwei Säulen von ausgesuchter Schönheit und Symmetrie; als wir in unserer Arbeit fortfuhren, entdeckten wir sechs weitere Säulenpaare, die genauso schön waren. Nach ihrer Lage zu urteilen, schienen sie die Überreste einer unterirdischen Galerie darzustellen, die zum Allerheiligsten führte; als wir Erde und Schutt entfernten, die unser Weiterkommen hemmten, kamen wir an etwas, das ein Felsen zu sein schien, aber als ich zufällig mit meinem Brecheisen dagegenkam, klang es hohl. Wir entfernten dann noch mehr lose Erde und Schutt und entdeckten, dass es kein Fels war, sondern Steine in Form eines Bogens, und da uns bewusst war, dass der Baumeister, der dies errichtete, das alles nicht ohne Sinn und Zweck getan hatte, waren wir entschlossen, es zu untersuchen. Zu diesem Zweck entfernten wir zwei Steine und entdeckten eine Höhlung von beachtlicher Größe und losten sofort aus, wer hinabsteigen sollte.

Das Los traf mich, und damit mir kein Unglück geschehe, sicherten meine Gefährten mich mit einem Seil und ließen mich langsam hinab; ich entdeckte dann eine Art Podest und ertastete darauf bestimmte Zeichen oder Buchstaben, konnte aber im Dunkeln nicht feststellen, was sie darstellten. Ich fand auch diese Schriftrolle, konnte sie aber aus dem gleichen Grund nicht lesen. Deshalb gab ich ein Signal, das wir vorher vereinbart hatten, und wurde mit der Schriftrolle in der Hand wieder hinaufgezogen. Dann entdeckten wir aus dem ersten Satz, dass sie die Aufzeichnung des allerheiligsten Gesetzes enthielt, das unser Gott am Fuß des Berges Sinai verkündete.

Dieser kostbare Schatz regte uns zu weiteren Taten an. Wir entfernten einen weiteren Stein, und man ließ mich wieder in die Kammer hinab. Zu diesem Zeitpunkt hatte die Sonne ihren höchsten Stand erreicht und sandte ihre Strahlen direkt in die Höhlung, sodass ich jetzt alles klar erkennen konnte. In der Mitte der Kammer sah ich ein Podest aus jungfräulichem, reinem Marmor, auf den seltsame mystische Zeichen eingraviert waren, und ein Schleier verhüllte den oberen Teil des Altars. Ich näherte mich ehrfürchtig, hob den Schleier und erblickte demütig das Heilige Wort selbst. Ich legte den Schleier wieder über das geheiligte Podest und wurde wieder aus der Kammer hinaufgezogen. Danach verschlossen wir die Öffnung und eilten hierher, um Euren Exzellenzen die Entdeckungen, die wir gemacht haben, zu berichten.

Es muss also genau zwölf Uhr mittags gewesen sein, als die Entdeckung gemacht wurde. Genau die Zeit, als Seqenenre beinahe mit seiner Anbetung Amun Res fertig war und die Sonne auf ihrem höchsten Stand war, was sie ja für Freimaurer angeblich immer ist. Diese Zeitangabe ist zweifellos symbolisch – aber was für eine interessante Symbolik!

Serubbabel fragt die Gäste dann, welches Wort sie denn gefunden hätten, und bekommt die faszinierende Antwort:

Wir müssen um Entschuldigung bitten, dass wir es gehört haben, wovon unsere Vorväter erklärt haben, dass es in ihrer Zeit und in den alten Zeiten davor nur dem Hohen Priester gestattet war, den Namen des wahren und lebendigen allerhöchsten Gottes auszusprechen – und das auch nur einmal im Jahr, wenn er allein das Allerheiligste betrat und vor der Bundeslade stand, um Sühne für die Sünden Israels zu tun.

Ein wenig später in der Zeremonie wird dem Kandidaten das Wort, das auf dem Podest stand, erklärt. Ihm wird gesagt, dass

... es ein zusammengesetztes Wort ist, das zusammen Jah-Bul-On heißt. Jah, der erste Teil, ist der chaldäische (sumerische) Name Gottes und verkörpert sein innerstes Wesen und seine unbegreifliche Majestät; es ist auch ein hebräisches Wort, das »ich bin« und »ich werde sein« bedeutet und damit die gegenwärtige, zukünftige und ewige Existenz des Allmächtigen ausdrückt. Bul ist ein assyrisches Wort, das »Herr« oder »Mächtiger« bedeutet, es ist selbst ein zusammengesetztes Wort, das »in« oder »an« bedeutet; und Bul bedeutet »hoch am Himmel«, deshalb heißt dieses Wort »Herr im Himmel«. On ist ein ägyptisches Wort, das »Vater von allem« heißt, und es ist auch ein hebräisches Wort, das Stärke oder Macht verkörpert, und es drückt daher die Allmacht des Vaters von allem aus. Alle Bedeutungen dieser Worte ergeben zusammen also Folgendes: Ich bin und werde sein – Herr im Himmel – Vater von allem.

Nachdem wir den Inhalt dieses ungeheuer wichtigen Buches ein paar Stunden lang verdaut hatten, trennten wir uns kurz vor Morgengrauen, und Chris verbrachte den Großteil des folgenden Morgens damit, über das, was wir gefunden hatten, nachzugrübeln. Unsere Blockade schien sich gelöst zu haben. Stammte diese Royal-Arch-Geschichte von den Templern? Wir konnten uns keine andere Erklärung geben, wussten aber, dass wir unsere Begeisterung zügeln mussten.

Chris hielt die Erklärung des Wortes Jah-Bul-On zwar für sehr interessant, hatte aber das Gefühl, dass die Freimaurer vom Royal Arch es nicht ganz genau erklärten.

Der erste Teil »Jah« ist das hebräische Wort für ihren Gott, sehr wahrscheinlich hat es sumerische Wurzeln. In dieser Form kann man es in dem Namen des Propheten Elia (= Elija) erkennen, der in Wirklichkeit Eli-ja heißt, was bedeutet: »Jahwe ist mein Gott« (El ist das alte Wort für Gott). Der zweite Bestandteil ist phonetisch fast korrekt, würde aber gewöhnlich »Baal« buchstabiert, also für den großen kanaanitischen Gott stehen, dessen Name wirklich »Herr im Himmel« bedeutet. Soweit ich mich erinnern kann, war das ägyptische Wort für Vater »It«, nicht »On«, wie hier behauptet wird, aber »On« war der alte Name von Heliopolis, der Stadt des Sonnengottes Re, wo er aus dem Nichts geboren wurde, ehe er in On die erste Erde schuf. Aus diesem Blickwinkel konnte ich die Erklärung akzeptieren. Es war auch interessant zu bemerken, dass die Griechen Baal mit ihrem Sonnengott Helios und seiner Stadt Heliopolis identifizierten. Aber die endgültige Definition dieser Wortkette mit »Ich bin und werde sein, Herr im Himmel, Vater von allem« schien einfach kompletter Unsinn zu sein. Ich habe das Gefühl, dass »Jah-Baal-On« einfach die Namen der drei großen Götter der Juden, Kanaaniter und Ägypter, die alle als »Allerhöchster« bezeichnet werden, waren.

Wenn das wirklich auf einem Stein eingraviert war, den man im Zentrum des Jerusalemer Tempels gefunden hatte, dann müssen seine Baumeister absichtlich diese drei Verkörperungen von Gott zu einer ultimativen Gottheit verschmolzen haben.

Natürlich kennt man heutzutage den Gedanken, dass der eine Gott viele Namen hat. Das ist nämlich die zentrale Aussage der Freimaurerei!

Neue Bedeutungen wurden uns langsam klar, aber die Tatsache, dass die Freimaurer vom Royal Arch so großes Aufsehen um die Erklärung ihres Rituals machten, war für uns ein nicht zu übersehender Hinweis darauf, dass die Geschichte nicht von ihnen stammte und dass sie ihnen überliefert wurde, ohne dass die ursprüngliche Bedeutung erklärt wurde.

Die ganze Erzählung läuft so ab, als würden Juden aus Babylon Ausgrabungen in den Ruinen des ersten Tempels durchführen, aber wir glauben, dass hier eher die Entdeckungen der Tempelritter in den Überresten des letzten Tempels beschrieben werden. Es kann sich nur auf die Ruinen des herodianischen Tempels beziehen, denn die Art Bogen, wie sie in der Zeremonie beschrieben wird, wobei ein Stein den anderen hält, ist eine Konstruktion, die zur Zeit des Serubbabel völlig unbekannt war. Dieser Bogen erforderte präzise geschnittene Steine und wenig oder gar keinen Mörtel, und weil eben genau dieser Typ Bogen eine so zentrale Rolle in der Zeremonie des Royal Arch spielt, ist es absolut sicher, dass der Schauplatz der Geschichte Herodes' Tempel ist, denn der wurde nach den Prinzipien römischer Ingenieurskunst konstruiert.

Wir hatten inzwischen das Gefühl, dass diese Freimaurerlegende sehr wohl die Geschichte überliefert haben konnte, wie die ersten Tempelritter unter Hugo de Payen die Schriftrollen gefunden hatten, die zur Gründung des Ordens geführt hatten. Der interessanteste Teil der Geschichte ist, wie die »höchst erfahrenen« Steinmetze die Steine eines Bogens entfernen, um einen Zugang zu der Geheimkammer zu haben, und dann unter dem Bogen stehen bleiben, ohne ihn weiter zu stützen. Sie sorgen sich sehr darum, dass sie vielleicht Platzangst bekommen könnten, und sichern sich mit einem Seil, aber sie machen sich keine Gedanken darüber, dass die Decke durch ihre Räumungsarbeiten zusammenstürzen könnte! So handelten auf keinen Fall Steinmetzen, aber es könnten sehr gut Schatzsucher gewesen sein, die in unterirdischen Gängen unter Herodes' Tempel gruben.

Das zeitgenaue Eintreffen des kleinen grünen Buches vom Ritual des Royal Arch hatte uns zu neunundneunzig Prozent sicher gemacht, dass unsere Templer-Hypothese stimmte – und dann fügte ein weiterer Glücksfall das letzte Prozent hinzu und machte aus einer Hypothese eine sichere Annahme.

Als wir uns das erste Mal die Geschichte der Tempelritter angeschaut hatten, hatten wir herausgefunden, dass es Beweise für die Ausgrabungen der Templer gibt, und wir beschlossen, den Versuch zu unternehmen, weitere Einzelheiten zu finden. Wir hatten kürzlich entdeckt, dass eine Abschrift der qumranischen Kupferrolle in der Höhlung, die sich direkt unter dem Altar des Tempels befand, versteckt worden war. Die Höhlung war mit einem Marmorblock, in dessen Mitte sich ein Ring befand, abgedeckt. Hatten die Tempelritter etwa diesen Stein angehoben und waren in die Höhlung darunter hinabgestiegen?

Die Tempelritter sind vielleicht die Ersten gewesen, die Ausgrabungen unter dem Tempel in Jerusalem vornahmen, aber sie waren nicht die Letzten. Im Jahr 1894 unternahm eine Gruppe britischer Offiziere mit einem Budget von nur fünfhundert Pfund den Versuch, die unterirdischen Gänge unter den Ruinen von Herodes' Tempel zu vermessen. Diese Gruppe von Pionieren unter der Leitung von Lieutenant Charles Wilson leistete unter widrigen Umständen hervorragende Arbeit, und sie konnte bestätigen, dass die Kammern und Gänge, die sie fand, oft mit Bögen besetzt waren. Sie bestätigte auch, dass sie nicht die ersten Besucher der unterirdischen Säulengänge waren, denn man fand Überbleibsel der Templer, die vor siebenhundertvierzig Jahren weggeworfen worden waren.

Ein paar Jahre früher, als wir die Theorie entwickelt hatten, dass die Tempelritter etwas unter den Tempelruinen gefunden hatten, hatten wir fast tausend Jahre weit in die Vergangenheit geblickt und uns gefragt, was sie dort wohl gefunden hatten. Inzwischen hatten wir mehrere tausend Jahre Vergangenheit rekonstruiert, und uns fehlte nur noch der Beweis dafür, dass es wirklich die neun Ritter unter der Führung von Hugo de Payen waren, die die Schriftrollen fanden. Diese Bestätigung fiel aus einem Bücherregal auf Chris' Schoß.

Die Schriftrolle des »himmlischen Jerusalem«

Chris wühlte sich gerade durch die vielen Bücher in seinem Arbeitszimmer und suchte nach einem bestimmten Zitat, als ihm eine Illustration in einem Buch ins Auge fiel. An dem Bild kam ihm etwas sofort bekannt vor, und er bekam eine Gänsehaut. Der Titel des Buches lautete »Das himmlische Jerusalem« um zirka 1200 nach Christus, und es stand angeblich in der Bibliothek der Universität Gent. Je genauer ich mir die Illustration anschaute, desto mehr erkannte ich. Es zeigte eine Vision des wiedererstandenen Jerusalem, war aber nicht das Werk eines Künstlers, sondern ein symbolisches Diagramm, das gemacht worden war, um denen, die wussten, worauf es ankam, die Bedeutung nahe zu bringen. Die stilisierte Stadt zeigt zwölf Türme – einen himmlischen Turm, zwei große Türme, die sich aus den zentralen Säulen erheben, drei weniger wichtige Türme mit eigenen Säulen und sechs Türme im Hintergrund. Die Türme, die sich direkt aus den Hauptsäulen erheben, tragen einen Bogen und den zentralen, himmlischen Turm, beide sind mit Jakob bezeichnet – wir kennen ihn besser unter dem Namen Jakobus! Das war ein aufregender Fund, denn er bestätigte unsere frühere Annahme, dass Jakobus nach dem Tod Jesu sowohl die Mischpat- als auch die Zedeq-Säule verkörperte. Er hatte also die Rolle der beiden Messiasse übernommen, die sein Bruder geschaffen hatte.

Obwohl diese Bestätigung von Jakobus' Stellung natürlich wichtig war, hatte nicht das meine Aufmerksamkeit erregt – die eindrucksvollsten Motive in der ganzen Zeichnung waren zweifellos drei Freimaurer-Winkelmaße und -Kompasse!

Ich musste unbedingt mehr über die Herkunft dieses fantastischen Manuskripts wissen und nahm schnell Kontakt zu Dr. Martine De Reu auf, der Konservatorin von Manuskripten und seltenen Büchern an der Universitätsbibliothek von Gent. Sie lieferte einen Hintergrundbericht zu der Illustration, der nur wenig Zweifel daran ließ, dass wir uns eine Abschrift von einer der Schriftrollen anschauten, die von der Kirche des Jakobus versteckt und von den Tempelrittern gefunden worden waren.

Die Information von Dr. De Reu war ungeheuer aufregend, da sie in den Mittelpunkt unserer Geschichte passte. Die vollständige Geschichte des Manuskripts ist unbekannt, aber unsere Nachforschungen füllten die Lücken aus. Wir können jetzt unsere Nachforschungen mit der bekannten Geschichte der Schriftrolle vom himmlischen Jerusalem verknüpfen:

Etwa im Jahr 1119 fanden Hugo de Payen und seine kleine Gruppe von Amateurarchäologen unter dem Schutt von Herodes' Tempel eine Höhlung und entdeckten die geheimen Schriftrollen der Gemeinschaft von Qumran, die entweder in Griechisch oder Aramäisch geschrieben waren, vielleicht aber auch in einer Kombination beider Sprachen. Auch wenn sie in Französisch geschrieben gewesen wären, hätte das keinen Unterschied gemacht, denn diese Ritter waren samt und sonders Analphabeten. Aber sie waren ganz und gar nicht dumm. Sie wussten, dass sie etwas von ungeheurer Bedeutung gefunden hatten, was wahrscheinlich heilig war, und so beschlossen sie, die Rollen übersetzen zu lassen. Die neun saßen also zusammen und grübelten darüber nach, wer wohl eine so komische Schrift verstehen könnte und wem sie die Rollen anvertrauen könnten, ohne dass man in ihrer Arbeit herumpfuschen oder sie verraten könnte. Die Lösung fand schließlich Geoffrey de St. Omer, der Stellvertreter von Hugo de Payen. Geoffrey kannte einen alten Geistlichen mit Namen Lambert, der früher Lehrer im Kapitel Unserer Heiligen Jungfrau in St. Omer gewesen war. Dieser Lambert war der klügste und gebildetste Mann, den man sich nur vorstellen konnte, und er hatte viele Jahre damit zugebracht, eine Enzyklopädie des menschlichen Wissens zusammenzustellen.

So machte sich Geoffrey de St. Omer mit einer Auswahl aus den Schriftrollen auf die lange Reise in seine Heimatstadt. Erwartungsgemäß kannte der Geistliche diese Schrift. Der alte Mann muss außer sich vor Freude gewesen sein, dass er am Ende seines Lebens einen Blick auf solch fabelhafte Dokumente werfen konnte. Er starb im Jahr 1121, ohne seine Enzyklopädie vollendet zu haben.

Heute gehört zu den berühmtesten Werken des Lambert von St. Omer die hastige Kopie einer Zeichnung, die das himmlische Jerusalem darstellt. Sie zeigt, dass die beiden tragenden Säulen des himmlischen Jerusalem »Jakob« heißen, und kennzeichnet Johannes den Täufer als Begründer. In diesem so genannten christlichen Dokument wird Jesus gar nicht erwähnt. Es ist keine gewöhnliche Abbildung, und bei genauerem Hinschauen kann es unserer Meinung nach nur von einem Ort stammen – aus den Geheimkammern unter Herodes' Tempel. Die Symbole darauf sind freimaurerisch, und hier ist bestätigt, dass Jakobus beide Säulen der Nasoräer verkörperte!

Lamberts Kopie wurde offenbar in Eile angefertigt, als ob er nur sehr wenig Zeit gehabt hätte. Man kann sich gut vorstellen, dass Lambert um eine Kopie bat, als Gegenleistung für die Übersetzung und Erklärung der Schriftrolle, aber Geoffrey wollte so schnell wie möglich zurück ins Heilige Land. Die Zeichnung weist Anzeichen ungewöhnlicher Eile auf, was darauf hinweist, dass der Zeichner äußerst schnell arbeiten musste.

Das Dokument ist fünfhundert Jahre älter als die erste offizielle Benutzung der Freimaurersymbole (Winkelmaß und Kompass), und trotzdem sind die hervorstechendsten Merkmale der Gebäude damit bezeichnet. Man kann hier keinem Irrtum unterliegen, denn es gibt keinen Grund dafür, die Winkelmaße in dem Bild zu benutzen. Das sagte uns, dass diese Symbole der Freimaurer von der Jerusalemer Urkirche benutzt worden sein mussten. Lambert hat in seiner Kopie die Namen der zwölf Säulen der mystischen Stadt in Latein hingeschrieben, und wir können sehen, dass »Jakob« (Jakobus) beide Säulen sind, die »Zion« (Israel) auf ihrem Bogen tragen. Wir glauben daher, dass das Original in den neunzehn Jahren zwischen Jesu Kreuzigung und der Steinigung von Jakobus angefertigt wurde.

Die Illustration zeigt die drei riesigen Winkelmaße völlig unpassend in Balkone eingefügt, und die dazugehörigen

Kompasse thronen direkt darüber in der Spitze jedes Turmes. Dieses Trio steht unter den Zwillingssäulen des Jakobus, was auf ihre geringere Stellung hinweist. Sie haben Namen, allerdings konnten wir den an der linken Seite nicht entziffern – der rechte heißt Andreas und der in der Mitte Petrus. Zum Unglück für die katholische Kirche, die behauptet, durch Petrus ihre Autorität direkt von Jesus erhalten zu haben, beweist diese Schriftrolle ganz klar, dass Jakobus der Leiter der Jerusalemer Urgemeinde war und Petrus zwar eine leitende, aber geringere Stellung einnahm.

Diese Aufreihung der drei Türme mit ihren Winkelmaßen und Kompassen entspricht genau der Hierarchie der Freimaurer von heute mit den drei Schlüsselfiguren einer Freimaurerloge: dem Verehrungswürdigen Meister und seinen beiden Wächtern, die die Sonne (Re), den Mond (Thoth) und den Meister verkörpern.

Es gibt noch einen Hinweis darauf, dass die Schriftrollen von den Templern im Tempel in Jerusalem gefunden wurden, und dieser Hinweis stammt aus dem Ritual der Freimaurer. Wenn das Thema der verlorenen Geheimnisse der Freimaurer von dem Verehrungswürdigen Meister und seinen beiden Wächtern besprochen wird, heißt es:

> Bruder Juniorwächter, warum muss man den Osten verlassen und gen Westen gehen?
> Auf der Suche nach dem, was verloren wurde, Verehrungswürdiger Meister.
> Bruder Seniorwächter, was wurde denn verloren?
> Die ursprünglichen Geheimnisse eines Meistermaurers, Verehrungswürdiger Meister.
> Bruder Juniorwächter, wie gingen sie verloren?
> Durch den frühen Tod unseres großen Meisters Hiram Abif, Verehrungswürdiger Meister.

Bruder Seniorwächter, wie hoffst du sie zu finden?
Durch den Mittelpunkt, Verehrungswürdiger Meister.
Bruder Juniorwächter, was ist ein Mittelpunkt?
Der Punkt eines Kreises, von dem jeder Punkt auf dem
Kreis den gleichen Abstand hat.

Den meisten Freimaurern bedeuten diese Worte nichts, aber
uns enthüllten sie alles. Zur Zeit der Kreuzzüge zeichnete
jeder Kartograph der Christenheit Jerusalem als Mittelpunkt
der Welt ein, und der Tempel stand im Zentrum der alten
Stadt, und der Mittelpunkt des Tempels wiederum war das
Allerheiligste. Die beiden Säulen in Lamberts Zeichnung stehen auch im Zentrum des Neuen Jerusalem. Genau der Ort
also, an dem die Geheimnisse von Jesus und Moses gefunden wurden – für die Tempelritter war es zweifellos der Mittelpunkt der Welt.
Wir lernten immer weiter dazu und hatten die Gewohnheit
angenommen, von Zeit zu Zeit altes Quellenmaterial anzuschauen, um zu prüfen, ob unsere neuen Erkenntnisse vielleicht zu anderen Ergebnissen führten. Genau deshalb lasen
wir noch einmal Teile der Übersetzung der Schriftrollen vom
Toten Meer von Robert Eisenman und fanden heraus, dass
das Konzept des »himmlischen« oder »neuen Jerusalem« in
Schriftrollen aus fünf unterschiedlichen Höhlen in Qumran
entdeckt wurde. Alle basieren auf Ezechiels Visionen, wo die
neue Stadt in allen Einzelheiten mit fünfzehnhundert Türmen, von denen jeder über dreißig Meter hoch ist, beschrieben wird.
Wie alle Grade der Freimaurer besitzt auch der des Royal
Arch eine so genannte »Herkunftstafel«, auf der bildlich
alles zusammengestellt ist, was den Orden am meisten interessiert. Man kann sofort erkennen, dass es nur um die
Ausgrabung am Tempel geht. Im Hintergrund sehen wir Jerusalem und die Ruinen des Tempels und im Vordergrund

den freigelegten Eingang zu der unterirdischen Kammer. Das zentrale Panel zeigt sieben Stufen, die zu einem gemusterten Pflaster führen, auf dem Grabwerkzeuge und Bauwerkzeuge liegen, ein Winkelmaß und Kompasse und eine Schriftrolle. Der Rand dieses Panels ist mit den Abzeichen der zwölf Stämme Israels verziert, und oben sind die vier Hauptbanner zu sehen – das von Juda (ein Löwe und eine Königskrone), von Ruben (ein Mensch), von Ephraim (ein Ochse) und von Dan (ein Adler).

Durch die Entdeckung der Schriftrolle vom himmlischen Jerusalem und der Geschichte, die im Grad des Royal Arch erzählt wird, waren wir jetzt sicher, dass die Tempelritter die Geheimnisse ihres Ordens in den Schriftrollen fanden, die die Nasoräer versteckt hatten, und dass sie zur Initiation Auferstehungszeremonien durchführten, wie auch Jesus es getan hatte.

Der Einfluss der nasoräischen Schriftrollen

Die neun Ritter, die die nasoräischen Schriftrollen entdeckten, hatten Schätze gefunden, die ihre kühnsten Träume übertrafen, aber es waren Schätze, die sie der Welt nicht mitteilen konnten. Doch ihr Fund beeinflusste ihr Heimatland Frankreich trotzdem. Es dauerte ein paar Jahrzehnte, ehe der Orden, den Hugo de Payen und seine Gefährten im Jahr 1118 begründeten, zu einer der mächtigsten Kräfte der Christenheit wurde. Doch im Laufe von fünfzig Jahren passierte Außergewöhnliches in Frankreich.

Wie C. Frayling in seinem Buch *Geheimnisvolle Welt* schreibt, entstanden von 1170 an in einem Jahrzehnt allein in Frankreich nicht weniger als achtzig Kathedralen und fast fünfhundert Abteien – dazu war mehr Steinmetzarbeit erforderlich als im ganzen alten Ägypten zusammengenommen!

Die »Herkunftstafel« des »Royal Arch«-Grades der Freimaurerei.

Diese Gebäude wurden nach einem Bauplan errichtet, den man nie zuvor gesehen hatte. Ein klassisches Beispiel für diese »Super«-Bauwerke ist die wunderschöne Kathedrale von Chartres, die sich mit geschmückten Säulen und Glas gen Himmel reckt. Die Steinmetzen dieses Bauwerkes und der Übrigen im Land wurden von den Tempelrittern angeleitet, deren Mission angeblich darin bestand, »Jerusalem zu erbauen« – und zwar in einem üppigen Architekturstil mit Säulen, Türmen und hoch in den Himmel ragenden Zacken. Früher konnten wir nicht erklären, warum es sich die Templer plötzlich in den Kopf gesetzt hatten, Baumeister eines himmlischen Jerusalems in ihrem Heimatland zu werden, aber plötzlich war es uns ganz klar. Die Anweisungen, die die neun Ritter aus der Geheimkammer des Tempels in Jerusalem bargen, hatten die Nasoräer – kurz nachdem ihre Mission, den Himmel auf Erden zu errichten, gescheitert war – dort versteckt. Jakobus und seine Anhänger starben, ohne das himmlische Königreich zu bringen, das Jesus seinen Anhängern versprochen hatte, aber sie hinterließen eine klare Botschaft.

Die nasoräischen Schriftrollen hätten von niemand Empfänglicherem gefunden werden können. Die Tempelritter übernahmen die alten, von Ma'at beseelten, spekulativen freimaurerischen Geheimnisse von Jesus und Jakobus für ihre eigenen Einführungszeremonien und gingen daran, der Welt einen neuen Höhepunkt der aktiven Steinmetzarbeit zu schenken. Die Auferstehung war in vollem Gange!

Wir wissen jetzt, dass die Tempelritter durch die Entdeckung der Schriftrolle vom himmlischen Jerusalem nicht nur zu Meistern der aktiven Baukunst, sondern auch zu Meistern der spekulativen Maurerei wurden. Wir mussten jetzt dringend die Vernichtung der Tempelritter ergründen und verstehen lernen, wie es einem Überrest des Ordens gelang, sich in die moderne Freimaurerei zu retten.

Als wir uns die keltische Kirche anschauten, hatten wir herausgefunden, dass sie sich sehr von der römisch-katholischen Variante unterschied, weil sie so zentrale Dogmen wie die jungfräuliche Geburt und die Göttlichkeit von Jesus ablehnte. Obwohl die keltische Kirche in der Mitte des siebten Jahrhunderts von der römisch-katholischen Kirche geschluckt wurde, glauben wir, dass viel von dem alten Denken überlebte, sodass man in Schottland sehr empfänglich für die nasoräischen Gedanken war, als die Tempelritter damit kamen.

Das Originalritual des Grades vom Royal Arch der Freimaurer zu finden war ein großer Durchbruch, denn es enthielt die komplette Geschichte von der Ausgrabung der Schriftrollen. Ein Problem, das wir immer noch nicht gelöst hatten, war die Tatsache, dass in dieser Geschichte alles angeblich in Serubbabels Tempel geschah und nicht in dem des Herodes. Wir zweifelten nicht daran, dass sich alles auf die Entdeckung bezog, die die Tempelritter zu Beginn des zwölften Jahrhunderts machten, weil bestimmte Architekturmerkmale wie Säulengänge erst von den Römern erfunden worden waren.

Das Bild auf der »Herkunftstafel« des Grades vom Royal Arch hatte uns die Ausgrabung in allen Einzelheiten gezeigt und auch die Gestaltung der Geheimkammer mit den Schriftrollen. Im Hintergrund sehen wir Jerusalem und die Ruinen des Tempels.

Wir mussten jetzt weiterforschen und hoffen, mit der Zeit eine Erklärung für dieses Paradoxon zu finden. Trotz dieses kleinen Problems begriffen wir jetzt, wie diese Überlieferung die Geschichte von den Tempelrittern unter Hugo de Payen und den Schriftrollen, die schließlich zur Gründung des Ordens führten, lebendig gehalten hatte.

Die Erkenntnis, dass das himmlische Jerusalem aus einer der Schriftrollen, die Geoffrey de St. Omer zu Lambert im

Kapitel Unserer Heiligen Jungfrau in St. Omer gebracht hatte, kopiert worden war, war ein weiterer großer Durchbruch. Die Benutzung der freimaurerischen Symbole Winkelmaß und Kompass ist, gelinde ausgedrückt, sehr häufig, und die Bestätigung von Jakobus hatte alle Schlussfolgerungen bekräftigt, die wir bereits gezogen hatten.

14.
Die Wahrheit kommt ans Licht

Die Prophezeiung wird wahr

Bei unserer Quellenforschung in der Literatur nach dem Jüdischen Krieg stießen wir in einem Brief des Maimonides an die Juden im Jemen auf den weit verbreiteten Glauben, den man unter dem Namen »Bereschit Rabbati« kennt. Seine Anhänger glaubten, dass die Macht der Prophetie im Jahre 1210 nach Israel zurückkehren und bald danach der Messias aus seinem Versteck im großen Meer von Rom auftauchen würde. Sehr zu unserer Überraschung scheint genau das offenbar passiert zu sein.

Im Jahr 1244, genau vierunddreißig Jahre nachdem die Macht der Prophetie nach Israel zurückkehren sollte, wurde in einer adligen Familie in Ostfrankreich ein Kind geboren. Sein Name war Jacques de Molay. Der junge Ritter wusste, was er wollte, und trat zum frühestmöglichen Zeitpunkt, also im Alter von einundzwanzig Jahren, in den Orden der Tempelritter ein. Er machte sich gut und hatte den Ruf, ein guter Organisator zu sein und strenge Disziplin zu halten. Er wurde Vorsteher des Tempels in England und dann zum Großmarschall gemacht, der die Verantwortung für die militärische Seite des Ordens hatte. Als Tibald Gaudin, der Großmeister der Tempelritter, im Jahr 1292 starb, überraschte es nur wenige, als man Jacques de Molay in dieses höchste Amt wählte.

Zu diesem Zeitpunkt hatten die Tempelritter das Heilige Land bereits verloren – die Mamelucken hatten im Jahr davor Akkra eingenommen und damit das christliche Königreich von Jerusalem praktisch vernichtet. Trotzdem war Jacques de Molay ein enorm mächtiger Mann, der nicht nur über riesigen Grundbesitz in ganz Europa herrschte, sondern auch den Oberbefehl über eine gute Armee, eine große Schlachtflotte und ein internationales Handels- und Bankenkonsortium hatte. Aus den bescheidenen Anfängen vor hundertvierundsiebzig Jahren, als Hugo de Payen und seine Gefährten begannen, in den Ruinen des Tempels zu graben, war der Orden zu der mächtigsten Kraft der Christenheit geworden – und hatte selbst den Vatikan übertrumpft. Wir vermuten stark, dass die ersten Templer das Gold, Silber und die anderen Wertsachen fanden, die die Juden versteckt hatten, als die Römer im Krieg von 66 bis 70 vorrückten, denn die Schnelligkeit, mit der sie Reichtum und Einfluss erwarben, kann nicht nur auf organisches Wachstum zurückzuführen sein. Man kann sich endlos darüber streiten, denn wenn sie etwas gefunden hätten, hätten sie es keinem erzählt, und es wäre auch nie aufgezeichnet worden.

Gleich nachdem Jacques de Molay an die Macht kam, legte er fest, dass alle Regeln streng beachtet werden mussten, und hielt absolute Disziplin im ganzen Orden. Weil er selbst Analphabet war, verbot er den anderen Rittern, ihre Zeit mit Lesen zu verschwenden, und befahl ihnen, diese Tätigkeit den Geistlichen zu überlassen.

Die Tempelritter unterstanden zwar direkt dem Papst, waren aber ein französisch sprechender Orden und hatten ihre meisten Bindungen in diesem Land. Zu dieser Zeit regierte in Frankreich ein besonders selbstherrlicher und ehrgeiziger König – Philipp IV. mit dem Beinamen »der Schöne« –, der versuchte, den Papst zu seinen Gunsten zu beeinflussen, aber Bonifaz VIII. war kein Mann, den man herumschubsen konnte. Sie zerstritten sich, als der Papst sich weigerte, dem König zu erlauben, die französische Kirche zu besteuern, und im Jahr 1302 erklärte Bonifaz, dass »die Seele wichtiger ist als vergängliches Gut« und dass »man sich Gott widersetze, wenn man sich dem Papst widersetze«. Philipp verkündete daraufhin der Welt, dass Bonifaz nicht würdig sei, auf dem »Stuhl Petri« zu sitzen, und beschuldigte den Pontifex jedes nur denkbaren Verbrechens. Zu der Liste gehörten Blasphemie, Häresie, Mord und sogar Sodomie. Sein Verlangen, den Papst zu verdammen, kannte keine Grenzen, und er benutzte sogar mittelalterlichen Aberglauben, indem er die Anklage erhob, dass Bonifaz eine geheime sexuelle Beziehung zu einem Dämon gehabt habe, der im Ring des Papstes wohne. Es überrascht nicht, dass der Papst verärgert war und reagierte, indem er Philipp persönlich mit dem höchsten Grad der Exkommunikation belegte. Doch dem König gelang es weiterhin, Unterstützung in Frankreich zu finden, und Bonifaz reagierte darauf, indem er drohte, das Land mit einem »Bann« zu belegen, was zwar nicht so schlimm wie eine Exkommunikation des ganzen Landes war, aber trotzdem ziemlich übel war. Denn solange ein »Bann« galt, konnte das französische Volk weder die Taufe noch die heilige Kommunion oder die Absolution empfangen. Auch ein Begräbnis nach christlichem Ritus war unmöglich.

Philipp wusste, dass eine solche Sanktion ihn stürzen würde, und schickte seinen Lehnsmann, um »dem Papst ein Angebot zu machen, das er nicht ausschlagen könne«. Am 8. September 1303 drangen Guillaume de Nogaret und seine Männer in den Palast von Anagni ein und griffen sich den alten Papst, misshandelten ihn und drohten ihm alles Mögliche an. Philipps Männer konnten den Papst nicht entführen und wussten, dass es Selbstmord war, ihn umzubringen. Schließlich flohen sie unter schrecklichen Drohungen. Bonifaz erholte sich nicht mehr von den erlittenen Misshandlungen und starb fünf Wochen später, manche behaupteten, durch Philipps eigene Hand.

Der neue Papst, Benedikt XI., versuchte ein freundliches Verhältnis zu Philipp aufzubauen, aber als der französische König in seinen Forderungen unmäßig wurde, erkaltete die Beziehung schnell. Schließlich beschuldigte Benedikt öffentlich Philipp, den Überfall auf Bonifaz in Anagni befohlen zu haben. Bald danach starb Benedikt auf Befehl von Philipp dem Schönen. Seinen Nachfolger wählte Philipp sorgfältig aus. Es war ein gewisser Bernard de Goth, Erzbischof von Bordeaux. Dieser war zwar ein eingeschworener Feind von Philipp, aber sein Verlangen, den Heiligen Stuhl zu besteigen, war stärker als seine Verachtung für Philipp. Im Jahr 1305 besaß also der größenwahnsinnige König von Frankreich die Kontrolle über den Heiligen Stuhl und damit über die christliche Welt. Das erste, was der fast bankrotte Philipp tat, war die Besteuerung der französischen Geistlichkeit mit dem Zehnten. Vier Jahre später verlegte der Marionettenpapst seinen Amtssitz vom Vatikan nach Avignon, eine Regelung, die fünfundsiebzig Jahre währte.

Mit der Ernennung eines kontrollierbaren Papstes in Klemens V. hatte Philipp der Schöne jetzt die Macht, die er wollte, brauchte aber dringend Geld. Philipps Lehnsmann de Nogaret war ein sehr gerissener Kerl und er führte zugunsten des Königs Diebstahl in großem Stil durch, der ebenso übel wie sündig war. Nach sorgfältiger und überlegter Planung rückten am Morgen des 22. Juli 1306 im ganzen Land Soldaten des Königs in kleinen Gruppen aus und verhafteten jeden Juden im Land. Kurz danach wurden die unglücklichen Juden ausgewiesen – natürlich ohne ihren Besitz, der sofort an die Krone überging.

Es ist daher kein Wunder, dass der geldgierige König danach

seine Aufmerksamkeit auf den Großmeister der Tempelritter, Jacques de Molay, und den Reichtum des Pariser Tempels und den Landbesitz im ganzen Land richtete. Doch selbst Philipp konnte nicht erwarten, bei einem Orden von so hohem Rang mit offener Piraterie davonzukommen. Die Tempelritter waren nur dem Papst verpflichtet, standen in jedem Land außerhalb des Gesetzes, und es war in keinem Fall legal, sie zu foltern. Doch der König war ein erfindungsreicher Mann, und wenn es darum ging, seinen Reichtum und seine Macht zu vergrößern, schuf er die nötigen Umstände, damit sein Plan keine Störung erfuhr.

Es war seit den Anfängen des Ordens vermutet worden, dass die Templer ungewöhnliche Riten pflegten, aber da es sich um den mächtigsten und geachtetsten Orden der Christenheit handelte, wird kaum jemand viel über diesen Aspekt nachgedacht haben. Aber eben dieses Geheimnisvolle schuf eine hervorragende Grundlage für falsche Anschuldigungen. Guillaume de Nogaret begann einen Plan auszuarbeiten. Er muss mindestens einen Spion im Orden gehabt haben, der ihm berichtete, welcher Art die geheimen Rituale der Templer waren. Diese Informationen allein würden jedoch nicht ausgereicht haben, um den berühmtesten Orden der Welt zu Fall zu bringen und an den Reichtum zu kommen. Da ausreichende Beweise zur Verdammung nicht da waren, arrangierte de Nogaret einfach die »Entdeckung« neuer Informationen. Falsche Zeugen ließen Geschichten von Schandtaten durchsickern, und nach einiger Zeit fühlte sich Philipp »verpflichtet«, dem Papst die traurige Lage mitzuteilen.

Der König wusste, dass zwischen den beiden bedeutendsten Ritterorden, den Templern und den Johannitern, große Rivalität herrschte, und er schlug Papst Klemens vor, beiden Großmeistern zu schreiben und sie zu einem Treffen einzuladen, bei dem ein Plan zur Unterstützung der Könige von

Armenien und Zypern entworfen werden sollte. Es war kein Geheimnis, dass der Papst vorhatte, die Tempelritter und die Johanniter zu einem einzigen Orden zu verschmelzen, den er »Ritter von Jerusalem« nennen wollte, und de Molay glaubte mit Sicherheit, dass es bei dem Treffen nur darum ging. Eine derartige Verbindung kam für Jacques de Molay nicht in Frage, und er muss das Gefühl gehabt haben, dass Reichtum und Macht es den Tempelrittern ermöglichen würden, die Sache abzuschmettern. Tatsächlich hätte der Papst wahrscheinlich die Verbindung erzwungen und hatte bereits erklärt, dass er den Johannitern die führende Rolle zusprechen würde, während es König Philipp nicht gelungen war, irgendjemanden davon zu überzeugen, dass es die beste Lösung wäre, wenn er die Leitung des Ordens innehätte.

William de Villaret, der Großmeister der Johanniter, konnte an dem Treffen nicht teilnehmen, denn er war vollauf mit einem Angriff auf die Sarazenen in Rhodos beschäftigt. De Molay war gerade in Limassol auf Zypern, als er den päpstlichen Befehl erhielt, nach Frankreich zu einem Treffen zu reisen. Er wählte sechzig Ritter aus, packte 150 000 Goldflorins ein und nahm Kurs auf Marseille. De Molay konnte mit Recht annehmen, dass ihm König Philipp der Schöne eine großartige Begrüßung zuteil werden lassen würde, denn die Tempelritter hatten ihm viele Dienste erwiesen. So hatten sie dem König das Geld für die Mitgift seiner Tochter Isabella geliehen, und der Pariser Tempel hatte ihm während eines Volksaufstands Asyl gewährt. Darüber hinaus musste der Großmeister den König als echten Freund ansehen, denn dieser hatte de Molay gebeten, Pate seines Sohnes Robert zu werden.

Da er vermutete, dass der Papst das Thema einer Verschmelzung mit den Johannitern anschneiden würde, hatte de Molay in weiser Voraussicht ein Dokument aufsetzen lassen, das die weitere Unabhängigkeit seines Ordens garantierte. Das Dokument trug den Titel »De Unione Templi et Hospitalis Ordinum ad Clementem Papam Jacobi de Molayo Retentio« und wurde dem Papst in Poitiers vorgelegt. Gleich nachdem er in Paris eingetroffen war, wurde de Molay mit allen Ehren vom König empfangen, aber der Großmeister war sehr beunruhigt, als er die Gerüchte hörte, die über die »Untaten« der Templer verbreitet wurden.

Der Geheimplan, den de Nogaret ersonnen hatte, sah vor, alle Templer gleichzeitig zu verhaften. Wenn man bedenkt, dass es damals über fünfzehntausend Tempelritter in Frankreich gab, war das gewiss keine kleine Aufgabe, aber de Nogaret hatte vom vorhergegangenen Jahr, als er alle Juden verhaften ließ, Übung in solchen Dingen. Das Datum der Verhaftung wurde auf den 13. Oktober 1307 festgesetzt. Drei Wochen vor dem Termin wurden versiegelte Befehle an alle Seneschalle ausgeschickt mit dem strikten Gebot, sie erst am Donnerstag, dem 12. Oktober, zu öffnen. Die Befehle fingen mit einem erhebenden, wenn auch etwas langatmigen Satz an, der jede Weigerung der Seneschalle, so berühmte Ritter zu verhaften, im Keim ersticken sollte:

Eine bittere Sache, eine beklagenswerte Sache, eine Sache, die man vor Entsetzen gar nicht auszudenken wagt und nicht zu hören wünscht, ein verabscheuungswürdiges Verbrechen, eine unglaublich böse Tat, ein widerwärtiges Werk, eine Schande, eine völlig unmenschliche Sache, die der Menschheit fremd ist, hat dank der Berichte einiger Personen, die treu dem Glauben anhängen, Unsere Ohren erreicht, nicht ohne Uns in großes Erstaunen zu versetzen und Uns vor Entsetzen erzittern zu lassen, und ein großer Schmerz erfasste Uns, als wir die Schwere erfassten, umso grausamer, da es keinen Zweifel daran gibt, dass die Schwere des Verbrechens weit über eine Beleidigung Unserer göttlichen Majestät hinausgeht, eine Schande für die Menschheit ist, ein besonders abgefeimtes Beispiel des Bösen und ein unglaublicher Skandal.

Die zehn Hauptanklagen waren laut der Zeugenaussage von de Flexian:

Alle Templer schworen, den Orden nie zu verlassen und mit allen Mitteln seine Interessen zu fördern, ganz gleich, ob es nun rechtens war oder nicht.

Die Führer des Ordens sind geheime Verbündete der Sarazenen und sind eher mohammedanische Ungläubige als gläubige Christen, denn jeder Novize muss auf das Kreuz spucken und darauf treten.

Die Führer des Ordens sind häretische, grausame und frevelhafte Männer, die jeden Novizen töten oder einkerkern, der die Sünden des Ordens aufdeckt und versucht, ihn zu verlassen. Weiter bringen sie schwangeren Frauen bei, wie man eine Abtreibung durchführt und neugeborene Kinder tötet.

Sie sind verseucht mit den Irrtümern der Fratizellen; sie missachten den Papst und die Autorität der Kirche und spotten der Sakramente, besonders der Beichte und der Buße.

Sie sind süchtig nach den infamsten Exzessen der Wollust. Wenn jemand seinen Widerwillen äußert, wird er mit lebenslanger Kerkerhaft bestraft.

Die Burgen der Templer sind Stätten für jedes Verbrechen und jede Abartigkeit, die man sich nur vorstellen kann.

Der Orden sorgt dafür, dass das Heilige Land in die Hände der Sarazenen fällt.

Der Meister wird im Geheimen eingesetzt, und nur wenige der jüngeren Brüder sind dabei anwesend, wenn er seinen christlichen Glauben verleugnet, indem er etwas ganz Gegensätzliches tut.

Viele Statuten des Ordens sind ungesetzlich, profan und widersprechen dem Christentum. Den Mitgliedern ist es unter Strafe verboten, sie weiterzugeben.

Kein Verbrechen und keine Schandtat, die zum Wohle des Ordens geschieht, wird als Sünde betrachtet.

Die Verhaftung von zirka fünfzehntausend Templern, zu denen auch Jacques de Molay gehörte, wurde am Morgen des 13. Oktober, eines Freitags, durchgeführt. Der falsche Hauptzeuge war ein ehemaliger Templer namens Squin de Flexian, der wegen Häresie und anderen Missetaten aus dem Orden ausgeschlossen worden war. Zusammen mit einem Florentiner namens Noffo Dei sagte er gegen den Orden aus und wurde als Gegenleistung begnadigt und aus dem Gefängnis entlassen. Die Inquisition hatte den Befehl, Geständnisse zu erpressen und keine Folter auszulassen, um dieses Ziel zu erreichen. Diese fähigen Folterer waren Experten darin, größten Schmerz zu erzeugen, ohne ihr Opfer zu töten; nur sechsunddreißig Tempelritter starben im Bezirk von Paris zu Anfang der Befragung. Durch den großen Zustrom von Gefangenen musste die Inquisition sich aber etwas einfallen lassen, denn man besaß nicht genug Verliese und Folterinstrumente. Nun, es waren fantasievolle Männer, und die hatten schnell »gute« Ideen, Geständnisse zu erpressen. Ein Beispiel dafür ist der »Fußofen«, eine Plattform, auf der das Opfer festgeschnallt wurde, und dann ein wenig Öl auf die Füße und eine Kohlenpfanne. Dieses einfach herzustellende Instrument erwies sich als sehr effizient. Man konnte damit die Templer leicht dazu bringen, der Inquisition »die Wahrheit« zu gestehen. So wurde ein Mann zum Geständnis vor Gericht gebracht, der in seinen Händen eine Schachtel hielt, die die geschwärzten

Knochen seiner Füße enthielt, die beim »Braten« herausge-
fallen waren.

Obwohl sich die Inquisition nach besten Kräften bemühte,
kamen die Geständnisse nur langsam, aber die wenigen, die
kamen, reichten aus, um die Öffentlichkeit zu entsetzen.
Man erfuhr, dass die einst so hoch gestellten Templer gestanden hatten, Gott, Christus und die Jungfrau Maria zu verleugnen, und dass ihnen während der Initiation der Oscu-
lum Infame zuteil wurde, der »Kuss der Schande«, bei dem
der Initiator auf den Mund, Nabel, Penis und den Hintern
geküsst wurde. Mit unserem heutigen Wissen ist es einfach,
diese aufgeblähten Anschuldigungen als Fantasien der An-
kläger abzutun, aber ein paar der Geständnisse müssen
doch ernst genommen werden.

Viele Länder kamen dem Befehl des Papstes, alle Tempelritter zu verhaften und zu »befragen«, nur zögernd nach. Portugal, Irland, Schottland und England gehörten zu den Ländern, die nicht gerade glücklich waren, diese Anweisung
ausführen zu müssen. In England kam schließlich Edward II. dem päpstlichen Befehl nach, aber seine Folterer
hatten keinen großen Erfolg, und die Pariser Inquisition bot
ihm an, zu helfen und Männer diese Arbeit tun zu lassen,
die wesentlich bessere Techniken hatten und ihre Tätigkeit
gern ausübten. Im Juni 1311 kam die englische Inquisition
so an sehr interessante Informationen von einem Tempelritter namens Stephen de Strapelbrugge, der gestand, bei seiner Einführung sei ihm gesagt worden, dass Jesus ein
Mensch und kein Gott gewesen sei. Ein anderer Templer,
John de Stoke, gab an, Jacques de Molay hätte die Anweisung erlassen, Jesus sei nur Mensch gewesen, und man solle
»an den großen, allmächtigen Gott glauben, den Schöpfer
des Himmels und der Erde, und nicht an die Kreuzigung«.
Das hat einige Leute sehr überrascht, denn dieses Statement
passt zu keinem theologischen Glaubenssatz jener Zeit, auch

nicht zu den Katharern, die wahrscheinlich Kontakt zum Orden hatten. Natürlich überrascht es uns nicht, denn das sind genau die Worte, die man von einem Mann erwarten darf, der einem Nachfolgeorden der Nasoräer angehörte und als Grundlage die Lehren der Jerusalemer Urgemeinde des Jakobus aus den Schriftrollen des Tempels besaß. Diese Ansicht des Großmeisters enthält die wahren Lehren Jesu, die bereits vor dem »Kreuzigungskult« des Paulus da waren, der dann später von den Römern übernommen wurde. Die Aussagen, die dem Großmeister zugeschrieben wurden, klingen wahr – sie verleugnen Jesus nicht, sondern erinnern nur daran, dass es nur einen Gott, ein höchstes Wesen gibt. Es scheint sicher, dass solche Gedanken nur direkt aus der Kirche des Jakobus stammen konnten, wo man die Lehren Jesu zwar hochhielt, aber in der Kreuzigung nur ein Zeugnis des »Glaubens bis in den Tod« getreu dem Vorbild Hiram Abifs sah. Für die Templer war das Kreuz eher ein Symbol des Märtyrertums und nicht eine Quelle der Magie, wie es der »Kreuzigungskult« des Paulus vorsah.

Aus allen Informationen, die wir bei unseren Nachforschungen zusammentrugen, schlossen wir, dass zwar die hochrangigen Ritter radikale, unübliche Ansichten bezüglich der Göttlichkeit Jesu hegten, die Tempelritter im Allgemeinen aber ein gläubiger katholischer Orden waren. Mitte des dreizehnten Jahrhunderts hätten sie durch ihren Reichtum, ihre Besitztümer, ihre Waffengewalt und ihre Unabhängigkeit von Rom eine neue Art des Christentums etablieren können, wenn sie es gewollt hätten.

Doch sie waren zufrieden damit, ihr Wissen für sich zu behalten und ihre geheimen Zeremonien durchzuführen, die sie – wie die Freimaurer von heute – als Ergänzung ihres christlichen Glaubens ansahen. Die Tempelritter wurden von einer Kirche und einem Papst verraten, denen sie gut gedient hatten.

Die Kreuzigung

Dass Jacques de Molay fürchterlich gefoltert wurde, steht außer Zweifel, denn dieser mächtige Soldat brach zusammen und gestand Verbrechen, die er nie begangen hatte – und die er sämtlich sieben Jahre später widerrief, kurz bevor er auf dem Scheiterhaufen verbrannt wurde. Die Inquisition hat nicht aufgezeichnet, welche Mittel angewandt wurden, um ihn zu überzeugen, aber seltsamerweise fanden wir in einem schottischen Gebäude der Templer Beweise, die uns dabei halfen herauszufinden, was wirklich passierte. Wir glauben, dass wir rekonstruieren können, was mit dem Großmeister vor sieben Jahrhunderten in den Verliesen passierte – und zwar aufgrund eines bemerkenswerten Beweisstücks. Am Freitag, dem 13. Oktober, und am Samstag, dem 14. Oktober 1307, muss Folgendes geschehen sein:

Der Großinquisitor von Frankreich, Guillaume Imbert, hatte ein persönliches Interesse daran, ein Geständnis des größten Häretikers von allen, Jacques de Molay, zu erhalten. Normalerweise hätte Imbert bei der Folterung eines Priesters Blutvergießen vermieden – Brennen, Knochen-Brechen und Strecken, fantasievoll angewandt, reichten gewöhnlich aus. Doch in diesem Fall muss Imbert außer sich vor Wut über die sündigen »teuflischen« Taten dieses einst so hoch gestellten Gottesmannes gewesen sein. Man kann sich vorstellen, wie er den Temple in Paris zusammen mit seinen Offizieren zur Verhaftung betrat und sich sofort den Großmeister sicherte. Er wandert in dem prächtigen Gebäude herum und sucht nach Beweisen für Missetaten, mit denen er die Angeklagten konfrontieren kann, und oben findet er eine Tür mit einer Messingplatte darauf. Als er sie aufstößt, empfängt ihn nur Dunkelheit. In dem fensterlosen inneren Tempel zündet er eine der großen Kerzen an, die auf dem ersten Podest stehen, und in dem flackernden Kerzenschein bekommt er Seltsames zu sehen. Es ist alles fürchterlich heidnisch – anti-christliche Ornamente, Pyramiden mit Augen darauf, ein Dach voller Sterne, das Winkelmaß und Kompasse. Verblüfft und nervös durch die teuflische Ausstrahlung des Ortes, ist er sich plötzlich sicher, dass die Gerüchte wahr sind und sein Gefangener der schlimmste Häretiker sein muss, den die Welt je gesehen hat. Als er in Richtung Osten geht, bleibt er vor zwei großen Säulen und einem großen Podest stehen. Beim Hinunterschauen findet er nur eine einfache Holzkiste, in der ein weißes Leichentuch, ein menschlicher Schädel und zwei Hüftknochen liegen. Er denkt sich, dass dies das Leichentuch sein muss, das laut Aussage seiner Spione zur »Auferstehung« der Toten benutzt wird. Der Großinquisitor ist entsetzt, weil es offenbar stimmt, dass de Molay sich über die heilige Passion Jesu Christi lustig gemacht hat, indem er bei der Einführung von Templern Auferstehungszeremonien durchführte. Genau dort kommt Imbert eine neue Foltermethode in den Sinn, die besonders für diesen gefallenen Mönchsritter passt.

An diesem Abend steht Jacques de Molay nackt im Verlies unter dem Pariser Temple und trägt den Kittel des Angeklagten mit dem Strick um den Hals. Imbert teilt ihm mit, dass er seine Verbrechen sowieso gestehen wird, warum also will er sich nicht Schmerzen ersparen und sofort ein volles Geständnis ablegen? Sehr zur Freude des aufgebrachten Imbert weigert sich der Großmeister. Imbert beginnt aus den Evangelien zu zitieren:

Und dann ließ Pilatus Jesus geißeln.

De Molays Arme werden an der Mauer hochgezogen und der Kittel nach vorn über den Kopf gezogen. Sein nackter

Rücken wird von zwei Knechten gegeißelt, die dabei Pferdepeitschen mit Metallspitzen benutzen. Der Folterknecht zur Rechten ist größer und kräftiger als sein Partner und verletzt nicht nur den Rücken, sondern auch die Beine, lässt aber die Oberarme unverletzt.

Und die Soldaten fertigten eine Krone aus Dornen und setzten sie auf seinen Kopf.

Man hatte eine Dornenkrone vorbereitet und drückte sie auf de Molays Kopf, was blutige Wunden in der Kopfhaut und der Stirn riss.

Aber sie riefen: Kreuziget ihn, kreuziget ihn!

Und dann wird der Großmeister an ein roh zusammengehauenes Kreuz geschlagen, mit eckigen Nägeln, die durch die Handgelenke getrieben werden. Das Einschlagen der Nägel hat zur Folge, dass der Daumen so kräftig auf die Handfläche schlägt, dass das Gelenk ausreißt und sich der Daumennagel in die Handfläche bohrt. Die Sohle seines linken Fußes wird auf den Spann des rechten Fußes gelegt und ein langer Nagel exakt zwischen dem zweiten und dritten Mittelfußknochen eingeschlagen. So hängt Jacques de Molays Körper nur an drei Punkten, die ihm unendliche Schmerzen bereiten. Der Blutverlust ist gering, und er bleibt bei vollem Bewusstsein.

De Molay hat unbeschreibliche Schmerzen, denn sein Körper zieht ihn nach unten, was zu traumatischen Muskelrissen in seinen Armen, den Schultern und dem Brustkasten führt. Der Brustkasten verschiebt sich nach oben, sodass er nicht ausatmen kann, und um nicht zu ersticken, muss der Großmeister sich auf seinen angenagelten Füßen abstützen. Die Panik, nicht atmen zu können, wechselt sich ab mit den großen Schmerzen, auf angenagelten Füßen zu stehen. Die Auswirkungen dieses üblen Dilemmas sind wachsender Sauerstoffmangel, was zu schmerzhaften Krämpfen und einem dramatisch hohen Blutdruck führt. Zwischen den Befragungen folgt Imbert seinem biblischen Rollenmodell und bietet de Molay einen in Essig getauchten Lumpen an, um seinen schrecklichen Durst zu »stillen«, wobei er zitiert:

> Einer aber lief, füllte einen Schwamm mit Essig, steckte ihn auf ein Rohr und gab ihm zu trinken, indem er sagte: Halt, lasset uns sehen, ob Elia kommt, um ihn herabzunehmen.

Die Stunden dehnen sich zu Wochen, de Molays Widerstand erlahmt, und er fragt Imbert, was er sagen müsse, um vom Kreuz abgenommen zu werden. Imbert zitiert wieder:

> Sondern einer der Soldaten stach ihn mit einer Lanze in die Seite, und alsbald kam Blut und Wasser heraus.

Imbert stößt ein Messer in de Molays Seite. Nicht tief genug, um eine lebensbedrohliche Wunde zu verursachen, aber ausreichend, um die absichtliche Wiederholung der Leiden des »Gottessohnes« zu vollenden.

Jacques de Molay gesteht dort am Kreuz, während er die gleichen grausamen Schmerzen leidet, die auch bei Jesus etwa zwölfhundertachtzig Jahre früher zu einem momentanen Verlust seines Glaubens geführt hatten. Er wird abgenommen.

Das massive Trauma hatte in de Molays Körper zu einer Überproduktion von Milchsäure in seinem Blutkreislauf geführt – seine Muskeln waren in einem Dauerkrampf erstarrt, der Blutdruck war abgesackt, und sein Herz raste. Er war kurz vor seiner Erlösung durch den Tod abgenommen worden.

Guillaume Imbert war sehr zufrieden mit seinem Erfolg und amüsierte sich. Er hatte ihn nämlich genau auf das Leichentuch gelegt, das de Molay benutzt hatte, um sich über den Messias lustig zu machen. Nachdem die Folterknechte ihn mit dem Gesicht nach oben auf das Tuch gelegt hatten und ein Teil über seinen Kopf gelegt wurde, um den Vorderteil des Körpers zu bedecken, konnte Imbert nicht widerstehen – er zitierte noch ein letztes Mal aus der Leidensgeschichte:

Und Joseph nahm den Leib und wickelte ihn in reine Leinwand.

Während er das Leichentuch um den zerschundenen Körper legte, meinte Imbert, dass der halb bewusstlose Mann sich selbst darum kümmern solle, wieder aufzustehen, schließlich hielt er sich für so wichtig wie den wahren Christus!

Die Inquisition hatte zwar den strikten Befehl, den Großmeister der Tempelritter nicht zu töten, aber sie hatte auch nicht die Absicht, den geständigen Häretiker gesund zu pflegen. De Molay besaß keine Verwandten, die kommen und ihn pflegen konnten, aber Geoffrey de Charney, der Präzeptor der Normandie, der auch verhört wurde, hatte welche. Die Verwandten de Charneys wurden gerufen, und man befahl ihnen, beide Männer zu pflegen, die sieben Jahre später zusammen sterben sollten. Beide widerriefen bei dieser Gelegenheit öffentlich ihre Geständnisse und wurden für diesen Rückfall in »Häresie« damit bestraft, dass man sie langsam über Holzkohle verbrannte.

Wir konnten deshalb den Verlauf des Verhörs von de Molay so genau rekonstruieren, weil ein wichtiger Beweis bis zum heutigen Tag existiert. Das Grabtuch in qumranisch-freimaurerischem Stil, das aus dem Pariser Temple der Tempelritter stammte und benutzt wurde, um den zerschundenen Leib des Großmeisters einzuhüllen, reiste mit de Molay in das Heim Geoffrey de Charneys, wurde gewaschen, gefaltet und in eine Schublade gelegt. Genau fünfzig Jahre später wurde dieses Leichentuch herausgeholt und öffentlich ausgestellt. Wir können nicht sicher sein, warum es ausgestellt wurde, aber wir wissen bestimmt, warum es von öffentlichem Interesse war. De Molays glühender Körper war vom Kreuz abgenommen und auf den kalten, feuchten Boden des Verlieses gelegt worden. Schweiß mischte sich mit milchsäurehaltigem Blut und befleckte das Tuch. Das Trauma der Kreuzigung ließ de Molays Körper das Abbild seiner Leiden auf sein eigenes Leichentuch »malen«.

Die Familie de Charney hatte das Tuch abgenommen und die Wunden versorgt, und es muss viele Monate gedauert haben, ehe de Molay auch nur annähernd wieder gesund war. Das Tuch selbst wurde, ohne weiter nachzudenken, beiseite gelegt. Geoffrey de Charneys Neffe, der ebenfalls Geoffrey hieß, war ein Jahr vor der öffentlichen Ausstellung in der Schlacht von Poitiers gefallen, und es ist wahrscheinlich, dass das Wissen um die wahre Herkunft des Leichentuches mit ihm starb.

Die Abbildung auf dem Tuch war bemerkenswert deutlich. Die Form von de Molays Körper war durch die Milchsäure des Blutes, die mit dem Kalziumkarbonat des Waschmittels reagierte, wie eingeritzt in das Tuch. Die lange Nase, überschulterlange Haare mit Mittelscheitel, der Vollbart und der trainierte Körper von einsachtzig – alles passt perfekt in das bekannte Bild des letzten Großmeisters der Tempelritter.

Die ersten Menschen, die sich das Tuch ansahen, glaubten, dass sie den Abgebildeten erkannten, weil es zu dem Bild passte, das sie sich von einem Menschen machten, der über dreizehnhundert Jahre zuvor ein ähnliches Schicksal erlitten hatte. Sie glaubten, das Gesicht von Jesus zu sehen, und dieses Leinentuch wird heute »das Grabtuch von Turin« genannt!

Das Abbild, das die christliche Welt als Gesicht Gottes verehrt, ist tatsächlich das Gesicht eines Mannes, der in Gottes Namen gefoltert und umgebracht wurde – und zwar nicht von den Römern, sondern durch einen geldgierigen französischen König mit der Unterstützung der römisch-katholischen Kirche!

Viele Menschen haben bereits versucht, die Herkunft des Grabtuches von Turin zu ergründen. Wir glauben, dass wir nur deshalb die Lösung gefunden haben, weil wir nicht danach suchten. Die unterschiedlichen Theorien, die man aufgestellt hat, leugnen einen Teil der Beweise, aber bei unserer Suche nach Hiram war es nur ein passendes Puzzlestück, das eine Lücke im Bild schloss. Im Jahr 1988 gestattete der Vatikan drei verschiedenen Instituten, Karbon-Datierungen durchzuführen, die alle zu dem Schluss kamen, dass das Leinentuch um das Jahr 1260 gefertigt worden sein musste. Wenn man voraussetzt, dass das Tuch bereits einige Jahre in Gebrauch war, passt die Datierung genau.

Seltsamerweise wurden die Ergebnisse am 13. Oktober publiziert, dem Tag, an dem Jacques de Molay verhaftet und gekreuzigt wurde! Die Chance, dass dies ein Zufall ist, steht eins zu dreihundertfünfundsechzig, aber wir mussten uns einfach fragen, ob nicht mehr daran war. Der Vatikan hatte das Grabtuch nie als heilige Reliquie anerkannt, weil man dort seine Herkunft kannte – könnte es sein, dass man es als passend empfand, diesen Standpunkt am Jahrestag der »Schöpfung« des Grabtuches darzulegen?

Die Lehren Jesu »starben« vollständig mit ihm und wurden durch die hellenistischen, mystischen Formeln des Paulus, des »Verspritzers von Lügen«, ersetzt, doch die »auferstandenen« Lehren wurden der Welt durch die Kreuzigung Jacques de Molays neu geschenkt. Eintausendzweihundertvierundsiebzig Jahre lang – also zwischen den beiden identischen Kreuzigungen – lagen die wahren Lehren Jesu »tot und begraben« unter dem Tempel in Jerusalem. Aber nachdem sie der Welt wieder geschenkt wurden, beendeten die Konzepte von Gleichheit, sozialer Verantwortung und der Macht des Wissens das intellektuelle Vakuum des so passend benannten »dunklen Zeitalters«.

Die politische Macht, die das Römische Imperium in den ersten drei Jahrhunderten nach Christus verloren hatte, wurde durch den Einfallsreichtum Konstantins erhalten, der ein Netz aus Aberglauben wob, um die Massen stillzuhalten. Er sah das Volk in Friedenszeiten als Produzenten für Reichtum und Güter und in Kriegszeiten als Kanonenfutter an. Die Belohnung für ein trauriges Leben auf der Erde war das Versprechen der Auferstehung und eines herrlichen Lebens nach dem Tode. Die römisch-katholische Kirche stellte blinden Glauben als Tugend hin und bezeichnete christliche Literatur, die sich auf das Wissen des Einzelnen bezog, als »gnostisch« und nannte es teuflisch. »Gnosis« ist einfach das griechische Wort für »Wissen, Erkenntnis«. Es ist kein Zufall, dass die Zeit, die man allgemein »das dunkle Zeitalter« nennt, genau in den Zeitraum zwischen dem Aufstieg der römisch-katholischen Kirche und der Kreuzigung von Jacques de Molay fällt! Doch dank der wahren Lehren Jesu begann das dunkle Zeitalter nach über einem Jahrtausend dem schimmernden Licht der Vernunft zu weichen.

Während der Großmeister gekreuzigt wurde, entschlüpften viele Tempelritter dem Netz. Ein großer Teil der Templerflotte hatte im Atlantikhafen von La Rochelle gelegen. Entweder hatte man die Männer gewarnt oder sie hatten Gerüchte gehört – auf jeden Fall erblickten die Möchtegern-Verhafter am Morgen des 13. Oktober an der Stelle, wo am Abend vorher die Flotte vor Anker gelegen hatte, nur noch Wasser. Die Schiffe des Ordens wurden nie wieder gesehen, aber ihre Kriegsflagge, der Schädel mit den gekreuzten Knochen, dafür um so öfter.

Wir mussten jetzt nachweisen, was mit den Tempelrittern geschah, denen es gelang, den Fängen Philipps zu entwischen. Unsere Nachforschungen ergaben, dass sie nach ihrer Flucht an zwei Orten waren – in Schottland und Amerika!

Die vorhandenen Beweise sind unklar, aber es gibt Geschichten, dass die Schiffe der Templer nach Schottland und Amerika segelten. Die Flotte kann sehr wohl beide Länder nacheinander angelaufen haben, aber wir halten es für wahrscheinlicher, dass sie sich kurz nach dem Auslaufen aus dem Hafen von La Rochelle teilte. Ein Teil segelte Richtung Norden nach Schottland und der Rest nahm Kurs auf das nördliche Portugal, um sich dort mit Vorräten zu versehen. Von dort machten die Templer sich auf eine Reise, über die oft gesprochen, die aber wegen der Verpflichtungen im Heiligen Land nie in Angriff genommen worden war. Sie nahmen Kurs gen Westen und segelten auf dem zweiundvierzigsten Breitengrad auf der Suche nach dem Land, das – wie sie aus den nasoräischen Schriftrollen wussten – unter dem Stern namens Merica lag und das diese französischen Ritter »la Merica« nannten, ein Name, aus dem später einfach Amerika wurde. Mit großer Wahrscheinlichkeit landeten sie in den ersten Wochen des Jahres 1308 entweder in Cape Cod oder auf Rhode Island und betraten damit anderthalb Jahrhunderte vor der Geburt von Christoph Kolumbus die Neue Welt.

Das ist eine irrwitzige Behauptung, aber es gibt unleugbare Beweise dafür, dass die Tempelritter Amerika erreichten, dort siedelten und Reisen nach Schottland und wieder zurück unternahmen. In der Kleinstadt Westford in Massachusetts ist das Bild eines Ritters in einen Felsen gemeißelt. Der heute berühmte Ritter trägt einen Helm und die Tracht eines militärischen Ordens, und das Schwert ist als das eines europäischen Ritters aus dem vierzehnten Jahrhundert identifiziert worden. Aber für uns ist etwas anderes an der Abbildung faszinierend – der Schild, auf dem ein mittelalterliches Schiff zu sehen ist, das nach Westen segelt … auf einen Stern zu!

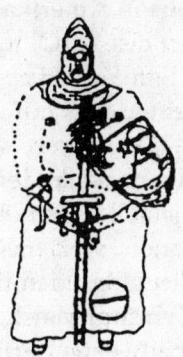

Ein anderes europäisches Relikt steht in Newport, Rhode Island. Es ist ein Turm, der ein historisches Rätsel aufgibt, denn er ist im Stil der Rundkirchen der Templer konstruiert und weist typische romanische Details wie Säulen und Bögen auf. Seine Datierung reicht genau in das Jahrhundert, in dem die Templerflotte verschwand. Es war für die neuen

Kolonisten wahrscheinlich ein Mehrzweckgebäude und diente als Kirche, Wachturm und Leuchtturm. Es ist nicht daran zu zweifeln, dass dieses Bauwerk für die Neue Welt extrem alt ist, denn auf einer Karte von 1524, in der dieser Küstenstrich zum ersten Mal eingetragen wurde, bezeichnete der italienische Navigator Giovanni da Verrazano den Turm in Newport als existierende »normannische Stadt«.

Diese Funde deuten stark auf eine Präsenz der Templer in der Neuen Welt hin, aber sie allein reichen als Beweis nicht aus. Doch wir wussten ja bereits, dass in der Kapelle von Rosslyn ein unstrittiger Beweis wartete. Hier in diesem Gebiet kamen die Templer nach dem Angriff durch König Philipp und den Papst zusammen. Das Gebäude hatte etwa vierzig Jahre Bauzeit und wurde durch Oliver Sinclair gegen Anfang der achtziger Jahre des fünfzehnten Jahrhunderts fertig gestellt, was immer noch um einiges vor der Ankunft des Kolumbus in Amerika liegt. Kolumbus landete nämlich am Morgen des 12. Oktober 1492 auf einer Insel der Bahamas, die er San Salvador nannte, und setzte erst am 1. August 1498 seinen Fuß auf das Festland Südamerikas.

Wenn man diese Daten miteinander vergleicht, wird es ungeheuer interessant, sich die gemeißelten Dekorationen in der Kapelle anzuschauen, weil das scheinbar Unmögliche damit auf der Hand liegt. Auf den Bögen und an der Decke der Kapelle von Rosslyn sind Maiskolben und Aloe-Kakteen als Dekoration verewigt – zwei Pflanzen, die es in Schottland nicht gab. Mais wurde von den Indianern Nord- und Südamerikas in allen Spielarten angebaut, war aber in der übrigen Welt mindestens bis 1492 unbekannt. Nach der offiziellen Geschichtsschreibung wurde Maissaat zum ersten Mal im sechzehnten Jahrhundert von Entdeckern nach Europa und Afrika gebracht und schließlich auf der ganzen Welt angebaut. Diese gemeißelten Pflanzen sind ein so integraler Bestandteil in der Gestaltung der Kapelle, dass sie viele Jahre vor Vollendung der Kapelle geschaffen worden sein müssen, und deshalb haben wir den sicheren Beweis dafür, dass die Leute, die den Steinmetzen von Rosslyn Anweisungen gaben, mindestens ein Vierteljahrhundert vor Kolumbus in Amerika gewesen sein müssen.

Im Licht solch solider Beweise können wir den Ritter von Westford und den Turm von Newport als das nehmen, was sie sind – Relikte der Tempelritter in den Vereinigten Staaten von Amerika.

Das Land unter dem Stern namens La'Merica

Ehe wir das Thema der ersten europäischen Landungen in der Neuen Welt verlassen, würden wir gern erklären, warum wir zu der festen Überzeugung gelangten, dass der Kontinent Amerika seinen Namen nicht von dem Forscher Amerigo Vespucci erhielt, sondern von dem Stern des Westens namens Merica, der nach dem Glauben der Nasoräer über einem vollkommenen Land jenseits des Ozeans der untergehenden Sonne leuchtete. Wir haben nicht nur Beweise für den wahren Ursprung des Namens, sondern fanden auch heraus, dass man die alte Erklärung leicht verwerfen kann.

Der normale historische Weg, der gewöhnlich die Herkunft des Namens der Neuen Welt beschreibt, wird aufgrund eines dummen Missverständnisses gegangen, das ein obskurer Geistlicher, der in seinem Leben nie mehr als ein paar Kilometer über die Abtei von St. Deodatus in den Lothringer Vogesen hinausgekommen ist, begangen hat. Dieser höchst enthusiastische Priester hatte eine Leidenschaft für Geographie und bedeutungsvolle Namen. Er gab sich das fantasievolle Pseudonym »Hylacomylus«, das aus dem griechischen

Wort für »Wald«, dem lateinischen für »See« und dem griechischen für »Mühle« zusammengesetzt ist, was schließlich wieder in seine Muttersprache Deutsch übersetzt wurde und den Familiennamen »Waldseemüller« schuf. Dieser leicht exzentrische Mann führte eine kleine Gruppe an, die an eine Druckerpresse kam, und sie suchten alles zusammen, was sie an Informationen über die Welt bekamen. Dazu gehörten auch die inspirierenden Entdeckungen auf dem großen, geheimnisvollen Kontinent jenseits des westlichen Ozeans. Die kleine Gruppe druckte im April 1507 ein 103 Seiten starkes Buch mit dem Titel »Cosmographiae Introductio«. Es enthielt die traditionellen Aussagen der Kosmographie, die Aufteilung des Planeten, die Entfernungen zwischen wichtigen Orten und Einzelheiten zu Winden und Klima, aber es war auch die Quelle eines Fehlers, der einen Amateurnavigator für alle Zeiten berühmt machen sollte. Waldseemüller hatte einige Hinweise von verschiedenen Seeleuten auf das Festland des großen Kontinents im Westen gefunden, der übereinstimmend mit »Amerika« bezeichnet wurde, und er fand auch den glühenden Bericht über die Fahrten eines italienischen Entdeckers mit Namen Amerigo Vespucci. Er beging den Irrtum, diese unverbundenen Informationen miteinander zu verquicken, und schrieb:

Heute sind diese Teile der Erde (Europa, Afrika und Asien) weitgehend erforscht, und gerade wurde auch ein vierter Teil von Amerigo Vespucci entdeckt (wie im Folgenden beschrieben wird). Da sowohl Europa als auch Asien nach Frauen benannt wurden, sehe ich keinen Grund, warum irgendjemand der Tatsache widersprechen sollte, dass man diesen Teil Amerige nennt – das Land des Amerigo – oder Amerika nach Amerigo, seinem Entdecker, einem sehr fähigen Mann.

Waldseemüller druckte sein Buch und eine riesige Karte, auf der der neue Kontinent »Amerika« hieß, und man hat immer angenommen, dass er sich das ausgedacht hat, denn es war der erste gedruckte Hinweis auf den Namen des Kontinents. Die Worte des Mönches sind immer als Wiedergabe seines Denkprozesses, in welcher Form man den Namen Amerigo Vespuccis benutzen sollte, verstanden worden, aber so ist es gar nicht. Wenn man aufmerksam liest, kann man erkennen, dass er nur darüber grübelt, warum der vorhandene Name »Amerika« so passend ist. Ein Name, der seiner Meinung nach vielleicht besser »Amerige« lauten würde, aber er konnte begreifen, warum »Amerika« eine bedeutungsvolle Konstruktion war. Dieses Buch wurde fünfzehn Jahre, nachdem Kolumbus »offiziell« die Neue Welt entdeckt hatte, geschrieben und exakt zweihundert Jahre nach der ersten Landung der Tempelritter. In beiden Fällen ist es dumm anzunehmen, dass niemand diesem Kontinent einen Namen gab, bevor ein deutscher Mönch anfing, ein Buch mit dem Titel »Einführung in die Kosmographie« zu schreiben oder dass eine solche »Landratte« die Frechheit gehabt haben könnte, einem neuen Quadranten des Globus einen Namen zu geben.

Waldseemüller hatte den Namen zwar richtig, nicht aber die Erklärung dazu verstanden. Seine persönliche Leidenschaft für bedeutungsschwangere Namen führte ihn in die Irre, und die Macht der Druckerpresse sorgte dafür, dass sein Irrtum innerhalb kürzester Zeit weite Verbreitung fand. Kurz nachdem er diese Worte geschrieben hatte, wurde ihm sein großer Fehler bewusst, und er widerrief öffentlich seine Annahme, dass Amerigo Vespucci der Entdecker der Neuen Welt sei – aber es war bereits zu spät, denn man hatte jetzt eine Erklärung, die Sinn machte.

Es war der klassische Fall von der Verselbständigung einer Geschichte.

Wenn eine Überzeugung sich erst einmal festgesetzt hat, braucht man intellektuelles Dynamit, um sie zu ändern. Der zufällige Mythos des Amerigo Vespucci gehört im amerikanischen Bildungssystem zur kulturellen Folklore. Aber für diejenigen, die wirklich Amerika und die Kräfte, die die Vereinigten Staaten von heute schufen, verstehen wollen, müssen wir der evolutionären Kettenreaktion des nasoräischen Denkens folgen.

Der Sturz der Tempelritter war das Ende eines großen Ordens, aber dieser Niedergang öffnete den Weg für eine völlig neue Weltordnung, die auf Jesu Überarbeitung des Ma'at beruhte. Während wir die Kreuzigung von Jacques de Molay rekonstruierten und der Flucht seiner Ritter nachspürten, hatten wir das Gefühl, dass wir ganz nahe daran sein mussten, das letzte Verbindungsglied zur Freimaurerei zu finden.

Warum die Templer mit ihren Geheimnissen einen neuen Orden namens Freimaurer gegründet hatten, war uns immer noch nicht klar, aber wenigstens wussten wir, wo wir nach den Antworten suchen mussten, um die Lücken in unserem Wissen zu füllen.

Als wir noch einmal durchsahen, was wir über die Ereignisse rund um die Kreuzigung Jacques de Molays herausgefunden hatten, kamen wir zu der Erkenntnis, dass dies das Hauptereignis in einer geschichtlichen Periode war, das der gesellschaftlichen Entwicklung des Westens einen völlig neuen Verlauf gab. Der Angriff auf den Orden der Tempelritter durch einen geldgierigen und unbedeutenden französischen König war der erste Schritt, um die christliche Welt von dem herrschenden Prinzip geistiger Kastration, ausgeübt vom Vatikan, zu lösen und ihr zu erlauben, eine Zivilisation aufzubauen, die von Wissensdurst und der Erkenntnis der Würde des Einzelnen getrieben wurde. Diese Wende von der Autokratie zur Demokratie in der Regierungsform und vom Adel zum Populismus in der Gesellschaft in einem Rahmen aus religiöser Toleranz wurde nirgendwo so eifrig gesucht – und auch teilweise erreicht – wie in den Vereinigten Staaten von Amerika.

15.
Die verlorenen Schriftrollen
werden wieder entdeckt

Wir fragten uns, warum es die Vereinigten Staaten von Amerika überhaupt gab. Es musste sie nicht unbedingt geben, und wir bezweifeln, dass viele moderne Beobachter ihnen große Chancen auf Erfolg gegeben hätten. Dennoch wurden sie zum Nabel der Weltkultur und stiegen innerhalb von nur zwei Jahrhunderten zur mächtigsten Nation der Welt auf. Der Plan für die Vereinigten Staaten war nicht die Weiterentwicklung von etwas, was kurz zuvor in Europa geschehen war, es war etwas scheinbar ganz Neues und sehr Radikales, aber die Inspiration, ein Land zu schaffen, in dem jeder Einzelne zählt, wo das Volk selbst für den Staat verantwortlich ist und wo jeder sich persönlich vor seinem Gott rechtfertigt, musste von irgendwoher gekommen sein.

Mit wachsender Sicherheit fühlten wir, dass alles über die Freimaurer und die Templer von dem Mann gekommen war, den wir als Jesus kennen, der selbst in einer Zeit der Unterdrückung lebte und Gleichheit, Gerechtigkeit und Erleuchtung für sein Volk suchte. Sein Blick ging nicht über die Grenzen seines Volkes hinaus – das konnte er auch gar nicht –, aber im Laufe der Zeit wurde die Botschaft, die er der Welt schenkte, gehört, und man handelte auch danach.

Wir fanden die folgenden Sätze besonders interessant:

Haltet treu den Glauben und seid gerecht gegenüber allen Völkern; lebt in Frieden und Harmonie mit allen. Religion und Moral helfen bei der Durchführung, warum nicht auch gute Politik? Es wäre einer freien, erleuchteten und in baldiger Zukunft großen Nation würdig, der Menschheit das edelmütige und allzu neue Beispiel eines Volkes zu geben, das stets von Gerechtigkeit und Güte geleitet wird.

Diese Worte sagte George Washington in seiner Abschiedsrede, und sie bestätigen, was bereits wohl bekannt ist – dass der erste Präsident der Vereinigten Staaten sein Leben lang Freimaurer war. Sie erinnern auch seltsam an die verlorenen Lehren Jesu, denn sie sprechen von der Bedeutung der Werte »Freiheit«, »Erleuchtung«, »Frieden«, »treuer Glaube«, »Gerechtigkeit« und »Güte« und spornen auch zum Aufbau einer »großen Nation« und der Verbindung von Religion und Moral an. Diese Charakteristika mögen in unserer heutigen Zeit wie Worte klingen, die man eben bei einer solchen Gelegenheit sagt, aber damals, als Washington die Rede hielt, waren sie bemerkenswert.

Zu akzeptieren, dass es an der Ostküste der Vereinigten Staaten Relikte der Templer gibt, erklärt noch nicht einmal annähernd, wie dieser außerhalb des Gesetzes stehende französische Orden möglicherweise die Gründerväter dieses Landes beeinflusst haben konnte. Um den Ablauf der Ereignisse ganz verstehen zu können, entschlossen wir uns, zuerst einen genauen Blick auf den anderen Außenposten der Tempelritter zu werfen – er lag fünftausend Kilometer entfernt von Amerika an der Westküste Schottlands.

Die Tatsache, dass viele Tempelritter sich nach dem Zusammenbruch ihres Ordens in Europa in Schottland niederließen, ist gut belegt, und die Beweise sind heute noch zu sehen. Die Kirche in Kilmartin in der Nähe von Loch Awe in Argyll enthält viele Templergräber. Auf den Särgen sind Tempelritter zu sehen, und auf dem Kirchhof liegen viele Freimaurer begraben. Als wir den Ort im Jahre 1990 besichtigten, wurden wir sofort magisch von einem Seemannsdenkmal in der Mauer des Kirchhofes angezogen, das einen Kapitän darstellt, der im siebzehnten Jahrhundert auf See geblieben ist. Das Verblüffende daran war, dass in diesem Denkmal zwei Säulen einen Totenschädel und zwei gekreuzte Knochen umrahmen – also die Kriegsflagge der Templer und das Symbol der Meistermaurer, umrahmt von dem Motiv, das die Freimaurerei mit Seqenenre Tao verbindet.

Das war sehr aufregend, aber noch spannender waren die vielen Gräber von Tempelrittern und ihre Symbole überall. Als wir über diese Funde sprachen, schien es uns sehr wahrscheinlich, dass das hier nicht die einzige Grabstätte der Templer sein konnte, wenn man bedenkt, dass Anfang des vierzehnten Jahrhunderts möglicherweise ein relativ großes Kontingent von Tempelrittern nach Argyll geflohen ist. In den nächsten Wochen erforschten wir von Kilmartin aus alle alten Fried- und Kirchhöfe, die wir finden konnten. Bald entdeckten wir mehrere Orte mit mindestens einem Templergrab, und obwohl wir nicht besonders danach suchten, fanden wir auch sehr alte Gräber mit Freimaurersymbolen.

Wir wussten bereits seit langem, dass es seit der Zeit, als Hugo de Payen Catherine de St. Clair heiratete, in diesem Gebiet Schottlands viele Beziehungen zu den Tempelrittern gab. Das erste Templer-Präzeptorium außerhalb des Heiligen Landes wurde sogar in Schottland auf dem Land der St. Clairs gebaut. Die Stelle liegt im Süden Edinburghs und trägt heute den Namen Temple. Zu Beginn des vierzehnten Jahrhunderts hatten die Templer großen Landbesitz in Schottland und wurden sehr geachtet und verehrt.

Schottland war für den Orden der Tempelritter immer wichtig gewesen, aber wir entdeckten, dass die politischen Zeitumstände in Schottland es zu einem besonders passenden Asyl nach der Attacke des Königs Philipp und des Papstes machten.

Nach dem Tod von Alexander III. im Jahre 1286 starb das alte Königsgeschlecht der Kelten aus, denn der König hatte weder Kinder noch Geschwister. Seine einzige direkte Erbin war Margaret, »die norwegische Jungfrau«, aber sie starb auf dem Weg nach Schottland, und die Frage der Thronfolge war wieder offen. Das Land wurde durch innere Kämpfe geschwächt, und Edward I. von England nutzte die Gelegenheit, indem er John de Balliol unterstützte, der einer der Thronanwärter war. Als Gegenleistung verlangte er, dass Balliol Vasall des englischen Königs werde. Das Volk ließ sich jedoch nicht zum Narren halten, und er war ein sehr unbeliebter König, dem man den Spitznamen »Toom Tabard« gab, was übersetzt »leeres Gewand« heißt, aber in Wirklichkeit wohl eher bedeutete: »Marionette von Edward I.« Der englische König respektierte den Mann auch nicht, behandelte ihn wie einen gewöhnlichen Vasallen und demütigte ihn bei einer Gelegenheit sogar öffentlich, als er darauf bestand, dass Balliol wegen angeblicher Schulden bei einem Londoner Weinhändler vor Gericht gestellt werde. Balliol wandte sich 1296 schließlich gegen Edward und weigerte sich, ihn beim Kampf gegen die Franzosen zu unterstützen. Edward reagierte darauf, indem er nach Berwick marschierte, Balliol absetzte, ihn nach Frankreich ins Exil schickte und die Krone von Schottland für sich beanspruchte. Damit kein Kelte den Thron besteigen konnte, nahm der Engländer das Symbol der schottischen Unabhängigkeit einfach mit – den alten »Schicksalsstein« oder auch »Stein von Scone« genannt. Dieser kleine, grob behauene, rechteckige Block, über dem die Könige von Schottland so lange gekrönt worden waren, lag unter dem englischen Thron in der Westminster Abbey in London, bis er Ende 1996 zurückgegeben wurde.

Nachdem er das schottische Symbol der Unabhängigkeit gestohlen hatte, setzte der englische König einen Gouverneur in Schottland ein, der in seinem Namen regierte, und lieferte so die Schotten seiner diktatorischen Herrschaft aus. Das erste Wiederaufflammen des schottischen Nationalbewusstseins kam sehr schnell und wurde entzündet, als der Adlige William Wallace den Sheriff von Lanark im Mai 1297 aus Rache für den Mord an seiner Frau Mary umbrachte. Das war ein Affront für den englischen König, und Wallace wäre bestimmt schwer bestraft worden, wenn sich nicht das Volk entschieden hinter ihn gestellt hätte. Es kam zu einer richtigen Schlacht bei Stirling Bridge am 11. September 1297, bei der Edwards Truppen geschlagen wurden.

Edward I. schloss Frieden mit den Franzosen und wandte dann seine ganze Aufmerksamkeit Wallace zu, den er im darauf folgenden Jahr bei Linlithgow schlug. Wallace entkam und reiste sofort nach Frankreich, um bei Edwards alten Feinden Unterstützung für seine Sache zu bekommen. Es ist bekannt, dass er Briefe von Philipp dem Schönen bekam, der seine Sache Papst Klemens V. unterbreitete, und er wurde auch von der Familie Moray unterstützt (deren Name eng verbunden mit den Templern und Freimaurern ist), und er nahm auch in dieser Zeit Kontakt zu den Tempelrittern auf. Von dieser Seite bekam er ganz sicher Hilfe, denn es gab im Jahr 1303 eine Schlacht zwischen den Schotten und Engländern bei Roslin, die dank der Unterstützung der Tempelritter unter Führung eines St. Clair gewonnen wurde. Doch Wallace blieb ein Gesetzloser, der von der englischen Krone sieben Jahre lang gejagt wurde, ehe man ihn verriet und nach England brachte, wo er 1305 gehängt und geviertelt wurde. Nach der Hinrichtung wurden Teile von Wallaces Leiche in Newcastle-on-Tyne, Berwick, Stirling und Perth öffentlich ausgehangen.

In dieser unruhigen Zeit gab es zwei Schotten, die einen echten, aber nicht unumstrittenen Anspruch auf den Thron hatten. Der eine war Robert the Bruce, der achte Earl von Carrick, und der andere John Comyn. Robert war ein ehrgeiziger Mann, und er versuchte zuerst voranzukommen, indem er mit Edward I. zusammenarbeitete, aber seine Unterstützung für den Engländer wurde schwächer, als er zu fühlen begann, dass er so nicht auf den Thron kommen würde. Als Robert anfing, andere Optionen für den Aufbau seines persönlichen Status in Schottland zu suchen, nutzte sein Widersacher Comyn die Gelegenheit, indem er Edward mitteilte, dass Robert the Bruce gegen ihn intrigiere. Der König hätte sich, ohne groß darüber nachzudenken, eines solchen Ärgernisses sofort entledigt, aber ein Anhänger warnte Robert the Bruce vor der drohenden Gefahr, und der musste jetzt schnell reagieren. Seine Möglichkeiten waren plötzlich sehr begrenzt, und er beschloss, ein großes Spiel zu wagen. Er wusste, dass es bei den Kelten gärte und dass die Schotten nicht so einfach einen König akzeptieren würden, der für immer englischer Vasall war, und deshalb beschloss er, persönlich zum Funken zu werden, der das Pulverfass entzündete.

Er wusste, dass sein Widersacher Comyn ein Favorit des Papstes und auch von Edward wohl gelitten war, deshalb konspirierte er, um seine Stellung eindeutig festzulegen. Er beleidigte öffentlich den Papst und den König und rief gleichzeitig die Kelten zur Schlacht. Und zwar erledigte er das alles in einem Schritt. Er lockte Comyn in die Franziskanerkirche von Dumfries und überfiel ihn auf den Altarstufen. Als Comyn blutend vor ihm lag, verbot Robert den

Mönchen, den blutenden Mann zu verbinden, und blieb über ihm stehen, bis er sicher war, dass sein Widersacher verblutet war. Diese brutale Tat auf heiligem Boden erzürnte sowohl Edward als auch den Papst, aber die schottischen Patrioten hielten es für eine tapfere Tat des offenen Widerstands gegen die Engländer, denn Comyn hatte John de Balliols Thronanspruch geerbt und wurde von Edward I. unterstützt. Der Papst reagierte, indem er am 10. Februar 1305 verkündete, dass Robert the Bruce von diesem Augenblick an exkommuniziert sei. Trotz dieser Höchststrafe vom Papst erhielt Bruce dreizehn Monate später die rückhaltlose Unterstützung der keltischen Lords und wurde durch die Gräfin von Buchan in Scone zum König von Schottland gekrönt – ohne den Schicksalsstein allerdings.

So war also die Lage in Schottland, als Teile der Templerflotte den Entschluss fassten, nach Argyll und dem Firth of Forth zu segeln – wo ja, wie sie wussten, Robert the Bruce gerade eine offene keltische Rebellion gegen England führte. Die Tatsache, dass Robert the Bruce exkommuniziert war, kombiniert mit den Bindungen der Familie St. Clair an Rosslyn, bot Schottland als Asyl an – es gehörte zu den wenigen Orten auf der Erde, an denen der Papst nicht an sie herankam. Außerdem wussten die Tempelritter, dass sie wegen des Krieges mit den Engländern als ausgebildete Soldaten mit offenen Armen aufgenommen werden würden.

Genau drei Monate bevor Philipp der Schöne den Templern seine Falle stellte, war Edward I. von England gestorben, und sein schwacher und entscheidungsschwacher Sohn Edward II. folgte ihm auf den Thron. Edward II. zog sich sofort nach England zurück und überließ Robert I. das Feld in Schottland.

Die Geschichtsschreibung berichtet, dass Robert I. in den Jahren 1306–1307 ausschließlich große Rückschläge erlitt, sich aber dann aus einer scheinbar hoffnungslosen Situation aufrappelte und langsam sein Königreich von den Engländern zurückeroberte. Der größte Triumph der Schotten – und wahrscheinlich die berühmteste Einzelschlacht in der schottischen Geschichte – war die Schlacht von Bannockburn am 23. Juni 1314. Es wird berichtet, dass Bruces Armee kurz vor der Niederlage stand, als eine unbekannte Reserve-Streitmacht eingriff, das Blatt wendete und den Schotten den Sieg brachte. Bald gingen Gerüchte um, dass diese mysteriösen Krieger unter dem Beausant geritten waren (der Kriegsflagge der Tempelritter). Eine Intervention der Templer ist tatsächlich die einzig mögliche Erklärung. So wurde also im gleichen Jahr, in dem man Jacques de Molay und Geoffrey de Charney in Paris bei lebendigem Leib verbrannte, die Schlacht von Bannockburn durch das Eintreffen einer Templer-Streitmacht unter der Führung des Großmeisters der schottischen Templer, Sir William St. Clair, gewonnen. Dieser Sieg von Bannockburn festigte und sicherte Bruces keltisches Königreich in Schottland. Der Anteil der St. Clairs wurde wohl belohnt, denn sie bekamen ein Bistum und Land, das ihren Besitz in Rosslyn vergrößerte.

Dieser große Sieg war ein wichtiger Schritt hin zur Sicherung einer ständigen Unabhängigkeit für Schottland, und Robert I. verbrachte den Rest seines Lebens damit, in Irland und an den schottischen Grenzen gegen die Engländer zu kämpfen, und schließlich erkannte England im Jahr 1328 Schottland formell als freie Nation an. Ein interessanter Punkt für Freimaurer bei der Schlacht von Bannockburn ist die Tatsache, dass sie am längsten Tag des Jahres geschlagen wurde – ein Tag, der immer noch von allen Freimaurern als das Fest Johannes des Täufers gefeiert wird.

Es scheint, als ob die Templer eine gute Zuflucht in Schottland gefunden hätten, aber es war offensichtlich eine symbiotische Beziehung, denn der König von Schottland profitierte von den Fähigkeiten dieser Berufssoldaten, wahrscheinlich zuerst bei der Strategieplanung, aber schließlich auch durch direkte Hilfestellung in der Schlacht. Solange Robert I. exkommuniziert war, waren die Templer in Sicherheit, aber dieser Zustand nutzte wohl den Templern, nicht aber Schottland, denn ein Königreich, dessen König exkommuniziert war, wurde als heidnisches Territorium angesehen, und jeder christliche Herrscher konnte zum Kreuzzug gegen die Heiden aufrufen. Solange nicht wieder gute Beziehungen zwischen dem schottischen König und dem Bischof von Rom herrschten, musste Schottland mit dem Risiko einer gesetzlosen Invasion leben. Im Jahr 1317 versuchte Papst Johannes XXII. ein Bündnis zwischen Engländern und Schotten zu stiften, und man sagt, dass er außer sich gewesen sei, als Robert the Bruce darauf reagierte, indem er mit einem Überraschungsangriff die Grenzstadt Berwick einnahm. Die Beziehungen zwischen dem Papst und den Schotten wurden noch schlechter, als die Engländer dem Papst freudig von der Streitlust ihrer Nachbarn und deren Widerspenstigkeit berichteten. Im Jahr 1320 schickte der Papst zwei Legaten, die ein weiteres Exkommunikationsurteil gegen Bruce, James (den Schwarzen) Douglas und den Earl von Moray ausführen sollten. Zur Verteidigung gegen diese Verurteilung wurde die Erklärung von Arbroath verfasst, die am 6. April 1320 von den schottischen Baronen herausgegeben wurde. Sie ist im Grunde sehr freimaurerisch geprägt, und in Bezug auf König Robert stellt sie fest:

Alle waren durch das Recht und den Dienst, den er seinem Volk erwiesen hat, an ihn gebunden.

Die Adligen sagten, dass sie

... nicht wegen des Ruhmes, der Reichtümer oder der Ehre, sondern nur für die Freiheit, der jeder wahre Mann willig sein Leben opfere ...

kämpfen würden.

Die Erklärung enthält auch ihre Definition der Königsherrschaft:

... die allgemeine und rechtmäßige Entscheidung des ganzen Volkes machte ihn zu unserem König und Prinzen. Ihm sind wir verpflichtet und entschlossen, ihm in allem beizustehen, all dies wegen seiner Verdienste und auch aufgrund des Rechts, denn er ist der Mensch, der die Sicherheit der Menschen wiederherstellte, indem er ihre Freiheit verteidigte. Aber falls dieser Prinz diese Prinzipien missachten sollte, die er bisher so nobel einhielt, und beschließt, unser Königreich an den König oder das Volk von England auszuliefern, werden wir ihn sofort absetzen und ihn als unseren Feind betrachten, als einen, der nicht nur seine Rechte, sondern auch unsere verletzt hat, und werden einen anderen König krönen, der unsere Freiheit verteidigen wird.

Die mächtigsten Lords Schottlands waren entweder Templer oder Verwandte von Templern, und es überrascht daher kaum, dass in diesem ungewöhnlich demokratischen Dokument ihre »nasoräische« Denkweise zum Tragen kommt und der König mehr wie ein Präsident betrachtet wird. Bestimmt gehörte zu den Unterzeichnern dieses Dokuments auch Lord Henry St. Clair of Rosslyn.

Wir dachten uns, dass es eine Bedeutung haben müsste, wenn nasoräisches/tempelritterliches/freimaurerisches Denken zu so vielen Zeitpunkten der Geschichte präsent war – und zwar immer dann, wenn es um die Herrschaft und den Willen des Volkes ging. Hundert Jahre vor der Erklärung von Arbroath wurde in England von König Johann die berühmte Magna Charta unterzeichnet – das geschah durch den Druck einer Gruppe, zu der auch Tempelritter gehörten. Bis zum heutigen Tag ist es das einzige Dokument in der englischen Verfassung, das man in einigen Punkten mit der Bill of Rights der Vereinigten Staaten vergleichen kann – und dieses Dokument wurde, wie wir später zeigen werden, ausschließlich von Freimaurern verfasst.

Im Oktober 1328 nahm Papst Johannes XXII. aus politischen Gründen, die für unsere Geschichte nicht von Bedeutung sind, den Bann der Exkommunikation von Robert I., aber der jetzt endlich legitime schottische König starb am 3. Juni 1329, nur zehn Tage bevor der Papst eine Bulle veröffentlichte, in der er öffentlich Bruces Recht auf den Thron von Schottland anerkannte. Roberts Nachfolger war sein Sohn David II., aber da der König erst fünf Jahre alt war, wurde Lord Randolph, ein Mitglied der Familie Moray und Onkel des Earls von Moray, als Regent eingesetzt. Doch der Tod von Robert the Bruce war nicht das Ende seiner Beziehungen zu den Templern. Ehe er starb, hatte er geschworen, nach Jerusalem zu ziehen und gegen die Sarazenen zu kämpfen, und aus Ehrfurcht wurde sein einbalsamiertes Herz von Sir William St. Clair und Sir James Douglas mitgenommen, als sie zu einem letzten Kreuzzug nach Jerusalem aufbrachen. Unglücklicherweise fielen beide während der Reise in einer Schlacht in Andalusien. Das Herz von Bruce gelangte nie in die Heilige Stadt, sondern wurde zurückgebracht und in der Melrose Abbey begraben, während Sir William in Rosslyn beerdigt wurde.

Nachdem Schottland wieder offiziell zur Christenheit gehörte, war es unbedingt notwendig, dass die Tempelritter aus dem Licht der Öffentlichkeit verschwanden und eine geheime Gesellschaft wurden, denn der Vatikan besaß jetzt wieder die Macht, seine Feinde in ganz Europa zu verfolgen. Glücklicherweise war in dieser Zeit des Übergangs ein Mitglied der Templerfamilie Moray Regent, und so konnten sie in Ruhe planen, welche Organisation ihren dem Untergang geweihten Orden ersetzen sollte, um die großen Geheimnisse zu bewahren, die man ihnen anvertraut hatte.

Rückkehr nach Rosslyn

Ein neuer Geheimorden würde das Überleben der Rituale und des Denkens der Tempelritter sichern, und die Pläne für diesen Wechsel müssen parallel zu den Verhandlungen mit dem Papst gefasst worden sein, sodass zu dem Zeitpunkt, an dem Schottland sich wieder dem Papst unterwarf, die Tempelritter für diejenigen unsichtbar waren, die nicht wussten, wo sie anfangen mussten zu suchen – und einer der Orte, an denen man gut hätte suchen können, war der Besitz der Familie St. Clair.

Die Kapelle von Rosslyn, erbaut von William St. Clair, hatte sich bereits als äußerst wichtig für unsere Suche erwiesen, denn die Konstruktion dieses Gebäudes beschrieb den Übergang von den Templern zur Freimaurerei. Die Abbildung amerikanischer Pflanzen (Aloe und Mais), die eigentlich zu jener Zeit völlig unbekannt waren, hatte uns den »unumstößlichen« Beweis geliefert, dass jemand, den die St. Clairs gekannt hatten, zu einem bemerkenswert frühen Zeitpunkt den Atlantik überquert hatte.

Unser erster Besuch in der Kapelle lag jetzt vier Jahre zurück, und in der Zwischenzeit hatten wir Unglaubliches erfahren. Also beschlossen wir, zu diesem Gebäude mit der Vorreiterrolle zurückzukehren. Wieder fuhren wir gegen halb acht morgens los und kamen um die Mittagszeit in der ruhigen schottischen Kleinstadt an. Es war ein schöner Frühsommertag, warm, aber mit einer Wolkendecke, die ab und an aufriss, sodass die Sonne die vielen Türme von Rosslyn dramatisch aufleuchten ließ.

Als wir die Kapelle betraten, war es uns, als ob wir einen alten Freund wiedersähen. Alles war vertraut und einladend, aber auch interessant und aufregend, und hoffentlich würde dieser Ort uns eine Menge neuer Informationen bescheren. Wir mussten viele Entdeckungen in Rosslyn nachprüfen.

Als wir hereinkamen, war die Kapelle zu unserer Freude menschenleer, sodass wir das mächtige Gebäude ohne Ablenkungen genießen konnten. Die Kapelle von Rosslyn strahlt eine lebendige Beseeltheit aus, ein Gefühl von »hier und jetzt«, kombiniert mit einer unendlichen Vergangenheit. Wir besichtigen beide gerne Kirchen, aber jede Kirche, die wir kennen, ist, verglichen mit Rosslyn, leblos und leer. Die Herzlichkeit, die einen in diesem mittelalterlichen Gebäude umfängt, ist schwer zu beschreiben, aber Robert fasste alles in der Bemerkung zusammen, dass es die einzige Kirche oder Kapelle sei, in der er gut schlafen könnte.

Wir schlenderten durch das Kirchenschiff und wandten dann als Erstes unsere Aufmerksamkeit dem Mais und der Aloe zu – bestimmt, um uns bewusst zu bestätigen, dass wir uns bei unserem ersten Besuch nichts eingebildet hatten. Wir brauchten uns nicht zu sorgen, es gab keinen Zweifel an dem, was wir da sahen. Während wir den Kaktus musterten, kam eine Pfarrerin aus der Nordtür und fragte uns mit herzlichem Lächeln, ob wir den Mais schon gesehen hätten. Wir bejahten das, und sie begann über das Thema zu sprechen.

Es stellte sich heraus, dass Reverend Janet Dyer während ihres Studiums Botanikkurse besucht hatte und dass ihr Mann von Beruf Botaniker ist.

»Der Aloe-Kaktus ist bemerkenswert, nicht wahr?« meinte

sie und blickte zum Wandfries. »Es könnte natürlich etwas anderes darstellen … aber ich weiß nicht was, wenn es keine Aloe ist.« Sie wandte sich ein wenig nach links und deutete auf den Bogen mit dem Mais. »Mein Mann meint, dass dieser Mais genau nachgebildet wurde, wahrscheinlich nach einer unreifen Pflanze.«

Sie half uns weiter mit dem durch Quellenmaterial belegten Beweis, dass Prinz Henry Sinclair, der erste St.-Clair-Jarl der Orkneys, mit dem Geld der Templer eine Flotte von zwölf Schiffen ausgerüstet hatte, um in die »Neue Welt« zu reisen. Die Flotte unter dem Kommando von Antonio Zeno landete in Neuschottland und erforschte vor 1400 die Ostküste der heutigen Vereinigten Staaten. Diese Datierung ist sicher, denn Henry Sinclair wurde nach seiner Rückkehr in diesem Jahr ermordet.

Es schien nur logisch, dass bei einer solchen Expedition Menschenleben zu beklagen waren, und offenbar behauptet die Familie Sinclair, dass ein Ritter namens Sir James Gunn in Amerika starb und auch dort begraben wurde. Das Standbild des mittelalterlichen Ritters in Westford, Massachusetts, sei sein Grabstein, behaupten sie. In der Krypta unter der Kapelle fanden wir Beweise dafür. Dort hängt ein Schild an der Wand, der links, über dem »gekerbten« Kreuz der Familie Sinclair, ein Schiff mit einem Mast und zwei Segeln zeigt, das mit dem auf dem Schild des Ritters von Westford identisch ist. Es segelt nach Westen, aber anstatt mit gerefften Segeln unter dem Weststern zu stehen, steht dieses Schiff unter vollen Segeln.

Als wir uns im Kirchenschiff umsahen, konnte Robert seinen Blick nicht von der Hamilton-Orgel wenden, die im viktorianischen Anbau an der Westmauer stand. »Darf ich mir die Orgel einmal ansehen?« fragte er Reverend Dyer.

»Aber sicher, gern.« Ihre Antwort klang so freundlich, dass Robert wagemutig wurde.

»Dürfte ich darauf spielen? In meiner Heimatstadt bin ich der Organist der Christuskirche.«

Nachdem er die Erlaubnis erhalten hatte, stieg Robert die Wendeltreppe zur Orgelgalerie hinauf, und ein paar Minuten später erscholl im Kirchenschiff *Cwm Rhondda*, während Chris die interessanten Stücke filmte.

Während wir das Gebäude in allen Einzelheiten in uns aufnahmen, wurde unsere Aufmerksamkeit bald von den freistehenden Säulen angezogen, von denen es insgesamt vierzehn gibt – zwölf identische und zwei besondere, reich verzierte, die am östlichen Ende des Kirchenschiffs stehen. Die rechte Säule nennt man die Steinmetzsäule, sie ist wunderschön proportioniert und elegant. Die linke Säule ist ganz anders. Die so genannte Lehrlingssäule ist üppig geschmückt mit vier Blumengirlanden, die sich aus den geschwungenen Ecken des Kapitells herabwinden und unten auf der anderen Seite ankommen.

Den Erbauern dieser Kapelle war die Bedeutung dieser Symbole sehr wichtig, aber man weiß nicht mehr warum. Doch unsere Rekonstruktion der Vergangenheit gestattete es uns, zu verstehen, was wir da sahen. Die »Steinmetzsäule« ist in Wirklichkeit die priesterliche Säule, die die Freimaurer unter dem Namen Jachin und die Nasoräer als Zedeq kennen, und die »Lehrlingssäule« ist die Königssäule Boas und verkörpert die Macht des Mischpat.

Wonach wir in diesem rätselhaften Gebäude unbedingt suchen mussten, waren Hinweise auf Hiram Abif, denn es hätte uns sehr überrascht, wenn wir in diesem so vollständig templerisch-freimaurerischen Gebäude nicht eine Figur mit einem Loch in der Stirn gefunden hätten – eben der Kopfverletzung, die, wie wir inzwischen wussten, seit Seqenenre Tao überliefert wurde. Und natürlich wurden wir fündig. Hoch in der Ecke von Süd- und Westmauer, auf gleicher Höhe mit der Orgel, ist ein Kopf mit einer schweren Hiebverletzung auf der rechten Schläfe, und auf der gegenüberliegenden Seite hängt an der Westmauer der Kopf einer Person, die ihn tötete. Man kennt diese Köpfe jetzt seit Hunderten von Jahren, aber die Erklärung dafür ging verloren und wurde durch eine harmlose, aber nicht plausible Geschichte ersetzt.

Um alles besser sehen zu können, gingen wir beide über die Wendeltreppe auf die Orgelgalerie und genossen den herrlichen Blick auf das Kirchenschiff, das ursprünglich einmal die Westmauer war, bis man 1882 eine scheußliche Taufkapelle anbaute. Hier standen wir sehr nahe am Kopf des Hiram Abif und konnten die Kopfverletzung klar erkennen. Man kennt diese Wunde seit langem und glaubt allgemein die Geschichte, dass es der Kopf eines ermordeten Lehrlings ist und dass der Kopf gegenüber seinen Meister darstellt, der ihn umbrachte. Laut dieser Legende reiste ein Meistersteinmetz nach Rom, um sich Inspiration für die Gestaltung der »Königssäule« zu holen, aber während er weg war, entwarf und fertigte sein Lehrling schnell die Säule, die noch heute dort steht. Weil sie soviel besser war als alles, was der Meister vollbracht hatte – oder hätte vollbringen können –, erschlug er seinen Lehrling bei seiner Rückkehr mit einem Holzhammer.

Diese Geschichte klingt wie die verfälschte Version der freimaurerischen Legende von Hiram Abif und kann getrost verworfen werden. Wir wissen das, weil William St. Clair persönlich den Bau des Gebäudes von der Grundsteinlegung bis zu seinem Tod im Jahre 1484 – nur zwei Jahre vor der Fertigstellung – überwachte und sich jede noch so winzige Einzelheit vorlegen ließ. Es steht in den Aufzeichnungen, daß jedes noch so kleine Ornament zuerst in Holz geschnitten und ihm vorgelegt werden musste. Wenn er es akzeptierte, wurde es in Stein gehauen. William St. Clair hatte für dieses große Projekt einige von Europas besten Steinmetzen nach Schottland geholt und das Dorf Roslin als Unterkunft für sie gebaut. Er bezahlte den Meistern die damals enorme Summe von vierzig Pfund im Jahr, und die Gesellen bekamen immer noch stattliche zehn Pfund im Jahr. Der Gedanke, dass nach diesen ganzen Vorbereitungen und Ausgaben ein einfacher Lehrling damit betraut wurde, den Mittelpunkt des Gebäudes zu gestalten, ist wirklich äußerst unwahrscheinlich.

Die derzeitigen Verwalter der Kapelle von Rosslyn wussten es nicht, aber der Kopf gegenüber der nordöstlichen Ecke ist die Darstellung von Seqenenre Tao, dem letzten wahren König von Ägypten.

Es werde Licht

Während wir über die wahre Bedeutung der Säulen, den Kopf mit der Verletzung und die Tatsache, dass die ursprünglichen Gründe für ihre Erstellung verloren gegangen waren, sprachen, fiel es uns wie Schuppen von den Augen. Ja, waren wir denn blind gewesen? Die Wahrheit über dieses Gebäude erfasste uns mit blendender Helligkeit – die Kapelle von Rosslyn war gar keine Kapelle, sie war noch nicht einmal christlich!

Erstens gibt es keinen Altar. Damit das Gebäude als Kapelle dienen kann, steht ein Tisch mitten im Raum, weil im Osten, wo die Säulen stehen, kein Platz ist. Hinter Boas und Jachin gibt es drei Steinpodeste an der Wand, aber das sind keine Altäre.

Das hier war nicht als Gotteshaus gebaut worden!

Wir hatten gewusst, dass ein späterer William St. Clair, der später zum ersten Großmeister der Großloge von Schottland gewählt wurde, Ärger mit der Kirche bekam, als er seine Kinder in dem Bau taufen ließ, aber die Bedeutung dieser

Sache war uns vorher nicht bewusst gewesen. Als wir nach-
lasen, fanden wir heraus, dass Rosslyn im Jahr 1862 neu geweiht werden musste – vor diesem Zeitpunkt gibt es keine
klaren Aussagen über seinen Status als christliches Gotteshaus. Tatsächlich bestand einer der Einwände, die James VI.
gegen den Earl von Rosslyn als Großmeister der Freimaurer
erhob, darin, dass er seine Kinder in Rosslyn hatte taufen
lassen, obwohl dies keine christliche Kirche war.

Je mehr wir suchten, desto offensichtlicher wurde diese Tatsache. Es gibt eine Überfülle ägyptischer, keltischer, jüdischer, templerischer und freimaurerischer Symbole. Eine
Decke voller Sterne, Grünpflanzen, die aus dem Mund der
keltischen grünen Männer quillen, miteinander verwobene
Pyramiden, Abbildungen von Moses, Türme des himmlischen Jerusalem, gezackte Kreuze ebenso wie Winkelmaße
und Kompasse. Das einzige sicher Christliche war viktoria-
nisch – die Glasfenster, die abstoßende Taufkapelle und eine
Statue der Madonna mit Kind. Ein paar dekorative Elemente werden von der Episkopalkirche als christlich eingestuft,
aber bei genauem Hinsehen sind sie nicht das, was sie zu
sein scheinen.

An der Nordwand gibt es einen kleinen Fries, der die Kreuzigung zeigt. Aber es gibt gute Gründe zu glauben, dass hier
nicht die Kreuzigung von Jesus, dem Christus, gezeigt wird,
sondern die Folterung des letzten Großmeisters der Tempelritter, Jacques de Molay! Erstens sind alle dargestellten Personen mittelalterlich gekleidet, auch Männer der Inquisition
mit Kapuzen sind zu sehen. Die Einzelheiten sind korrekt
wiedergegeben: Das Kreuz hat eine Tau- oder »T«-Form,
und die Nägel sind durch die Handgelenke geschlagen –
zwei Einzelheiten, die mittelalterliche Künstler gewöhnlich
falsch wiedergeben, es sei denn, sie wussten, was mit de
Molay geschehen war. Ein anderer Teil zeigt Templer mit einem Henker daneben, und am bemerkenswertesten ist wohl

461

die Abbildung, auf der Menschen das Grabtuch von Turin hochhalten, auf dem das Gesicht von de Molay klar zu erkennen ist. Wir hatten wohl erwartet, dass den Templern in Schottland bekannt war, was ihr Großmeister erlitten hatte, aber jetzt wussten wir auch, dass sie die Geschichte kannten, wie sein Abbild »wunderbarerweise« auf seinem eigenen Ritualgewand erschien.

Eine weitere Bestätigung der Annahme, dass dieses Gebäude nicht das war, für das jedermann es hielt, bekamen wir, als wir lasen, dass die »Kapelle« nach ihrer Fertigstellung nie als Kapelle benutzt wurde, weil es eine Familienkapelle im Schloss gab. Die gegenwärtigen Verwalter geben gern zu, dass es merkwürdig ist, ein Vermögen auszugeben, fünfundvierzig Jahre lang eine Kapelle zu bauen und sie dann nie zu benutzen. Das schien sie auch ziemlich zu verblüffen, denn sie haben nicht den leisesten Versuch gemacht zu begründen, warum das so war.

Doch uns dämmerte etwas, und wir bekamen beide eine Gänsehaut. Rosslyn war keine normale Kapelle, sondern wurde nach der Vernichtung der Tempelritter erbaut, um die Schriftrollen zu beherbergen, die Hugo de Payen und seine Gefährten unter dem Allerheiligsten im Jerusalemer Tempel gefunden hatten! Unter unseren Füßen lag der größte Schatz des Christentums. Neben diesen Schätzen wären die so genannten Schriftrollen vom Toten Meer bloße Kleinigkeiten. Die Nasoräer/Qumraner hatten ihre kostbarsten Schriftrollen zirka um 69 herum, wie von Moses befohlen, unter dem Allerheiligsten versteckt und den mehr »alltäglichen« Kram wie die Regeln der Gemeinschaft überall in Judäa und auch in den Höhlen von Qumran deponiert.

Der Fund der Schriftrollen vom Toten Meer war eine große Sensation – wir fragten uns nun, wie die Welt wohl auf diese Entdeckung reagieren würde!

Wir glauben, dass diese Schriftrollen wahrscheinlich die

Geschichte des nasoräischen Kampfes, die Geschichte von Jesus, dem Christus, die geheime Auferstehungszeremonie und die Lehre von der Bildung des menschlichen Geistes nach dem Vorbild eines Tempels enthalten. Sie werden uns von dem Leben Jesu erzählen und müssen daher das verlorene Evangelium »Q« sein, das Evangelium, das den Grundstock für die synoptischen Evangelien von Matthäus, Markus, Lukas und Johannes bildete.

Wir setzten uns in eine Kirchenbank und starrten auf den dicken Steinfußboden, und stumm vor Erregung wussten wir plötzlich ganz sicher, dass wir nur wenige Zentimeter von allem, wonach wir gesucht hatten, entfernt waren – dem Grund und dem Zweck der Freimaurerei.

Wir brauchten zehn Minuten, um wieder zu uns zu kommen und mit unserer Suche nach Tatsachen fortzufahren. Wir schauten uns historische Quellen an, um weitere Spuren zu suchen, und wurden bald fündig. Nachdem wir den Schluss gezogen hatten, dass die nasoräischen Schriftrollen unter der Kapelle von Rosslyn lagen, dauerte es nur Minuten und wir hatten herausgefunden, dass sie in genau vier Truhen enthalten waren! Das kam ans Tageslicht, als wir den Bericht über einen Brand im Jahr 1447, ein Jahr nach der Grundsteinlegung, lasen.

William St. Clair hatte viele Titel, dazu gehörte auch der des Prinzen von Orkney, und der folgende Bericht benutzt diesen Titel:

Zu jener Zeit (1447) gab es einen Brand im Bereich (von Schloss Rosslyn), durch den die Bewohner gezwungen waren, aus dem Gebäude zu fliehen. Als der Kaplan des Prinzen das sah, fielen ihm die Schriften seines Herrn ein, und er lief zum Verlies, wo sie alle waren, und schaffte vier große Truhen heraus. Der Prinz erhielt durch die Klagerufe der Damen und Edelfrauen Kunde von dem

Feuer, und als er von Colledge Hill aus diesen Anblick sah, tat es ihm nur um seine Schriften leid, aber als ihm sein Kaplan, der sich am Glockenseil gerettet hatte, erzählte, dass seine Schriften und Chartas alle gerettet seien, wurde er wieder froh und ging, um die Prinzessin und die Damen zu trösten (Quelle: Tim Wallace-Murphy, *An Illustrated Guide to Rosslyn Chapel*).

Was konnte wohl so Wichtiges in den vier Truhen gewesen sein, dass William St. Clair bei dem Brand seine Frau und die anderen Damen vergaß? Er kann doch nicht so herzlos gewesen sein, dass er sich vor allem Gedanken um Buchführungslisten seiner Ländereien und Titel machte, oder? Was eigentlich auch egal ist, denn die mittelalterlichen Truhen, die wir bisher gesehen haben, sind wirklich groß, und solche Papiere hätten noch nicht einmal ein Viertel von einer ausgefüllt, ganz zu schweigen von vier Kisten. Nein, diese Truhen enthielten die Schriftrollen aus Jerusalem, die die Tempelritter nach Schottland gebracht hatten. Ihm war damit der größte Schatz der Welt anvertraut worden. Wenn diese Schriftrollen zerstört worden wären, bevor er den Schrein, der sie bergen sollte, vollendet hatte, wäre er sicher äußerst verzweifelt gewesen.

William St. Clair widmete sein Leben dem Bau des Schreins für die Schriftrollen, und wir sind sicher, dass die vier Truhen immer noch unter dem einen Meter dicken Steinfußboden ruhen.

Je tiefer wir uns in die Geschichte von Rosslyn einlassen, desto mehr wurden wir in unserer Ansicht bestätigt. Offenbar glaubt man allgemein, dass das Gebäude sehr schnell gebaut wurde, aber das Legen der Fundamente dauerte seltsam lange. Von Beginn der Arbeiten bis zur Vollendung dauerte das Legen der Fundamente nämlich vier Jahre. Das ist lächerlich lange, denn die »Kapelle« besteht nur aus einem einzigen

Raum mit einer winzigen Krypta im Osten. Das hat Historiker verwirrt, aber wir wussten jetzt genau, warum es so lange dauerte.

Die Mission von William St. Clair bestand darin, die unterirdischen Gänge von Herodes' Tempel genau so nachzubauen, wie Hugo de Payen und die anderen acht Ritter sie über dreihundert Jahre vor seiner Zeit vorgefunden hatten. Wir vermuteten, dass dieses System unterirdischer Gänge viel größer ist als alles, was oberirdisch liegt, und dass die Schriftrollen ihren letzten Ruheplatz in einer Rekonstruktion ihres ursprünglichen Lagerortes gefunden hatten. Zu diesem Zeitpunkt löste sich auch eine unserer größten Unstimmigkeiten von selbst – wir wussten jetzt, warum der Grad vom Royal Arch die Ausgrabung an Serubbabels Tempel und nicht an Herodes' Tempel beschrieb.

Als der Grad vom Royal Arch geschaffen wurde – entweder von alten Templern oder ihren Nachkommen in Schottland –, hatte man ihnen in Geschichten, die seit Hugo de Payen mündlich überliefert worden waren, erzählt, dass man die Ausgrabungen an Serubbabels Tempel vorgenommen hätte. Man weiß heute, dass die Kreuzfahrer glaubten, der mohammedanische Felsendom, der aus dem siebten Jahrhundert stammt, sei der Tempel des Herodes und die Ruinen darunter der serubbabelsche Tempel gewesen.

Von außen sieht das Gebäude in Rosslyn aus wie das himmlische Jerusalem, das Lambert abgezeichnet hat – Türme und ein großes Bogendach. Innen ist der Schrein von Rosslyn eine Rekonstruktion der Ruinen des herodianischen Tempels, geschmückt mit nasoräischen und tempelritterlichen Symbolen. In der nordöstlichen Ecke war ein Teil der Mauer mit dem himmlischen Jerusalem verziert – komplett mit den Freimaurerkompassen und genau so, wie Lambert es gezeichnet hat. Als wir uns die Fundamente anschauten, auf denen früher Statuetten standen, erkannten wir, dass diese Abbildung des himmlischen Jerusalem oft vorkam.

Als wir von der Orgelgalerie nach oben schauten, konnten wir erkennen, dass das Dach viele Ecksteine besitzt, so wie es der Grad vom Royal Arch im herodianischen Tempel beschreibt! Diese Steine sind über einen Meter dick und tragen ein ungeheures Gewicht. An der Decke war ein Sternenhimmel eingemeißelt, wie man ihn in Pyramiden und Freimaurerlogen findet, und dazwischen eingestreut waren die Sonne, der Mond, ein Füllhorn, eine Taube und vier himmlische Gestalten.

Als wir über den Grad vom Royal Arch nachdachten, kamen wir zu dem Schluss, dass die Konstruktion des Gebäudes die Beschreibung bestätigen müsste, die im Ritual gegeben wird – alles nur, falls unser Gedanke, dass Rosslyn eine Rekonstruktion der Ruinen des herodianischen Tempels war, stimmte. Wir erinnerten uns an die wichtigsten Sätze dieses Rituals:

> Als wir heute am frühen Morgen unsere Arbeit aufnahmen, entdeckten wir zwei Säulen von ausgesuchter Schönheit und Symmetrie; als wir in unserer Arbeit fortfuhren, entdeckten wir sechs weitere Säulenpaare, die genauso schön waren. Nach ihrer Lage zu urteilen, schienen sie die Überreste einer unterirdischen Galerie darzustellen, die zum Allerheiligsten führte.

Vierzehn Säulen insgesamt – genauso viele, wie wir in Rosslyn gesehen hatten! William St. Clair war seiner Vorlage exakt gefolgt. Wir widmeten uns dem Ritual des Royal Arch, um nachzuprüfen, ob noch mehr davon den Bauplan dieses Gebäudes enthielt. Es gibt einen Hinweis auf die so genannten »Lichter« des Ordens, die sich definitiv auf eine geplante Formierung beziehen:

Diese Lichter haben die Form eines gleichseitigen Dreiecks, das durch vier kleinere Dreiecke in Stücke aufgeteilt ist, und alle vier sind emblematisch für die vier
Punkte oder Abteilungen der Steinmetze. Dieses symbolische Arrangement korrespondiert mit dem geheimnisvollen dreifachen Tau …

Uns fiel ein, dass die Keniter das Mal des Tau auf ihrer Stirn
trugen, als Moses ihnen zum ersten Mal begegnete – und es
war die Form des Kreuzes, an dem Jesus und de Molay gelitten hatten. Wir sahen, dass die vierzehn Säulen in Rosslyn
so arrangiert waren, dass die östlichen acht – wozu auch
Boas und Jachin gehören – in Form eines dreifachen Tau
standen. Die Formation und die Proportionen waren genau
so, wie es der Royal Arch bis heute beschreibt.
Das kann kein Zufall sein. Alle Säulen von Rosslyn sind nach
einem festen Plan aufgestellt, der auf uralter Weisheit beruht
und im Ritual des Royal Arch beschrieben wird!
Ein anderer Punkt, der die Historiker verwirrte, war die Tatsache, dass die »Kapelle« nie vollendet wurde und »ganz
klar der erste Bauabschnitt eines viel größeren Gebäudes –
einer Kathedrale« war. Es gibt keinen Grund, warum die Familie St. Clair plötzlich mit dem Bauen hätte aufhören und
das fünfundvierzig Jahre alte Projekt hätte vergessen sollen,
wenn sie je die Absicht gehabt hätten, eine Kathedrale zu
bauen. Doch die Westmauer ist riesig und passt gar nicht zu
dem übrigen Gebäude. Außerdem ist es offensichtlich, dass
sie unvollendet ist. Auf der Außenseite sind Dekorationen
zu sehen, die darauf hinweisen, dass sie als innere Mauer
für ein nicht existierendes größeres Gebäude gedacht war.
Es sieht eher aus wie die Ruine eines viel größeren Bauwerks
– aber man weiß, dass es nie eine Ruine war.
Aber wir wussten, dass es eine Erklärung gab. Es wäre wohl
seltsam gewesen, eine kleine Kapelle zu vollenden, wenn

man die Absicht gehabt hatte, eine große mittelalterliche Kathedrale zu bauen – und auch noch eine Kathedrale mitten in der Einöde. Die Westmauer ist unvollendet, und der normale Schluss daraus ist, dass sie nicht fertig gestellt wurde – aber es gibt einen anderen Grund, eine Mauer einfach stehen zu lassen: Es sind nämlich die Ruinen einer Kathedrale oder, genauer gesagt, eines Tempels. Wir konnten nicht vergessen, dass Hugo de Payen und seine Gefährten die Schriftrollen in Ruinen gefunden hatten, und das Ritual des Royal Arch erinnert uns an diese Tatsache:

> … als wir Erde und Schutt entfernten, die unser Weiterkommen hemmten, kamen wir an etwas, das ein Felsen zu sein schien, aber als ich zufällig mit meinem Brecheisen dagegenkam, klang es hohl. Wir entfernten dann noch mehr lose Erde und Schutt …

Der Schrein von Rosslyn wurde genau nach Plan gefertigt. Es gab nie die Absicht weiterzubauen, weil diese riesige Westmauer die sorgfältig ausgeführte Rekonstruktion der Ruinen von Herodes' Tempel ist, den die Tempelritter bei ihren Ausgrabungen in Jerusalem um 1118 zum ersten Mal betraten!
Wir riefen uns dann den nächsten Teil des Rituals ins Gedächtnis, in dem es heißt:

> … und entdeckten, dass es kein Fels war, sondern Steine in Form eines Bogens, und da uns bewusst war, dass der Baumeister, der dies errichtete, das alles nicht ohne Sinn und Zweck getan hatte …

Genau wie »der Baumeister, der dies errichtete, das alles nicht ohne Sinn und Zweck getan hatte«, hatte William St. Clair es auch nicht getan. Jede Facette dieses faszinierenden Bauwerks konnte eine Geschichte erzählen. Heute hat der westliche Eingang den dramatischen Effekt, eine Rekonstruktion der Ruinen des herodianischen Tempels zu sein, verloren, weil die viktorianische Kirche eine üble Taufkapelle darangeklebt hat. Je eher dieses »Geschwür« abgehauen wird, desto besser für den wundervollen Schrein!

Das verlorene Geheimnis der Freimaurermarken wird wieder gefunden

Je mehr wir uns alles anschauten, desto mehr merkten wir, dass an diesem Gebäude nichts zufällig war. Jede Einzelheit war sorgfältig überlegt und von Bedeutung für die großartige Geschichte, die im Schrein von Rosslyn verborgen liegt. Die Tatsache, dass alle Arbeiten zuerst in Holz geschnitzt, dann den Aufsehern gebracht und schließlich Lord St. Clair zur Abnahme vorgelegt wurden, erinnerte uns an das Ritual, das beim Freimaurergrad der »Freimaurermarken« benutzt wird.

Die Zeremonie dreht sich um Ereignisse, die angeblich beim Bau des salomonischen Tempels passierten, und der Kandidat spielt die Rolle eines Gesellenfreimaurers (der Rang eines Freimaurers vom zweiten Grad) und geht durch den Logenraum als Letzter von drei Arbeitern, die ihre Arbeit den Unter-, Ober- und Meisteraufsehern vorzeigen, die an den Süd-, West- und Osttoren stehen.

Die drei Podeste werden abwechselnd aufgesucht, und bei jedem wird zuerst die Arbeit der ersten beiden Arbeiter (es handelt sich um die Diakone der Loge) anhand des Planes geprüft und für gut befunden. Wenn der Kandidat seine Arbeit präsentiert, ist es ein kleiner Eckstein, der keine Billigung findet. Der Unter- und Oberaufseher stellen fest, dass dieser seltsam geformte Stein nicht in den Plan passt, aber weil er so gut gearbeitet ist, erlauben sie dem Arbeiter, zum nächsten Tor zu gehen. Schließlich kommt er zu dem Podest des Meisters, der sich wütend über die Unverschämtheit des Kandidaten, ihm einen Stein zu präsentieren, der nicht in das Gebäude passt, auslässt und ihm befiehlt, den Stein in den Müll zu werfen. Er meint dann, dass der Kandidat wegen seiner Dreistigkeit sterben solle, aber nach einer Bitte um Milde darf der beschämte Kandidat gehen.

Die Arbeiter werden dann gerufen, um in der mittleren Kammer von König Salomos Tempel ihren Lohn abzuholen, und der Kandidat stellt sich mit an und steckt seine Hand durch ein kleines Loch, das man »das Pförtchen« nennt, um sein Geld in Empfang zu nehmen. Die Hand wird sofort festgehalten, der Kandidat als Betrüger beschimpft, und eine Axt fährt herunter, als wolle man ihm die Hand abschlagen. Doch wieder bleibt ihm das erspart.

Dann wird entdeckt, dass man nicht mehr weiterarbeiten kann, weil ein Eckstein zur Vollendung des Bogens fehlt. Die Aufseher erinnern sich daran, dass man ihnen einen solchen Stein gebracht hat, und man sucht nach dem Eckstein, der den Bogen zusammenfügen wird. Er wird von dem Kandidaten gefunden, der daraufhin zum »Markenfreimaurer« gemacht wird und eine Marke (ein kleines Symbol) verliehen bekommt, das zu seinem Zeichen wird.

Im Schrein von Rosslyn sind Hunderte solcher Steinmetzmarken zu sehen.

Chris ist ein Markenfreimaurer, und damals war ihm und auch denen, die ihn einführten, alles ziemlich sinnlos erschienen, aber jetzt klärte sich das Geheimnis auf. Wir können jetzt verstehen, warum die Legende von dem ermordeten Lehrling sich in Rosslyn aus der Geschichte von Hiram Abif und der Geschichte der Markenfreimaurer entwickelte. William St. Clair hatte offenbar Probleme mit der Sicherheit, denn die Steinmetzen, die seinen Schrein für die Schriftrollen bauten, mussten ja den Plan der unterirdischen Gewölbe kennen lernen, und sie wussten auch, dass dieses seltsame Gebäude Dinge von großem Wert beherbergen würde.

Es ist sicher, dass William St. Clair ein hochintelligenter und talentierter Mann war, und wir glauben, dass er den ersten Grad der Freimaurerei und den der Markenfreimaurer entwickelte, um seinen Steinmetzen Verhaltensmaßregeln zu geben und sie in das Geheimnis einzubinden ... ohne ihnen das große Geheimnis der lebendigen Auferstehung mitzuteilen, das für die spekulativen Maurer reserviert war. Man kann den Aufzeichnungen entnehmen, dass er zwei Grade von Steinmetzen auf der Baustelle hatte – die normalen Steinmetzen (oder Lehrlinge), die zehn Pfund im Jahr verdienten, und die »Marken«-Steinmetzen, die vierzig Pfund im Jahr bekamen und die Ehre hatten, eine persönliche Marke nach kontinentalem Brauch zu besitzen. Beide Sorten Handwerker müssen gewusst haben, dass sie König Salomos Tempel aus irgendeinem seltsamen Grund wieder aufbauten (obwohl es ja in Wirklichkeit der herodianische Tempel war).

Als Sir William St. Clair den Bau seines Schreins für die Schriftrollen plante, musste er sich der Loyalität und der Treue seiner Steinmetzen sicher sein, sodass sie »die Geheimnisse so sicher bewahren würden wie ihre eigenen«. Damit sie das auch taten, musste er sie zur Geheimhaltung verpflichten, und wir glauben, dass der Eintrittsrang der Freimaurer von Sir William bei der Planung des Gebäudes entwickelt wurde, wobei er ausgewählte Elemente der Initiationszeremonie der Tempelritter benutzte, sodass alle Beteiligten einem geheimen Bund angehörten. Die, die mehr wissen mussten, bekamen auch die vierzig Pfund im Jahr.

Wir glauben, dass man beiden Graden das Geheimnis der königlichen Säule mitteilte und die höheren Ränge auch über die Bedeutung der Ecksteine des Bogens aufgeklärt

wurden, weil sie ja Markenmaurer waren. Keiner der tätigen Maurer konnte je das Geheimnis der priesterlichen Säule oder die Bedeutung der Zwillingssäulen in Kombination
mit dem Eckstein erfahren:

Mischpat, König oder Boas
+ Zedeq, Priester oder Jachin

= Stabilität

oder noch einfacher:

Stärke + Festigkeit = Stabilität

Die großartige Formel, die für Stabilität im alten Ägypten
gesorgt hatte, musste den Philosophen, den spekulativen
Maurern vorbehalten bleiben. Sie war reserviert für Männer
wie William St. Clair.
Die Steinmetzen, die dort arbeiteten, kannten bis zu einem
gewissen Grad die Geheimnisse, aber niemand von ihnen
wurde jemals vermittels der Auferstehungszeremonie in
den Rang eines spekulativen Maurers erhoben.
Wir konnten jetzt ohne den Schatten eines Zweifels sicher
sein, dass der Geburtsort der Freimaurerei das Gebäude der
Kapelle von Rosslyn Mitte des fünfzehnten Jahrhunderts
war, und historische Entwicklungen bestätigen diese Ansicht, weil die Familie St. Clair bis gegen Ende des siebzehnten Jahrhunderts ein ererbtes Recht auf den Stuhl der Großmeister von Schottland hatte.
Wie wir sehr gut wissen, glauben heute viele Freimaurer,
dass ihre Vereinigung auf den Riten der halbgebildeten mittelalterlichen Steinmetzgilden beruht. Diese Herkunftstheo-
rie wirft viele Probleme auf, doch sie scheint die von vielen
Quellen belegten Verbindungen zu den frühen tätigen Lo-

472

gen in Schottland zu erklären. Der wahre Grund ist eher das Gegenteil – es waren spekulative Maurer (Tempelritter), die tätige Steinmetzen in ihre Gemeinschaft aufnahmen und sie auf einer niedrigen Ebene in die Geheimnisse von Salomos Tempel einweihten.

Wir glauben, dass diese Steinmetzen stolz darauf waren, am Geheimnis von Rosslyn teilzuhaben, und dass sie nicht wussten, welchen »Schatz« das Bauwerk beherbergen würde. Sie hinterfragten nicht das Fehlen gewöhnlichen Kirchenschmucks, weil sie wussten, dass sie etwas Geheimes und Besonderes bauten. Das einzige biblische Abbild, das wir finden und erkennen konnten, war das von Moses – und der trägt unerklärlicherweise Hörner. Während wir aus unserem Studium des Exodus glauben, dass dieser mordlüsterne Fanatiker sie wohl verdient haben mag, wissen wir doch nicht, warum die Templer so gedacht haben sollten. Kurzfristig glaubten wir in einer winzigen Statuette die Abbildung einer neutestamentlichen Gestalt – des heiligen Petrus – entdeckt zu haben, aber wir fanden bald heraus, dass es sich nicht um diesen Jünger handeln konnte.

Während des Rituals werden die Arbeiter in die mittlere Kammer des salomonischen Tempels geschickt, um ihren Lohn in Empfang zu nehmen. Historiker haben herausgefunden, dass der Originaltempel gar keine mittlere Kammer besaß – doch der Schrein von Rosslyn hatte eine. Die Krypta der angeblichen Kapelle liegt im Südosten, und die Stufen zu ihr hinunter liegen direkt rechts neben der Königssäule. Diese steilen Stufen sind sehr ausgetreten, was das Hinauf- und Hinuntergehen schwierig macht. Der offizielle Führer der »Kapelle« von Rosslyn schreibt über diese Stufen:

Diese ausgetretenen Stufen weisen darauf hin, dass viele Pilger diese Kapelle in den neunzig oder hundert Jahren, die zwischen ihrer Vollendung und der Reformation lie-

gen, besucht haben. Der genaue Grund für diese Pilgerfahrten ist bis jetzt unklar, aber es ist möglich, dass Tempelritter hier eine heilige Reliquie aufgestellt hatten –
vielleicht eine schwarze Muttergottes (Quelle: Tim Wallace-Murphy, *An Illustrated Guide to Rosslyn Chapel*).

Hier hatte man den richtigen Gedanken, hat aber den falschen Schluss gezogen. Eine Muttergottesverehrung war
den Templern völlig fremd – und in diesem Schrein auch
ganz unpassend.

Auf der halben Treppe gibt es eine Tür mit Scharnieren, die
uns an die Scharniere der Tür in Lamberts Kopie der Zeichnung des himmlischen Jerusalem erinnerten. Als wir dann
in der kleinen Kammer standen, staunten wir als erstes über
ihre Winzigkeit. Es gab nur ein paar sehr kleine Wandorna-
mente, nördlich schloss sich ein noch kleinerer Raum an und
ein Kamin mit einem Schornstein, der in die Südmauer des
Gebäudes gebaut war. Die ausgetretenen Stufen verrieten
uns, dass dieser Raum häufig benutzt worden war, und der
Kamin war sicher gebaut, damit der Raum auch über einen
längeren Zeitraum genutzt werden konnte. Nur wenn man
sich länger als ein paar Stunden in einem Raum aufhielt, war
ein Kamin nämlich für die abgehärteten Ritter des fünfzehnten Jahrhunderts von Nutzen.

Neben diesem Kamin fanden wir auch die kleine Figur, die
wir zuerst für Petrus hielten, weil sie einen Schlüssel trug.
Wir fanden das merkwürdig, denn diese Gestalt ist die ka-
tholischste überhaupt und nicht im geringsten nasoräisch,
denn Petrus ist die Grundlage der Kirche für die Verbreitung
der falschen Lehren Jesu. Dann fiel uns auf dass die Figur
nur einen Schlüssel in der Hand hatte, während der heilige
Petrus gewöhnlich mehrere trägt – und der Griff des Schlüssels war ein Winkelmaß, was »immer ein sicheres Zeichen
zum Erkennen eines Freimaurers ist«. Plötzlich wussten wir,

dass das hier der Eingang zum Gewölbe mit den Schriftrollen war – diese kleine Steinstatuette hielt nichts Geringeres als »den Schlüssel des Hiram« in der Hand.

Wir glauben, dass hier die mittlere Kammer dieses Templerschreines lag, weil die Westmauer der Krypta bis zur Vollendung des Baues offen war und den Zugang zu dem unterirdischen Labyrinth eröffnete. Die nasoräischen Schriftrollen wurden wahrscheinlich hinter einer verschlossenen Tür im Gewölbe aufbewahrt, sodass die St. Clairs und die ebenfalls »erweckten« Freimaurer Zugang zu ihnen hatten, bis sie schließlich für alle Zeiten eingegraben wurden. Der Raum, der jetzt als Krypta gilt, war der mittlere Raum des rekonstruierten Tempels, weil er den oberen Hauptraum mit dem Untergrundgewölbe verband, in dem die heiligen Schriftrollen lagerten. Hier bekamen die Steinmetzen ihren Lohn ausgezahlt und zweifellos wurden sie auch hier zu Eingeweihten gemacht und mussten Geheimhaltung schwören.

Ehe das Gewölbe nach der Vollendung des Bauwerks versiegelt wurde, wurde einigen der alten Tempelritter das Recht gewährt, bei den heiligen Schriftrollen begraben zu werden. Historischen Quellen ist zu entnehmen, dass hier Ritter begraben sind – und zwar nicht in einem Sarg, sondern in ihrer Rüstung. Das war normalerweise ein Privileg, das nur Königen gewährt wurde. Sir Walter Scott machte diesen Brauch in seinem Gedicht *The Lay of the Last Minstrel* unsterblich:

> Seemed all on fire that chapel proud
> Where Roslin's chiefs uncoffined lie:
> Each baron, for a sable shroud,
> Sheathed in his iron panoply …
> There are twenty of Roslin's barons bold
> Lie buried within that proud chapelle.

Als wir unseren Blick durch das Hauptschiff schweifen ließen, dachten wir, wie schade es doch war, dass alle großen Statuen, die früher entlang der Wände standen, verschwunden waren. Man sagt, dass Ortsansässige sie während des Englischen Bürgerkriegs, als die Truppen des Parlaments näher rückten, weggeschafft und irgendwo in der Gegend vergraben hätten. Wir würden nur zu gerne wissen, wen sie darstellten – vielleicht David und Salomo oder eventuell Hugo de Payen und Jacques de Molay?

Wir fanden dann einen kleinen Steinschnitt, der wahrscheinlich unserer früheren Interpretation des ersten Templersiegels, das zwei Männer auf einem Pferd zeigte, mehr Gewicht verleihen konnte. Chris hatte schon den Vorschlag gemacht, dass dies vielleicht die zwei unterschiedlichen Grade der Mitgliedschaft in den Anfängen des Ordens darstellte – die, die in die Geheimnisse eingeweiht, also erweckt waren, saßen vorn, und die, die nicht alle Geheimnisse kannten, hinten. Hier in Rosslyn fanden wir eine kleine Skulptur, die eine dreidimensionale Darstellung dieses Siegels war – mit der Ausnahme, dass der Ritter vorn den hinteren Ritter mit dem Ellbogen vom Pferd stößt. Sollte das etwa darstellen, wie der zweite Rang nach dem Fall des Ordens ausgestoßen wurde, um denjenigen, die an den Geheimnissen teilhatten, maximale Sicherheit zu bieten? Das ist natürlich ziemlich spekulativ, aber es ist eine Antwort, die gut zu den tatsächlichen Ereignissen passt.

Der Lordprotektor, der Rosslyn schützte

Vielleicht ist der bedeutendste Beweis für unsere Ansicht zur Bedeutung von Rosslyn die Tatsache, dass es den Bau immer noch gibt. Während des Englischen Bürgerkriegs verwüsteten Cromwell und seine Truppen Irland, Wales und

Schottland ebenso wie England und rissen royalistische und katholische Besitztümer nieder, wo sie nur konnten. Cromwell selbst kam nach Rosslyn, und obwohl er jede Kirche auf seinem Weg zerstörte, hinterließ er an diesem Bau noch nicht einmal einen Kratzer. Reverend Dyer erzählte uns, dass die offizielle Sicht sei, dass Cromwell ein Freimaurer von hohem Rang war und wusste, dass Rosslyn ein Freimaurerschrein war, und diesmal schließen wir uns der Meinung der gegenwärtigen Hausherren gern an. Alle Beweise, die wir bereits gesammelt hatten, deuteten darauf hin, dass der Lordprotektor ein hochrangiger Freimaurer war, und die Tatsache, dass er Rosslyn vollständig verschonte, scheint dies zu bestätigen.

Die St. Clairs – oder Sinclairs, wie sie sich später schrieben – standen natürlich auf der Seite der Krone, und das Schloss Rosslyn wurde von General Monk im Jahr 1650 vollständig zerstört, aber wieder wurde der Schrein von Rosslyn ungeschoren gelassen – hätte man ihn als katholische Kapelle betrachtet, wäre er sofort geschleift worden!

Wir verließen den Schrein von Rosslyn nur widerstrebend, weil uns hier in so kurzer Zeit so vieles klar geworden war, und fuhren nur eine kurze Strecke weiter, zu einer Stelle an der Straße, die schlicht und einfach Temple heißt. Dies war das Hauptquartier der Tempelritter in Schottland, obwohl die pittoreske Ruine, die heute dort steht, viel jüngeren Datums ist und aus den Steinen des alten Präzeptoriums gebaut wurde. Hier fanden wir auf dem Friedhof unzählige Gräber von Freimaurern. Die meisten trugen die Symbole des Grades vom Royal Arch, und viele wiesen die uralten Symbole der Zwillingssäulen mit dem Verbindungsbogen auf.

Diese Gräber sind sehr alt, und sie sind nicht gepflegt oder geschützt worden, sodass es schwer war, präzise Todesdaten auszumachen. Eines, wahrscheinlich jüngeren Datums, stammte aus dem Jahr 1621, und wie viele andere trug es die Hacke und die Schaufel des Royal Arch (was an die Ausgrabung der Schriftrollen erinnerte) und den Totenschädel und die gekreuzten Knochen, das Templersymbol der Auferstehung, das zu ihrer Kriegsflagge wurde. Diese Datierung bedeutet, dass dort die sterblichen Überreste eines Mannes liegen, der mindestens hundert Jahre vor der offiziellen Gründung der Freimaurer 1717 in London ein Freimaurer vom Royal Arch gewesen ist.

Das Ritual des Royal Arch erzählt von der Entdeckung der Schriftrollen durch die Tempelritter in den Ruinen des herodianischen Tempels, und wir glauben daher, dass es älter sein muss als Rosslyn und die Markenfreimaurer. Natürlich ist es auch älter als der zweite Grad der Freimaurer, der eine Weiterentwicklung aus dem Grad der Markenfreimaurer darstellt, wie wir inzwischen glauben – obwohl man allgemein der Ansicht ist, dass es andersherum war. Die Männer, die gegen Ende des fünfzehnten Jahrhunderts Freimaurer vom Royal Arch waren, können sehr gut Nachkommen der Tempelritter gewesen sein.

Als wir an jenem Tag zurück nach England fuhren, dachten wir über die vielen Entdeckungen nach, die wir gemacht hatten, und welche Informationen ans Tageslicht gekommen waren, die die Lücken in unseren Nachforschungen schlossen. Als wir uns den Führer zu Rosslyn durchlasen, machten wir die Entdeckung, dass William St. Clair viele Titel besaß, zu denen auch der des »Ritters der Herzmuschel und des Goldenen Vlieses« gehörte. Das erregte sofort unsere Aufmerksamkeit, denn die Freimaurerei beansprucht, »älter als das Goldene Vlies oder der Römische Adler« zu sein. Einfach ausgedrückt teilte das den Mitgliedern in den Anfängen der Freimaurerei mit, dass das Ritual keine Erfindung der Sinclairs war, sondern sogar älter als das Römische Imperium. Als wir weiter die offizielle Sicht der Dinge über

Rosslyn lasen, fanden wir ein paar sehr interessante Kommentare, die auf die Wahrheiten hindeuteten, die wir soeben entdeckt hatten. Der erste lautete:

Das Gewölbe könnte durchaus mehr sein als ein einfaches Grabgewölbe und andere bedeutende Kunstwerke enthalten. Die durch eine Tat der Lords Sinclair in Frage gestellte Ritterlichkeit und Loyalität könnte auch erklärt werden, wenn man das Gewölbe öffnet, denn vielleicht entdeckt man Hinweise auf Schätze von großem historischen Interesse.

Wie wahr. Der Autor (wiederum Tim Wallace-Murphy) wusste nicht, welche großen Geheimnisse Rosslyn birgt, und trotzdem war immer vermutet worden, dass der Bau mehr in sich trägt, als man mit bloßem Auge sieht. Andere Kommentare scheinen unsere Enthüllungen vorherzusehen:

Wir müssen das anerkennen, wenn wir versuchen, die Motive zu verstehen – nicht nur des Erbauers dieser großartigen Kapelle, sondern auch die der begabten Künstler und Handwerker, die sie schufen. Die Früchte dieses unvoreingenommenen Ansatzes werden uns unausweichlich zu Hypothesen führen, die uns zu weiteren Studien hinleiten, und Beweise erbringen, die gegenwärtig entweder noch verborgen sind, oder aus vielerlei Gründen übersehen wurden …

Wir vertrauen darauf, dass man auch uns so vernünftig entgegenkommt, wenn wir formell um die Öffnung und Erforschung des Gewölbes unter dem Schrein von Rosslyn bitten. Wenn man das Gewölbe nicht untersucht, dann könnte der Welt noch länger eine große und uralte Wahrheit vorenthalten werden, die uns von Jesus und seinen Zeitgenossen erzählen und uns mit dem sicheren Wissen, was wirklich zu Beginn des christlichen Zeitalters geschah, ins dritte Jahrtausend führen wird.

Im Stein von Rosslyn fanden wir eine lateinische Inschrift, die wir für eine gute Zusammenfassung hielten. Obwohl sie sehr humorvoll ist, können wir nur annehmen, dass sie aus den nasoräischen Schriftrollen stammt:

WEIN IST STARK, EIN KÖNIG IST STÄRKER,
FRAUEN SIND SOGAR NOCH STÄRKER –
ABER DIE WAHRHEIT BESIEGT ALLES.

Unter Salomos Siegel

Eines Abends, über eine Woche nach unserem Besuch in Rosslyn, sprachen wir über die vielen Symbole, die William St. Clair in seinen Schrein für die Schriftrollen hineingebaut hatte, damit sie zu den Beschreibungen im Grad des Royal Arch passten, und wir schauten uns noch einmal die Definition des »Triple Tau«, des dreifachen Tau, an. Wir waren sehr aufgeregt, als wir erkannten, dass die Hauptsäulen im Osten des Gebäudes ein perfektes Triple Tau bildeten, denn wir wussten, dass dies das Abzeichen der Freimaurer vom Royal Arch war und sogar noch älter als Moses. Doch wir hatten noch nicht über die genaue Definition nachgedacht, die im Originalritual dieses Grades gegeben wird.

Chris las laut vor:

Das Triple Tau bedeutet neben anderen okkulten Dingen »Templum Hierosolyma« – der Tempel von Jerusalem. Es bedeutet auch »Clavis ad thesaurum« – ein Schlüssel zum Schatz – und »Theca ubi res pretiosa deponitur« –

ein Ort, an dem eine kostbare Sache verborgen ist – oder »Res ipsa pretiosa« – die kostbare Sache selbst.

Plötzlich war uns klar, warum William St. Clair die Säulen so hinstellen *musste*. Die ganze Anordnung des Schreins war ein symbolisches Kundtun der Tatsache, dass der Bau den Tempel von Jerusalem darstellt und ein Ort ist, an dem eine kostbare Sache verborgen ist!

Das war eine wundervolle Entdeckung. Auf der gleichen Seite bemerkte Chris eine Erklärung der Bedeutung des Siegels Salomos (des Davidsterns) im Grad des Royal Arch. Wieder las er laut vor:

> Das Juwel der Gefährten vom Royal Arch ist ein doppeltes Dreieck, das man zuweilen auch das Siegel Salomos nennt. Es steht in einem goldenen Kreis, unten ist eine Schriftrolle mit den Worten »Nil nisi clavis deest« – ich will nichts außer dem Schlüssel –, und auf dem Kreis steht zu lesen: »Si tatlia jungere possis sit tibi scire posse« – wenn du dies verstehen kannst, weißt du genug.

Robert pfiff leise durch die Zähne. Diese Hinweise klangen, als ob sie für diejenigen bestimmt wären, die eines Tages die Geheimnisse von Rosslyn lüften würden. In jedem anderen Kontext waren diese Worte bedeutungslos, doch jetzt hatten sie eine ungeheure Bedeutung.

Das Problem war, dass keiner von uns sich daran erinnerte, in Rosslyn ein Siegel Salomos gesehen zu haben, und wir machten uns daran, die Fotos, unser Video und den Grundriss durchzusehen, um zu prüfen, ob wir vielleicht etwas übersehen hatten. Und so war es. Chris zeichnete eine Linie durch die unteren Säulen des Triple Tau und verband sie mit den Ecken in der Breite. Sie formten mit den westlichsten Säulen ein gleichseitiges Dreieck. Ebenso machte er es mit den Säulen in östlicher Richtung, und es ergab sich genau bei der Mittelsäule des Triple Tau ein perfektes Siegel Salomos. Selbst die beiden Säulen in dem Symbol standen genau an den Schnittpunkten der Linien des Sterns.

Genau in der Mitte dieses unsichtbaren Siegels Salomos gibt es im Dach eine runde erhabene Verzierung in Form einer geschmückten Pfeilspitze, die genau auf einen Eckstein im Boden darunter weist. Wir glauben, dass man diesen Stein nur hochheben muss, um das Gewölbe zu betreten und die nasoräischen Schriftrollen zu bergen!

Die Gestaltung von Rosslyn ist nicht willkürlich, denn wären die Ecken nur ein paar Zentimeter verschoben oder würden die Säulen nur etwas anders stehen, hätte diese geometrische Zeichnung keinen Sinn. Von diesem Augenblick an wussten wir ganz sicher, dass diese Symbole der Ausgangspunkt für die ganze Gestaltung waren, um den Schatz zu bezeichnen, der unten in den großen Gewölben ruhte. Die Erklärung wurde sicher von William St. Clair zum Grad des Royal Arch hinzugefügt, und zwar nachdem der Entwurf vollständig war und so zukünftigen Generationen den Hinweis zur Auffindung »des Schlüssels« geben konnte.

Im Ritual heißt es: »Wenn du das begreifst, weißt du genug.« Wir begriffen es jetzt, und wir wussten wirklich genug, um sicher zu sein, dass wir herausgefunden hatten, was Freimaurerei bedeutet.

Die Ausgrabung der nasoräischen Schriftrollen

Wir können uns keinen stärkeren Beweis unserer Hypothese, dass Rosslyn der Schrein der Schriftrollen ist, denken. Die Frage lautet nun, ob sie immer noch dort unten liegen. Die Antwort kann nur lauten: Ja, sie sind noch da. An den Fundamenten ist kein Beweis dafür zu erkennen, dass sie

Plan der Kapelle von Rosslyn

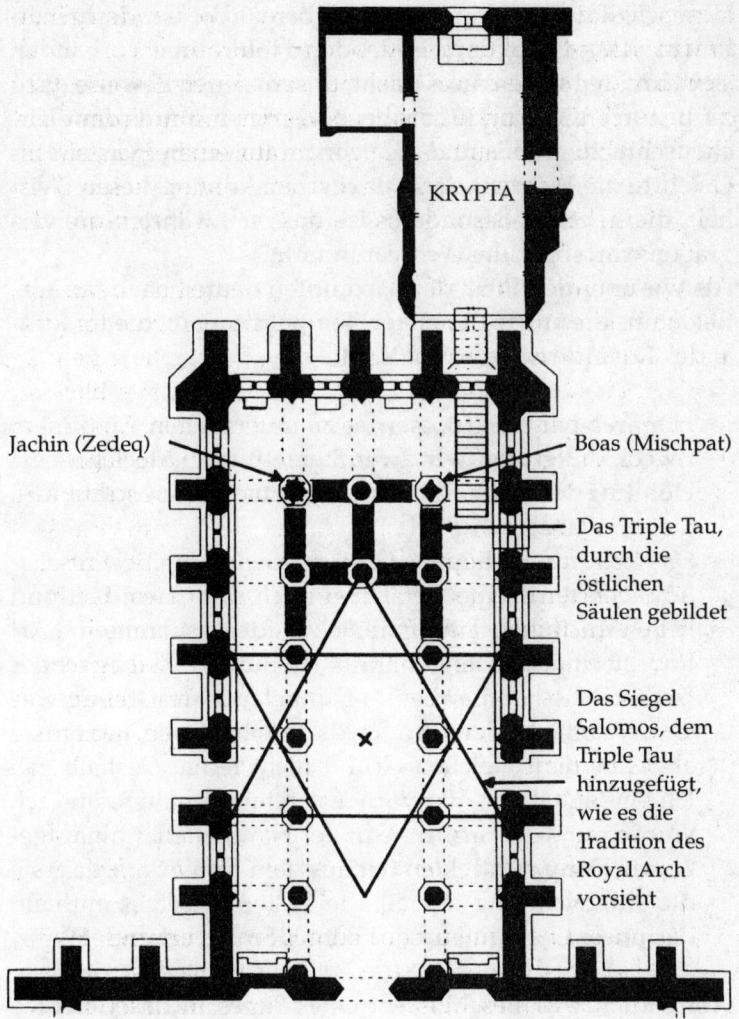

KRYPTA

Jachin (Zedeq)

Boas (Mischpat)

Das Triple Tau, durch die östlichen Säulen gebildet

Das Siegel Salomos, dem Triple Tau hinzugefügt, wie es die Tradition des Royal Arch vorsieht

Westmauer

irgendwann angerührt wurden – trotz der Kriege und Schlachten, die in der Gegend immer wieder tobten.

Ultraschalluntersuchungen haben bereits die Gewissheit erbracht, dass unter dem Fußboden Hohlräume vorhanden sind, und wir haben die Absicht, unsere neuen Beweise dazu zu benutzen, die Erlaubnis zu bekommen, unter dem Kirchenschiff zu graben und die Schriftrollen zu bergen, sodass Gelehrte die Weisheit darin erforschen können – eine Weisheit, die so etwas Besonderes ist, dass sie, während sie vergraben war, sogar die Welt veränderte!

Als wir über den Pfeil, der nach unten deutet, nachdachten, fielen uns die Worte der ersten Tempelritter ein, die im Ritual des Royal Arch enthalten sind:

> … waren wir entschlossen, es zu untersuchen. Zu diesem Zweck entfernten wir zwei Steine und entdeckten eine Höhlung von beachtlicher Größe und losten sofort aus, wer hinabsteigen sollte.
>
> Das Los traf mich, und damit mir kein Unglück geschehe, sicherten meine Gefährten mich mit einem Seil und ließen mich langsam hinab; ich entdeckte dann eine Art Podest und ertastete darauf bestimmte Zeichen oder Buchstaben, konnte aber im Dunkel nicht feststellen, was sie darstellten. Ich fand auch diese Schriftrolle, konnte sie aber aus dem gleichen Grund nicht lesen. Deshalb gab ich ein Signal, das wir vorher vereinbart hatten, und ich wurde mit der Schriftrolle in der Hand wieder hinaufgezogen. Dann entdeckten wir aus dem ersten Satz, dass sie die Aufzeichnung des allerheiligsten Gesetzes enthielt, das unser Gott am Fuß des Berges Sinai verkündete.

Hoffentlich. Wir beschlossen, eines Tages in das Gewölbe von Rosslyn hinunterzusteigen und den teuersten aller Schätze zu finden.

Nachwort

Da wir unsere Nachforschungen auf völlig privater Basis
begonnen hatten, hatten wir die Gewohnheit angenommen,
alles für uns zu behalten und unsere Entdeckungen nur mit
einem ehemaligen Meister der Freimaurer und einem Geistlichen der Kirche von England zu besprechen. Sie kommen-
tierten die unterschiedlichen Stadien und überzeugten uns
davon, dass unsere Arbeit sinnvoll war. Für uns war das
ungeheuer wertvoll, weil wir zu nahe am Thema waren,
um zu wissen, ob wir die Bedeutung der Entdeckungen, die
wir in immer größerem Maße machten, vielleicht übertrieben.

Kurz bevor wir sie unserem Verlag, Century Books, vorleg-
ten, beschlossen wir, den Menschen, die sich um den Erhalt
von Rosslyn kümmerten, den Inhalt unseres Buches mitzuteilen, und an einem sonnigen Nachmittag trafen wir uns
mit der Kuratorin Judy Fisken und dem auf die Templer und
Freimaurer spezialisierten Historiker Bob Brydon. Beide
sind der Kapelle, die sich für sie als Goldmine an Information erwies, eng verbunden. Das Gespräch dauerte fünf
Stunden, aber am Ende hatten beide das Gefühl, dass wir
bemerkenswerte Dinge herausgefunden hatten. Judy ver-
einbarte gleich darauf ein Treffen mit Niven Sinclair, einem
Geschäftsmann aus London, der das Recht hat, Ausgrabungen in Rosslyn zu genehmigen.

Rosslyn

Jachin

Boas

Westmauer

Tempel des Herodes

Jachin

Boas

Westmauer

Allerheiligstes

Vergleich des Bauplanes vom Tempel des Herodes mit dem von Rosslyn

Zwei Wochen später trafen wir uns mit Niven zum Mittagessen und erklärten auch ihm, was wir herausgefunden hatten. In den letzten Jahren hat Niven viel von seiner Zeit und auch große Geldsummen dem Erhalt der Kapelle von Rosslyn gewidmet, und die Geheimnisse des Baues zu lüften ist eine Leidenschaft von ihm geworden. Er hörte unserer Geschichte aufmerksam zu und informierte uns dann mit einem breiten Grinsen, dass er von dem gegenwärtigen Earl bereits die Erlaubnis zu Ausgrabungen im Gewölbe erhalten hätte. Dieser faszinierende und energiegeladene Schotte war genau der richtige Mann für uns.

Danach wurde ein weiteres Treffen arrangiert, bei dem wir unsere Funde einer Gruppe namens »Freunde von Rosslyn« präsentierten. Über dreißig Leute kamen, und wieder erzählten wir unsere Geschichte, wobei wir uns nur auf die Teile beschränkten, die das Gebäude betrafen. Unter den Zuhörern waren Historiker, Mitglieder der Großloge von Schottland, zwei Geistliche, die höchsten Tempelritter von Schottland und Baron St. Clair Bonde, der ein direkter Nachfahre William St. Clairs ist und sich seither als großartiger Verbündeter erwiesen hat. Niemand stellte unsere Ansichten in Frage, und es meldeten sich auch ein paar, die uns berichteten, dass sie wichtige Informationen besäßen, die das, was wir gerade gesagt hätten, stützen würden.

Doch am Abend vor dieser Präsentation machten wir eine weitere wichtige Entdeckung bezüglich der Geheimnisse, die in Rosslyn versteckt sind. Während Chris die Folien für den Overheadprojektor vorbereitete, passierte etwas sehr Interessantes. Wir hatten schon vorher den Schluss gezogen, dass Rosslyn eine Interpretation des herodianischen Tempels darstellte, und um zu prüfen, ob es wirklich Ähnlichkeiten zwischen den beiden gab, legte Chris den Bauplan der Fundamente der Ruinen des herodianischen Tempels auf den Plan der Kapelle.

Sie waren einander nicht nur ähnlich, sondern absolut identisch!

Rosslyn stellt keine Interpretation der Ruinen in Jerusalem dar, sondern es ist, was die Fundamente angeht, eine genaue, sehr sorgfältig ausgeführte Kopie. Die unvollendeten Teile der Westmauer sind da, die tragenden Wände und das Arrangement der Säulen passen genau, und die Säulen Boas und Jachin stehen exakt am östlichen Ende des inneren Tempels. Die Stelle, die wir als Zentrum des Siegels Salomos festlegten, stellte sich als Mittelpunkt des mittelalterlichen Globus heraus – das Zentrum des Allerheiligsten, die Stelle, wo im Tempel von Jerusalem die Bundeslade stand.

Wie im Originaltempel fällt auch in Rosslyn der Boden am östlichen Ende nur wenige Zentimeter vor den Zwillingssäulen ein wenig ab. Diese Entdeckung brachte uns dazu, uns die Umgebung von Rosslyn genauer anzuschauen, und wir fanden heraus, dass man dieses Gebiet wohl gewählt hatte, weil die Topographie der von Jerusalem ähnelt. Im Osten liegt das Kidron-Tal von Schottland und im Süden das Tal von Hinnon.

William St. Clair war wirklich ein Genie.

Aus dieser Erkenntnis bezüglich der Umgebung und aus weiteren Spuren, die wir im Mauerwerk von Rosslyn entdeckten, können wir den Schluss ziehen, dass wir endlich die kodierte Botschaft entschlüsselt haben, die der Earl, halb in Stein gehauen und halb in das Freimaurerritual verwoben, hinterließ. Wir wissen jetzt genau, wo die Schriftrolle aus Kupfer, die Schatzkarte der Essener und der Tempelritter versteckt ist.

Vor ein paar Jahren machten wir uns daran, die Herkunft der Freimaurer zu ergründen, und das ist uns jetzt gelungen. Indem wir herausfanden, wer Hiram Abif war, haben wir nicht nur die verlorenen Geheimnisse der Freimaurer wieder entdeckt, sondern auch unverhofft den Schlüssel zu einer Tür gefunden, hinter der die wahre Geschichte der Christenheit verborgen liegt.

Der Fund der letzten Ruhestätte der nasoräischen Schriftrollen war das letzte Glied in einer Kette, die jeden Freimaurer mit den geheimnisvollen Ritualen der Krönungszeremonie des alten Ägypten verbindet. Für die Leser, die nicht Freimaurer sind, ist das das Ende der Geschichte – zumindest bis zu dem Zeitpunkt, an dem archäologische Ausgrabungen stattfinden, die den Inhalt der Schriftrollen aller Welt zugänglich machen werden.

Aber für die, die ein besonderes Interesse an der Entwicklung der Freimaurer und ihres Einflusses auf die Welt im sechzehnten, siebzehnten und achtzehnten Jahrhundert haben, haben wir unsere Geschichte weitergeschrieben.

Anhang
Die Entwicklung der modernen Freimaurerei und ihr Einfluss auf die Welt

Die englische Reformation und die Notwendigkeit,
an die Öffentlichkeit zu treten

Von der Fertigstellung der Kapelle von Rosslyn an bis zur offiziellen Gründung der Großloge von England am 24. Juni 1717 hatte die Gesellschaft, die aus dem Orden der Tempelritter hervorgegangen war und später zur Freimaurerei werden sollte, im Geheimen agiert. Aus Gründen des Selbstschutzes versteckte sich die Organisation vor der Öffentlichkeit, bis die Macht des Vatikans im sechzehnten Jahrhundert rapide nachließ.

Der Grund für den Verlust der päpstlichen Kontrolle war die so genannte Reformation, eine weit verbreitete Bewegung unter den Christen des Westens. Sie hatte das Ziel, die Kirche von den Missbräuchen des Mittelalters zu reinigen und die Doktrin und die Praktiken wieder herzustellen, die nach Meinung der Reformer mit dem biblischen Modell der Kirche konform gingen. Wie wir erfuhren, waren die Päpste der Renaissance ein verruchter weltlicher Haufen. Sie betrieben offen Machtmissbrauch wie Ämterkauf und Nepotismus und warfen das Geld mit vollen Händen zum Fenster hinaus. Zu dieser Zeit wurde die Kirche öffentlich der Bestechlichkeit und Unmoral geziehen, und eben das führte zum

Bruch zwischen der römisch-katholischen Kirche und den Reformern, deren Glaubensgrundsätze und Praktiken bald unter dem Begriff Protestantismus zusammengefasst wurden.

Die Reformation begann genau am 31. Oktober 1517 in Deutschland, als Martin Luther, Augustinermönch und Professor in Wittenberg, 95 Thesen anschlug, die den Unsinn des Ablasses diskutierten. Das Papsttum erkannte das gleich als politische Bedrohung seiner profitablen, internationalen Diktatur und benutzte seine erprobte Technik – es verurteilte den Freidenker als Häretiker. Im Jahr 1520 erlangte Luther durch drei berühmte Abhandlungen weiträumige Unterstützung. Es handelte sich hierbei um seinen Brief »An den christlichen Adel deutscher Nation« zur Reform des Kirchenstaats, »Die babylonische Gefangenschaft der Kirche« und »Von der Freiheit eines Christenmenschen«. Luther glaubte, dass das Heil allen Menschen frei durch die Vergebung der Sünden geschenkt würde – und zwar allein von Gott. Und deshalb war der Papst für ihn überhaupt nicht notwendig. Es überrascht nicht, dass jemand, der ähnlich dachte wie Jesus, nicht gerade mit Beifall bedacht wurde, und er wurde 1521 exkommuniziert. Aber Luther war ein sehr kluger Mann, und im April dieses Jahres stand er vor dem Reichstag von Worms unter Vorsitz von Kaiser Karl V. und weigerte sich zu widerrufen, wenn man ihn nicht aus der Bibel oder durch Vernunft widerlegte.

Obwohl auch England seine eigene Reformationsbewegung nach den Ideen Martin Luthers hatte, fand die Reformation nicht wegen des Verlangens statt, päpstliche Exzesse zu stutzen, sondern war das Ergebnis des Ärgers, den König Heinrich VIII. mit den Frauen in seinem Leben hatte – und seiner Bemühungen, sich von seiner ersten Frau Katharina von Aragon scheiden zu lassen. Der Bruch mit der päpstlichen Macht wurde vom genialen Kopf Thomas Cromwells, des ersten Ministers des Königs, ersonnen, der im Jahr 1533 den »Act of Restraint« vom Parlament beschließen ließ. Im darauf folgenden Jahr kam das Hoheitsgesetz, das die Kontrolle der Kirche durch das Königshaus besiegelte. Der Erzbischof von Canterbury autorisierte die Übersetzung der Bibel ins Englische und war zum Großteil verantwortlich für das *Book of Common Prayer.*

Die römisch-katholische Kirche wurde durch die Kirche von England ersetzt, was nur kurzfristig während der Regierungszeit von Queen Mary in den Jahren 1553–58 wieder rückgängig gemacht wurde. Sie verdiente sich redlich den Beinamen »Bloody Mary«, denn unter ihrer rachsüchtigen Herrschaft wurden unzählige Protestanten hingerichtet. Sie war die Tochter aus Heinrichs erster Ehe mit Katharina von Aragon, welche von Heinrich verstoßen worden war, weil sie ihm keinen männlichen Erben schenken konnte. Nachdem sie an der Macht war, setzte Mary alles daran, den Katholizismus wieder einzusetzen, die traditionellen Messen abzuhalten und die Autorität des Papstes zu restaurieren. 1554 heiratete sie den Sohn Karls V., Philipp II., den zukünftigen König von Spanien, der mit äußerster Strenge mehrere Rebellionen niederschlug und hinterher dreihundert Protestanten wegen ihres Glaubens auf den Scheiterhaufen schickte. Marys Herrschaft endete 1558, und unter Queen Elizabeth I. wurde England zu einer starken, protestantischen Nation.

Der König, der das Logensystem aufbaute

Die Freimaurerei besteht heute aus annähernd hunderttausend individuellen Zellen, die Logen genannt werden. Jede hat ihren Verehrungswürdigen Meister und eine Reihe von Offizieren, die es ihnen erlaubt, Initiations- und Beförderungszeremonien durchzuführen. Es ist möglich, diese Entwicklung vom Bau der Kapelle von Rosslyn durch die Familie St. Clair bis heute nachzuvollziehen.

Es scheint so, als ob nach dem Bau von Rosslyn das Konzept der »tätigen« Logen (die von ausgebildeten Steinmetzen gebildet waren) weiter in enger Bindung zu den älteren »spekulativen« Logen gediehen, denen Aristokraten angehörten, die durch eine Scheinauferstehung aufgenommen worden waren. Nachdem der Bau von Rosslyn vollendet war, war es nicht mehr möglich, diese geheimen Organisationen, denen die stolzen Steinmetzen angehörten, einfach aufzulösen. Sie hatten ihre eigenen Rituale und teil an einem Orden, der sie mit ihren Herren verband und mit der geheimnisvollen Vergangenheit bis König Salomo und darüber hinaus.

In den nächsten hundert Jahren wuchsen diese tätigen Maurer als Zweig der spekulativen Maurer, aber schließlich versanken die St. Clairs in Obskurität, und der Ursprung des Systems wurde vergessen. Langsam aber sicher wurden die Zeremonien zu leeren Worthülsen, von denen niemand mehr wusste, woher sie stammten.

James VI. von Schottland (er wurde später auch König James I. von England) war das einzige Kind Maria Stuarts, der Königin der Schotten, und er war der erste König, der zugleich in England und Schottland regierte. Laut dem *Year Book of the Grand Lodge of Antient Free and Accepted Masons of Scotland,* 1995 war er auch der erste König, von dem bekannt ist, dass er 1601, im Alter von fünfunddreißig Jahren, in die Loge von Scoon und Perth eingeführt wurde.

Am 19. Juni 1566 geboren, war James erst fünfzehn Monate alt, als er seiner katholischen Mutter auf den schottischen Thron folgte; er übte die Herrschaft über Schottland aber erst ab 1583 aus. Er erhielt von seinem Lehrer George Buchanan eine vorzügliche Erziehung, und Buchanan hatte zweifellos großen Einfluss auf den jungen König. Buchanan war selbst an der Universität St. Andrews in Schottland und in Paris ausgebildet worden und war ein Mann mit viel Geist. Er hatte dreißig Jahre in Europa gelebt und dort den Ruf eines der führenden Humanisten des Zeitalters erworben. Seitdem gilt er als einer der größten lateinischen Gelehrten und Dichter der ausgehenden Renaissance.

Der junge König besaß einen wachen Verstand, und unter der weisen Anleitung von George Buchanan festigte James seine Position als Kirchenoberhaupt und Staatsführer in Schottland, wobei er sich klüger zeigte als die Adligen, die gegen ihn konspirierten. Da er darauf aus war, der Nachfolger der kinderlosen Elizabeth I. auf dem englischen Thron zu werden, protestierte er nur schwach, als seine Mutter von Elizabeth im Jahr 1587 wegen Landesverrats hingerichtet wurde.

Im Alter von siebenunddreißig Jahren, zwei Jahre nachdem er Freimaurer geworden war, wurde James der erste Stuart auf dem englischen Thron. Danach widmete er sich größtenteils England. Obwohl als Presbyterianer erzogen, stellte er sich sofort der puritanischen Bewegung entgegen, als er auf der Hampton-Court-Konferenz von 1604 eine Petition zur Reformierung der Kirche von England abwies. Die Feindseligkeit gegenüber der römisch-katholischen Kirche war weit verbreitet, und im Jahr 1605 scheiterte eine katholische Verschwörung unter der Führung von Guy Fawkes, die Parlament und König hatte in die Luft sprengen wollen. Trotz dieses Attentats hielt sich in England hartnäckig der Verdacht, dass James im Geheimen eher pro-katholisch wäre, denn er hatte 1604 mit Spanien Frieden geschlossen. James war ein spekulativer Maurer und schrieb auch Bücher über Königtum, Theologie, Hexerei und sogar über Tabak. Sehr wichtig ist, dass er auch eine neue »autorisierte« Version der Bibel förderte, die nach ihm benannt ist – die King-James-Bibel (die Version, die die beiden anti-nasoräischen Bücher der

Makkabäer auslässt). Die Einleitung, die immer noch in dieser protestantischen Bibel steht, drückt nicht gerade Sympathie für den Katholizismus aus. In einem Abschnitt steht:

> … wenn wir also von Papisten zu Hause oder in der Fremde verleumdet werden, wer uns also schaden will, weil wir armselige Werkzeuge sind, die Gottes heilige Wahrheit den Menschen näherbringen wollen, die sie nur in Unwissenheit und Finsternis halten wollen …

Dieser Absatz verrät eine völlig neue Ansicht, in der »Wissen« und »Menschen« als etwas angesehen werden, das zusammenkommen sollte, und die römisch-katholische Kirche wurde damals als selbstsüchtiges, unchristliches Unternehmen, in dem sich jeder möglichst fette Pfründe holte, entlarvt.

Die moderne Freimaurerei ist nicht sektiererisch, und sie prahlt damit, das sei schon immer so gewesen, aber wir glauben, dass es eine Zeit gab, in der die Freimaurer antikatholisch eingestellt waren, was sich in der Einleitung zu der King-James-Bibel ja auch zeigt.

Anfang des siebzehnten Jahrhunderts herrschten für die Geheimgesellschaft der Maurer ideale Bedingungen, um an die Öffentlichkeit zu treten. Der König war selbst spekulativer Maurer, und die Macht des Papstes war in Schottland für alle Zeiten gebrochen – damit war die Notwendigkeit äußerster Geheimhaltung plötzlich hinfällig geworden. König James war Philosoph und Reformer, und er muss das Gefühl gehabt haben, dass die immer größer werdende Bewegung der Freimaurer einen formellen Rahmen benötigte. Deshalb befahl er im fünfzehnten Jahr seiner Regierung in Schottland, zwei Jahre bevor er als Freimaurer eingeführt und fünf Jahre bevor er englischer König wurde, die Freimaurer richtig zu organisieren. Zu diesem Zweck ernannte er einen der führenden Freimaurer, William Schaw, zu seinem Generalbevollmächtigten bei den Freimaurern und wies ihn an, die Struktur der Freimaurer zu verbessern. Schaw begann mit diesem großen Vorhaben am 28. Dezember 1598, als er »Die Statuten und Befehle, die von allen Meister Maissouns in seinem Reich befolgt werden sollen« veröffentlichte und unterschrieb als: Generalbevollmächtigter der genannten Vereinigung.

Schaw scherte sich nicht groß darum, dass diese Zusammenkünfte ursprünglich von der Familie St. Clair einberufen wurden, die fast zweihundert Jahre zuvor unter der Herrschaft von Robert the Bruce einen Gerichtshof für Handwerker abhielten. Doch es schien zu diesem Zeitpunkt so gewesen zu sein, dass die St. Clairs viel von ihrem Einfluss verloren hatten, denn sie hatten versucht, von ihrer Kontrolle über die tätigen Steinmetzen finanziell zu profitieren. Gegen Ende des Jahres 1600 wurde von den Meistern, Gehilfen und Freien der Maurer in Schottland ein neues Dokument aufgesetzt und mit der Zustimmung von William Schaw herausgegeben, der in dem Dokument als Meister des Königs für die Arbeit bezeichnet wird. Dieses Dokument wurde später als die erste St.-Clair-Charta bezeichnet. Sie stellt fest:

… über Zeitalter hinweg haben die Lairds von Rosslyn unsere Privilegien und uns geschützt, aber in den letzten Jahren ist dieses Amt vernachlässigt worden. Dadurch haben die Lairds ihre Rechte verwirkt, und somit hat die Gilde ihre Schutzherren verloren, was zu Korruption und dem Auflassen vieler großer Unternehmungen führte … (Quelle: *The First Schaw Statute*, Library of Grand Lodge of Scotland.)

Das wurde von den Bevollmächtigten der Logen von Dunfermline, St. Andrews, Edinburgh, Haddington und Aitchison's Haven unterzeichnet. Trotz dieses Seitenhiebs auf die Familie St. Clair lehnten die schottischen Maurer Schaws Angebot eines königlichen Protektorats für die Vereinigung ab, wenn König James Großmeister würde.

Das Ritual der Schaw-Logen wurde genauer und geregelter, aber es war immer noch auf der Grundlage der »Alten Konstitutionen«, und die Worte und Erkennungszeichen der Freimaurer waren mündlich tradiert, worauf Schaw immer wieder hinweist. Er nannte die Zusammenkünfte der spekulativen Maurer »Logen«, und zwei Jahre nach Beginn seiner Arbeit führten die vormals geheimen Logen von Schottland Listen mit den Namen ihrer Mitglieder und führten Protokoll über ihre Sitzungen. Sie verkündeten zwar ihre Existenz immer noch nicht lauthals, aber wir können sie heute alle identifizieren. Die geographische Verteilung dieser ersten registrierten Logen zeigt, wie die Rituale, die in Rosslyn von William St. Clair zementiert wurden, während der Regierungszeit von James VI. zu einer großen Bewegung wurden.

Es war die Regulierung sowohl der tätigen als auch der spekulativen Freimaurerei durch William Schaw (den Generalbevollmächtigten James' VI.), die das Ritual in die Formen presste, die wir heute als die drei Grade der Freimaurerei kennen. Was er tat, war einzig und allein, den getrennten Zweig der tätigen Maurer als Nebenzweig der spekulativen Maurer zu etablieren, indem er »Verbindungen« für die Steinmetzen schuf, von denen jede einer »Loge« spekulativer Maurer angegliedert wurde. Um Mitglied einer spekulativen Loge zu werden, musste ein Kandidat freier Bürger des Bezirks sein, in dem die Loge beheimatet war, und bald ließ sich ein spekulativer von einem tätigen Maurer durch die Bezeichnung »Freimaurer« unterscheiden. Jede Verbindung musste zwar einer Loge angegliedert sein, aber nicht jede Loge (von spekulativen Maurern) brauchte notwendigerweise eine Verbindung.

Von diesem Zeitpunkt an hatte die Freimaurerei eine Logenstruktur, die sich bald bis nach England und schließlich in der ganzen westlichen Welt ausbreitete.

Die Baumeister des zweiten Grades

Wir glauben, dass der gegenwärtige Aufbau der Freimaurerei in drei Grade vor der Reorganisation durch Schaw nur in zwei Graden vorhanden war, wobei es eine zusätzliche Ebene der spekulativen Maurerei gab, und zwar zwischen dem aufgenommenen Lehrling und dem Meistermaurer (der ursprünglich »Gruppe der Meister« genannt wurde). Dieser neue Grad wurde eingeführt und bestimmt – es waren die »Gesellen«, was uns glauben lässt, dass sich das auf die Tatsache bezog, dass diese Maurer keine aktiven Steinmetzen waren, sondern bei den »Gesellen« der spekulativen Maurerei mitarbeiteten. Wir sind inzwischen sicher, dass dieser Grad aus dem Maurergrad entstand (und nicht umgekehrt, wie die meisten Freimaurer glauben).

James VI. von Schottland wurde im Jahr 1603 James I. von England, und eine seiner ersten Handlungen als König bestand darin, Francis Bacon, der einer seiner Lieblingsphilosophen und ebenfalls Freimaurer war, in den Adelsstand zu erheben. Bacon wurde sofort zum Ritter geschlagen, und sechs Jahre später wurde er zum Kronanwalt des Königs ernannt. Es ging noch weiter, denn darauf machte James I. Bacon noch zum Generalstaatsanwalt und zum Lordsiegelbewahrer, und im Jahr 1618, als er Baron Verulam wurde, wurde er Lordkanzler.

Bruder Bacon war einer der besten Philosophen in der Geschichte, und er wollte den menschlichen Verstand von dem, was er »Idole« oder »die Neigung zu Irrtümern« nannte, säubern. Er plante ein großes Werk, die *Instauratio Magna*

(»Die große Restaurierung«), in dem er seine Gedanken darüber kundtat, wie man die Menschheit so weit wiederherstellen könne, dass sie die Natur beherrsche. Dieses Werk sollte sechs Teile enthalten:

1. Eine Klassifikation der Wissenschaften
2. Eine neue induktive Logik
3. Eine Sammlung empirischer und experimenteller Fakten
4. Beispiele für die Wirksamkeit seines neuen Ansatzes
5. Allgemeine Regeln, die man aus der Naturgeschichte ableiten kann
6. Eine neue Philosophie, die eine vollständige Naturwissenschaft darstelle.

Letztendlich gelang es ihm nur, zwei Teile fertig zu stellen: *Der Fortschritt des Lernens* (1605), was 1623 zu *Über die Würde und den Fortschritt der Wissenschaften* ausgeweitet wurde, und *Das neue Organon* (1620), was das *Organon* des Aristoteles angriff. Diese letzte Arbeit legte er James persönlich vor. Bacons Werk lässt sich als induktive Naturphilosophie zusammenfassen, die sich vornahm, die »Formen« oder Naturgesetze körperlicher Handlungen zu finden, und er hat Induktionstafeln entworfen, um solche Formen zu entdecken, damit man das Ziel – die Herrschaft über die Natur – erreiche.

Obwohl man Bacon wahrhaftig nicht als großen Wissenschaftler bezeichnen kann, genießt er hohes Ansehen als der Mann, der den Anstoß zur Entwicklung der modernen, induktiven Naturwissenschaft gab. Seine Werke wurden von so großen Männern wie Robert Boyle, Robert Hooke, Sir Isaac Newton und Thomas Hobbes sehr geschätzt. Ein Jahrhundert später bezeichneten die großen französischen Wissenschaftler Voltaire und Diderot diesen englischen Denker als »Vater der modernen Naturwissenschaft«.

Man kann unmöglich leugnen, dass Bruder Bacon die treibende Kraft hinter der Schaffung des neuen zweiten Grades war, der von seinem guten Kollegen William Schaw eingeführt wurde. Niemand aus dem Kreis der Freimaurer im Umfeld des Königs zeigte mehr Interesse und bewies mehr Leidenschaft für die Entwicklung der Wissenschaft und die beginnende Naturphilosophie. Doch Bacon ließ sein Wissen als Freimaurer einfließen, als er sein Buch *Das neue Atlantis* (1627) veröffentlichte, in dem er offen über seinen Plan sprach, König Salomos Tempel geistig wiedererstehen zu lassen. Er sprach in dieser Vision im Stil Ezechiels davon, dass es sich um »einen Palast der Erfindung« und »einen großen Tempel der Wissenschaft« handeln soll. Es war eigentlich kein Gebäude, sondern mehr ein neuer Staat, in dem die Erlangung von Wissen in allen Bereichen auf höchst effektiven Prinzipien organisiert war.

In diesem Werk wurde die Saat für die Verfassung der Vereinigten Staaten gelegt.

Die neue Häresie

Der zweite oder »Gesellen«-Grad der Freimaurerei vermittelt dem Kandidaten wenig Wissen, aber er führt den Gedanken von den »verborgenen Mysterien der Natur und Wissenschaft« ein und erwähnt etwas, das man die »Galileische Häresie« nennt. Obwohl wir sicher sind, dass der Kern dieses Grades genauso alt ist wie jeder andere in der Freimaurerei, hebt er sich als jüngere Konstruktion – zum Großteil von Francis Bacon geschaffen – ab. Die Teile, die man für diese neue Zeremonie genommen hat, befassten sich mit der Natur und dem Recht des Menschen, sie zu erforschen und zu begreifen.

Der Gedanke vom Verständnis der Mysterien der Natur erinnerte uns an die botanische Enzyklopädie in der Kapelle von Rosslyn. Diese feine Steinmetzarbeit zeigt die Details von Hunderten von Pflanzen – die »unmöglichen« amerikanischen Variationen eingeschlossen.

Der Beginn liberalen Denkens überall hatte bereits zu der Erfindung einer neuen Form der Häresie durch den Vatikan geführt, der verständlicherweise in dieser Idee »unkontrollierten Denkens« eine große Gefahr sah. Man verfolgte bereits die Menschen, die Naturwissenschaft betrieben und Schlüsse zogen, die der dogmatischen Sicht der Kardinäle ihrer Schriften widersprachen. Der bedeutendste dieser »üblen Menschen« war Galilei, der neue Techniken dazu benutzt hatte, die Ansicht zu bestätigen, dass die Sonne und nicht die Erde der Mittelpunkt des Universums war. Obwohl diese Idee schon von dem Ägypter Erastothenes im dritten Jahrhundert vor Christus beschrieben worden war, nannte man es damals Kopernikanismus nach dem jüngsten Verfechter dieses Gedankens. Trotz aller Proteste sprach der Heilige Stuhl in Rom im Jahr 1616 ein Edikt gegen den Kopernikanismus aus. Diese Häresie, die Galilei beging und die durch eine päpstliche Bulle geächtet war, wird in der Antwort auf eine paradoxe Frage zitiert, die zum Ritual des zweiten Grades der Freimaurerei gehört. Die Fragen und Antworten lauten wie folgt:

F.: »Wo wurdest du zum Freimaurer gemacht?«

A.: »In einer Loge, richtig, vollkommen und gemäß den Regeln.«

F.: »Und wann?«

A.: »Als die Sonne ihren höchsten Stand hatte.«

F.: »Da in diesem Land Freimaurerlogen gewöhnlich abends tagen und auch Kandidaten einführen, wie kannst du da etwas behaupten, was auf den ersten Blick paradox erscheint?«

A.: »Die Sonne ist ein feststehender Himmelskörper, und die Erde dreht sich in einer bestimmten Umlaufbahn um sie, und da die Freimaurerei über die ganze bewohnte Erde verbreitet ist, folgt daraus, dass die Sonne aus Achtung vor der Freimaurerei immer irgendwo auf ihrem höchsten Stand ist.«

Dieses Zitat ist wahrscheinlich erst nach 1610 eingefügt worden, denn damals verkündete Galilei öffentlich seine Überzeugung, dass Kopernikus mit seiner Annahme, die Erde drehe sich um die Sonne, Recht gehabt hatte. Francis Bacon fügte zweifellos diese neue Erkenntnis sofort in seinen erst kurz davor geschaffenen zweiten Grad ein.

Es ist sehr wichtig zu bedenken, dass der Gesellengrad keine Erfindung war, sondern aus Teilen der Markenmaurerei und wahrscheinlich den ursprünglichen beiden Graden geschaffen wurde, wobei alle Teile eingefügt wurden, wo sie zu passen schienen. Das hat zu einem großen Widerspruch innerhalb des Rituals geführt, denn dem Kandidaten wird gesagt, dass es ein Geheimzeichen ist, wenn er die Hände auf eine bestimmte Weise über den Kopf hält, wie Josua es tat:

> Als Josua die Schlacht des Herrn im Tal von Joshoshaphat schlug, stand er so da und betete inbrünstig zum Herrn, er möge doch die Sonne stillstehen und das Licht des Tages verlöschen lassen, bis er Seine Feinde überwunden haben würde.

Es ist ein offensichtlicher Widerspruch, wenn man zuerst gesagt bekommt, dass die Erde sich um die Sonne dreht, und einem dann erzählt wird, dass Gott die Sonne bei ihrem Lauf um die Erde stillstehen ließ, um Josua zu helfen. Wir glauben, dass man diese Geschichte dringelassen hat, weil sie zu alt und zu wichtig war, als dass man sie entfernen oder verändern konnte – trotz des Widerspruchs.

Diese Erklärung des Geheimzeichens der Freimaurergesellen stammt wahrscheinlich aus Josua 10,12. Aber als wir es nachprüften, fanden wir heraus, dass in diesem Vers vom Tal von Ajalon die Rede ist, nicht von Joshoshaphat. Wie Sie sich erinnern, war Josua der Nachfolger Mose als Führer der Israeliten, aber erst zur Zeit Davids wurde das Tal von Joshoshaphat erobert (wir haben bereits erwähnt, dass dies nur ein anderer Name für das Kidron-Tal ist, das südöstlich von Jerusalem verläuft). Das Alte Testament zeichnet Josua als marodierenden, mörderischen Habiru, der für die Freimaurerei auf den ersten Blick keinerlei Bedeutung hat. Das Kapitel des Alten Testaments, dem dieses Zitat wohl entnommen ist, enthält eine der vielen üblen Geschichten, die detailliert den Massenmord an unschuldigen Männern, Frauen und Kindern beschreiben, der aus keinem anderen Grund als der Blutgier wertloser Vandalen wie Josua und dem offenbaren Wahnsinn Jahwes stattfindet. Es wird damit geprahlt, wie nach Gottes Befehl fünf Könige samt ihrem Anhang und ihren Tieren von den heranrückenden Habiru umgebracht werden und wie er im ganzen Land

> … niemanden übrig ließ, und an allem Lebenden vollstreckten sie den Bann, wie der Herr, der Gott Israels, geboten hatte. (Jos. 10,40b)

Dieser Josua war so unmaurerisch, wie ein Mensch nur sein kann, und da er lange vor dem Bau von König Salomos Tempel lebte, können wir uns nicht vorstellen, warum jemand – außer er ist dumm – annehmen könnte, dass dieser Bestandteil des Rituals sich auf Josua beziehen könnte.

Doch es gab eine ganz besondere biblische Gestalt, die Josua

– oder Jehoshua – hieß und außerordentlich wichtig für die Freimaurerei ist und die, wie wir wissen, die »größte Schlacht des Herrn« im Tal von Joshoshaphat schlug. Dieser Mann war natürlich Jesus, der mit seinen Anhängern im Garten von Gethsemane (der sich im Tal von Joshoshaphat befindet) stand und seine Feinde überwinden wollte. Weil er die alte Geschichte von Seqenenre Tao/Hiram Abif kannte, hat er wahrscheinlich Gott angerufen, bildlich die Sonne auf ihrem höchsten Stand stehen zu lassen, was eine Art Bitte war, die Kräfte der Dunkelheit schwach zu halten und die Kräfte des Guten für die Dauer des bevorstehenden Konflikts mit all ihren Stärken nutzen zu können.

Unglücklicherweise verlor er diese Schlacht, aber dank den Templern gewann er schließlich den Krieg. Dieses Wissen gibt einer sonst völlig abwegigen Erklärung des Geheimzeichens des Gesellengrades der Freimaurer plötzlich Sinn. Wir wissen aus Jakobus' Ansprache bei der Kreuzigung und später von seiner Führung der Urgemeinde, dass ihn die Taten seines Bruders tief beeindruckt hatten, und es erscheint unvernünftig zu glauben, dass eine Episode wie die Gebete im Garten Gethsemane in den Schriftrollen, die die Templer entdeckten, gefehlt haben soll. Jakobus und die anderen Qumraner würden zweifellos erkannt haben, was Jesus im Tal von Joshoshaphat als Pescher von Josua 10,12 getan hatte. Diese Interpretation vom Geheimzeichen des zweiten Grades macht ein Ritual sinnvoll, das vorher unerklärlich war.

Die alten Regeln

Es ist klar, dass die Inhalte des alten Rituals nur minimal geändert wurden und dass die »alten Forderungen« der mündlichen Überlieferung zuerst aufgeschrieben wurden, um sicherzustellen, dass es keine Abweichungen gab. Von William Schaw weiß man, dass er danach trachtete, die »alten Abgrenzungen des Ordens« zu schützen, und heute verfügen wir über schriftliche Beweise darüber, was Freimaurerei vor dem Befehl James' VI., sie zu verbessern, darstellte – was dann von Schaw, Bacon und anderen ausgeführt wurde. Es sind ein paar Manuskripte vorhanden, wie zum Beispiel das Inigo-Jones-Manuskript von 1607, aber es gibt einige Zweifel an der Identität des Autors. Es wird zwar dem berühmten Architekten und Freimaurer zugeschrieben, aber ein paar Experten sind der Meinung, dass es gut fünfzig Jahre später geschrieben sein könnte, wahrscheinlich von einem Mitglied der Inigo-Jones-Loge.

Eine weit zuverlässigere Quelle ist das Wood-Manuskript, das 1610 geschrieben wurde, in dem gleichen Jahr also, in dem Galilei zum ersten Mal seine Theorie vom Aufbau des Sonnensystems veröffentlichte. Dieses Manuskript ist auf acht Streifen Pergament geschrieben, die so gefaltet sind, dass sich sechzehn Blätter mit zweiunddreißig Seiten ergeben. Es fängt damit an, dass es die Wissenschaften nennt, mit denen die Freimaurerei immer schon verbunden war, als da sind: Grammatik, Rhetorik, Logik, Arithmetik, Geometrie, Musik und Astronomie. Das sind nun wirklich die klassischen Fächer der Antike, die in der christlichen Welt während des dunklen Zeitalters nicht gepflegt wurden. Erst vom zehnten Jahrhundert an wurden sie wieder durch die Kontakte mit arabischen Gelehrten in Spanien, Sizilien und Nordafrika und mit den Griechen in Konstantinopel bekannt. Die verschollenen Werke des Aristoteles waren zusammen mit wissenschaftlichen und mathematischen arabischen Werken entdeckt und für den Gebrauch in der westlichen Welt übersetzt worden. Zu Beginn des siebzehnten Jahrhunderts gehörten sie wieder zum Allgemeingut gebildeter Menschen und waren für die Freimaurerei nichts Besonderes.

Das Manuskript behauptet weiter, dass die Geometrie die größte der Wissenschaften ist und seit Anbeginn der Zeit existiert. Es führt die Geschichte des Ordens auf zwei Säulen zurück, die nach Noahs Sintflut gefunden wurden. Eine war aus Marmor und durch Feuer nicht zu zerstören, und die andere aus einer Substanz, die Laterus genannt wurde und im Wasser nicht unterging. Eine dieser Säulen wurde gefunden, und auf ihr waren alle Geheimnisse der Wissenschaften eingraviert, aus denen die Sumerer ein Moralgesetz ableiteten, das durch den Sumerer Abraham und seine Frau Sara schließlich zu den Ägyptern kam. Danach lehrte Euklid die Ägypter die Geometrie, die die Israeliten mit nach Jerusalem nahmen. Das Ergebnis war der Bau von König Salomos Tempel.

Einige dieser alten Manuskripte erwähnen Hiram Abif nicht, was manche Leute zu der Ansicht verleitet hat, dass diese Person eine Erfindung aus jüngerer Zeit war. Doch man ist auch dahinter gekommen, dass der Name Hiram Abif nur eine von vielen Bezeichnungen für diese so überaus zentrale Gestalt ist, denn man kennt ihn auch unter Aymon, Aymen, Amnon, A Man (= ein Mensch) oder Amen, und manchmal kommt auch Bennaim vor. Man sagt, dass Amen das hebräische Wort für »der Vertrauenswürdige« oder »der Treue« ist, was zur Rolle, die Hiram Abif spielt, natürlich perfekt passt. Aber wir wissen auch, dass Amon oder Amun außerdem der Name des antiken Schöpfergottes von Theben ist, der Stadt des Seqenenre Tao. Könnte es hier vielleicht eine alte Verbindung geben? Es scheint zumindest sehr wahrscheinlich zu sein.

Die Version des Namens in der Form »ein Mensch« interessierte uns besonders, weil uns dabei die Beschreibung der Autoren der Genesis in 49,6 in den Sinn kam, auf die wir im achten Kapitel eingegangen sind, weil wir dachten, es könnte eine Beschreibung des Mordes an Seqenenre Tao sein:

Ihrem geheimen Rat bleibe fern meine Seele, mit ihrer Versammlung eine sich nicht mein Herz; denn im Zorne töten sie *Männer,* und im Mutwillen reißen sie Mauern ein.

Könnte es sein, dass das offenbar ungenannte Opfer doch einen Namen hatte, weil man sich hier auf »einen Mann« beziehungsweise auf »Männer« bezieht – den Namen der frühen Freimaurer für Hiram Abif und den Namen des Schöpfergottes von Theben? Und ist es wirklich Zufall, dass Christen am Ende jedes Gebetes »Amen« sagen, damit ihre Bitten erfüllt werden?

Der Name Bennaim hat freimaurerischen Forschern einige Probleme bereitet. Das Suffix »im« zeigt im Hebräischen den Plural an (wie in »Pescherim«), während das Wort »Benna« Baumeister heißt. Wir würden sogar noch weiter gehen und vorschlagen, dass es dem ägyptischen Begriff für eine heilige Säule entlehnt ist, die gewöhnlich an der Spitze eine kleine Pyramide hatte, den »Benben«-Stein. Dieses Wort könnte also sehr wohl eine uralte Beschreibung des Begriffs »Baumeister der heiligen Säule« sein. Das wäre also buchstäblich eine Beschreibung von Hiram Abif und metaphorisch auch von Jesus!

Unserer Meinung nach ist es so, dass der Ursprung der ganzen Sache teilweise verdreht und teilweise ganz verloren war, als die Freimaurerei von König James und der spekulativ-tätigen Verbindung der Templer von Rosslyn formalisiert wurde. Diese Freimaurer konnten sich zwar direkt auf die Anfänge der Menschheit zurückverfolgen, aber die Zeit war so lang, dass alles im Nebel der Geschichte verschwand. Obwohl sie nicht wussten, welche Wurzeln ihr Orden hatte, begriffen sie doch, wie viel Weisheit ihnen überliefert worden war, und das wurde durch die Wissbegierde, die im siebzehnten Jahrhundert plötzlich herrschte, unterstützt. Die Freimaurer waren bereit, ihren Vorteil zu nutzen.

In der Zeremonie des zweiten Grades wird der Kandidat gefragt: »Wie heißen die besonderen Forschungsobjekte in diesem Grad?« Die Antwort dazu heißt: »Die verborgenen Mysterien der Natur und der Wissenschaften.« Wenn man dann zum Gesellen gemacht wurde, wird einem gesagt:

Von dir wird jetzt erwartet, dass du in Zukunft die »Artes liberales« und die Wissenschaften studierst.

Das war eine Einladung, der die großen Freimaurer in der Mitte des siebzehnten Jahrhunderts nicht widerstehen konnten. Unsere Suche näherte sich jetzt dem Ende, fast alle fehlenden Puzzlestücke waren an ihrem Platz, und unsere letzte Aufgabe bestand darin, nachzusehen, inwieweit die Freimaurerei ihre Spuren in der modernen Welt hinterließ.

1625 starb der Freimaurer und König James I. von England, und sein zweitältester Sohn Charles folgte ihm auf den Thron. Wir waren uns sicher, dass der neue König in die Fußstapfen seines Vaters getreten und ebenfalls Freimaurer geworden war. In der Nordmauer der Holyrood Abbey, die er für seine Krönung in Schottland 1633 renovieren ließ, befinden sich viele Gräber, die mit Freimaurersymbolen geschmückt sind. Doch in den Augen der protestantischen Mehrheit hatte er einen schlechten Start, als er Henrietta Maria heiratete, denn die Königin war römisch-katholisch. Wie James glaubte auch Charles fest an das Gottesgnadentum der Könige, und die Arroganz, die er daraufhin zeigte, führte bald zu einem Zerwürfnis mit dem Parlament und schließlich zum Bürgerkrieg. Der junge König wurde sehr von seinem Freund George Villiers, dem ersten Herzog von Buckingham, beeinflusst, den er trotz großer Widerstände zu seinem ersten Minister ernannte. Charles stand auch weiter ständig mit dem Parlament auf Kriegsfuß. Er löste allein drei Parlamente in vier Jahren auf, weil man sich weigerte, auf seine unvernünftigen Forderungen einzugehen.

Als das dritte dieser Parlamente 1628 zusammentrat, präsentierte es die »Petition of Right«, worin vom König bestimmte Reformen im Tausch gegen Gelder gefordert wurden. Charles war gezwungen, die Petition anzunehmen, obwohl die Ermordung seines Freundes, des Herzogs von Buckingham, einen wichtigen Streitpunkt mit dem Parlament beseitigt hatte. Nachdem man ihn zu diesem Zugeständnis gezwungen hatte, reagierte der König, indem er wieder einmal das Parlament auflöste und ein paar parlamentarische Führer ins Gefängnis werfen ließ.

Charles fehlte das Geschick seines Vaters für die Politik, und sein dauernder Streit mit dem Parlament führte schließlich dazu, dass er elf Jahre lang ohne ein Parlament regierte. Während dieser Zeit verbrauchte er enorme Geldsummen für die Regierung, was ihn zutiefst unpopulär machte. Für Charles wurde alles noch schlimmer. Unter seiner ungeschickten Regierung bröckelte das ganze Königreich, und während zu anderen Zeiten eine solche gesellschaftliche Umwälzung nur Übles hervorbrachte, machten es die besonderen Umstände dieser Zeit zu einer Chance. Neue Denkweisen taten sich auf, und der Zusammenbruch der alten Ordnung ließ alle Möglichkeiten offen. Es mag ja seltsam klingen, aber wir hatten immer mehr das Gefühl, dass es in dieser Zeit ein paar sehr auffällige Parallelen zu den Zeitumständen gab, die wir in Israel zur Zeit Jesu und der nasoräischen Bewegung entdeckt hatten.

Diese Ähnlichkeiten sollten die Lehren der Freimaurer besonders bedeutend für alle Gruppen, die am Englischen Bürgerkrieg beteiligt waren, machen. Die erste dieser Parallelen betrifft einen Konflikt in der Verbindung mit Gott. Wie die Juden sechzehnhundert Jahre zuvor glaubte nahezu jeder im Land, dass Gott das Zentrum aller Dinge war, aber man war verschiedener Meinung darüber, wie man sich ihm am besten näherte. Zur Zeit Jesu gab es den Sanhedrin, die Autoritäten des Tempels, der den einzig offiziellen Weg zu Jahwe darstellte, und es gab die Sadduzäer, die den römischen Kaiser anerkannten. Selbst die angeblich so selbstgerechten Pharisäer wurden von Jesus beschuldigt, die Basis ihres Glaubens aus den Augen zu verlieren, und Jesus stellte sich ihnen öffentlich entgegen. Doch egal, von welcher Seite wir es betrachten – Jesus war nichts anderes als ein Republikaner, der versuchte, die Herrschaft der »Gerechten« zu erreichen, mit sich selbst als Gesetzgeber, der die Gesetze Gottes hochhielt. Er war gegen die Bürokraten, die sich selbst zu wichtig nahmen, und er machte sich lustig über Egoisten, die behaupteten, den Weg zu Gott genau zu kennen. Er war zweifellos gegen die Herrschenden eingestellt, und wir halten es nicht für überzogen, ihn als »Puritaner« in seiner Zeit zu bezeichnen. Ein Mann, der nach Einfachheit, religiöser Strenge und Freiheit strebte – und keine Angst davor hatte, dafür zu kämpfen. Im sechzehnten und siebzehnten Jahrhundert wurde die katholische Kirche von wohlhabenden Konservativen geleitet, die unter ihrer niedrigen Gesinnung jeden Blick für Göttlichkeit verloren hatten, und ihre beharrliche Behauptung, dass nur der Papst das Recht habe, Gottes Willen kundzutun, war bei denjenigen, die den Verstand und die Gelegenheit hatten, selbständig zu denken, schon sehr früh ins Hintertreffen geraten.

Manche der Kritikpunkte gegen die Pharisäer, die man in dem rekonstruierten Ur-Evangelium, das man als »Q« (Quelle) bezeichnet, findet, ähneln sehr den Vorhaltungen, die die Puritaner des siebzehnten Jahrhunderts der katholischen Kirche machten. Manche der Worte, die Jesus laut

QS 34 gesagt haben soll, scheinen uns sehr in diese spätere Zeit zu passen:

> Schande über euch Pharisäer! Ihr säubert zwar den Becher und den Teller von außen, aber innen seid ihr voller Gier und Unzufriedenheit. Wie dumm ihr Pharisäer doch seid! Säubert das Innere, und das Äußere wird ebenfalls sauber sein.
> Schande über euch Pharisäer! Denn ihr liebt es, bei Versammlungen vorne zu sitzen, und lasst euch gern auf dem Markt begrüßen. Schande über euch! Denn ihr seid wie Gräber – von außen schön, aber innen verfault …
> … Schande über euch Rechtsgelehrte! Denn ihr habt den Menschen den Schlüssel zum Wissen genommen. Ihr selbst werdet nie das Reich Gottes betreten, und ihr hindert die, die es betreten würden, daran, hineinzukommen.

Wenn man die Begriffe »Pharisäer« und »Rechtsgelehrte« einfach gegen den Ausdruck »Kardinäle« tauschte, hätte man eine Passage, die sehr puritanisch klingen würde!

Unsere zweite Verbindung dieser beiden weit auseinander liegenden Zeitperioden war das Ende der päpstlichen Allmacht und die Vereinigung der weltlichen und der geistlichen Macht in der Person des Königs. Zum ersten Mal seit Gründung der Kirche war das Ziel Jesu, königliche und priesterliche Macht in eines zu verschmelzen, erreicht. Während wir die Quellen zu diesem Kapitel durchsahen, beschlossen wir, das Material, das wir über den englischen Bürgerkrieg gesammelt hatten, durchzuforsten. In einem Beiheft der *Times*, das Robert drei Jahre zuvor beiseite gelegt hatte, fanden wir einen Stich aus dem siebzehnten Jahrhundert, der alles bestätigte, was wir bezüglich einer Verbindung zur Jerusalemer Urgemeinde entdeckt hatten. Zu einem früheren

Zeitpunkt unserer Forschungsarbeit hatten wir des öfteren Grund zum Feiern, wenn wir ein Kunstwerk oder eine tolle Information fanden, die das Bild weiter vervollständigten. Doch in diesem Stadium kamen wir langsam zu der Überzeugung, dass nur deshalb bemerkenswerte Beweise auftauchten, weil unsere Grundthese korrekt war und wir dabei waren, eine endlose Ader historischer Wahrheiten bloßzulegen.

Was wir zu diesem Zeitpunkt fanden, war ein Kupferstich aus dem siebzehnten Jahrhundert, der in allen Einzelheiten die königlichen und priesterlichen Säulen »Mischpat« und »Zedeq« zeigte – genau, wie wir sie uns nach dem Lesen alter jüdischer Texte gedacht hatten. Es war nicht genau so, wie wir uns dieses Herzstück der Lehre vorgestellt hatten, aber es war identisch … nun ja, fast identisch.

Der einzige wirkliche Unterschied bestand darin, dass der Schlussstein – in diesem Fall König Charles I. – die Rolle beider Säulen übernahm, indem er sich als Schlussstein darstellte, der sie miteinander verband. In dieser Version kann man deutlich erkennen, dass die linke Säule »Zedeq« darstellt und »DIE KIRCHE« symbolisiert mit der »Wahrheit« als Haupt, und die rechte Säule ist »Mischpat« in Form von »DER STAAT« gekrönt von der »Gerechtigkeit«. Interessanterweise ließ sein Sohn, Charles II., diesen Entwurf in den Eingang von Holyrood House einbauen, als er es nach dem Bürgerkrieg 1677 wieder aufbaute.

Indem er diesen Symbolismus benutzte, trat König Charles in die Fußstapfen Jesu, aber dem König fehlte sowohl die ungeheure Ausstrahlung als auch die republikanische Gesinnung des jüdischen Führers. Jesus hatte geglaubt, dass das Bedürfnis nach einer hohepriesterlichen Funktion nicht vorhanden wäre, wenn sich die gesellschaftliche Ordnung nach den Gesetzen Jahwes richten würde, weil Gott dann direkt durch den irdischen König handeln könnte, um den Zustand des »Schalom« zu erhalten. Der englische König aber sah sich einfach in beiden Rollen, und Gott war für ihn nur eine weit entfernte Gestalt. Die Freimaurerei gab also eine uralte Botschaft weiter, die bereits einiges von ihrer ursprünglichen und hochwichtigen Bedeutung verloren hatte! In England mussten diejenigen, die eine neue Gesellschaftsordnung wollten, sich gegenseitig bekämpfen, ehe sie eine einzigartige Lösung für ihre Differenzen fanden – eine Lösung, die von der Freimaurerei kam, und eine, die die Kontinuität der Monarchie im Vereinigten Königreich zu einer Zeit sicherstellte, in der alle anderen Nationen Europas ihre Herrscher hinrichten ließen.

Drei Jahre nachdem Charles I. den Thron bestiegen hatte, wurde ein junger Bürgerlicher mit republikanischen Ideen für den Wahlkreis Huntingdon Mitglied des Parlaments. Er hieß Oliver Cromwell, und seine Familie stammte ursprünglich aus Wales und trug den Namen Williams. Die Williams' waren durch die Gunst des Ministers Heinrichs VIII., Thomas Cromwell, aus dem Nichts aufgestiegen. Thomas Cromwell war der Onkel von Olivers Ururgroßvater, und die Familie nahm den Namen ihres Gönners an, um sich für seine Unterstützung erkenntlich zu zeigen. Die auf Cromwell umgetaufte Familie gehörte bald in dem Städtchen Huntingdon in Cambridgeshire zu den prominenten Bürgern. Dort wurde auch Oliver am 25. April 1599 geboren. Die inzwischen wohlhabend gewordenen Cromwells ließen ihren Sohn von einem führenden Puritaner der Stadt, Thomas Beard, erziehen, einem Mann, der öffentlich seinem Wunsch Ausdruck verlieh, die Kirche von den restlichen römisch-katholischen Elementen zu »reinigen«. Cromwell besuchte später das puritanisch geprägte Sidney Sussex College und die Universität Cambridge und studierte auch Jura in London. Im August 1620 heiratete er Elizabeth Bourchier, kehrte nach Huntingdon zurück, um den Besitz seines Vaters zu verwalten, und wurde acht Jahre später Parlamentsmitglied für Huntingdon.

In den nächsten zehn Jahren festigte Cromwell seine puritanischen Ansichten, und sein Vermögen verkleinerte sich, ehe er vom Onkel seiner Frau Besitz in Ely erbte. 1640 kehrte Cromwell gerade zu dem Zeitpunkt ins Parlament zurück, als die Beziehung zwischen Charles I. und den Puritanern kritisch und ein Konflikt unvermeidlich wurde. Zwei Jahre später, am 22. August 1642, brach zwischen dem von Puritanern beherrschten Parlament und den Anhängern des Königs der Bürgerkrieg aus. Cromwell erfasste sehr schnell, dass religiöse Leidenschaft den Kampfgeist hervorbringen konnte, der Schlachten gewann, und er hob rasch ein Regiment Kavallerie aus, das an der Seite der Parlamentarier kämpfte. In den beiden ersten Jahren des Krieges, nachdem beide Seiten Armeen ausgehoben hatten, waren die Royalisten – oder »Kavaliere«, wie man sie nannte – sehr erfolgreich. Nach der sehr blutigen, aber nichts entscheidenden Schlacht von Edgehill in Warwickshire im Oktober 1642 sah es so aus, als würden die Royalisten nach London marschieren. Sie wurden aber erfolgreich zurückgedrängt. Am Ende des ersten Kriegsjahres hielten die Royalisten große Teile des Landes bis auf London und den Osten. Cromwells Fähigkeit, eine Armee zu kommandieren, wurde erkannt, und 1644 war der starrsinnige Soldat bereits Lieutenant General unter Edward Montagu, Earl von Manchester. Er bewies prompt, dass er diese Beförderung wohl verdient hatte, als er die Parlamentsarmee – die man »Rundköpfe« nannte – in der grausamen Schlacht von Marston Moor zum Sieg führte, wobei er sich und seinem Regiment den Beinamen »Ironsides« (Anmerk. der Übers.: »Eisenseiten« wegen des eisernen Brustharnischs der Reiterei) verdiente.

Dieser Sieg erwies sich als Wendepunkt für die Parlamentarier, und die Royalisten wurden erneut von der »neuen Modellarmee« des Sir Thomas Fairfax bei Naseby in Leicestershire geschlagen. Daraufhin gewannen die Rundköpfe eine Schlacht nach der anderen, bis schließlich am 24. Juni 1646 der Hauptsitz der Royalisten, Oxford, fiel und Charles, der zu den Schotten geflohen war, dem Parlament ausgeliefert und gefangen gesetzt wurde. Die Stadt Lichfield wehrte sich noch ein paar Wochen, aber der erste und wichtigste Teil des Bürgerkrieges war vorbei.

Viele Experten glauben, dass Oliver Cromwell Freimaurer war, und obwohl es keine Quelle gibt, die diese Auffassung bestätigt, scheint es doch sehr wahrscheinlich. Ganz sicher war sein Vorgesetzter und enger Freund Sir Thomas Fairfax Freimaurer, und die Familie Fairfax besitzt auf ihrem Stammsitz in Ilkley, Yorkshire, immer noch einen Freimaurertempel neben der Bücherei, in den man über eine Wendeltreppe kommt. Es handelt sich um einen Raum mit schwarzweißen Fliesen und zwei freistehenden Säulen. Das Gebäude ist heute der Hauptsitz einer Firma für Elektroartikel, aber ein paar Kilometer entfernt, in dem Städtchen Guisley, gibt es immer noch eine Loge mit Namen »Fairfax«.

Eine der besten Informationsquellen über Freimaurerei zu jener Zeit in England ist das Tagebuch von Elias Ashmole. Das ist ein dicker Wälzer, bestehend aus sechs Tagebüchern und einem Indexband. Der Bibliothekar von Roberts Universität war überrascht, als er alle sieben Bände entlieh und kundtat, während des Sommers das ganze Tagebuch zu lesen. Wir hatten darüber diskutiert, wie man am besten an Wissen über diese Zeit kommen könnte, und waren darauf gekommen, dass damals die großen Tagebuchschreiber am Werk waren, denen man sicher Informationen würde entlocken können. Wir wussten nicht, wonach wir eigentlich suchten, und deshalb war es notwendig, alles durchzusehen, was da war. Das war kein vergebliches Unterfangen, denn wir fanden ein paar sehr seltsame Stellen, die die Ereignisse, die zur Gründung der Royal Society und der Restauration führten, beleuchteten.

Elias Ashmole war zur Zeit der Übergabe von Oxford des Königs Aufseher über die Artillerie, und er ist auch eine der wichtigsten Gestalten in der offiziellen Geschichte der Freimaurerei. Vier Monate nachdem seine Seite den Krieg verloren hatte, reiste Ashmole nach Warrington, um in die Freimaurerei eingeführt zu werden. In seinem Tagebucheintrag vom 16. Oktober 1646 kann man lesen:

… halb fünf nachmittags wurde ich in Warrington, Lancashire, zusammen mit Henry Mainwaring von Karincham in Cheshire zum Freimaurer.
Die Namen derjenigen, die schon der Loge angehörten, sind: Mr. Rich. Penket Warden, Mr. James Collier, Mr. Rich. Sankey, Henry Littler, John Ellam, Rich. Ellam & Hugh Brewer.

In jenen Tagen muss es aufreibend und mühsam gewesen sein, von Oxford nach Warrington zu reisen, und trotzdem machte sich Ashmole am Tag nach seiner Einführung wieder auf – diesmal nach London in die Hochburg der Parlamentarier.
Das war sehr seltsam, denn die Spannungen waren immer noch groß, und kein ehemals royalistischer Offizier durfte näher als dreißig Kilometer an London herankommen. Da er erst kürzlich noch des Königs Aufseher der Artillerie gewesen war, konnte Ashmole nicht damit rechnen, unerkannt durchzukommen, und er muss einen guten Grund gehabt haben, dorthin zu reisen – und auch irgendeine Zusicherung, unbehelligt zu bleiben. Eine Notiz vom 14. Mai 1650 in den Akten des Public Record Office, State Papers Domestic, Interregnum A, bestätigt, wie ungewöhnlich dieser Besuch war und dass es sich nicht nur um eine zeitlich begrenzte Angelegenheit handelte:

Er (Ashmole) darf ungeachtet des Parlamentserlasses seinen Wohnsitz in London nehmen.

Man kann also mit gutem Grund annehmen, dass dieser royalistisch gesinnte Freimaurer viele Jahre lang offen in London lebte und sich mit hochrangigen Parlamentariern traf. Zweifellos war das aufgrund der Tatsache, dass er Freimaurer war und deshalb Mitglied in der einzigen nichtreligiösen, nichtpolitischen Organisation mit brüderlicher Struktur, in der ein Kavalier den Rundkopf und ein Katholik einen Puritaner ohne Angst und Malice treffen konnte. Wieder einmal versorgte uns Ashmoles Tagebuch mit wertvoller Information. Im Eintrag für den 17. Juni 1652 steht:

> 11 Uhr vormittags: Doktor Wilkins & Mr. Wren besuchten mich in Blackfriars. Den Doktor sah ich zum ersten Mal.

Der erwähnte Mr. Wren ist niemand anders als der große Architekt Sir Christopher Wren, der viele schöne Kirchen baute, darunter auch die St.-Pauls-Kathedrale, nachdem London durch den großen Brand von 1666 in großen Teilen zerstört wurde. Wren könnte Freimaurer gewesen sein, aber es gibt keinen Beweis dafür. Aber Doktor Wilkins war definitiv Freimaurer. Zur Zeit dieses Treffens war John Wilkins Warden des Wadham College in Oxford (Wren war zu dieser Zeit Fellow des gleichen College), aber er wurde später Lordbischof von Chester und Gründungsmitglied der Royal Society. Wilkins war Parlamentarier und hochrangiger Puritaner, da er mit Oliver Cromwells Schwester Robina verheiratet und früher Pfarrer von Cromwell selbst gewesen war. Als Ashmole Wilkins kennen lernte, lebte er bereits sechs Jahre in London, und viel war geschehen. Der König hatte mit Hilfe der Schotten den Krieg neu begonnen, war aber bei Preston geschlagen und gefangen genommen worden. Ein Freimaurer-König unterlag schließlich einem Freimaurer-Parlamentarier. Am 20. Januar 1649 wurde Charles I. in Westminster Hall in London vor Gericht gestellt. Der König weigerte sich, die Rechtmäßigkeit des Gerichtes anzuerkennen, und verteidigte sich nicht gegen die Anklagen, ein Tyrann, Mörder und Feind des Volkes zu sein. Eine Woche später wurde er zum Tode verurteilt und am 30. Januar 1649 öffentlich enthauptet. Nachdem die Monarchie beseitigt und England unter seiner Kontrolle war, war die erste Aufgabe Cromwells unter dem Commonwealth die Unterwerfung Irlands und Schottlands. Die Massaker nach der Einnahme von Drogheda und Wexford waren schrecklich und exzessiv – das Ergebnis seines brennenden Hasses sowohl auf die Iren als auch auf die Katholiken. Der Name Oliver Cromwell löst in Irland noch heute – dreihundertfünfzig Jahre danach! – Angst und Wut aus.

Besonders hatte Schottland unter Cromwells Rache zu leiden, denn wann immer er Gelegenheit dazu bekam, zerstörte er royalistische Schlösser und katholische Kirchen. Aber sowohl Cromwell als auch Monk wussten, was der Freimaurerschrein in Rosslyn bedeutete, und deshalb überstand die Kapelle unzerstört den Krieg.

Trotz seiner Neigung zu Gewalttätigkeiten bestand der Haupterfolg Cromwells darin, Frieden und Stabilität zu erhalten, und paradoxerweise schuf er den Rahmen für eine gewisse religiöse Toleranz. Obwohl er die Katholiken nicht gerade liebte, gestattete er 1655 den Juden, die seit 1290 aus England verbannt waren, zurückzukommen – eine Tat, die aus seinem Wissen um das freimaurerische Ritual resultierte. Cromwells aktive Außenpolitik und die Siege seiner Armee und seiner Marine gaben England im Ausland ein Ansehen, das es seit einem halben Jahrhundert nicht mehr gehabt hatte.

Nach der Enthauptung von Charles war der Thron von England verwaist, und das Land wurde in einer Periode, die man »Commonwealth« nannte, die erste Republik der Welt. Im darauf folgenden Jahr landete der Sohn des toten Königs – auch er trug den Namen Charles – in Schottland, um den Krieg weiterzuführen. 1651 wurde er zum König von Schottland gekrönt und marschierte prompt in England ein. Doch das neue parlamentarische Regime saß zu fest im Sattel, um sich von dieser zwar kühnen, aber schlecht geplanten Attacke aufregen zu lassen, und Charles erlitt in Worcester eine schwere Niederlage und hatte noch Glück, dass er nach Frankreich entfliehen konnte.

Während dieser wirren Zeiten lebte der ehemalige Aufseher der Artillerie des alten Königs unbehelligt in Cromwells London und traf sich mit ein paar der intelligentesten und einflussreichsten Männer beider Seiten. Ashmole besaß ganz klar die Erlaubnis von höchster steile, um eine Mission durchzuführen, die weit über bloße Politik hinausging, und obwohl das, was er da zusammenzimmerte, seinen Ursprung in der Freimaurerei hatte, entwickelte es sich zu etwas ganz Neuem und sehr Wichtigem.

Ashmole wurde der Freund und Bekannte von Astrologen, Mathematikern, Ärzten und anderen Leuten, die ihr Wissen über die verborgenen Mysterien der Natur und der Wissenschaften erweiterten – genau wie Francis Bacons Definition des zweiten Grades es verlangte. Es ging das Gerücht um, dass es irgendwo ein »unsichtbares College« gäbe, eine Gemeinschaft von Wissenschaftlern, die man zwar nicht genau benennen könne, deren Gegenwart aber deutlich spürbar sei. Cromwell starb am 3. September 1658 eines natürlichen Todes und wurde in der Westminster Abbey beigesetzt. Sein Sohn Richard, den er zu seinem Nachfolger bestimmt hatte, war schwach und konnte die Macht nicht halten. Das Land war nahe daran, in Anarchie zu verfallen, aber der Kommandeur der Armee in Schottland, General George Monk, gebot dem Einhalt. Er marschierte im Mai 1660 nach London, rief das Parlament zusammen und sorgte dafür, dass man Charles II. auf den Thron setzte. Der neue König rächte sich unverzüglich an dem Mann, der ihm so großen Schmerz zugefügt hatte: Er ließ Cromwells Leiche exhumieren und ihn als Verräter aufhängen, ehe sein Kopf auf einen Pfahl über Westminster Abbey gespießt wurde.

Die Gründung der Royal Society

Ashmole mag persönlich den Wechsel von der Republik zur Monarchie begrüßt haben, aber es brachte auch dem »unsichtbaren College« durchaus Gutes. Im Jahr 1662 schuf König Charles II. durch einen königlichen Erlass aus dem »unsichtbaren College« die Royal Society – die erste Versammlung von Wissenschaftlern und Ingenieuren, die darauf hinarbeiteten, die Wunder des »Großen Erbauers des Universums« zu begreifen. Die Freiheiten, die in den Stoff der Freimaurerei hineingewoben waren, hatten zuerst eine vergängliche Republik geschaffen – und als diese unterging, schenkten sie einer Organisation das Leben, die die Grenzen menschlichen Wissens erweiterte, um somit das Zeitalter der Aufklärung zu schaffen und das Fundament für die Industrialisierung des neunzehnten und zwanzigsten Jahrhunderts zu bilden.

Die kurze Zeit, in der England eine Republik war, war nicht vertan, denn von da an vergaßen die Monarchen die primitive These vom »göttlichen Recht zu herrschen« und regierten mittels der Gunst des Volkes und des Unterhauses, das dem demokratischen Willen der Nation Ausdruck verlieh. In den nachfolgenden Jahren erstreckte sich dann dieses demokratische Recht auf arme Leute und schließlich auch auf Frauen – die Vision des Mannes namens Jesus brauchte lange, um verwirklicht zu werden.

Zu diesem Zeitpunkt unserer Forschungsarbeiten zweifelten wir nicht mehr daran, dass die Freimaurerei in sich die Saat des Geistes der Nasoräer und besonders von Jesus trug – und wir können auch sicher sagen, dass die Royal Society aus der Denkweise erwuchs, die Francis Bacons Definition des zweiten Grades installierte – und das lange bevor Ashmole und Wilkins alles nach den Traumata des Bürgerkrieges zusammenfügten. John Wallis, der bedeutende Mathematiker des siebzehnten Jahrhunderts, erinnerte sich so an die Anfänge der Royal Society:

> Die Anfänge und Fundamente müssen in London um das Jahr 1645, wenn nicht noch früher gewesen sein, als Dr. Wilkins (damals Pfarrer des Reichsverwesers in London) und andere sich wöchentlich an einem bestimmten Tag und zu bestimmter Stunde unter bestimmten Vorgaben trafen. Jeder musste dazu einen Beitrag zu bestimmten Experimenten leisten, es gab aber bestimmte Regeln. Um Ablenkungen zu vermeiden, und auch aus anderen Gründen, verbannten wir Exkurse in die Religion, die Politik und sonstige Nachrichten, die nicht den Abschnitt der Philosophie betrafen, an dem wir gerade arbeiteten.

Diese Beschreibung der ersten Treffen der neuen Denker ist fraglos freimaurerisch. Das wöchentliche Treffen zu einer bestimmten Stunde, die Vorgaben und das Fehlen jeder Diskussion über Politik und Religion – das sind alles Merkmale einer Freimaurerloge.

Diese Indiskretion von Wallis wurde von der freimaurerisch geprägten Leitung der frühen Royal Society aufgefangen, die Spratt damit beauftragte, die offizielle Geschichte der Royal Society zu schreiben – und darin werden die Freimaurerregeln, die Wallis so unvorsichtig ausgeplaudert hatte, nicht erwähnt.

Einer der einflussreichsten Wissenschaftler im Kreis um Ashmole war Robert Hooke, der zum ersten Kurator der Royal Society ernannt wurde. Seine ideenreichen Experimente, Demonstrationen und Abhandlungen waren in den nächsten fünfzehn Jahren dafür verantwortlich, dass die Royal Society ihre Anfänge überhaupt überstand. Hooke war einer der drei, die nach dem großen Brand von London die Stadt neu vermaßen, er war einer der ersten, die ein Mikroskop für biologische Forschungsarbeiten nutzte, und er prägte die biologische Bedeutung des Wortes »Zelle«.

Alle großen Männer jener Zeit wollten der Royal Society beitreten, und der vielleicht größte von ihnen allen war Sir Isaac Newton, der viele Dinge erarbeitete, unter anderem eine bemerkenswert detaillierte Analyse der Gravitationsstruktur des Universums. Im Jahr 1672 wurde Newton zum Fellow der Royal Society gewählt, und noch im gleichen Jahr veröffentlichte er seine erste wissenschaftliche Abhandlung in den philosophischen Blättern der Royal Society über seine neue Theorie von Licht und Farben. Und ein Vierteljahrhundert nachdem die Royal Society die königliche Billigung erfahren hatte, veröffentlichte Newton *Philosophiae Naturalis Principia Mathematica* (»Die mathematischen Prinzipien der Naturphilosophie«). Bekannt geworden ist diese Schrift unter dem Namen *Principia*. Dieses bemerkenswerte Werk ist nach allgemeiner Auffassung das größte wissenschaftliche Buch, das je geschrieben wurde.

Obgleich nahezu alle Mitglieder in den Anfängen der Royal Society Freimaurer waren, scheint doch im Laufe der Zeit die Freimaurerei zu einer Art Hinterbänkler ihres neuesten Ablegers geworden zu sein, weil die Versammlungen der intellektuellen Elite nicht mehr die Geheimhaltung und den Schutz der Freimaurerei brauchten, um religiöse und politische Hindernisse zu umgehen.

Die neue Gesellschaft nahm viel Zeit und Energie von Elias Ashmole, Robert Moray, John Wilkins, Robert Hooke und Christopher Wren, der 1681 Präsident wurde, in Anspruch. Aus diesen gut dokumentierten Tatsachen kann man ganz klar schließen, dass Freimaurer die Royal Society gründeten und dass die Konzentration auf den neu geschaffenen zweiten Grad ihren Zweck erfüllt hatte und der Welt den Eingang in ein neues wissenschaftliches Zeitalter ermöglicht hatte. Während Sir Isaac Newtons Präsidentschaft ein paar

Jahre später wurde ein bekannter französischer Freimaurer von hohem Rang namens Chevalier Ramsey Mitglied der Royal Society, obwohl es ihm an wissenschaftlichen Meriten mangelte. Da die größten Geister der Freimaurer ihre Zeit und Energie der neuen Gesellschaft widmeten, scheint die Freimaurerei selbst in London ziemlich vernachlässigt worden zu sein.

Die Freimaurerei gewinnt festen Stand

Im Jahr 1717 war die Freimaurerei im Bereich von London an einem Tiefpunkt angelangt. Nur noch vier Logen trafen regelmäßig zusammen:

> Die Gans und der Rost in St. Paul's Churchyard
> Die Krone in der Parker Lane nahe Drury Lane
> Die Taverne zum Apfelbaum in der Charles Street, Covent Garden
> Die Taverne zum Römer und der Traube in Channel Row, Westminster.

Zweifellos litt die Freimaurerei in London an einer Krise, die durch den Verlust ihrer traditionellen Identität hervorgerufen wurde. Warum sollte es sie auch noch geben? Die Freimaurerei war plötzlich zum Opfer ihres Erfolges geworden, denn sie hatte die jahrhundertelange Bedrohung durch den Papst überwunden und nicht nur der Demokratie den entscheidenden Anstoß gegeben, sondern auch ein Klima geschaffen, das wissenschaftliche Untersuchungen ermöglichte. Doch im übrigen Land begannen Freimaurerlogen zur Regel zu werden und wurden ständig beliebter. Eine Großloge, die sich irgendwann vor 1705 formierte, hatte sich bereits regelmäßig in York getroffen, und diese erste Großloge, die ständig von Mitgliedern des Adels unterstützt wurde, nahm für sich den Titel »Großloge von ganz England« in Anspruch. Doch in London musste dringend etwas geschehen, und deshalb trafen sich die oben genannten Logen im Februar in der Taverne zum Apfelbaum und wählten den ältesten anwesenden Maurer zum Vorsitzenden des Treffens. Der Name dieses älteren Maurers wird zwar nirgendwo in der Literatur erwähnt, aber aufgrund dieses Treffens wurde eine Vollversammlung aller vier Logen in der Gans und dem Rost am 24. Juni einberufen. Sie hatte zum Ziel, einen Großmeister zu wählen, der den ganzen Orden regieren sollte. Am Tag Johannes des Täufers fanden also im gleichen Jahr die Versammlung und das Fest statt, und Mr. Anthony Sayer wurde für das nächste Jahr zum Großmeister gewählt. Es ist interessant zu erfahren, dass man in jener Zeit einen Großmeister unter den Mitgliedern wählte, »außer wenn man die Ehre hat, einen adligen Bruder an der Spitze zu haben«. Das konnte durchaus seinen Ursprung in der Tatsache haben, dass die schottischen Freimaurer seit der Zeit der ersten St.-Clair-Charta im Jahr 1601 stets einen adligen Bruder zum Großmeister hatten, wie es auch im *Year Book of the Grand Lodge of Antient Free and Accepted Masons of Scotland*, das 1995 erschien, verzeichnet ist. Die neue englische Großloge stellte ein paar Regeln auf:

Dass das Privileg zur Versammlung von Maurern, welches bis dato uneingeschränkt war, sich jetzt nur auf Logen oder Treffen von Maurern an bestimmten Orten beschränken soll; und dass jede Loge, die hiernach zusammentritt, eine Erlaubnis des Großmeisters haben muss. Ausgenommen von dieser Bestimmung sind nur die vier alten Logen, die bereits jetzt existieren. Außerdem müssen diese neuen Logen immer in Kontakt zur Großloge stehen, sodass sie, nachdem sie mittels einer

Petition errichtet wurden, stets der Zustimmung der Großloge sicher sind. Ohne diese Erlaubnis darf keine Loge konstituiert werden.

Jedes Privileg, das sie gemeinsam seit undenklichen Zeiten genossen, sollen sie auch weiterhin genießen. Kein Gesetz, keine Regel, die danach von der Großloge aufgestellt wird, darf diese Privilegien beschneiden oder etwas einengen, was bis dahin Standard des freimaurerischen Reglements war.

Die Notwendigkeit, die ursprünglichen Regeln zum Standard zu erheben, der alle zukünftigen Regeln der Gesellschaft beherrschen sollte, wurde zu jener Zeit von der gesamten Bruderschaft als unfehlbare Regel angesehen, die dazu da war, bei jeder Neugründung, ob nun öffentlich oder privat, den Großmeister, die Meister und die Wächter jeder Loge dazu anzuhalten, die Konstitution zu befolgen. Zusätzlich wurde jeder Maurer unter Androhung schwerster Strafen bei der Einführung dazu verpflichtet …

Indem sie also eine Großloge unter der Kontrolle eines gewählten Großmeisters gründeten, hatten die vier Logen ein sehr effektives Kontrollsystem für die Freimaurerei aufgesetzt, von deren Diktat nur sie frei waren, während alle anderen Freimaurer ihren Edikten folgen mussten. Sie konnten eine Loge für regelrecht erklären oder sie von der Liste der ordentlichen Logen streichen. Ihr Recht darauf wurde allerdings von anderen Freimaurern angezweifelt, besonders von denen in York, die nicht diesen missionarischen Eifer akzeptierten, der sicherstellen sollte, dass keine neuen Abweichler auftauchten, die nicht mit der regelrechten und erprobten Häresie des Ordens konform gingen. Indem man versuchte, sich zu einer Institution mit Regeln zu machen, war die Freimaurerei in England dabei, in die Irre zu gehen.

Die neue Struktur jedoch führte alles nach einer langen Periode der Selbstzerfleischung wieder zusammen, und die höheren Ränge der Maurer wurden bald von der königlichen Familie in Anspruch genommen, die danach trachtete, ihren Einfluss in einer der republikanischsten Organisationen der Welt geltend zu machen. Diese Verbindung von Freimaurerei und Monarchie war unserer Meinung nach der Hauptgrund für das Überleben der britischen Krone.

Wir haben eine Liste der englischen Großmeister in der Vergangenheit aufgestellt, und die Neigung zum Hochadel und zur Königsfamilie ist klar erkennbar. Doch wenn man diese Liste mit der der schottischen Großmeister der Vergangenheit vergleicht, so sieht man klar, dass die schottische Freimaurerei seit ihren Anfängen ebenso eng mit den Lords des Gebiets wie mit einfachen Steinmetzen verbunden war – eine Tradition, die bis heute in Schottland in Ehren gehalten wird. Die Freimaurerei verbreitete sich bald auf der ganzen Welt.

Es war der fundamentale Einfluss der Freimaurerei auf die Amerikanische und Französische Revolution, kombiniert mit der Neigung der schottischen Freimaurer, die jakobinische Sache zu unterstützen, die schließlich dazu führten, dass die hannoveranischen Könige von England die Freimaurerei zu ihrer Sache machten. 1782, sechs Jahre nach der Unabhängigkeitserklärung der Vereinigten Staaten, wurde der Herzog von Clarence, der Bruder König Georges II., Großmeister. 1789, im Jahr der Französischen Revolution, wurden der Prince of Wales und seine beiden Brüder als Freimaurer eingeführt, und schon nach einem Jahr war der Prince of Wales Großmeister und bekam Loyalitätsbekundungen von Freimaurern aus der ganzen Welt – darunter auch George Washington, zu jener Zeit Meister der Loge von Alexandria Nr. 22 auf der Rolle der Großloge von New York, und außerdem von vielen französischen Logen. Durch diesen »Trick«

benutzten die hannoveranischen Könige das maurerische System, um auf demokratischem Grund die Loyalität ihrer maurerischen Untertanen zu erhalten. Die Freimaurerei in England war jetzt auf dem Weg, der gesellschaftliche Treff zu werden, der sie heute ist, und verlor damit ihr Erbe. Ihre wahren Geheimnisse gingen in der Tat verloren.

Die Verbreitung der Freimaurerei

Kurz nach der Gründung der Großloge von London trug der zweite Großmeister, George Payne, viele Manuskripte zum Thema Freimaurerei zusammen, darunter auch Abschriften der alten Regeln. Im Jahre 1720 wurde beschlossen, das Buch der Strukturen zu veröffentlichen, und es geschah damals, dass eine Anzahl wertvoller alter Manuskripte »zu eilig von ein paar furchtsamen Brüdern verbrannt wurden«, die sie nicht in die Hände eines widersetzlichen Elements des Ordens fallen lassen wollten, die man als »die Modernisten« bezeichnete. Es wird berichtet, dass das Original der Inigo-Jones-Kopie der alten Regeln zu diesem Zeitpunkt verloren ging. Im gleichen Jahr wurde beschlossen, dass der neue Großmeister zukünftig vor dem Fest benannt werden sollte und dass jeder Großmeister nach seiner Einführung allein die Macht habe, seinen Stellvertreter und die Wächter zu ernennen. Im Jahr 1724 stellte der damalige Großmeister, der Herzog von Richmond, das erste Wohlfahrtskomitee zusammen, damit Freimaurer in Not auf einen Fonds zurückgreifen konnten, wie es schon sein Vorgänger, der Herzog von Buccleugh, angeregt hatte. Das scheint die erste freimaurerische Wohlfahrtsorganisation zu sein, die bekannt ist – wiewohl Wohltätigkeit für die moderne Freimaurerei sehr wichtig ist.

Im Januar 1723, nach nur neun Monaten im Amt, trat der

Herzog von Montague als Großmeister zurück. Er tat das zugunsten des Herzogs von Wharton, der so wild darauf war, Großmeister zu werden, dass er sogar versucht hatte, seine Wahl bei einem irregulären Treffen durchzusetzen. Inzwischen war die sukzessive Folge der Lords des Bereichs zur Regel geworden und wurde fortgesetzt. Die bürgerlichen Männer, die zu Anfang Großmeister wurden, wurden nicht mehr benötigt, da aus der Reihe der Peers genügend Nachschub kam, obwohl viele von ihnen immer noch normale Sterbliche von geringerem Rang als ihre Stellvertreter einsetzten, damit sie die administrative Arbeit erledigten.

Die Organisation wurde immer größer und benötigte dringend eine eigene Verwaltung, und 1727 wurde das Provinzialbüro des Großmeisters gegründet, um die stetig gewachsene und geographisch sehr ausgedehnte Organisation der Freimaurer auch weiterhin beherrschen zu können. Am 10. Mai 1727 wurde Hugh Warburton zum ersten Provinzial-Großmeister berufen, zuständig für die Provinz Nord-Wales, und am 24. Juni 1727 wurde Sir Edward Mansell Provinzial-Großmeister für Süd-Wales. Ebenfalls 1727 wurde die erste bekannte Erlaubnis zur Gründung einer Loge im Ausland – Gibraltar – von der Londoner Großloge ausgestellt, dicht gefolgt von der Erlaubnis zur Gründung einer Loge in Madrid. Die Freimaurerei verbreitete sich also wie ein Buschfeuer, und im Jahr 1728 begann sich die Londoner Großloge im Britischen Empire zu etablieren, indem sie es George Pomfret gestattete, eine Loge in Bengalen zu gründen. Die Provinzen der Freimaurer wuchsen mit der Ernennung von Provinzial-Großmeistern für Niedersachsen, New Jersey in Amerika und Bengalen. Im Jahr 1730 wurde der erste Prinz königlichen Blutes eingeführt. Es war Franz, Herzog von Lothringen, Großherzog von Toskana, der später Kaiser des Heiligen Römischen Reiches werden sollte. Er wurde vom Earl von Chesterfield in einer speziellen Loge in Den Haag eingeführt, wo er gleich die beiden ersten Grade der Freimaurerei erhielt. Der Herzog wurde später im Haus von Sir Robert Walpole in einer Loge unter dem Vorsitz des Earl von Chesterfield in den dritten Grad erhoben. Die Verbreitung auf der ganzen Welt ging weiter, als im gleichen Jahr Logen in Russland, Spanien, Paris und Flandern gegründet wurden.

Der Orden verkam nun sehr schnell zu einem schicken Klub für den Adel, und 1730 hielt man am 24. Juni das erste Jahrestreffen in Hampstead ab, wozu man Einladungskarten an den Adel verschickte. Im Jahr 1733 waren dreiundfünfzig Logen beim jährlichen Treffen der Großloge vertreten, die Macht und der Einfluss der Londoner Großloge wuchsen also ständig. Bei diesem Treffen wurden ein paar neue Regularien verabschiedet, und hier wurde auch für Mitglieder, die in Bedrängnis geraten waren, gesammelt. Man wollte sie dazu ermutigen, in Georgia eine neue Kolonie zu gründen. Während dieses Jahres wurde die Erlaubnis gewährt, Logen in Hamburg und in Holland zu gründen. Im Jahr 1738 veröffentlichte James Anderson eine überarbeitete Fassung des Regelbuches. Dieses Werk über die Geschichte der Freimaurerei hat manche Autoren zu dem Irrtum verleitet, ihm die Urheberschaft an der Freimaurerei zuzuschreiben. Ungefähr zu dieser Zeit wurde eine Regel eingeführt, die besagte, dass eine Loge von der Liste gestrichen werden sollte, wenn man sich länger als zwölf Monate nicht traf. Ebenfalls wurde damals festgelegt, dass alle zukünftigen Großmeister von der Loge der Großstewards gewählt werden mussten, um Gentlemen dazu zu ermutigen, in diesen Dienst zu treten. Bei diesem Treffen wurden auch Resolutionen verabschiedet, die etwas betrafen, was man als illegale Sitten bei den Maurern beschrieb. Durch diese Tat wurde das demokratische Recht der Brüder, den zu wählen, den sie als Besten ansahen, empfindlich beschnitten. Man begann auch ernstlich in den Bezirk der Großloge von York einzudringen, indem man Logen in Lancashire, Durham und Northumberland gründete. Damit hörte jedweder freundschaftliche Dialog zwischen den beiden Großlogen auf.

Zu diesem Zeitpunkt waren per Erlaubnis Logen in Aubigny, Frankreich; Lissabon; Savannah, Georgia; Südamerika und Gambia, Westafrika, gegründet worden. Provinzial-Großmeister waren für Neuengland, Süd-Karolina und die Kap-Provinz in Afrika ernannt worden. Im Laufe des Jahres 1737 führte Dr. Dasaguliers Frederick den Prince of Wales ein. Das geschah in Kew in einer Loge, die eigens diesem Zweck diente. Nach einigen Monaten erhielt er den zweiten Grad, und dann erhob man ihn in den Rang eines Meistermaurers. Bei der Zusammenkunft der Logen waren sechzig Stück vertreten, und es wurden Provinzial-Großmeister für Montserrat, Genf, die afrikanische Küste, New York und die amerikanischen Inseln ernannt.

Im Jahr 1738 kamen zwei weitere Provinzen hinzu: die Karibischen Inseln und West Riding, Yorkshire, was wiederum einen Eingriff in die Rechte der Großloge von York darstellte und die Kluft zwischen den beiden Großlogen so vertiefte, dass schließlich alle Beziehungen zueinander abgebrochen wurden. Am 15. August 1738 machte die schottische Großloge eine Menge Punkte in der Rangliste der Großlogen, als sie in einer eigens zu diesem Zweck eingerichteten Loge in Braunschweig Friedrich den Großen, den König von Preußen, einführte. Friedrich gründete danach eine Großloge in Berlin mit den schottischen Regeln.

Die Entwicklung der Freimaurerei in Amerika

Wir hatten inzwischen die schriftlich aufgezeichnete Geschichte der Freimaurerei erreicht, und irgendwie war unser Vorhaben vollendet, aber unsere Neugier fokussierte stark auf das langfristige Schicksal des Landes unter dem Stern Merica. Um unser Bild zu vervollständigen, beschlossen wir, uns kurz die Entwicklung der Vereinigten Staaten von Amerika anzuschauen.

Es ist kein Geheimnis, dass die Freimaurerei als treibende Kraft hinter der Amerikanischen Revolution und der Gründung der Republik der Vereinigten Staaten von Amerika stand. Die Demonstration gegen die britische Herrschaft, die man unter dem Namen »Boston Tea Party« kennt, wurde 1773 von Mitgliedern der Loge von St. Andrews organisiert, die zu ihren Mitgliedern so berühmte Leute wie Samuel Adams und Paul Revere zählte. Die Loge, die sich in der Taverne zum grünen Drachen in Boston traf, organisierte zwar nicht selbst die »Tea Party«, aber ihre Mitglieder gründeten einen Klub namens »Causus Pro Bono Publico«, in dem Joseph Warren, der spätere Großmeister von Massachusetts und damals Meister der Loge, die treibende Kraft war. Von Henry Purkett ist überliefert, dass er bei der berühmten »Tea Party« nur als Zuschauer dabei gewesen sei und damit dem Meister der Loge von St. Andrews ungehorsam gewesen sei, denn der habe selbst aktiv daran teilgenommen.

Die Männer, die die Vereinigten Staaten von Amerika schufen, waren entweder Freimaurer oder standen in engem Kontakt zu Freimaurern. Sie benutzten die Denkweise, die England im vergangenen Jahrhundert vorangebracht hatte, als Baustein für ihre Verfassung. Sie wussten es nicht, aber indem sie für ihr Land die freimaurerischen Prinzipien Gerechtigkeit, Wahrheit und Gleichheit festschrieben, versuchten sie ein Land aufzubauen, das von einem wiedererstandenen Ma'at beherrscht wurde – ein moderner Staat, der wahre Erbe der Größe Ägyptens. Bei einigen Dingen hatten die Baumeister der Vereinigten Staaten Erfolg, aber im Großen und Ganzen ist es ihnen – zumindest bis jetzt – misslungen. Ein schrecklicher Bürgerkrieg musste geführt werden, um die Versklavung der schwarzen Bevölkerung des Südens zu beenden, und sogar noch heute ist das Wort »Gleichheit« in vielen Staaten nur ein Wunschtraum vernünftig denkender Menschen. Wie die Freimaurerei sind die Vereinigten Staaten ein unvollkommenes Idealbild, das sich eigentlich durchsetzen sollte, aber den Fehler hat, von bloßen Sterblichen geschaffen worden zu sein.

Von den Männern, die die Unabhängigkeitserklärung am 4. Juli 1776 unterzeichneten, waren die folgenden Freimaurer: William Hooper, Benjamin Franklin, Matthew Thornton, William Whipple, John Hancock, Phillip Livingston und Thomas Nelson. Damals ging der Spruch um, dass die verbliebene Versammlung immer noch groß genug wäre, um eine Freimaurerloge des dritten Grades abzuhalten, selbst wenn man vier hinausschicken würde! Das traf übrigens auch auf die Armee zu. Zu den Freimaurern gehörten hier solche Männer wie: Greene, Marion, Sullivan, Rufus, Putnam, Edwards, Jackson, Gist, Baron Steuben, Baron de Kalb, der Marquis de Lafayette und George Washington selbst.

Als Washington als erster Präsident der Republik am 30. April 1789 eingeschworen wurde, geschah das durch den Großmeister von New York, und er schwor auf die Maurerbibel, die normalerweise in der Loge von St. John – Nr. 1 auf der Rolle der Großloge von New York – als heiligstes Gesetz benutzt wurde. Seit er mündig geworden war, war er Freimaurer gewesen – fünf Monate vor seinem einundzwanzigsten Geburtstag, am 4. November 1752, war er in der Loge von Fredericksburg eingeführt worden. Da seine Mutterloge sich immer am ersten Freitag des Monats traf, erreichte er den zweiten Grad am 3. März 1753 und wurde am 4. August 1753 in den höchsten Grad erhoben und zum Meistermaurer gemacht. Zur Zeit seiner Einführung hatte er gerade den virginischen Besitz von Lord Fairfax fertig vermessen – der Ahn dieses Lords hatte Oliver Cromwell mit der Freimaurerei bekannt gemacht. Die Familie Fairfax war in der Großloge von York aktiv, und sein älterer Bruder Lawrence, bei dem George damals lebte, war in England erzogen und mit Lord Fairfax' Nichte verheiratet. Die Loge, der Washington angehörte, war wahrscheinlich eher dem »Yorker Ritus« als dem »schottischen Ritus« zuzuordnen, aber sechs Jahre nach seiner Einführung – also im Jahr 1758 – bekam die Loge von Fredericksburg eine Charta mit der formellen Anerkennung durch die schottische Großloge. Als George Washington der erste Präsident der Vereinigten Staaten wurde, war er bereits seit fast sechsunddreißig Jahren Freimaurer und Mitglied der Loge von Alexandria Nr. 22.

Beim Durchstöbern alter Manuskripte fanden wir einen zeitgenössischen Bericht über George Washingtons Rede, nachdem ihm die Freimaurer aus Boston am 27. Dezember 1792 ein Regelbuch mit Widmung überreicht hatten. Aus dem Datum schließen wir, dass dies zur Feier seiner vierzigjährigen Mitgliedschaft bei den Freimaurern geschehen sein muss. Die Rede lautet folgendermaßen:

So schmeichelhaft es für den menschlichen Geist und auch wirklich ehrenhaft ist, von Mitbürgern erprobte Zeugnisse für Verbesserungen der öffentlichen Wohlfahrt zu bekommen, ist es nicht weniger erfreulich, dass die Tugenden des Herzens von einer Gesellschaft hochgehalten werden, die auf Wahrheit und Gerechtigkeit gründet. Der Gesellschaft Glück zu schenken ist einer Einrichtung der Freimaurer würdig und ich hege den glühenden Wunsch, dass die Haltung jedes Mitglieds der Bruderschaft, ebenso wie diese Bücher, die ja die Prinzipien aufdecken, nach denen sie leben, die Menschheit davon überzeugt, dass das einzige Ziel der Freimaurerei das Glück der Menschen ist.

Ich möchte euch meinen Dank für das »Buch der Regeln« aussprechen, das ihr mir gegeben habt. Und die Ehre einer persönlichen Widmung weckt in mir alle Gefühle des Dankes, den eine solche Geste und die guten Wünsche auslösen können. Und ich bete darum, dass der Große Baumeister des Universums euch segnen und in einem ewigen Tempel aufnehmen möge …

Im Jahr 1792 legte Washington auch den Grundstein für das Weiße Haus … am 13. Oktober – dem Jahrestag von Jacques de Molays Kreuzigung! In diesem Jahr wurde der Dollar zur Währung der Vereinigten Staaten von Amerika. Das Symbol des Dollars ist ein »S«, das mit einer doppelten vertikalen Linie durchgestrichen wird, obwohl man es beim Drucken meist bei einer Linie belässt – $. Das »S« entlieh man von einer alten spanischen Münze, aber die beiden vertikalen Linien waren die nasoräischen Säulen »Mischpat« und »Zedeq«, den maurerischen Gründervätern der Vereinigten Staaten besser bekannt unter den Namen »Boas« und »Jachin«, die Säulen des Tores von König Salomos Tempel.
Heutzutage trägt die Dollarnote die Abbildung einer Pyramide, in die ein Auge gesetzt wurde. Das ist das älteste aller Bilder. Es stammt aus einer Zeit noch vor Seqenenre Tao und repräsentiert Gott (in der Form des Amun Re), der immer ein Auge auf sein Volk hat, um über jede seiner Taten zu richten, damit jeder Mensch nach seinem Tod gerecht behandelt wird. Die Grundlage des Ma'at war alles, was man im Leben Gutes getan hatte, sodass es von Gott gesehen werden konnte. Auf der Vorderseite der Ein-Dollar-Note ist Bruder George Washington abgebildet, und auf der – inzwischen aus dem Verkehr gezogenen – Zwei-Dollar-Note war das Bild eines anderen berühmten Freimaurers – Bruder Benjamin Franklin.
Am 18. September 1793 legte George Washington den Eck-

stein für den Bau des Kapitols in Washington, und er sowie alle Brüder trugen die Abzeichen der Freimaurer.

Die Vereinigten Staaten von Amerika sind immer noch ein sehr junges Land. Um so eine lange Zeit wie das alte Ägypten zu überdauern, muss es das Land mindestens bis ins Jahr 4500 nach Christus geben. Und um die erste kulturelle Höhe der Ägypter zu erreichen, würden die USA auch noch vierhundert Jahre brauchen. Aber wir vermuten, dass das Experiment der Freimaurer, das seine Heimat in dem kosmopolitischen Land jenseits des westlichen Meeres gefunden hat, noch eine bessere Lösung finden wird, denn dies alles ist nur ein weiterer Meilenstein auf einer Reise, die vor mindestens sechstausend Jahren im Süden des heutigen Irak begann.

Zeittafel

Ereignisse vor Christus

28000	Erste religiöse Riten
12000	Steine zum Mahlen von Mehl benutzt
9000	In Mesopotamien entwickelt sich Viehzucht
8000	Im Bereich des »fruchtbaren Halbmondes« werden Weizen, Gerste und Hülsenfrüchte kultiviert
6000	Bemalte, gebrannte Töpferwaren in Sumer
5500	In Sumer werden Bewässerungssysteme gebaut
4500	In Sumer werden die ersten Pflüge benutzt
4500	In Sumer gibt es die ersten Segel
4100	Wahrscheinliches Datum der Sintflut (Noah)
4000	Sumer besitzt eine soziale Struktur und ist damit die erste bekannte Zivilisation
3400	In Ägypten entstehen die ersten befestigten Städte
3250	Die erste bekannte Schrift wird in Sumer benutzt
3200	Die geheime Krönungszeremonie der ägyptischen Könige wird entwickelt
3150	Ägypten wird zu einem Staat mit der Hauptstadt Memphis vereinigt

3000	Die ersten ägyptischen Hieroglyphen
2686	Beginn des Alten Reiches in Ägypten
2600	In Ägypten werden die ersten richtigen Pyramiden gebaut
2530	Die große Pyramide von Khufu in Gizeh
2500	Die Stadtstaaten im nördlichen Mesopotamien entstehen
2300	Die Stadtstaaten im südlichen Mesopotamien werden durch Sargon von Akkad vereinigt
2150	Zusammenbruch des Alten Reiches in Ägypten
2040	Das Mittlere Reich in Ägypten entsteht
1786	Beginn der Herrschaft der Hyksos-Könige in Ägypten
1780	Abraham aus Ur macht seine erste Reise nach Ägypten
1740	Isaak, Abrahams Sohn, wird geboren
1720	Die Hyksos schleifen Memphis
1680	Jakob wird geboren; später heißt er Israel
1620	Joseph wird geboren
1570	Joseph ist der Wesir des Hyksos-Königs Apophis
1574	Seqenenre Tao wird König von Ägypten, seine Herrschaft ist aber wegen der Hyksos auf Theben beschränkt
1573	Seqenenre Tao wird im Tempel ermordet; sein Sohn Kamose besteigt den Thron
1567	Vertreibung der Hyksos aus Ägypten
1500–1450	Wahrscheinlichste Zeit für den Exodus unter Moses
1020	Saul wird erster König Israels
1002	David ist König Israels
972	Salomo wird König Israels und baut seinen Tempel für Jahwe

Ereignisse nach Christus

Das dunkle Zeitalter beginnt

Tempelritter von Philipp dem Schönen zerschlagen

1307	Jacques de Molay wird gekreuzigt und so das Grabtuch von Turin geschaffen
1308	Ankunft der Templerflotte in Amerika
1314	Jacques de Molay wird in Paris auf dem Scheiterhaufen verbrannt
1314	Schlacht von Bannockburn – gewonnen durch die Intervention einer Templer-Streitmacht
1328	England erkennt Schottland als unabhängigen Staat an
1329	Am 13. Juni erkennt der Papst Robert I. und seine Nachfolger als Könige von Schottland an
1330	William St. Clair stirbt, als er das Herz von Robert I. nach Jerusalem bringt
1357	Erste bekannte Ausstellung des Grabtuches von Turin

Das dunkle Zeitalter endet

1440–1490	Bau der Kapelle von Rosslyn; Einführung des ersten Grades durch William St. Clair, Begründer und erster Großmeister der Freimaurerei
1534	Der Bruch Englands mit der römisch-katholischen Kirche
1583	James Stuart wird König James VI. von Schottland
1598	Das erste Schaw-Statut begründet das Logen-System
1599	Das zweite Schaw-Statut wird veröffentlicht
1599	Erstes Protokoll einer Freimaurer-Loge

1601	Die erste St.-Clair-Charta bestätigt die St. Clairs als Großmeister der Maurer
1601	James VI. tritt im Alter von 35 Jahren in die Loge von Scoon und Perth ein, Nr. 3 auf der Rolle der Großloge von Schottland
1603	James VI. von Schottland wird König James I. von England
1604	Der Gesellengrad der Freimaurerei wird von Francis Bacon eingeführt
1605	Guy Fawkes will König und Parlament in die Luft sprengen
1607	Inigo-Jones-Manuskript
1610	Galilei bekräftigt öffentlich die Struktur des Sonnensystems
1625	Charles I. besteigt den Thron
1628	Die zweite St.-Clair-Charta bestätigt die Earls von Rosslyn als Großmeister
1633	Charles I. lässt für seine Krönung in Schottland die Holyrood Abbey renovieren und fügt Freimaurer-Grabsteine in die Nordmauer ein, darunter auch einen für den Earl von Sutherland
1641	Sir Robert Moray wird in Newcastle in die Freimaurerei eingeführt – mittels einer Erlaubnis der Loge von der Edinburgher Marienkapelle
1643	Beginn des Englischen Bürgerkrieges
1646	Ende der Hauptphase des Englischen Bürgerkrieges in Oxford
1646	Elias Ashmole wird in Warrington bei einer Ad-hoc-Loge eingeführt
1649	Hinrichtung Charles' I.
1649	Begründung des Commonwealth unter Oliver Cromwell

1650	Das Schloss von Rosslyn wird zerstört, aber die Kapelle dank Cromwell und Monk bewahrt
1652	Erstes Treffen von Wilkins, Ashmole und Wren
1660	Restauration der Monarchie durch Charles II.
1662	Gründung der Royal Society, die sich aus der Forschungsarbeit der Freimaurer entwickelte
1672	Isaac Newton wird zum Fellow der Royal Society gewählt
1677	Charles II. baut das Symbol des heiligen Bogens der Krone wieder auf, das ursprünglich von seinem Vater in der Kampagne gegen das Parlament benutzt wurde, und bringt es im Eingang von Holyrood House an
1714	Erste Protokolle der Großloge von York
1717	Formierung der englischen Großloge
1721	Die englische Großloge wählt ihren ersten Großmeister von Adel – John, Herzog von Montague
1725	Gründung der irischen Großloge
1726	Die erste Aufzeichnung einer maurerischen Zeremonie dritten Grades in Schottland
1737	Begründung der schottischen Großloge, William St. Clair wird zum ersten Großmeister gewählt
1738	Die erste päpstliche Bulle gegen die Freimaurerei
1747	Die Großloge von Schottland stellt die erste Charta für eine reisende Militärloge aus
1752	George Washington tritt in Fredericksburg in eine Freimaurerloge ein
1758	Die Loge Fredericksburg bekommt ihre formelle Charta von der schottischen Großloge

1773	Die Boston Tea Party
1776	Amerikanische Unabhängigkeitserklärung
1789	George Washington wird erster Präsident der USA
1790	Der Prince of Wales wird Großmeister von England
1792	George Washington wird in Boston das »Regelbuch« geschenkt
1799	Der Stein von Rosette wird gefunden, mit dem die Hieroglyphen entziffert werden können
1945	Entdeckung der Nag-Hammadi-Höhle mit den gnostischen Evangelien
1947	Entdeckung der Schriftrollen vom Toten Meer in Qumran
1951	Beginn der Ausgrabungen in Qumran
1955	Die Kupferrolle wird geöffnet und entziffert
1988	Die Karbon-Analyse des Grabtuches von Turin beweist, dass es frühestens aus dem Jahr 1260 stammt
1991	Die Schriftrollen vom Toten Meer sind zum ersten Mal öffentlich zugänglich

Ägypten im Zeichen der Zwillingssäulen

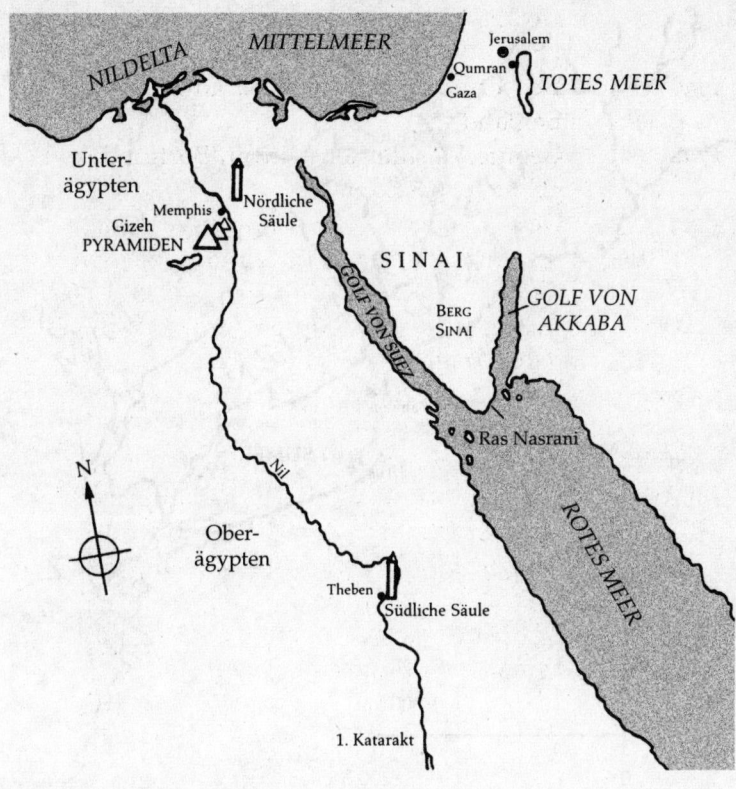

Das Land Sumer

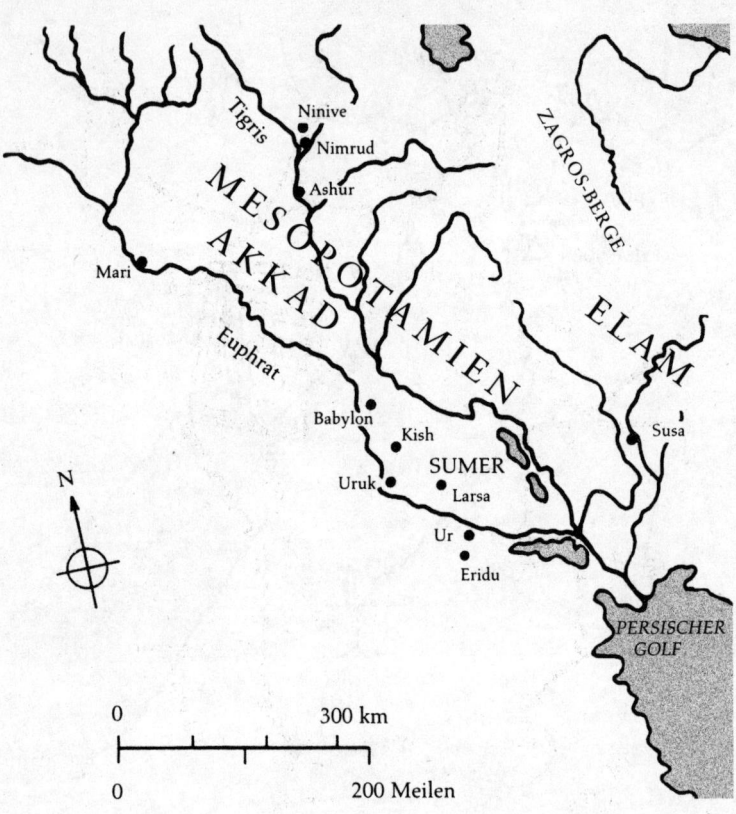

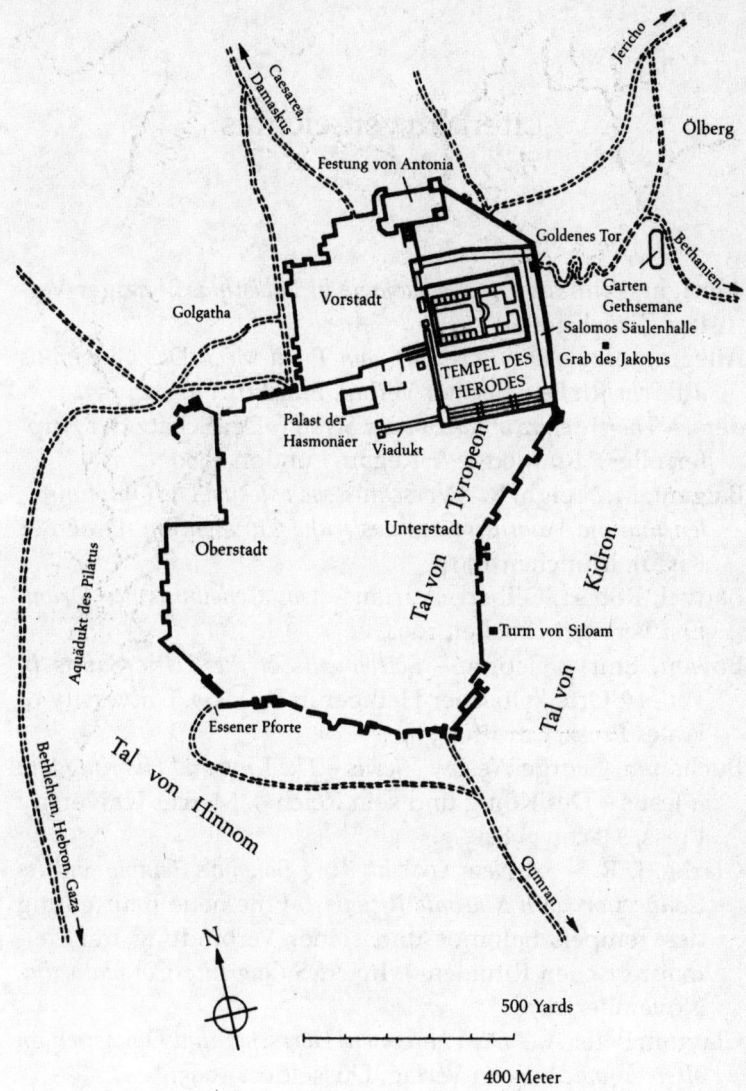

Caesarea
Damaskus

Jericho

Ölberg

Festung von Antonia

Goldenes Tor

Bethanien

Vorstadt

Garten
Gethsemane

Golgatha

Salomos Säulenhalle

TEMPEL DES
HERODES

Grab des Jakobus

Palast der
Hasmonäer

Viadukt

Tyropeon

Unterstadt

Kidron

Oberstadt

Aquädukt des Pilatus

Turm von Siloam

Tal von

Tal von

Essener Pforte

Qumran

Bethlehem, Hebron, Gaza

Tal von Hinnom

N

500 Yards

400 Meter

Literaturverzeichnis

Albright, William F. – *Archäologie in Palästina*. Benziger Verlag, Zürich 1962.

Allegro, John – Die *Botschaft vom Toten Meer. Das Geheimnis der Schriftrollen*. Fischer Verlag, Frankfurt a.M. 1957.

ders. – *The Treasure of the Copper Scroll* (»Der Schatz der Kupferrolle«). Routledge & Kegan, London 1960.

Baigent, M./Leigh, R. – *Verschlusssache Jesus. Die Qumranrollen und die Wahrheit über das frühe Christentum*. Droemer Knaur, München 1994.

Bauval, Robert/Gilbert, Adrian – *Das Geheimnis des Orion*. List Verlag, München 1994.

Bowen, Emrys George – *Settlements of the Celtic Saints in Wales* (»Orte keltischer Heiliger in Wales«). University of Wales Press, Cardiff 1954.

Buchanan, George Wesley – *Jesus – The King and His Kingdom* (»Jesus – Der König und sein Reich«). Mercer University Press, Macon 1984.

Clarke, J. R. – »*A New Look at King Solomo's Temple and its Connection with Masonic Ritual*« (»Eine neue Beurteilung des Tempels Salomos und seiner Verbindung mit freimaurerischen Ritualen«). In: *ARS Quattuor Coronatorum*, November 1976.

Clayton, Peter A. – *Die Pharaonen. Herrscher und Dynastien im alten Ägypten*. Econ Verlag, Düsseldorf 1995.

Cohen, Norman – *Cosmos, Chaos and the World to Come* (»Kosmos, Chaos und die zukünftige Welt«). Yale University Press, New Haven 1993.

Daraul, Arkon – *Secret Societies* (»Geheimgesellschaften«).

Delaforge, Gaetan – *The Templar Tradition in the Age of Aquarius* (»Die Tradition der Templer im Zeitalter des Wassermanns«).

Eisenman, Robert – *The Habakkuk Pesher* (»Das Habakuk-Pescher«).

ders. – *Habakkuk Pesher Textual Exegesis* (»Exegese des Habakuk-Pescher«).

Eisenman, Robert/Wise, Michael – *Jesus und die Urchristen. Die Qumran-Rollen entschlüsselt.* Bertelsmann Verlag, München 1992.

Eliade, Mircea – *Schamanismus und archaische Ekstasetechnik.* Suhrkamp Verlag, Frankfurt a.M. 1989.

Fairman, H. W. – *The Kingship Rituals of Egypt* (»Die Königsrituale Ägyptens«).

Fellows, J. – *The Mysteries of Freemasonry* (»Die Geheimnisse der Freimaurerei«).

Frankfort, Henri – *Kingship and the Gods* (»Königtum und Götter«). University of Chicago Press, Chicago 1948.

Frayling, Christopher – *Geheimnisvolle Welt. Eine Reise durchs Mittelalter.* vgs, Köln 1995.

Furneaux, Rupert – *The Other Side of the Story* (»Die andere Seite der Geschichte«).

Hancock, Graham – *Die Wächter des heiligen Siegels. Auf der Suche nach der verschollenen Bundeslade.* Lübbe Verlag, Bergisch Gladbach 1992.

Hobbes, Thomas – *Leviathan.* Suhrkamp, Frankfurt a.M. 1996.

Hooke, S. H. – *The Kingship Rituals of Egypt* (»Königsrituale Ägyptens«).

Keller, Werner – *Und die Bibel hat doch recht. Forscher beweisen die Wahrheit des Alten Testamentes*. Econ Verlag, Düsseldorf 1989.

LaSor, W. S. – *The Dead Sea Scrolls and the New Testament* (»Die Schriftrollen vom Toten Meer und das Neue Testament«).

Maccoby, Hyam – *The Mythmaker* (»Der Schaffer von Mythen«). Harper and Row, New York 1986.

Mack, Burton L. – *The Lost Gospel. The Book of Q and Christian Origins* (»Das verlorene Evangelium. Das Buch Q und die Ursprünge des Christentums«). Harper San Francisco, San Francisco 1994.

Matthews, C. – *The Elements of Celtic Tradition* (»Elemente keltischer Tradition«).

Mowinckel, S. – *Han som kommer* (»Er, der kommen wird«). Abdington Press, Nashville 1954.

Newby, P. H. – *Warrior Pharaohs. The Rise and Fall of the Egyptian Empire* (»Streitbare Pharaonen. Aufstieg und Fall der ägyptischen Herrschaft«). Faber & Faber, London/Boston 1980.

Pagels, Elaine – *Versuchung durch Erkenntnis. Die gnostischen Evangelien*. Insel Verlag, Frankfurt a. M. 1981.

Peake's Commentary on the Bible (»Peakes Kommentar zur Bibel«). Nelson, London 1962.

Russell, D. S. – *The Method and Message of Jewish Apocalyptic* (»Methode und Botschaft der jüdischen Apokalypse«). SCM Press, London 1980.

Sassoon, John – *From Sumer to Jerusalem* (»Von Sumer nach Jerusalem«).

Schonfield, Hugh – *Unerhört, diese Christen. Geburt und Verwandlung der Urkirche*. Fritz Molden, Wien 1969.

ders. – *Those Incredible Christians* (»Diese unglaublichen Christen«).

Schürer, Emil – *Die Geschichte des jüdischen Volkes im Zeitalter Jesu Christi*. Olms Verlag, Hildesheim 1970. Nachdruck der Leipziger Erstausgabe von 1901.

Smith, Morton – *Auf der Suche des historischen Jesus. Entdeckung und Deutung des geheimen Evangeliums im Wüstenkloster Mar Saba.* Ullstein, Frankfurt a. M. 1974.

Spiegel, J. – *Das Auferstehungsritual der Unaspyramide.* Harrassowitz, Wiesbaden 1971.

Wallace-Murphy, Tim – *An Illustrated Guide to Rosslyn Chapel* (»Ein illustrierter Führer durch die Kapelle von Rosslyn«).

Wilson, Ian – *The Excavation of Jerusalem* (»Die Ausgrabungen in Jerusalem«).

Danksagung

Viele Menschen haben zum Gelingen dieses Buches beigetragen. Ihnen sei an dieser Stelle gedankt:

An erster Stelle unseren Familien, die die vielen Stunden unserer Abwesenheit toleriert haben, während wir recherchierten und schrieben.

Reverend Hugh Lawrence, einem ehemaligen Meister der Freimaurer, der anonym bleiben möchte, Tony Thorne, Niven Sinclair, Judy Fisken, Barbara Pickard, Bruder Alan Atkins, Bruder Adrian Unsworth, Steve Edwards, Baron St. Clair Bonde of Charleston, Fife.

Unserem Agenten Bill Hamilton von A. M. Heath & Co. Ltd., unserem Lektor Mark Booth und Liz Rowlinson von Century, Roderick Brown.

Quellenverzeichnis

Clayton, Peter A.: Die Pharaonen. Herrscher und Dynastien im Alten Ägypten; (1995) Econ Verlagsgruppe, Düsseldorf

Eisenman, Robert/Wise, Michael: Jesus und die Urchristen. Die Qumram-Rollen entschlüsselt. Alle Rechte an der deutschsprachigen Ausgabe bei C. Bertelsmann Verlag GmbH, München 1993

Keller, Werner: Die Bibel hat doch recht. Forscher beweisen die Wahrheit des Alten Testaments; (1989) Econ Verlagsgruppe, Düsseldorf

Pagels, Elaine: Versuchung durch Erkenntnis. Die gnostischen Evangelien; (1981) Deutsche Übersetzung Insel Verlag, Frankfurt am Main; mit freundlicher Genehmigung der Paul & Peter Fritz AG, Zürich

Abbildungen

Die Deutungen für jeden Tag:
Pío Martinéz
Der Mayakalender 2000

Pío Martinéz
Das Götterorakel von Yucatán

Die Sensation: Das Geheimwissen der Maya für das neue
Jahrtausend entschlüsselt!

Das alte Volk der Maya besaß einen komplexen astrologi-
schen und prophetischen Kalender, dessen geheimes Wissen
lange als verloren galt. Pío Martinéz, einer der letzten Nachkommen der alten Maya-Aristokratie, wurde auf der Halbinsel von Yucatán in das Geheimnis dieses besonderen Kalen-
dariums eingeweiht. Zusammen mit dem bekannten My-
thenkundler Pietro Bandini ist es ihm gelungen, die Weis-
sagungen des Kalenders neu zu deuten und so zu interpretieren, dass das Götterorakel des Mayakalenders für
den modernen Menschen ohne größeres Vorwissen Tag für
Tag anwendbar ist.

Knaur

MYTHEN DER MENSCHHEIT – SPIEGEL DER SEELE

400 Seiten, Leinen

Himmel, Erde, Schöpfung, Tod – wie ist alles
entstanden, warum muß alles vergehen?
Das sind die zentralen Fragen, die jede Kultur
bewegt hat und bewegt. Und im Bemühen,
diese Fragen zu beantworten, sind
die schönsten, spannendsten, grausamsten
Geschichten entstanden, die wir kennen:
vom Paradiesmythos der Bibel bis zur Sage
von Prometheus, der den Menschen
das Feuer brachte.
Dieses Buch ist eine faszinierende
Entdeckungsreise zu den
«Urbildern der Seele».

O.W.
Barth